高职高专"十三五"规划教材
编审委员会

主　任：张红伟

副主任：李远军　　何乔义　　欧阳波仪　　宋广辉　　张　健　　孙海波
　　　　孙国君　　周万春　　王凤军　　　张裕荣　　刘凤波　　刘晓鹏
　　　　徐　涛　　王　敏　　戴晓锋　　　包科杰　　李年芬

委　员：（按姓名汉语拼音排序）

　　　　包科杰　　曹文霞　　陈睿伟　　代　洪　　戴晓锋　　冯　凯
　　　　郭斌峰　　何乔义　　何世勇　　洪　飞　　胡新宇　　贾建波
　　　　李　刚　　李　岚　　李年芬　　李远军　　刘凤波　　刘晓军
　　　　刘晓鹏　　刘兆义　　倪晋尚　　欧阳波仪　彭琪波　　秦　浩
　　　　邱亚宇　　史　婷　　宋广辉　　宋发民　　孙国君　　孙海波
　　　　谭　辉　　陶　阳　　涂　杰　　王凤军　　王　辉　　王加升
　　　　王　琳　　王　敏　　王先耀　　韦孟洲　　肖友荣　　徐　涛
　　　　袁　芬　　袁　庆　　曾晓彤　　张存良　　张桂华　　张红伟
　　　　张　健　　张良勇　　张晓龙　　张显辉　　张裕荣　　张仲颖
　　　　赵伟章　　郑　荻　　郑　路　　周万春　　朱　炼

高职高专"十三五"规划教材

汽车类专业立体化数字资源配套教材

汽车检测与故障诊断

秦浩 主编

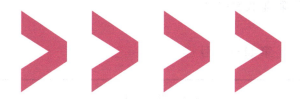

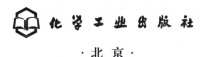

·北京·

本教材是为适应汽车技术快速发展的要求，根据高等职业技术院校教学改革实践编写而成的。全书共分五个单元，即：汽车检测诊断基本知识，汽车发动机的检测与故障诊断，汽车底盘检测与故障诊断，汽车电器系统检测与故障诊断，整车故障诊断与检测。各单元包含若干个项目，各个项目中的"基础知识"部分讲解或回顾相关系统的组成、原理或控制电路等，"任务"部分讲解各个故障诊断与检测项目的相关知识、实施方案、相关的故障诊断案例。

为方便教学，本书配套视频、微课、课件等数字资源，视频、微课等通过扫描书中二维码观看学习，教学课件等可登录化学工业出版社教学资源网 www.cipedu.com.cn 免费下载。

本书可作为汽车维修技术的入门教材，适合于高职高专院校、汽车维修培训机构使用，也可供汽车维修技术人员自学使用。

图书在版编目（CIP）数据

汽车检测与故障诊断/秦浩主编．—北京：化学工业出版社，2018.5（2022.8重印）
高职高专"十三五"规划教材．汽车类专业立体化数字资源配套教材
ISBN 978-7-122-29776-1

Ⅰ.①汽⋯　Ⅱ.①秦⋯　Ⅲ.①汽车-故障检测-高等职业教育-教材②汽车-故障诊断-高等职业教育-教材　Ⅳ.①U472.9

中国版本图书馆CIP数据核字（2017）第118160号

责任编辑：韩庆利　　　　　　　　　　　文字编辑：张绪瑞
责任校对：王素芹　　　　　　　　　　　装帧设计：刘丽华

出版发行：化学工业出版社（北京市东城区青年湖南街13号　邮政编码100011）
印　　装：涿州市般润文化传播有限公司
787mm×1092mm　1/16　印张20　字数494千字　2022年8月北京第1版第3次印刷

购书咨询：010-64518888　　　　　　　　售后服务：010-64518899
网　　址：http://www.cip.com.cn
凡购买本书，如有缺损质量问题，本社销售中心负责调换。

定　价：48.00元　　　　　　　　　　　　　　　　　　　　版权所有　违者必究

随着汽车技术的飞速发展，汽车技术含量越来越高，汽车故障越来越复杂，普遍以元件更换取代元件维修，使汽车维修行业发生了巨大变化，汽车故障诊断成为汽车维修人员的核心技能。因此，作为汽车维修类专业的核心课程，加强《汽车检测与故障诊断》教材建设可谓意义重大。

本书作为汽车维修的入门教材，编写中力求突出以下特色。

（1）选材新颖、实用。 本书摒弃一些陈旧滞后内容，紧贴汽车维修现场，选取市场主流车型，介绍当前主流汽车维修技术，力争使教材内容与行业现状相衔接。

（2）注重分析解读、归纳整理。 本书第一单元介绍检测诊断的基本原理、基本规律与基本方法；以后各项目在"基础知识"部分讲解或回顾汽车相关系统的组成、原理或控制电路；任务中"相关知识" 环节分析该系统常见故障的故障原因、诊断流程，检测设备的检测原理。 对每一知识点，教材注重分析整理，考虑学生未来的职业需要和接受能力，力求深入浅出，够用为度。

（3）注重规划性教材的适用性。 任务中"任务实施" 环节仅介绍设备使用的一般性方法，教材使用者可结合自身的实训设备，根据设备的使用说明书或车型的维修资料进行操作实施；考虑到校内教学需要人为设置故障，教材在"任务实施"环节介绍一些故障点的设置方案。

读者在使用教材中注意以下几点。

（1）教材中的故障诊断流程及排除方法仅供参考，实际应用中应根据不同车况灵活处理。

（2）各项目中的任务实施环节可根据自身情况选做，故障诊断任务实施时，教材中的故障点设置方案仅供参考。

（3）在车型选择上，教材侧重轿车维修，以大众、通用车系为主，同时兼顾大车维修。

本书由长期从事汽车维修专业教学与研究的平顶山工业职业技术学院教师秦浩任主编，徐州工业职业技术学院宋发民、信阳职业技术学院余阿东任副主编，辽宁农业职业技术学院李岳忠参编。 在编写过程中，得到上海大众汽车平顶山特约维修站等企业技术人员的大力帮助，在此谨向他们表示由衷的感谢！

为方便教学，本书配套视频、微课、课件等数字资源，视频、微课等通过扫描书中二维码观看学习，教学课件等可登录化学工业出版社教学资源网 www.cipedu.com.cn 免费下载。 同时建立了QQ群（ 号码 107141977）， 汽车专业教师可加入免费咨询交流本专业课程相关问题，索取课件等。

由于水平所限， 书中难免有不当之处， 恳请读者批评指正。

编　者

第一单元 汽车检测诊断基本知识 … 1
基本知识 1　基本概念与基本方法 … 1
基本知识 2　汽车电器系统检修基本知识 … 15
基本知识 3　汽车维护与机械维修基本知识 … 39

第二单元 汽车发动机的检测与故障诊断 … 50
项目 1　发动机机械故障诊断 … 50
　　基础知识　发动机曲柄连杆机构及配气机构的组成 … 51
　　任务 1　气缸密封不良与配气正时失准检测诊断 … 52
　　任务 2　发动机异响故障诊断 … 54
　　任务 3　发动机常见机械故障检查 … 57
项目 2　润滑与冷却系统故障诊断 … 61
　　基础知识 1　润滑系统的组成 … 61
　　任务 1　润滑系统故障诊断 … 63
　　基础知识 2　冷却系统的组成及控制原理 … 67
　　任务 2　冷却系统故障诊断 … 69
项目 3　汽油发动机供给与点火系统故障诊断 … 73
　　基础知识 1　燃油喷射系统的组成及控制原理 … 74
　　任务 1　燃油喷射系统检修 … 77
　　基础知识 2　进排气系统的组成及控制原理 … 81
　　任务 2　进气系统检修 … 87
　　任务 3　排放控制系统检测 … 89
　　基础知识 3　相关传感器功能与原理分析 … 91
　　任务 4　相关传感器检测 … 97
　　基础知识 4　电控点火系统的组成与控制原理 … 99
　　任务 5　点火波形分析 … 101
　　任务 6　电控点火系统故障诊断 … 103
项目 4　汽油发动机综合故障诊断 … 106
　　任务 1　发动机不能启动或启动困难故障 … 106

　　　　任务2　发动机怠速不良和动力不足故障 …………………………… 109
　项目5　柴油发动机供给系统故障诊断 …………………………………… 117
　　　　基础知识　柴油机燃料供给系统的组成及基本原理 ………………… 117
　　　　任务1　机械控制柴油机故障诊断 …………………………………… 120
　　　　任务2　电控柴油机故障诊断 ………………………………………… 124

第三单元　汽车底盘检测与故障诊断　　　127

　项目1　传动系统的故障诊断 ……………………………………………… 127
　　　　基础知识1　传动系（手动挡）的组成与基本原理 ………………… 127
　　　　任务1　传动系（手动挡）故障诊断 ………………………………… 131
　　　　基础知识2　液力自动变速器的组成与基本原理 …………………… 138
　　　　任务2　自动变速器检查与试验 ……………………………………… 142
　　　　任务3　自动变速器常见故障分析 …………………………………… 148
　项目2　转向系与行驶系故障诊断 ………………………………………… 156
　　　　基础知识1　转向系的结构原理 ……………………………………… 156
　　　　基础知识2　行驶系及车轮定位参数 ………………………………… 158
　　　　任务1　车轮定位检测与调整 ………………………………………… 163
　　　　任务2　车轮平衡度检测与校正 ……………………………………… 171
　　　　任务3　转向系统故障诊断 …………………………………………… 178
　　　　任务4　行驶系故障诊断 ……………………………………………… 180
　项目3　制动系统故障诊断 ………………………………………………… 184
　　　　基础知识1　液压制动系统的组成与基本原理 ……………………… 184
　　　　基础知识2　液压制动辅助系统的组成及基本原理 ………………… 186
　　　　任务1　液压制动系统故障诊断 ……………………………………… 190
　　　　基础知识3　气压制动系统的组成与基本原理 ……………………… 196
　　　　任务2　气压制动系统故障诊断 ……………………………………… 198

第四单元　汽车电器系统检测与故障诊断　　　203

　项目1　电源与启动系统故障诊断 ………………………………………… 203
　　　　基础知识1　电源系统的组成及电路分析 …………………………… 204
　　　　任务1　电源系统检测 ………………………………………………… 207
　　　　任务2　电源系统故障诊断 …………………………………………… 209
　　　　基础知识2　启动系的组成及电路分析 ……………………………… 211
　　　　任务3　启动系故障诊断 ……………………………………………… 213
　项目2　照明信号系统故障诊断 …………………………………………… 216
　　　　基础知识　照明信号系统电路分析 …………………………………… 216
　　　　任务　照明信号系统故障诊断 ………………………………………… 219
　项目3　仪表系统故障诊断 ………………………………………………… 224
　　　　基础知识　仪表报警系统电路分析 …………………………………… 224

　　　　任务　仪表报警系统故障诊断……………………………………………… 228
　项目 4　雨刮器系统故障诊断……………………………………………………… 232
　　　　基础知识　雨刮器系统电路分析………………………………………… 232
　　　　任务　雨刮器系统故障诊断………………………………………………… 235
　项目 5　安全气囊系统故障诊断…………………………………………………… 239
　　　　基础知识　安全气囊系统的组成与工作原理………………………… 239
　　　　任务　安全气囊系统故障诊断……………………………………………… 242
　项目 6　电动车窗和中控门锁故障诊断………………………………………… 245
　　　　基础知识　电动车窗和中控门锁电路分析……………………………… 245
　　　　任务　电动车窗和中控门锁故障诊断…………………………………… 249
　项目 7　汽车防盗系统原理及匹配………………………………………………… 255
　　　　基础知识　汽车防盗系统基本原理……………………………………… 255
　　　　任务　大众汽车防盗系统的匹配………………………………………… 258
　项目 8　汽车空调系统故障诊断…………………………………………………… 260
　　　　基础知识 1　汽车空调系统的组成与基本原理………………………… 260
　　　　基础知识 2　汽车空调系统电路分析…………………………………… 262
　　　　任务 1　空调制冷系统的检查与充注…………………………………… 266
　　　　任务 2　空调系统故障诊断………………………………………………… 271

第五单元　整车故障诊断与检测　　　　　　　　　　　　　277

　项目 1　整车综合故障诊断与检测………………………………………………… 277
　　　　任务 1　整车综合性故障诊断……………………………………………… 277
　　　　任务 2　汽车驱动轮输出功率检测………………………………………… 280
　项目 2　整车强制性检测…………………………………………………………… 283
　　　　任务 1　汽油车排放污染物检测…………………………………………… 283
　　　　任务 2　柴油车烟度检测…………………………………………………… 288
　　　　任务 3　汽车制动性检测…………………………………………………… 290
　　　　任务 4　车轮侧滑量检测…………………………………………………… 297
　　　　任务 5　车速表指示误差检测……………………………………………… 299
　　　　任务 6　汽车前照灯检测…………………………………………………… 302

附录　汽车维修常用英语缩写词　　　　　　　　　　　　　306

参考文献　　　　　　　　　　　　　　　　　　　　　　　309

第一单元

汽车检测诊断基本知识

基本知识1　基本概念与基本方法

学习目标

1. 了解汽车故障的分类与变化规律。
2. 了解汽车故障诊断的基本方法。
3. 了解常用检测诊断设备的功能,初步认识其使用方法。

一、基本概念

（一）汽车维修的概念

汽车维修是汽车维护和修理的泛称,汽车维修业务包括两个方面：一是为预防汽车性能下降和故障发生所进行的维护保养；二是当车辆出现故障后所进行的诊断和修复。车辆修复又包括两个方面：汽车机电维修和车身修复（即钣金、涂装工艺）。

随着我国汽车工业的发展,汽车已进入家庭并快速增长,对汽车的节能、环保和安全性能的要求进一步提高,老旧汽车被强制报废,车辆更新换代加快,配置越来越先进,从而引起汽车维修行业的巨大变革,其变化主要表现在以下方面。

① 汽车维护比重增加。随着汽车制造工艺的提高和道路环境的改善,汽车的故障率逐步降低,"以养代修"的观念已深入人心,汽车维修中维护的比重增大,因车辆故障而进行修理的业务比重呈下降趋势。

② 换件维修。由于当前汽车零配件供应充足,为缩短汽车维修时间,普遍以新件更换取代过去的旧件修理。修理的概念已发生变化,所谓的"修"仅仅就是元件拆装更换的过程。

③ 汽车维修趋向脑力化。大量汽车检测仪器的应用使动手拆装的工作量大为减少,专用拆装工具与设备的使用也节省了体力,同时,汽车结构越来越复杂,使得汽车故障诊断的难度逐渐加大,汽车维修工作越来越趋向脑力劳动。

因此，汽车检测与诊断已成为当前汽车维修人员的核心技能，时代对汽车维修人员提出了更高的要求。作为汽车维修技术人员，需要熟练掌握各种汽车检测仪器设备的使用方法，并运用自己掌握的汽车专业知识和维修技术资料，对检测的结果进行正确的分析、推理，做到准确判断，彻底排除故障。

（二）汽车检测与汽车故障诊断的概念

1. 汽车检测

汽车检测是指为确定汽车技术状况或工作能力，利用汽车检测设备对汽车进行的检查和测量。汽车检测通常包括定期性能检测和故障诊断检测。

定期性能检测是指机动车管理法规所规定的汽车安全环保检测（即机动车辆的年检，是国家规定的强制性检验）和汽车综合性能检测，检测的最终结果是否能通过检测线。

故障诊断检测是指汽车发生故障后，通过检测找出故障发生的准确部位，为尽快修复汽车提供可靠依据。检测的最终结果是确定故障部位。

2. 汽车故障诊断

汽车故障诊断是指汽车发生故障后，在不解体（或仅拆下个别小件）条件下，为确定汽车技术状况，或查明故障部位及原因而进行的分析和判断。汽车诊断包括人工经验诊断和仪器设备诊断两种途径。

人工经验诊断指不借助仪器，凭借维修人员的实践经验，采用眼看、耳听、手摸、鼻嗅等手段，通过原地检查或道路试验，分析、诊断故障。

仪器设备诊断指利用仪器设备通过检测有关参数、波形，分析、诊断故障。现代检测仪器设备的种类很多，如故障诊断仪、万用表、油压表、示波器等。

3. 两者的关系

汽车定期检测是一种主动检查行为，如同健康人去医院做体检，以便了解身体健康状况，及时发现疾病隐患。汽车诊断是一种被动检查行为，好像人生了病要到医院看病一样，是汽车发生故障后分析、判断故障原因及部位的整个过程，利用仪器设备检测只是汽车故障诊断过程中的一个方面，两个概念的关系如图1-1所示。

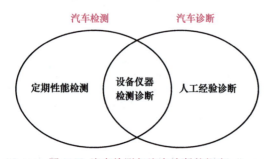

图1-1 汽车检测与汽车诊断的概念

（三）汽车故障的分类与变化规律

汽车故障是指汽车部分或完全丧失工作能力的现象。汽车的工作能力包括动力性、经济性、安全环保等性能。故障是一种不合格状态，其根源是总成或零件的技术指标变化超出了允许限度。

1. 汽车故障的分类

（1）根据故障的危害程度，汽车故障可分为四类：轻微故障、一般故障、严重故障和致命故障。

轻微故障：未造成停驶，但已影响正常使用，并可用随车工具作适当调整即可排除。

一般故障：会造成停驶，但不会导致主要零部件损坏，并可更换易损零件或用随车工具在短时间内修复，如滤清器脏、燃油油路不畅等。

严重故障：导致主要零部件损坏，必须停车，且不能用随车工具和易损备件在短时间内排除，如发动机拉缸、烧瓦、抱轴等。

致命故障：可能引起车毁人亡的恶性重大事故。如柴油机飞车、连杆螺栓断裂、制动失效等。

（2）根据汽车使用中所表现出的故障不同，可分为：突发性故障和渐进性故障。

突发性故障：故障发生前没有可觉察的征兆，故障一经发生，工作状况急剧恶化的，零部件或总成、系统功能突然丧失。

渐进性故障：故障发展缓慢，故障出现后一般可以继续行驶一段时间后再修理。

（3）根据故障表现的稳定程度可分为持续性故障和间歇性故障。

持续性故障的症状稳定，其出现规律明显，其故障部位技术状态稳定，一般较易诊断和排除。

间歇性故障时有时无，具有突发性，且无明显规律可循，其故障部位的技术状况发生不规则变化，故障原因不稳定。这类故障较多地发生在电路，特别是汽车电控系统中，其主要原因是汽车组成件因磨损、过热、振动导致故障部位技术状态处于故障临界状态。

2. 汽车故障的变化规律

汽车故障的变化规律是指汽车的故障率与行驶里程的变化规律。汽车故障率，即汽车在单位行驶里程内发生故障的概率。对于机械性故障，汽车故障率与行驶里程的关系曲线如图 1-2 所示，曲线两端高、中间低，呈浴盆状，也称"浴盆曲线"。故障的变化规律一般分为 3 个阶段。

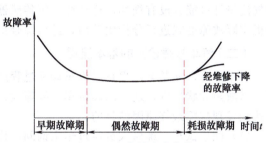

图 1-2　汽车故障率曲线

（1）早期故障期。早期故障期相当于汽车走合期，新车汽车走合期内，由于零件加工表面存在粗糙度以及形状偏差和装配误差，零件接触面积较小，比压力大，使零件迅速磨损和破坏，故障率较高。但随着行驶里程的增加，零件配合质量不断提高，磨损减慢，故障率逐渐下降。

（2）偶然故障期。零件经过磨合阶段，零件的表面质量及相互间的配合达到最佳状态，因而零件磨损量较小。在此期间，除了使用、维护不当及材料缺陷等偶然因素外，没有特定因素导致故障，故障率低而稳定，汽车一般处于正常使用期。

（3）耗损故障期。产品经长期使用后，随着磨损量的不断积累，零件间的配合间隙增大，配合零件出现松旷、冲击，受交变载荷作用而快速磨损、老化衰竭，导致故障率上升。一般在故障率开始上升前更换或维修将要耗损的零部件，则可以减少故障率，延长汽车的使用寿命。

二、汽车故障诊断的原则与基本流程

（一）汽车故障诊断的原则

1. 抓住汽车故障特征

故障诊断前，应通过询问车主，全面搜集了解故障现象、故障出现的频次、条件等故障特征。必要时亲自试车进一步验证。

2. 先思后行，结合原理分析故障原因

对掌握的故障现象先进行分析，在认识到可能存在的故障原因的基础上，再进行故障检查，可避免检查的盲目性。如发动机排气管排黑烟，其实质是燃烧不完全，以此为中心进行发散思维，从发动机在供油、进气、喷油正时三方面的查找故障原因。而要准确分析故障原因，必须熟悉汽车的结构、工作原理及正常工作所需要的条件。

3. 先外后内,先易后难,诊断准确,少拆为宜

为减轻工作量、提高效率,表面部位或容易检查的项目、出现故障概率比较大的部位,应优先予以检查,如因车辆振动引起的电线接头松脱、锈蚀而造成的接触不良,紧固件松动,管路破损而漏油漏气等,只有将表面相关部件全都检查诊断完后,才可拆检内部。

检修车型不熟悉故障诊断无把握时,不可轻易解体,如盲目拆卸,除了浪费人力,不正确的拆卸还会造成新的故障。要多收集相关技术资料,弄清其结构原理,拆检时尽量做到下手准确。

4. 对于电控系统相关故障,故障码优先,故障代码和故障分析相结合

电控系统都有故障自诊断功能,在进行故障检测诊断前应首先读取故障码,以免走弯路。

但是,自诊系统也可能显示错误的故障码。这一般是电子控制单元(ECU)监测失误引起的。一些欧洲车辆,当怠速发抖、油耗异常,发动机ECU报出空气流量计故障码时,空气流量计可能并没有损坏,这往往是氧传感器损坏而引起的相关码。这类故障码必须与发动机实际故障症状进行分析比较后,进行综合诊断。

(二)汽车故障诊断的基本流程

汽车故障诊断基本流程是对汽车诊断过程的最基础、一般性的概括和总结。汽车故障诊断应从故障症状出发,通过问诊试车,故障确认,分析诊断,确认故障部位,修复验证,最后达到发现故障最终原因的目的。

(1)问诊试车 维修人员通过车主询问,详细了解车辆的故障情况,为诊断提供线索和方向,甚至可以锁定故障范围。

问诊一般包括以下内容。

① 初次故障发生的时间,汽车所处的状态。

② 故障发生的频次:经常发生;一定条件下发生;偶尔发生;只发生一次。

③ 故障发生的环境:气温、气候、道路状况等。

④ 车辆行驶里程,维修保养情况,故障发生后是否进行过维修,进行了哪些维修,更换过哪些零部件;该车是否按时进行保养,是否在正规维修企业进行保养;故障发生前是否加装过设备,更改过线路或更换过零部件。

⑤ 了解车主的驾驶习惯,经常行驶的道路条件及行驶车速,挡位情况,加注的燃油牌号、品质及添加剂使用情况等。

注意:询问故障症状发生时的情况时,应尽量让车主多说,不要提示太多,否则会误导用户说出模棱两可的故障现象,增加诊断的难度。

维修人员根据故障情况必要时进行试车,以验证故障的真实性。完整的试车应该包括汽车各种性能的试验过程,即从发动机冷机启动、冷机高怠速、暖机到热机怠速、加速、急加速全过程的运行状态,以及仪表指示情况。此外,还应包括汽车起步、换挡、加速、减速、制动、转向等过程的行驶状况试验。根据车辆不同的故障现象进行相应的试车,有选择地检查汽车的动力性能、制动性能、行驶稳定性能、操纵可靠性、振动异响等状况,感受驾驶操作过程中的各种反应,以便检查是否还有车主未感觉到的汽车故障症状存在。

(2)分析诊断 汽车故障分析是根据汽车的故障现象,借助汽车的结构原理、电路图等资料,通过人工经验和现代检测设备,检查、测试、分析和推理判断出故障原因和故障部位所在。清晰的检测思路、缜密的逻辑推理是实现快速、准确判断的关键。

(3)修复验证 修复验证是在测试确认最小故障点发生部位后,对故障点进行的修复以及对修复后的结果进行的验证。它分为修复方法的确定和修复后的验证两个部分。

修复方法要依据故障点的故障表现模式来确定，故障点是导致故障的最小单元，故障点所具有的不同表现模式，决定了修复中将采用的不同方法。

① 元件损坏、元件老化和元件错用模式的故障，通常采用更换的方式进行修复。

② 安装松脱、装配错误和调整不当模式的故障，通常采用重新安装调整的方式进行修复。

③ 润滑不良故障，采用维护润滑的方式修复；油液亏缺故障通过添加油液修复，但对于渗漏和不正常的消耗导致的亏缺，要找到根源给予修复。

④ 密封不严故障，通常对橡胶件采用更换，机械部件采用表面修复工艺或更换的方式修复。

⑤ 气液漏堵模式的故障，通常要采用疏通堵塞、封堵渗漏的方式修复。

⑥ 结焦结垢故障，采用清洗除焦垢的方式修复，生锈氧化故障采取除锈的方式修复。

⑦ 运动干涉，通常采用恢复形状、调整位置、加强紧固的方式修复。

⑧ 控制失调、进入紧急备用模式以及匹配不当模式的故障，采用重新调整、恢复归零以及重新匹配的方式修复。

⑨ 短路断路、线路损伤、虚接烧蚀模式的故障，采用修理破损、清理烧蚀、去除氧化、重新焊接以及局部更换线路的方式修复。

⑩ 漏电击穿、接触不良的故障，采用更换或清理接触点的方式修复。

修复后的验证是对修复后的车辆进行功能测试，如果故障现象完全消失，车辆功能恢复正常，则可以确认车辆已经被完全修复。

（4）查找故障最终原因　找到的故障点进行修复验证后，故障现象可能被消除了，但是导致这个故障点发生故障的最终原因还没有被完全认定，如果不再继续深究，就此结束修理，汽车继续行驶后，有可能导致故障现象再次发生。所以，应对故障点的最终故障原因进行分析，找到其产生的内部原因和外部原因，彻底消除故障发生的根源，杜绝故障再次发生。

三、汽车故障诊断的基本方法及本课程的学习方法

（一）汽车故障诊断的基本方法

汽车故障诊断的方法分为直观诊断法和仪器设备诊断法两大类，诊断时有时需要借助一些试验方法，如对比试验法、模拟试验法，对于复杂系统的故障，需要运用故障树法进行分析。这里简要介绍这些方法，对于常用仪器设备的使用及诊断方法，将在后面单元结合相关内容予以介绍。

1. 直观诊断法

直观诊断，又称人工经验诊断，指凭借诊断人员的丰富的实践经验，采用眼看、耳听、手摸、鼻嗅等手段，进行检查、试验、分析，确定汽车故障原因和部位的诊断方法。直观诊断法是汽车故障诊断最基本的方法，即使在现代仪器诊断技术飞速发展的今天，该方法也不可能被替代。

（1）"看"　"看"是通过眼睛或借助内窥镜等对汽车各部位进行观察，查看是否有异常现象。汽车故障诊断中"看"的项目及部位主要包括：

① 汽车仪表及报警灯、指示灯的显示情况；

② 是否有漏油、漏水、漏气，机油、制动液、冷却液等液体颜色及液面高度是否正常；

③ 发动机的排气颜色是否正常；

④ 油管、气管是否出现压瘪、弯曲、破碎、裂纹，消耗量是否正常；

⑤ 轮胎气压及轮胎磨损是否正常，运动件是否松脱、变形，相关部位有无刮蹭痕迹。

(2)"听" "听"是通过耳朵或听诊器监听,仔细倾听汽车机械部分异响部位及判断电器元件是否工作。汽车故障诊断中涉及"听"的故障项目主要包括:

① 发动机各种异响;

② 底盘异响;

③ 通过听喷油器、继电器、电磁阀是否有接通的声音,电机、油泵是否有运转声音,判断它们是否工作。

(3)"摸" "摸"是用手触摸感受机件的温度和振动等,获取汽车故障信息。"摸"能帮助进行诊断的故障项目主要包括:

① 用手触摸制动鼓或制动盘是否过热,判断是否制动拖滞;

② 触摸点火线圈、继电器、电机等电器或电子元件的表面温度,判断是否正常故障;

③ 用手触摸空调压缩机进出媒管有无正常温差,判断压缩机是否正常工作;发动机水温高时,触摸散热器上下水管判断节温器是否正常打开;

④ 检查皮带松紧度,判断皮带是否打滑;

⑤ 用手感受喷油器、电磁阀和电机的振动,可判断它们是否工作;

⑥ 轻拉连接线路插头是否松动,触摸连接处是否有不正常的高温,可判断该处是否接触不良;

⑦ 用手感知机油、自动变速器油、齿轮油的黏度以及所含杂质,判断油液的品质及可能存在的故障。

(4)"嗅" "嗅"是通过嗅觉感知汽车产生的异常味道。"嗅"能够帮助进行诊断的故障项目主要包括:

① 由发动机排放尾气的异味判断发动机工作情况;

② 由发动机机油、自动变速器油等油液异味判断油液品质及相关部位的工作状况;

③ 由摩擦片焦煳味,判断离合器打滑、制动拖滞等故障;

④ 由橡胶或塑料件烤焦味判断导线过热、线路短路故障。

2. 对比试验法

(1)隔除对比试验 通过隔除某些系统或部件,使其停止工作,如故障现象消失,则故障在被隔除部件或系统。诊断发动机异响或急速不稳故障时,常用单缸断火试验查找故障缸,电工维修中常见的跨接线法查找断路故障点、断路法查找短路故障点,均属于此方法。又如汽车加速不良故障,判断故障是否是空气滤清器堵塞引起时,可取下空气滤清器试车,如故障消失,则故障确实是由空气滤清器引起的。

(2)替换对比试验 对怀疑有故障的零部件用工作正常的相同件对换,如果换件后故障现象消失,说明原件有问题。经常用于诊断火花塞、传感器、电子控制单元(ECU)等工作是否正常。

3. 模拟试验法

(1)增减模拟试验 为了判断氧传感器是否有故障,可以向进气管内喷射化油器清洗剂或堵住空气滤清器的进气口,人为加浓混合气,或拔下一根发动机进气歧管上的真空软管(例如曲轴箱强制通风管),人为使混合气偏稀,观察氧传感器的信号电压是否有变化。如果氧传感器的信号电压几乎没有变化,说明氧传感器已经失效。

电控发动机运转不稳,耗油量大,怀疑供油系有泄漏故障。发动机启动后,踩油门加速,突然快速抬起油门,发动机立即减速,致使供油管路压力快速达到最大极限压力值,在这一油压作用下,很快就观察到了泄漏部位。

当怀疑是因用电负荷过大而引起的故障时,可采用接通全车所有的用电设备,如音响、空调、前照灯等，模拟全负荷用电状态，检查故障是否重现。

（2）环境模拟试验　有一些偶发性故障是发生在特定的环境中，如汽车运行在坏路面时有故障，在好路面上无故障；发动机冷车无故障，热车时有故障；雨天或潮湿情况下，干燥晴天无故障。产生故障的主要原因是由于电控系统的电子元器件对振动、温度、潮湿等因素敏感所致，对于上述故障，通常可用以下方法给予诊断。

① 振动模拟试验。为模拟路面颠簸的情况，检查是否存在松动、虚焊、导线断裂等接触不良故障，轻轻摆动线束连接插头，用手拍打传感器、执行器、继电器、开关等部件，如故障重现或故障消失，则说明被施加振动部位存在故障。

② 加热模拟试验。如冷机无故障，达到正常工作温度故障出现，一般为晶体管、集成电路板、阻容元件等电子元器件出现软击穿（在一定温度以下正常，超过该温度有故障）。为模拟电器过热的情况，用电吹风等工具，对怀疑部位进行局部加热，以期再现故障。注意加热温度要在80℃以下，而且不能加热ECU。

③ 加湿模拟试验。当怀疑是因雨天或洗车之后潮湿而引起故障时，可向怀疑元器件上方喷水雾，模拟潮湿环境来进一步确认。注意喷淋前要对元器件作防水保护，以免因水锈蚀。

4．分析汽车复杂系统故障的方法——故障树法

汽车故障诊断中，对于涉及的故障因素较多的复杂系统，特别对汽车自诊断系统不能准确把握的故障诊断项目，故障树分析法是进行故障分析的有效方法。它将汽车故障现象作为分析目标，从故障发生的机理出发进行发散思维、逻辑推理，找出导致此故障发生的全部直接原因，然后再找出导致下一级故障的全部直接原因，逐级细

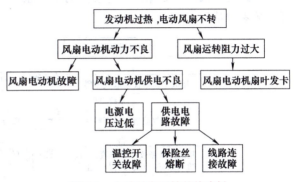

图1-3　电动风扇不转的故障树

化一直追查到那些最基本的、无需深究细节的原因为止，从而形成反映汽车故障因果关系的树枝状图形——故障树。图1-3是冷却系电动风扇不转的故障树。图1-4是发动机排黑烟的故障树。

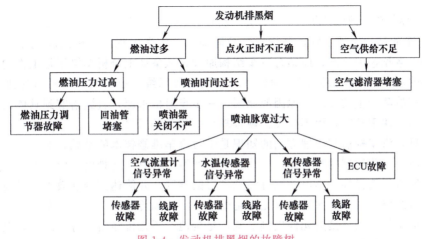

图1-4　发动机排黑烟的故障树

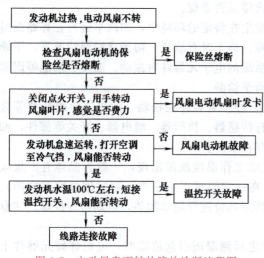

图1-5 电动风扇不转故障的诊断流程图

分析故障发生的全部直接原因之后,根据具体的故障表现和维修经验,剔除故障率很小的故障原因,然后按照先外后内、先易后难的故障诊断原则,确定汽车故障诊断的最佳操作顺序和具体的操作方法,即确定故障诊断流程。图1-5是电动风扇不转故障的诊断流程图,图1-6是发动机排黑烟故障的诊断流程图。由于车型不同,车辆的具体故障表现不同,每个人的维修经验不同,其故障诊断流程因车而异,因人而异,本书介绍的汽车诊断流程仅供参考。

（二）本课程的学习方法

本课程是汽车维修类专业学生在学习掌握汽车构造与原理的基础上,通过本课程的学习,掌握现代汽车的故障诊断与检测的基本原理、基本方法,为以后从事汽车维修技术工作打下必要的基础。

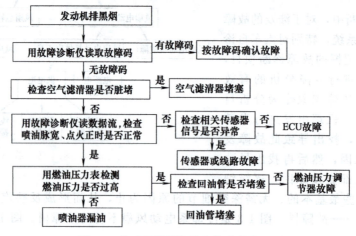

图1-6 发动机排黑烟故障的诊断流程图

如何快速掌握汽车故障诊断的基本方法,现就本课程的学习方法提出以下建议,以供参考。

① 从汽车的结构原理出发,分析汽车故障原因。汽车出现同一种故障现象,原因却是多种多样的,遇见这种情况,应结合汽车结构原理,从整体上分析车辆正常工作的条件,分析相关元件的功能,分析故障产生的机理,运用发散思维、故障树等分析方法进行逻辑推理,分析汽车故障产生的原因、原因的原因,一步步追根求源,直到落实到具体的元件或部位。分析原因要注重理解,而不要死记硬背教材中的条条目目。

由此可见,汽车构造与原理方面的知识是学习汽车维修技术的基础,非常重要。汽车作为机、电、液一体化控制的复合体,结构复杂,学习掌握有一定难度,但如果从汽车维修工作需要的角度进行选择性的学习,则可降低学习的难度,并能达到预期效果。目前普遍采取总成更换进行维修,对于这些部件,尤其是电子产品,如传感器、电子控制单元等,只需知道外部各个端子的作用（是为元件提供电源,是接地,还是传输信号等）即可,至于部件内部结构、工作原理如何,这些与维修无关,可不予考虑。对于汽车机械部分的学习,重点掌握主要部件的作用、运动关系及装配关系；对于电器部分的学习，重点掌握电子部件之间的控制关系，各个连接线路的作用、分布。

② 要理论联系实际。实践是学习的目的，也是学习的手段，实践能使书本知识变得更容易掌握。例如，学习仪器设备的使用，通过阅读书本操作要领，再结合实际操作，可以轻松地掌握其使用方法；学习某车型的电路，应将电路图与实车进行对比，熟悉实际电路的连接关系；学习故障诊断方法，校内实践教学中，在不损坏车辆的情况下设置一些故障，通过观察故障现象，验证和加深知识的理解，或进行故障诊断方面的实际操作训练，校外汽车维修现场实习中，要注意观察维修人员的操作，多向维修人员询问、探讨交流。因此，实践贯穿于学习的整个过程。

③ 诊断过程应具体问题具体分析。教材中探讨的仅仅是汽车检测与诊断的一般性原理、规律和方法。同一部件的故障，对不同车型由于电控系统的控制程序和硬件不同，故障表现有可能不同，对于不同车况，如车辆新旧、使用情况等不同，诊断的思路也不一样，教材中介绍的故障诊断流程及排除方法仅供参考，实际工作中应结合具体的车型、车况，灵活变通地分析、处理。本书中有一些汽车维修案例，通过研读可以了解他人故障诊断的实际过程，加深自己对诊断流程的理解。

四、常用汽车检测诊断设备

汽车检测诊断设备种类很多，按功能范围可分为综合性检测设备和单一性检测设备两大类。综合性检测设备如汽车故障诊断仪、发动机综合分析仪、数字式万用表、油压表等，使用范围较宽；单一性检测设备如排气分析仪、四轮定位仪、车轮平衡机等，专用于某一项检测。这里仅介绍几种常用的综合性检测设备：汽车故障诊断仪、汽车示波器、数字式万用表、油压表、发动机综合分析仪，专用检测设备在以后相关项目予以介绍。

（一）汽车故障诊断仪

汽车故障诊断仪，又称故障扫描仪、电控系统检测仪，过去因为它具有故障码的读取和解析功能，称为解码器，现在由于该仪器的功能已大大扩展，称"解码器"已不确切。汽车故障诊断仪一般具有从电控单元（ECU）中读取故障码、动态数据流、执行元件动作测试、参数设定和编码等功能。

汽车故障诊断仪分为专用型和通用型两种。专用型故障诊断仪是针对某一品牌或车系而设计，具有功能强大、针对该车型的故障查找比较准确的优势，如大众汽车公司的VAS5052，通用汽车公司的TECH2等。通用型故障诊断仪适用多种品牌、车型，如元征X431、博世KT660等，图1-7为元征X431PRO主机，图1-8为博世KT660主机。一般除主机、汽车诊断和网上升级所需附件之外，还配有各种测试接头。

图1-7　元征X431PRO汽车故障诊断仪

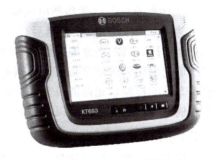

图1-8　博世KT660汽车故障诊断仪

(1) 汽车故障诊断仪的测试条件

① 汽车电瓶电压等级：汽油机故障诊断仪，12V；柴油机故障诊断仪，12V 或 24V。

② 点火正时和急速应在标准范围，发动机冷却液温度和自动变速器油温达到正常工作温度。

(2) 设备连接　在车上找到诊断座，根据诊断座的形状选择相应的接头。将测试线一端连接好测试接头，另一端接入主机的测试口，再将测试接头连接至汽车诊断座。

注意：要先连接好主机、测试线和诊断接头后，才把测试接头连接到诊断座上，否则容易导致连接过程中因导线短路造成诊断座保险丝熔化。

(3) 进入诊断系统　接通电源，进入汽车诊断主菜单，车型选择是以车标图形为按钮，点击相应的图标选好车型后，再选择要诊断的系统，界面将显示此系统能够实现的所有诊断功能，如读取电脑版本信息、读取故障码、清除故障码、读取数据流、元件动作测试、基本设定、控制单元编码等。

① 读取电脑版本信息。即读取被测试系统 ECU 的相关信息，包括软件版本、硬件版本、零件号等信息，读取的信息因车型或系统不同而不同。更换车辆控制单元并对新的控制单元编码时，需要读出原控制单元信息并记录，以作为购买新控制单元的参考。

② 读取故障码。即读取被测试系统 ECU 存储器内的故障代码，帮助维修人员快速地查到引起故障的原因。

③ 清除故障码。即清除被测试系统 ECU 内存储的故障码，可用于验证故障码，如故障码被清除，则该代码是间歇性故障或是已排除故障但未清除的故障码。诊断维修之后，要注意清除故障码，此时使汽车仪表板上相应的系统报警灯熄灭。

④ 读取数据流。即通过仪器查看被测试系统 ECU 接收到的各种信号信息，如开关量的状态、各种数据输入、输出的瞬时值。在进行故障诊断时，若遇到无故障码显示的情况，可以通过查看数据流是否存在异常，分析相关系统或部件是否存在故障。目前新型的诊断仪还具有数据流波形显示方式，即将数据流转化为随时间变化的波形，使数据流显示更加直观。

⑤ 元件动作测试。即故障诊断仪向 ECU 发出指令，ECU 再控制某个执行元件工作，通过检查执行元件是否响应，判断执行器及其线路是否有故障。

注意：元件动作测试功能的使用请按照原厂手册操作，以免造成车辆故障。

⑥ 基本设定。车辆某些系统维修或者保养后，必须进行基本设定，如节气门自适应过程、点火正时、混合气、急速稳定阀的设定等。不同车型、不同参数的基本设定选择不同的组号，以原厂手册为准。一般情况下，可以先查看基本设定组号对应的数据流，如果无此组数据流或者数据流和基本设定内容不符合，则此基本设定组号不正确。

进行基本设定操作时，被测车辆的状态应是：ECU 内无故障码存储；冷却液温度不低于 80℃；关闭所有电器（散热器电风扇必须关闭），空调关闭。

⑦ 控制单元编码。ECU 更换后必须进行控制单元编码，如果新的控制单元编码和原控制单元完全一样，只需将原编码输入新的控制单元，一般控制单元编码因车辆配置不同而不同，控制单元编码完成后重新读取车辆电脑版本信息，查看刚才录入的编码是否保存。

有些车型的控制单元可能只允许编码一次，且错误的编码轻则会导致车辆的性能不良，重则给车辆带来严重故障，所以尽量不能误操作。

（二）示波器

示波器有专用的汽车示波器，如 MT3500 示波器（图 1-9），有的汽车故障诊断仪、发动机分析仪具有示波器功能。示波器是将测试探头直接放到需要检测的元件的测试点，通过检测电控元件（传感器、执行器）或高压线的电压信号随时间变化的波形，观测电压信号的变化过程。

故障诊断仪通过诊断插座读取数据流操作方便，但是读取的数据（或数据流的波形显示方式）是电控元件经过线束传送并经 ECU 处理过的信息，有一定的误差。相比之下，示波器采用拦截式直接检测，信号更为准确，同时仪器的扫描速度比故障诊断仪和万用表更快，可实现信号的快速捕捉和波形的慢速显示，并具有信号波形的储存和回放功能，为分析故障提供很大方便。但看懂波形则需要经过专门培训。一般在汽车出现疑难故障而且用常规方法无法解决时才使用示波器分析波形。

(a) 整机

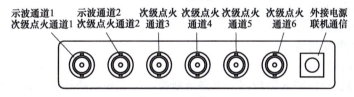

(b) 接口

图 1-9　MT3500 示波器

示波器通常有双通道、4 通道、6 通道多种显示模式，仪器的通道数目是几，可以同时独立地显示几种不同的信号波形。

示波器各通道的信号输入接口接红色测试探头，黑色接地探头与通道 1 共用接口（有的仪器单独设有接地接口），测量时将黑色探头接地，红色探头放到需要的测试的点即可。为了使显示的波形清晰完整，信号波形的电压幅度（量程）和时间标度可以通过仪器进行调整。同时，还能用储存的方式记录信号波形，便于对维修前后进行波形对比，以判断维修的效果，确认故障是否真正被排除。为维修方便，多数示波器给出了标准波形，供维修人员进行参考。

用示波器观测各缸的点火波形时，各通道接口必须使用感应式电容探头，不能使用示波器普通测试探头。点火测试时，将点火高压电缆嵌入点火测试探头的卡槽内，通过感应的方式检测电压。为便于同时观测各缸的点火波形，可选用 4 通道和 6 通道示波器。

（三）数字式万用表

汽车维修中常用数字式万用表来测量电阻、电压、电压降、电流等，以判断电路的通断和电气设备的技术状况。有些汽车专用万用表除了能测量电量参数，还具有一些扩展功能，如检测发动机的转速、数字方波的占空比、频率、温度等。

如图 1-10 为科赛尔 DT9205A 数字万用表。旋转选择开关拨到所需挡位，测量结果在液晶显示器中显示，测试单位和所选的量程一致，各测量挡位符号的含义如下。

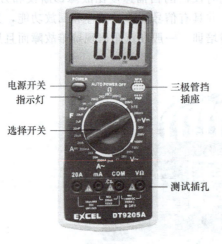

(a) 整机　　　　　　　(b) 操作面板

图 1-10　科赛尔 DT9205A 数字万用表

Ω——电阻测量；
V⎓——直流电压测量；
V～——交流电压测量；
A⎓——直流电流测量；
A～——交流电流测量；
F——电容测量；
⊢▷⊢•))) ——二极管/电路通断检测。电路通断检测时，如电路接通，蜂鸣器会连续发声；
hFE——三极管测量。

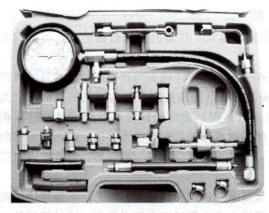

图 1-11　油压表

该万用表有 4 个测试插孔，其中 COM 插孔接电源负极端，插入黑色表笔，是各测试项目的通用插孔。其余插孔接电源正极端，插入红色表笔，测试时用哪一个，应根据旁边标注的测试项目进行选择。注意在测量电阻时，所测电路部分应断开电源。

（四）油压表

油压表用来检测各种油路压力。一般由表头、导管和各种接头等组成，如图 1-11 所示。可进行发动机机油压力、燃油压力、自动变速器油压、制动液压力的检测。

① 发动机机油压力检测。拆下机油压力开关，选取合适的接头将油压表连接好，启动发动机并在怠速、加速、大负荷状态下读取机油压力值，与规定值对比，可以确定机油泵、压力开关等是否有故障。

② 燃油压力检测。多数汽车燃油管路中设有油压测试口，用于安装油压表，没有油压测试口的，可断开燃油分配管的进油管，将三通接头接入油压表，再接入管路中。断开油管前，用抹布将拆卸处罩住，以吸附泄漏的燃油，将吸附燃油的抹布放入准许的容器中。启动发动机并在怠速、加速、大负荷状态下读取燃油压力值，与规定值对比，可以确定燃油泵、燃油压力调节器等是否有故障。

③ 制动液压力的检测。断开连接制动主缸的液压管路，选取合适的接头将油压表连接在制动管路中，踩下制动踏板观察制动液压力值，与规定值对比，如压力值正常且保持压力不变，则制动主缸无故障。若油压缓慢下降，则制动主缸的活塞等磨损较大。

④ 自动变速器液压检测，将自动变速器预热到正常工作温度。拆下变速器壳体上的测压孔螺塞，选取合适的接头将油压表连接到测压孔上。启动发动机，在怠速和各种挡位工况下观察油压值，与规定值对比，判断自动变速器油泵、各油路电磁阀等是否有故障。

（五）发动机综合分析仪

又称发动机综合检测仪，它与示波器的主要区别是：它除了有电量信号的示波功能外，还通过不同的测试探头（专业转换器），将温度、压力、真空度、转速等非电量参数转换为电量参数，使其检测或示波功能得到进一步拓展，目前由于整合了汽车故障诊断仪的功能，其综合检测功能更为强大。该仪器一般以可移动台式为主，如大众奥迪专用的 VAS5051B 发动机分析仪（图 1-12）、博世 FSA740 发动机分析仪（图 1-13）。

图 1-12　VAS5051B 发动机分析仪

图 1-13　FSA740 发动机分析仪

发动机综合分析仪一般具有以下功能。

① 故障诊断。预留故障诊断仪接口，具有汽车故障诊断仪的功能。

② 发动机分析。发动机转速、温度检测，各缸动力平衡检测，进气管内真空/压力波形检测，点火信号波形检测，无外载测功（即加速测功），柴油机喷油压力免拆测试等。

③ 启动机及发电机性能检测。测试启动电压、电流、发电机工作参数和电流波形。

④ 数字万用表和示波器功能。

⑤ 尾气检测功能（选装功能），可进行汽油车排放污染物检测、柴油车烟度检测。

⑥ 打印功能，可将测试结果进行打印。

发动机综合检测仪的主机上有多种测试接口，VAS5051B 的测试接口如图 1-14 所示，连接方法如下。

DSO1——示波器通道 1，接测量线 1。

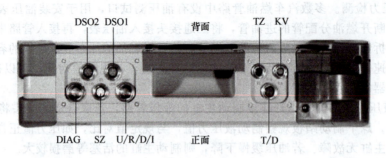

图 1-14　VAS5051B 的测试接口

DSO2——示波器通道 2，接测量线 2。

TZ——接触发夹钳，触发夹钳夹住触发的点火电缆，用于显示第 1 缸点火时刻的信号。

KV——接高压夹钳，用于检测次级点火电压波形。

DIAG——接诊断导线。

SZ——接电流夹钳，100A，用于检测电流。

U/R/D/I——接万用表测量线，可测量电压、电阻、二极管和电流。

T/D——接空气温度传感器、液体温度传感器、压力传感器。

复习思考题　▶▶

1. 汽车诊断故障之前通过询问车主了解车辆的故障情况，问诊包括哪些内容？这些内容与汽车故障诊断有什么内在联系？

2. 诊断汽车故障有哪些试验诊断方法？分别运用于哪些情况？

第一单元　汽车检测诊断基本知识

基本知识 2　汽车电器系统检修基本知识

学习目标

1. 认识汽车电路基础元件，了解汽车电路图识读方法。
2. 熟练运用汽车电路检修的基本方法。
3. 了解电控自诊断系统的原理，掌握传感器、执行器的基本检测方法。
4. 认识 CAN 数据总线基本知识。

现代汽车的电器系统可分为以下三个部分。

（1）电源与启动系统。包括蓄电池、发电机与电能管理系统以及发动机启动系统。

（2）发动机/底盘电控系统。包括发动机电控点火和燃油喷射系统、自动变速器电控系统、制动防抱死系统（ABS）、电控转向助力系统、电控悬架系统等，主要作用是对发动机的动力输出、整车操纵、安全行驶方面的改善起辅助控制作用。

（3）车身电器系统。包括照明信号系统、仪表报警系统、空调系统、雨刷控制、车门控制（电动车窗、后视镜、中控门锁控制）、被动安全系统（安全带预收紧装置及安全气囊）、多媒体及导航系统等，主要作用是提供车上照明及信号警示，并使操作便捷，以及改善乘坐的安全、舒适性。

随着汽车结构的改进与性能的不断提高，汽车电子元件的数量与日俱增，这些元件与汽车的机械部分协同工作、深入融合。今天，即使在发动机维修、底盘维修这些传统的机械维修领域，也往往涉及汽车电器系统的检修，因此有必要先学习一些汽车电器系统检修的基本知识。

一、汽车电路的基础元件

（一）电路连接器件

1. 导线

汽车电器线路中的导线分低压线和高压线两种。

低压线分为普通导线和电缆线两种。普通低压线为带绝缘包层的铜质多股软线，导线的截面积可根据用电设备的工作电流大小进行适当选择；蓄电池和启动机的连接线、蓄电池和车架的搭铁线等则使用电缆线。为便于识别和检修，汽车各条线路的导线均采用不同的颜色，对汽车导线的颜色各国有不同的规定。双色线中所占比例大的颜色叫主色，所占比例小的叫辅助色。

汽车点火线圈与火花塞之间的电路使用高压导线，用来传送高电压。为了衰减火花塞产生的电磁波干扰，目前已普遍使用了高压阻尼点火线。

2. 插接器

分线束与分线束之间、线束与用电设备之间、线束与开关之间的连接采用插接器。插接器不能松动、腐蚀，其上有锁紧装置，而且为了避免安装中出现差错，插接器还制成不同的规格、形状。

拔开插接器时，不能直接拉拔导线，应先将插接器的锁止舌扣解除，才能向两边用力拉插接器的壳体。

（二）电路控制元件

电路控制元件指的是各种开关、继电器以及电控单元（ECU）。汽车开关按操纵方式分可旋转式、推拉式、压力式、顶杆式、翘板式及组合式等多种。这里主要介绍点火开关、组合开关和汽车用继电器。

1. 点火开关

点火开关是汽车电路中最重要的开关，是各条电路分支的控制枢纽。现代汽车的点火开关多采用4挡。

点火挡：ON 或 IG，接通点火系、仪表指示、电控系统。

启动挡：ST 或 START，启动发动机。

附件挡：ACC，停车时打开收放机、音响。

锁止挡：LOCK，锁止转向盘转轴，用于防盗。

柴油车还增加预热挡（HEAT）。

其中启动、预热挡因为工作电流很大，开关不易接通过久，所以这两挡在操作时必须用手克服弹簧力，扳住钥匙，一松手就弹回点火挡，不能自行定位，其他挡位均可自行定位。

2. 组合开关

组合开关将照明开关（前照灯开关、变光开关）、信号（转向、危险警告、超车）开关、刮水器/清洗器开关等组合为一体，安装在便于驾驶员操纵的转向柱上。

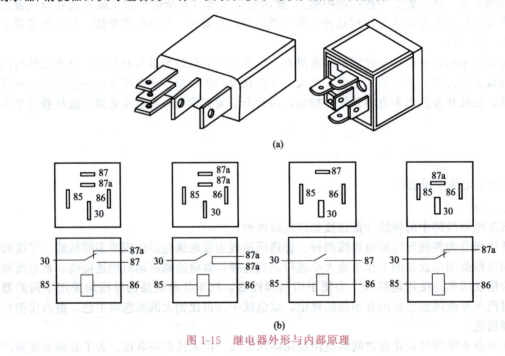

图 1-15　继电器外形与内部原理

3. 汽车用继电器

继电器是利用电磁或其他方法，实现自动接通或切断一对或多对触点，以完成用小电流控制大电流，保护开关触点不被烧蚀。多数继电器放置在保险丝盒内，还有一部分继电器随系统的线束而定。

继电器通常分为常开继电器、常闭继电器和混合型继电器。其外形与内部原理如图1-15所示。

(三)电路保护器件

电路保护器件用于电路或电器设备发生短路及过载时,自动切断电路,以防线束或电器设备烧坏。汽车上常见的电路保护器件有保险丝和断路器。

1. 保险丝

保险丝又称熔断器、熔丝,其材料是锌、锡、铅等金属的合金。现代汽车所使用的保险丝多为塑料外壳的插片式保险丝,如图1-16所示,保险丝塑料颜色指示了最大允许电流值,如表1-1所示。

图1-16 插片式保险丝

表1-1 插片式保险丝塑料颜色代表的额定电流值对照表

颜色	无色	紫	棕黄	褐	红	浅蓝	黄	白	淡绿
额定电流/A	2	3	5	7.5	10	15	20	25	30

保险丝熔断后,必须先查找故障原因,并彻底排除。更换保险丝时,一定要与原规格相同,特别不能使用比规定容量大的保险丝,否则将失去保护作用。

保险丝支架与保险丝接触不良会产生电压降和发热现象。因此,特别要注意检查有无氧化现象和脏污。若有脏污和氧化物,须用细砂纸打磨光,使其接触良好。

有的车型在电路起始端,即蓄电池正极附近,采用多股铜芯绞合线,其尺寸通常要比所保护线路小4号,外面包有聚乙烯护套,比常见导线柔软,又称易熔线。当电流超过易熔线额定电流数倍时,易熔线首先熔断,以确保线路或电器设备免遭损坏。

2. 断路器

断路器用于正常工作时容易过载的电路中,断路器的原理是利用双金属片受热变形的原理制成的。断路器按其作用形式有两种类型。一类是当电路发生过载时,双金属片受热向上弯曲变形,使触点分离,自动切断电路,保护线路及用电设备;排除故障后,需用手按下按钮,使双金属片复位。另一类是当电路发生过载时,双金属片受热变形弯曲,触点打开,电路自动切断;当双金属片冷却后,自动复位,触点闭合,电路自动接通,如此,断路器触点周期地打开和闭合,直至电路不过载为止。

(四)中央电器控制盒和中央电器控制单元

汽车上将全车所有电器控制元件(如继电器、闪光器、雨刮间歇控制器等)和保险丝,通过印刷电路板和壳体组装成一个总成,称为中央电器控制盒。轿车的中央电器控制盒一般安装在左侧仪表板的下方,通过标准的插接器与线束相连,以便于对全车电器件进行集中控制,达到简化线路、便于检修和排除故障的目的。

近年来,一些新车型将传统的中央电器控制盒进行电路集成和功能扩展,出现了中央电器控制单元,增强了对用电器的控制。中央电器控制单元又称车载电器控制单元、车身控制模块(BCM),它包括控制单元集成电路和继电器支架两个部分,如图1-17所示。有些车型,如上海大众朗逸、途观,由于集成了车载网络控制单元、舒适系统控制单元的功能模块,因而具有用电器监控、用电器负荷管理、发电机励磁控制、CAN总线数据传输和自诊断功能。自动挡车型还具有启动机继电器、换挡杆锁和倒车灯的辅助控制功能。

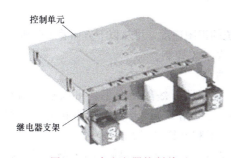

图1-17 中央电器控制单元

二、汽车电路图的识读

（一）汽车电路图的种类

汽车电路图主要用于表达汽车上各电气系统的器件组成、工作原理及电器元件间的连接关系，同时还可以表示各电器、线束等在车上的具体安装位置。常见的有电路原理图、电路接线图和元件定位图。

1. 电路原理图

电路原理图是用简明的图形符号按电路原理将每个系统由上到下合理地连接起来，再将每个系统排列起来而成。这种画法对线路图作了高度地简化，图面清晰、电路简单明了、电路连接控制关系清楚，对迅速分析排除电气设备的故障十分有利。

2. 电路接线图

电路接线图是为了表达电器件的每一个接线柱、继电器的每一个插座以及中央控制盒的每一个端子等和线束的每一个插接器插脚之间的连接关系而绘制的。

电路接线图主要用来指导电器件和线束的装配，是一种介于与电路原理图和线束图之间的表达方式，它既表达汽车电路的连接关系，又表达电路的工作原理，现代多数汽车公司的汽车电路图都采用。

3. 元件定位图

常见的元件定位图是中央控制盒布置图。为便于规范布线、诊断故障，现代汽车常将保险丝、继电器等电路易损件集中布置在一块或几块配电板上，配电板背面是用来连接导线的插座。

（二）汽车电路图的识读方法

1. 掌握回路原则

任何一个电路要想工作，必须有电流流过用电设备，即在电源、用电设备（负载）和搭铁之间形成回路。

2. 明确开关和继电器的状态和作用

继电器由线圈工作的控制电路和触点工作的主电路两部分组成。在电路图中画出的是继电器线圈处于失电的状态。

在标准画法的电路图中，开关总是处于断开状态；电子开关的状态则视具体情形而定。有些开关往往汇集许多导线，分析电路时应注意以下问题。

① 开关的许多接线柱中，哪些是直通电源的，哪些是接用电器的。

② 这个开关控制哪些用电器，被控电器中哪些电器经常接通，哪些短暂接通，哪些先接通，哪些后接通，哪些单独工作，哪些同时工作。

③ 多挡开关的每一挡中，哪些接线柱有电，哪些无电。

3. 电控系统电路图的识图要领

当一个或多个电控单元置于电路中，为提高电控系统的识图速度，可从以下方面着手分析。

① 查找系统的供电线。哪些是常火线，哪些受点火开关控制。

② 查找系统的搭铁线。共有几个搭铁点（又称接地点）。

③ 再分析各元件的共用关系。看哪些元件共用一根线路。一般情况下，可以多个执行器共用一根电源线，搭铁线单独引出（由 ECU 控制执行器搭铁）；多个传感器共用一根搭铁线，信号线单独引出（以此可判断各传感器的信号端子和搭铁端子）。

汽车电路原理图许多车型是相近的，只是个别地方不同。先从比较熟悉的车型入手，抓住几个典型电路，掌握各系统的接线特点和原则，比较对照，举一反三，达到触类旁通。

（三）汽车电路图中符号含义和标示方法

汽车电路图的一个重要特征是元器件采用统一规定的图形符号或文字符号来表示，汽车生产厂家不同，其汽车电路图符号亦有所不同，下面以大众和通用车系为例进行介绍。

1. 大众车系电路常用符号说明

大众车系电路图整个电路都是纵向排列，同一系统的电路都归纳在一起。电路图底部横线表示搭铁线，横线下方横线处的一系列数字，是接地点位置编号，表达整车电路图中各个电路图的接续关系。

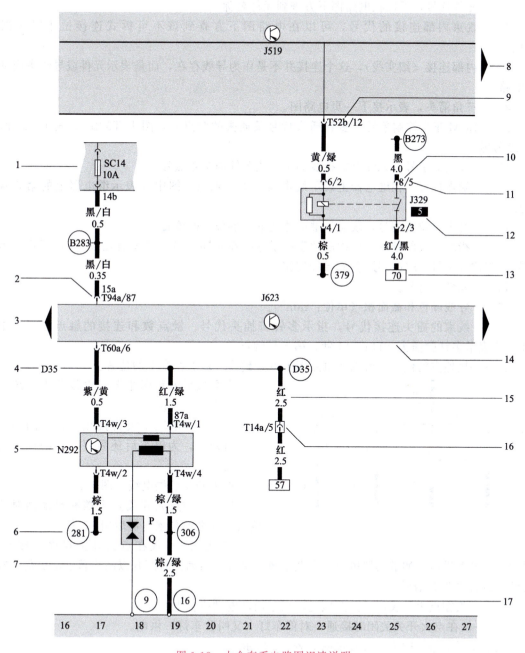

图 1-18　大众车系电路图识读说明

J519—BCM 车身控制单元，在仪表板左侧下方；J623—发动机控制单元，在排水槽中部；
N292—带功率输出级的点火线圈4，在气缸盖罩顶部左侧；P—火花塞插头；Q—火花塞

以图 1-18 所示电路为例予以说明。

1——保险丝代号，图中 SC14 表示保险丝盒中 14 号位保险丝（10A）。

2——元件上插头的代号，表示插头代号、触点数和连接的触点号，图中 T94a/87 表示多针脚插头 T94a，94 针，第 87 号触点。

3——三角箭头指示该元件在电路图上一页有延续。

4——指示内部接线的去向，数字表示电路图中下一个部分有相同数字的内部接线相连。

5——元件代号，可以在电路图下方查到元件名称。

6——线束内部连接的代号，可以在电路图下方查到该不可拆式连接位于哪个线束内。

7——内部连接（细实线），这个连接并不是作为导线存在，而是表示元件或导线束内部的电路。

8——三角箭头，表示接下一页电路图。

9——BCM 车身控制单元上多针插头代号及插头的触点号，图中 T52b/12 表示 52 针，第 12 号触点。

10——接线端子号，元件上的接线端子号或多针插头触点号。

11——触点代号，在继电器上表示继电器上单个触点，图中 5 表示继电器上的第 5 号触点。

12——继电器位置编号，表明该继电器在继电器板上的位置。

13——指示导线的延续，框内的数字指示导线在相同编号的部分有延续。标号 70 表示该导线与位置编号 70 处标号 25 的导线连接。

14——元件的符号。

15——导线颜色和截面积（单位：mm^2）。

16——线束的插头连接代号，指示多针脚插头代号、触点数和连接的触点号，图中 T14a/5 表示多针脚插头 T14a，14 针，第 5 号触点。

17——接地点的代号，可以在电路图下方查到该接地点在车上的位置。

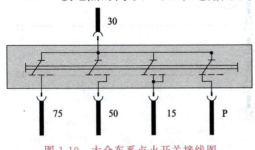

图 1-19　大众车系点火开关接线图

大众汽车电路图主要供电线路常用统一的代号表示，现说明如下。

30——蓄电池正极直接相连，中间不经过任何开关，为停车后还需要使用的用电设备供电。

点火开关后供电线（图 1-19）：

15——在点火开关点火挡和启动挡时均接通，在燃油泵继电器后用 87 表示。

75 或 X——仅在点火开关点火挡接通，对大容量电器供电，如散热器风扇、空调鼓风机电机等，启动挡时断开以减小蓄电池负荷，减荷继电器后用 75X 表示。

50——仅在点火开关启动挡时接通，用于启动电动机供电。

P——仅在点火开关关闭时接通，对停车灯（又叫驻车灯）供电。

大众车系电路图中常用符号说明如表 1-2 所示。

2. 通用车系电路常用符号说明

通用车系电路图中常用符号如表 1-3 所示。

表 1-2 大众车系电路图中常用符号

 线束的插头连接	 元件上插头连接	 不可拆式导线连接	元件上可拆式导线连接
 元件内部导线连接	 手动开关	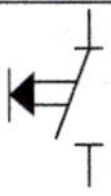 按键开关	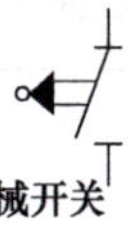 机械开关
 温控开关	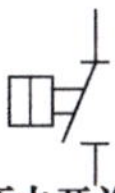 压力开关	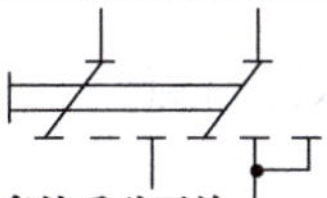 多挡手动开关	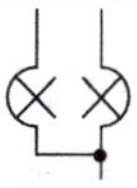 双丝灯泡
 发光二极管	 可变电阻	 电子控制器	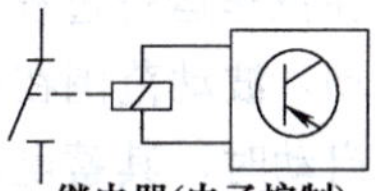 继电器(电子控制)
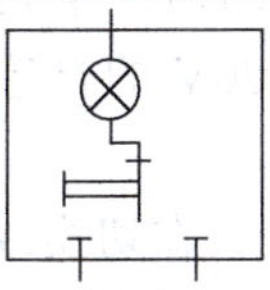 内部灯	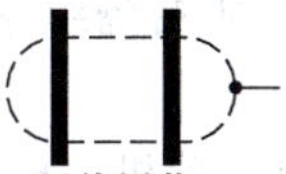 导线屏蔽	 加热电阻丝	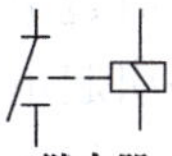 继电器
 电磁阀	 显示仪表	 数字钟	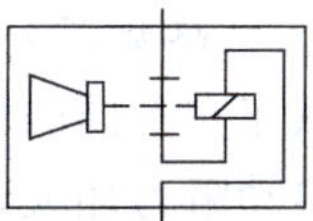 喇叭

表 1-3 通用车系电路图中常用符号

局部部件	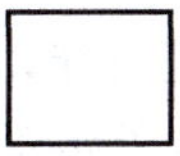 完整部件	 对静电放电敏感的部件标志	 电路断电器
 熔断丝	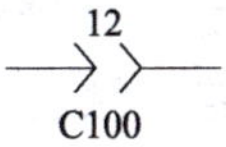 线束插接器	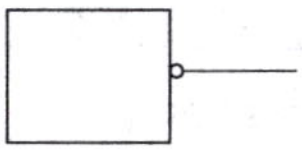 螺栓或螺钉连接的端子	 接头
 电磁阀	 开关	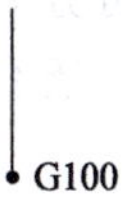 搭铁	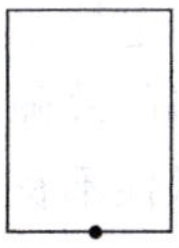 壳体搭铁
 电阻	 可变电阻	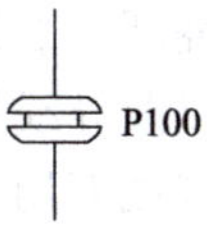 贯穿式密封圈	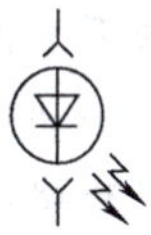 发光二极管

续表

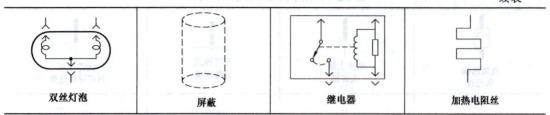

| 双丝灯泡 | 屏蔽 | 继电器 | 加热电阻丝 |

三、汽车电路检修的基本方法

（一）汽车电器系统的故障特点

1. 电路工作特点

在汽车运行过程中，汽车电源电压是波动的。发电机的输出电压在发电机标称电压附近上下波动，波动范围在蓄电池端电压到调节器起作用的电压值之间。一般使用12V电源的汽车，低温启动时，其蓄电池端电压可降低到6～8V，而发电机高速运转时，则可高达14.5V。

电器工作时的开关过程以及触点的通断等，都会由于电磁感应在短时间内产生较高电压——瞬时过电压。如当关断点火开关时会在发电机励磁绕组中产生50～80V的自感应电压，容易引起电子元件的损坏。

此外，汽车上的许多电感性负载，如喇叭、各种电动机、电磁离合器等，在切换或断开时，会在电路中激发高频振荡，这对电控系统而言可能引起误动作。

2. 电路故障特点

汽车在不同的环境因素下常会引发不同的电路故障。严寒地带常因润滑油黏度成倍增加，启动阻力加大，导致蓄电池早期损坏；炎热地带汽车电器会因机件高温、塑料件和绝缘材料加快老化而使可靠性下降；酸雨、盐雾地区易使元器件腐蚀、漏电；多雨时节则因泥水引起锈蚀导致搭铁不良；道路不平汽车震颤、冲击，造成电器、电子设备和线束的机械性破坏，如脱线、脱焊、线束磨破、触点抖动、接触不良等。

一般电子元件对过电压和温度十分敏感，元件电压击穿，如电容器击穿，晶体管击穿，常常是不可恢复的，击穿时表现形式为短路或断路。电子元件散热不良，也会导致类似于击穿故障。

元件老化或性能退化也会导致许多方面的故障，如晶体管漏电增加，电容器容量减小，电阻的阻值变化，各种继电器绝缘老化、线圈匝间短路、触点烧蚀等。

（二）控制电路的检查方法

汽车电器系统的故障总体上可分为两大类：一类是电器设备的故障；另一类是线路的故障。线路的故障包括断路、短路，还有断路程度较轻的接触面氧化形成高电阻，短路程度较轻的绝缘性不良。

1. 断路的检查

电路的断路，又称开路，分为用电器的供电端断路和搭铁端断路两种情况。断路的特征是用电器不工作，熔丝完好未烧断。故障原因有开关触点或继电器触点松动、烧蚀、导线插接器连接松动造成的接触不良以及导线折断等情况。

线路断路可用跨接线、试灯或万用表多种方法进行检查，具体方法如下。

方法1：跨接线法。当怀疑电路中的某段线路断路时，用跨接线将该段线路短接，若用电器工作，则可断定该段线路断路，如该段电路较长时，再用该方法进一步缩小怀疑范围，如图 1-20 所示。

方法 2：试灯法。接通控制开关，将试灯的一端搭铁，另一端与蓄电池到该用电器之间线路各点依次相接触，直到触及某一点后灯不亮为止。断路处即在试灯亮和试灯不亮的两个被测点之间，如图 1-21 所示。

方法 3：万用表测量法。接通控制开关，将万用表拨至直流电压合适挡位，使负表笔搭铁，正表笔依次测量蓄电池到该用电器之间线路上的各点电压，直到万用表检测时无电压指示为止，则断路发生在有电压指示和无电压指示的两个被测点之间的电路上，如图 1-22 所示。

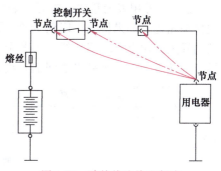

图 1-20　跨接线法检查断路

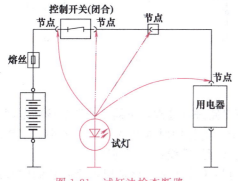

图 1-21　试灯法检查断路

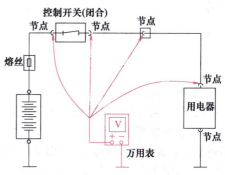

图 1-22　万用表测量法检查断路

2. 短路的检查

电路短路指供电端电路不经过任何电气设备，直接被导线接地。短路的特征是用电器不工作，同时由于电流过大熔丝还会出现烧断。

查找线路的短路部位时，需要逐个拆开各个节点，所以该方法又称为断路法。电路短路可用试灯或万用表进行检查，具体方法如下。

方法 1：试灯法。断开与控制开关及用电器连接处的导线，试灯一端与蓄电池正极相连，用试灯另一端与接该用电器的导线接头相连，如试灯亮，说明搭铁有短路故障存在［图 1-23（a）］。逐个拆开控制开关到用电器之间导线上的各个节点，如试灯灭，则故障发生在拆开接点与上一个接点之间的导线上［图 1-23（b）］。

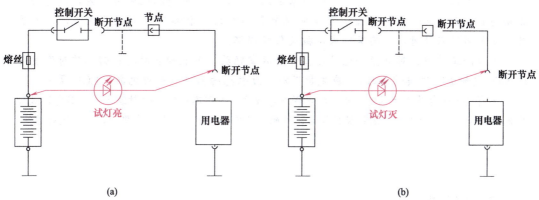

图 1-23　试灯法检查短路

方法2：万用表测量法。将万用表拨至电阻挡，任一表笔搭铁，另一表笔与接用电器的导线接头相连，如果检测电阻值为0，则说明有搭铁短路故障存在［图1-24（a）］。逐个拆开控制开关到用电器之间导线上的各个节点，如检测电阻值为∞，则故障发生在电阻值为0时拆开的接点与上一个接点之间的导线上［图1-24（b）］。

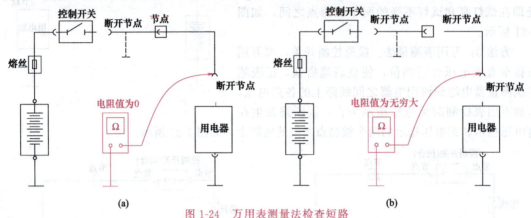

图1-24 万用表测量法检查短路

3. 电路检查的捷径

在汽车电器故障中如出现以下情况，按照以下思路进行处理，可缩小线路的诊断范围。

① 多个用电器不工作或工作不正常。由于多个用电器同时损坏的可能性极小，该情况可判断是它们的公用电路部分，即共用电源线路或共用搭铁线路出现问题。

② 个别用电器不工作或工作不正常，其他用电器工作正常。该情况可排除它们的共用电路部分出现故障，重点检查该用电器所在的支路部分。

汽车电路检修注意事项

- 装用电子线路的现代汽车，一般不允许使用"试火"的办法判明故障部位及其原因。这种方法，必须借助于一些仪表和工具，按照一定的方法进行。否则，"试火"产生的过电流，会给某些电路和元件带来意想不到的损害。
- 拆卸蓄电池时，应先拆负极电缆，再拆正极电缆；装上蓄电池时，须先接正极电缆，后连接负极电缆。拆下或装上蓄电池之前，应确保点火开关和其他开关都已断开，否则会导致半导体元器件的损坏。同样，拆卸和安装元器件时，应切断电源。
- 靠近振动部件（如发动机）的线束应用卡子固定，并将松弛部分拉紧，以免由于振动造成线束与其他部件碰擦；紧挨尖锐金属部件的线束部分应用胶带缠好，以免磨破；安装固定零件时，应确保线束不被夹住或损坏。
- 维修工作中，对电器和电子元器件应轻拿轻放，不能粗暴对待；若工作时温度超过80℃（如进行焊接作业时），应先拆下对温度敏感的器件（如继电器、ECU等）。
- 有些电子电路由于性能要求、技术保护等原因，采用不可拆卸的封装方式，其电路故障应先从其外围逐一检查，外围故障排除后，可确定其内部损坏，采取总成更换的方法进行维修。

四、汽车电控系统及自诊断原理

（一）汽车电控系统简介

汽车电控系统由传感器、电子控制单元（ECU）、执行器三个部分基本组成。

1. 传感器

传感器的功能是将汽车运行中各种工况信息，如温度、压力、流量、位置、气体浓度、速度等，转化成电信号输给 ECU。

根据传感器工作是否需要外界提供电源，传感器可分为供电型和发电型两种类型。

供电型传感器基于电阻分压、霍尔效应、光电效应等工作原理，需要外界提供电源，一般由 ECU 提供 5V 参考电压或电源提供 12V 电压。

供电型传感器一般有 3 个端子：供电端子、信号端子和搭铁端子 [图 1-25 (a)]。也有的传感器通壳体直接搭铁，只有供电端子和信号端子 [图 1-25 (b)]；对于发动机冷却液温度传感器、进气温度传感器，分压信号取自于 ECU 内部 [图 1-25 (c)、(d)]。

发电型传感器基于电磁感应、电化学、晶体压电效应等工作原理，不需要外界提供电源，根据发动机或车辆的工作状态，自身产生相应的电信

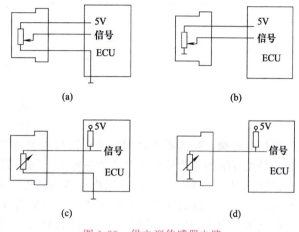

图 1-25　供电型传感器电路

号。发电型传感器种类相对较少，主要有：磁感应式（又称磁电式）曲轴位置传感器，ABS 轮速传感器，自动变速器输入、输出转速传感器，以及氧化锆型氧传感器，晶体压电型爆震传感器等。

发电型传感器有两个端子：信号端子和搭铁端子 [图 1-26 (a)]；也有的传感器壳体直接搭铁，只有 1 个信号端子 [图 1-26 (b)]。

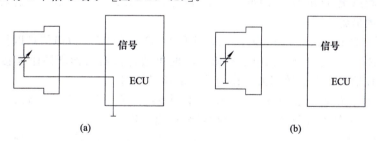

图 1-26　发电型传感器电路

2. 电子控制单元

电子控制单元（Electrical Control Unit，英文缩写为 ECU），简称电控单元，又称电子控制模块（Electrical Control Module，英文缩写为 ECM），俗称电脑，其功能是接收传感器和其他装置输入的信息，进行存储、计算、分析处理，并通过一些反馈信息，进行自我修正，控制执行器的工作，并具有自诊断功能。

ECU 的电源线路一般有两个：一个直接与蓄电池正极相连，为 ECU 内的随机存储器（RAM）供电，RAM 一般存储有故障码和电控系统的学习值；另一个通过点火开关控制，通电后 ECU 被唤醒，开始按照工作程序进行工作。

3. 执行器

执行器，又称执行元件，除氧传感器加热器、点火控制器等个别外，绝大多数执行器执

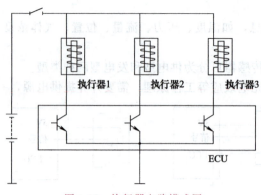

图 1-27　执行器电路模式图

行的是动作指令，如电磁阀、继电器或控制电动机，其基本构成是电磁线圈和铁芯。ECU 一般接在执行器的搭铁端（即电流输出端），通过 ECU 内部的三极管的导通、截止作用，控制该执行器的工作，一般多个执行器可以共用一根电源线，搭铁线单独引入 ECU。执行器电路模式图如图 1-27 所示。

ECU 对执行器的控制方式有开关型、占空比型两种。

开关型执行器指在 ECU 的开关信号控制下，此类执行器只有开启、关闭两种位置，其工作方式像一个普通的开关。自动变速器换挡电磁阀、喷油器电磁阀均属于这种控制方式，对于喷油器电磁阀，ECU 通过脉宽调制信号实现喷油器喷油时间（即喷油脉宽）的控制。

占空比型执行器中，ECU 控制执行器线圈电路的通断频率很高，使执行器来不及作出完全的开关动作，这时线圈产生的电磁作用力是持续的，并且作用力的大小取决于流过线圈的平均电流，而平均电流又取决于线圈持续通电时间占该脉冲循环电压信号工作周期的百分比，即占空比（Duty Ratio）。ECU 通过控制脉冲循环信号的占空比来控制磁场强度，从而实现对电磁阀开度或驱动电动机输出转矩的精确控制。废气再循环（EGR）控制电磁阀、涡轮增压电磁阀、怠速控制电动机、自动变速器油压电磁阀等元件，均属于这种控制方式。

（二）电控自诊断系统的原理

现代汽车的电子控制系统均具有故障自诊断功能，ECU 内设有故障监测程序和监测电路，称为车载自诊断系统（On-Board Diagnostics，简称为 OBD）。当 ECU 判定系统出现故障时，采取以下三项措施。

① 产生故障码（Diagnostic Trouble Code，简称 DTC）。ECU 将故障信息以代码的形式存入随机存储器（RAM）内，维修人员在检修车辆时可通过仪器与诊断插座连接，调出故障代码，并读取各种信号信息即数据流，作为检修的参考依据。

② 故障报警。通过仪表板上的故障警告灯（不同系统用不同的故障警告灯，如发动机、ABS、安全气囊等），通知驾驶员汽车某一电控系统出现故障。

③ 进入失效保护模式。ECU 自动启动应急备用系统，按预设的程序，用预定的目标值代替故障信号，保持发动机继续运转，或强制中断燃油喷射使发动机停止运转。

1. 自诊断系统对故障的判定方法

（1）值域判定法　当 ECU 收到的输入信号超出了规定范围，判定该输入信号电路发生故障。如发动机运转中某传感器电路接触不良、断路或短路以及传感器本身出现故障时，其输出信号超出了规定范围，ECU 判定该传感器有故障。执行器是否工作、执行器电路是否有故障，ECU 根据与执行器相连的 ECU 端子的电压（12V）数值范围进行判定。

（2）时域判定法　当 ECU 发现某一输入信号在一定时间内没有变化或变化的频率没有达到预定次数时，就判定该信号电路出现故障。例如：氧传感器信号在发动机进入闭环后 10s 之内电压上下跳动次数少于 4 次，就判定氧传感器反馈系统故障。又如：当发动机某缸缺火或燃烧不良时，在该缸工作时，曲轴的转速就会下降或加速程度不足，ECU 通过计算曲轴位置传感器发出的脉冲间隔时间，判定发动机是否缺火（借助凸轮轴位置传感器的信号，ECU 能够判断是哪个缸缺火）。

（3）逻辑判定法　ECU 对两个具有相互关系传感器（或传感器与执行器）进行数据比较，当发现其信号间的逻辑关系违反设定条件时，就判定其中一个或两者存在故障。例如：ECU 发出开启废气再循环（EGR）阀命令后，通过检测进气压力传感器输出信号有无相应变化，即可确定 EGR 阀有无动作，若无变化，则认为 EGR 阀及电路有故障。又如：当喷油脉宽修正值超出限值时，氧传感器仍然始终发出浓或稀的信号，ECU 将判定氧传感器故障。

（4）专设监测电路进行判定　ECU 本身否正常工作由 ECU 内部专设的监视器进行监视。有些车型的点火系统设有监测电路，如图 1-28 所示，在点火系统正常工作时，ECU 对点火器进行控制，点火器每进行一次点火，便由点火器内的点火监测回路将点火执行情况以电信号的形式反馈给发动机 ECU。如果点火器或点火线路出现故障，导致 ECU 连续 3～5 次收不到反馈的点火监控信号，自诊断系统就判定点火系有故障，并控制喷油器停止喷油。

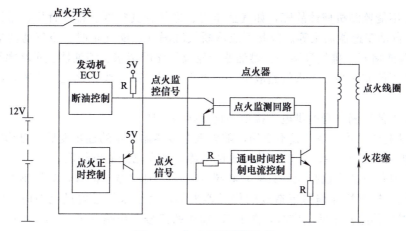

图 1-28　点火系的监测电路

此外，自诊断系统还能根据不正常信号出现的频次，判定该故障是偶然性故障（或称间歇性故障）还是持续性故障。

2. 发动机的失效保护模式

当 ECU 判断系统出现故障时，在设置故障码的同时，发动机进入失效保护模式，又称安全模式，根据故障性质不同，该模式有跛行回家或强制停机两种方案。

（1）跛行回家　当 ECU 判断某传感器出现故障时，ECU 启动应急备用程序，用预定的目标值代替故障信号，保持发动机继续运转，使驾驶员将车辆开到维修厂进行维修。该模式称为跛行功能，又称回家功能、备用功能。

- 进气温度传感器或其电路发生故障时，应急备用程序给 ECU 提供设定的进气温度，通常按 20℃控制发动机工作，防止混合气过浓或过稀。
- 冷却液温度传感器或其电路发生故障时，应急备用程序根据进气温度传感器信号设定冷却水温度为 60℃或 100℃，按该温度控制发动机工作，防止混合气过浓或过稀。
- 爆震传感器或其电路发生故障时，ECU 将点火提前角固定在一个适当值。
- 节气门位置传感器或其电路发生故障时，应急备用程序按 0°或 25°设定标准的节气门开度。或用发动机转速和空气流量计的信号计算替代值。
- 凸轮轴位置传感器发生故障时，ECU 利用应急备用系统维持发动机基本运转。
- 空气流量计或其电路发生故障时，ECU 根据节气门位置传感器的信号和发动机的转速信号计算进气量值。

- 当自诊断系统判断 ECU 存在故障时，同时触发备用回路，进入简易控制运行状态，用固定的控制信号控制车辆继续行驶。

（2）强制停机　当检测到的故障可能危及发动机安全运转时，失效保护模式会使 ECU 立即采取强制性措施，切断燃油喷射使发动机停止运转，确保车辆安全。

例如：点火系统发生故障而不能点火时，如果喷油器继续喷油，大量未燃的混合气就会吸入气缸后排出，不仅造成燃油浪费和排放污染超标，还会使三元催化转换器温度过高而损坏，同时，发动机单缸缺火还会引起发动机运转不平衡造成机件损坏。为避免这种情况发生，失效保护模式使 ECU 立即切断燃油喷射，强制发动机停止运转。

（三）电控自诊断系统的局限性

对于电控元件、管路等机械性故障、高压线故障，由于缺少反馈信号，ECU 难以监测，具体如下。

① ECU 不能监测机械性故障，如气缸压力、进气管真空度、排气背压、燃油压力（指低压油路）、自动变速器油压等。因此不能诊断气缸漏气、配气正时、空气滤清器脏堵、真空管路的泄漏或堵塞、排气管堵塞、燃油滤清器及管路的堵塞、喷油器积炭堵塞等故障。

② ECU 不能监测高压点火线路故障，如点火线圈、高压线、火花塞故障，不能监测点火正时。

③ ECU 不能监测本身的供电、接地不良、接头损坏。

不过，以上情况并不是一成不变的，随着汽车传感器技术的逐步发展，自诊断系统的范围也在不断扩大，过去一些 ECU 不能探测的故障，现在已经能够探测。

④ ECU 对传感器或执行元件只能判断超过内设范围的异常信号，对传感器的灵敏度下降、反应迟缓、输出特性偏移等造成的传感器失准，由于未超过内设范围而不能判断。例如，冷却液温度传感器正常工作时，向 ECU 输送的信号电压是 0.3～4.7V，对应发动机冷却液温度为−30～120℃。如发动机实际水温为 95℃，但由于冷却液温度传感器失准，传给发动机 ECU 的信号是 60℃，未超过内设范围，结果造成混合气偏浓，但并无故障码产生。

（四）OBD-Ⅱ标准

为实现汽车故障自诊断系统标准的统一，同时加强汽车尾气排放的实时监测功能，20 世纪 90 年代中期，美国汽车工程师协会（SAE）制定第二代车载自诊断标准，即 OBD-Ⅱ标准，要求各汽车制造企业提供统一的诊断模式，随着汽车国际化程度的提高，OBD-Ⅱ系统得到越来越广泛的实施和应用。OBD-Ⅱ的特点如下。

① 统一车种诊断插座形状为 16 针，并安装在驾驶室仪表板下方。

诊断插座各端子代号与含义如图 1-29 所示。

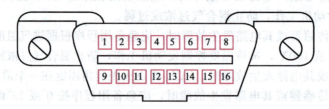

图 1-29　OBD-Ⅱ诊断插座各端子的代号与含义

1,3,8,9,11～13—生产厂家设定；2—总线正极，SAE J1850；4—车身接地；5—信号回路接地；6—CAN 高线，ISO 15765-4；7—K 线，ISO 9141-2；10—总线负极，SAE J1850；14—CAN 低线，ISO 15765-4；15—L 线，ISO 9141-2；16—接蓄电池正极

② 统一各车种相同故障代号及含义。

故障代码由1位字母和4位数字组成，结构如图1-30所示。

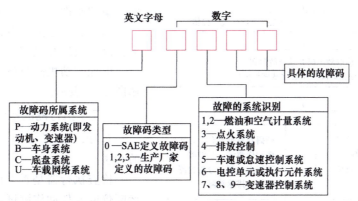

图1-30　OBD-Ⅱ故障代号

例如：P0341，P表示动力系统；0为SAE定义的诊断代码；3为点火系统故障；41为企业具体故障代码界定。

③ 具有数据分析资料传输、行车记录功能。

④ 具有重新显示记忆故障码功能，具有可由仪器直接清除故障码功能。

⑤ 增加对汽车排放的监控功能。如对催化转换器工作效率的监测、燃油蒸发排放控制系统监测、废气再循环系统流量监测、发动机缺火（缺缸）监控等。一旦发现排放超标或可能引起排放超标的故障，发动机ECU会存储故障码并点亮故障灯。

五、电控系统检测诊断的方法

（一）电控汽车故障诊断的基本流程

（1）车况询问与试车。通过向车主或相关人员的问诊，从而为诊断提供线索和依据。必要时维修人员进行试车，以验证故障的真实性。

（2）直观检查。检查各部件是否齐全，有无明显损伤、松脱、老化、破裂、锈蚀、接错等。

（3）读取故障码并验证故障码。利用汽车故障诊断仪（或称解码器）调取故障码。将故障码进行记录，清除故障码，再次读取故障码，如故障码消失，需进一步判断该代码是间歇性故障，还是已排除的故障但未清除的故障码；如故障码未消失，通过故障诊断仪读取数据流，检查代码显示的故障是否存在。

• 若确实有故障码，则根据故障码的故障提示，诊断并排除故障。最后用故障诊断仪清除故障码，再重新读取故障码，有故障码继续诊断排除，直到不出现故障码。

• 若无故障码但故障又确实存在时，根据故障症状进行分析判断，然后借助故障诊断仪的数据流分析、执行元件动作测试等功能进行诊断，同时借助示波器、万用表、油压表等获取有关发动机运行信息，进行针对性的数据、波形分析，并依据分析结果，检查有关部件。

在检测电控发动机故障时，应注意根据故障症状有针对性地进行基础检测，如有故障应优先排除。如蓄电池电压、点火正时和配气相位、气缸压力和进气管真空度、燃油压力等。因为有时发动机电控系统出现故障，其根源不是电控元件本身的问题，而是电控元件所处的工作环境即传统结构出现故障，例如某车的电动燃油泵损坏，经检查发现此车的燃油管回油不畅，导致油泵运转负荷过大，同时由于燃油流动过缓，散热不良，致使燃油泵过热损坏。

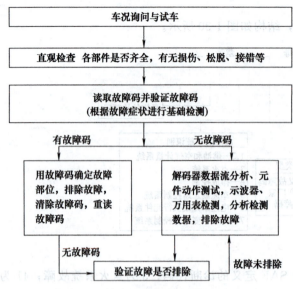

图 1-31 电控发动机故障诊断的基本流程

对于偶发性故障或间歇性故障，可进行故障征兆模拟试验，再现故障出现的环境和条件，进行全面分析、判断。

（4）验证故障是否已排除。若故障未排除，则继续检查故障原因。

电控发动机故障诊断的基本流程可用图 1-31 表示。

（二）执行器的检测方法

1. 执行器是否工作及执行器电路的检查

检查执行器是否工作，可利用故障诊断仪的元件动作测试功能进行检查。

如果该执行器不工作，需要检查是执行器本身故障，还是执行器电路存在故障，检查方法如下：

① 将需要检查的执行器的线路接头脱开，使执行器处于工作状况（如检查喷油器，就将发动机处于工作状况），将试灯搭接在执行器线路接头上［图 1-32（a）］。如试灯亮，说明执行器外接电路均正常，是执行器本身损坏，需要更换；如试灯不亮，说明是外接电路存在故障，下一步再检查电路故障部位。

② 将试灯的正极探针搭接在电源正极［图 1-32（b）］。如试灯亮，说明执行器电源线断路。如试灯还不亮，用万用表检查执行器与 ECU 之间的线束是否断路，如线束正常，说明 ECU 损坏或相关传感器的触发信号缺失，应作进一步诊断。

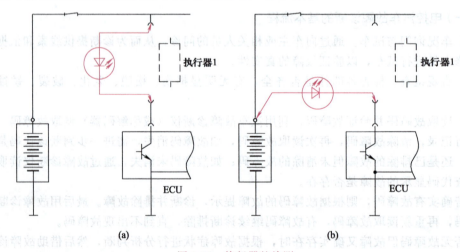

图 1-32 执行器的检测

2. 执行器工作情况的检查

如果该执行器能够工作，检查执行器的工作情况是否正常，可用故障诊断仪读取数据流或进行波形分析。检查结果如不正常，可能是 ECU 故障或相关传感器信号异常，应作进一步分析。

用示波器测执行器波形时注意：当执行器由发动机 ECU 控制其电流输出端时，应将示波器的正极探头接执行器的电流输出端导线（不拔接头），负极探头接地。示波器的连接方法如图1-33（a）所示，基本波形如图1-33（b）所示，注意图中执行器在通电时的波形为低电平。

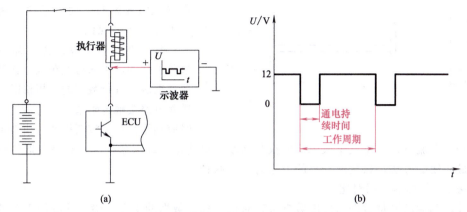

图1-33 执行器波形检测方法及基本波形

（三）传感器的检测方法

1. 传感器不工作时电路的检查

当传感器不工作导致信号缺失，ECU会产生故障码，通过读取故障码一般容易发现。这种情况下，可能是传感器电路故障，也可能是传感器本身甚至是ECU存在故障，需用万用表对传感器电路进一步检查确认。

供电型传感器和发电型传感器的检查方法略有不同。

（1）供电型传感器的检测　连接传感器与线束插头的供电端子和搭铁端子，万用表搭接在传感器端的信号端子与搭线端子之间，给出传感器工作条件（如测节气门传感器时改变节气门开度），检测信号端子的传感器输出信号［图1-34（a）］。如输出信号异常，再检测传感器电源电压是否异常。

检测电源电压时，拔掉传感器连接器插头，用万用表搭接在线束端的供电端子与搭铁端子之间［图1-34（b）］，如电源电压正常，则传感器损坏；如电压异常，可能是线束问题或ECU故障，再通过检测线束电阻判断线束是否存在断路。

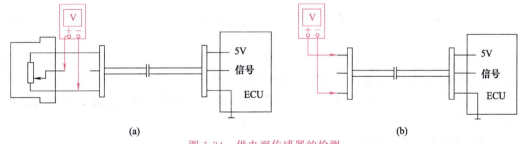

图1-34 供电型传感器的检测

（2）发电型传感器的检测　拔掉传感器连接器插头，给出工作条件（如测ABS车速传感器时传动车轮，使传感器触发信号），检测信号端子的传感器输出信号（图1-35），如信号异常，表明传感器损坏。如信号正常，再进一步检查线束。

2. 传感器失准的检测

汽车电控系统故障诊断实践中，有大量的故障是由于传感器失准造成的。当传感器灵敏度下降，输出特性发生偏移造成传感器失准时，一般输出信号并不超出内设范围，自诊断系

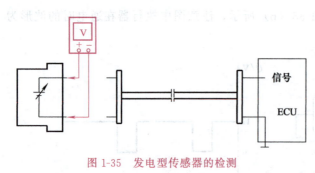

图 1-35　发电型传感器的检测

统未认定该传感器存在故障，故无故障码产生。但车辆一般有明显的故障现象，如常见的发动机怠速不稳、加速不良等故障现象。

传感器失准一般是传感器本身的故障引起的，可通过汽车故障诊断仪读取数据流，进行数据的分析诊断。也不排除电路接触电阻增大的可能性，必要时应利用汽车示波器检测分析波形。

（1）数据流分析　将汽车故障诊断仪与诊断接口连接，读取数据流，它是获取传感器输出信息最简便的方法，数据流分析的方法有以下两种。

方法 1：与标准数据对比

将故障车辆的测量数据与标准数据进行对比。标准数据的来源，除了从维修手册的技术资料中查找外，另一种途径是利用诊断仪的记录存档或打印功能，对无故障的同类车型进行检测并保存数据，或进行打印，作为日后检修该类车辆的参考资料。注意保存数据时，需要说明数据流采集时汽车运行的条件、环境和工况。

方法 2：关联性对比

有些传感器的输出信号之间，或是传感器信号与执行器信号之间有一定的关联性。如节气门位置传感器信号与空气流量计信号、发动机冷却液温度与喷油脉宽、混合气浓度与氧传感器输出信号等。

通过简单的试验，如踩加速踏板，观察节气门位置传感器信号与空气流量计输出信号的变化规律；拔掉水温传感器，用传感器模拟器或变阻器替代，观察发动机冷却液温度与喷油脉宽的变化规律；拔掉真空管，混合气变稀，堵住空滤器，混合气变浓，观察混合气浓度与氧传感器输出信号的变化规律等，看两者的变化情况是否一致。

（2）信号波形分析　利用汽车示波器分析传感器的信号波形，其方法后面再详细介绍，这里先简单介绍一下传感器信号波形的类型。

传感器由于工作原理不同，信号波形的差距很大，可分为模拟调幅信号和可变频率信号两种类型。

模拟调幅信号的波形即模拟波形，振幅的变化反映信号值。产生模拟调幅信号的传感器主要有以下几种。

① 电阻式传感器，如该类型的节气门位置传感器、冷却液温度传感器、进气温度传感器、热线式或热膜式空气流量计、进气歧管压力传感器。

② 磁感应式传感器，如该类型的曲轴位置传感器、凸轮轴位置传感器、车速传感器、ABS 轮速传感器。

③ 爆震传感器，氧传感器。

可变频率信号的波形为数字方波，频率的变化反映信号值。产生可变频率信号的传感器主要有以下几种。

① 数字式空气流量计，如卡门涡旋式空气流量计。

② 光电式传感器或霍尔式传感器，如该类型的曲轴位置传感器、凸轮轴位置传感器、车速传感器、ABS 轮速传感器。

（3）拔传感器的导线插头进行诊断　当现场没有检测工具时，将怀疑有故障的传感器的导线插头拔下，如果车辆的故障现象有所好转，则说明传感器存在失准，如果车辆的故障没有变化或故障状态恶化，则证明该传感器良好。

该方法是利用了电控系统的失效保护功能。如传感器存在失准，插头拔下之前，ECU按传感器输出的错误参数进行控制；插头拔下后 ECU 发现断路故障，于是启动备用程序，按备用值进行控制，该备用值接近实际状况，所以故障现象有所好转。

注意： 当检查带有线圈的元件时，需先将点火开关关掉，再拔下导线插头。

（四）ECU 的故障判定

ECU 封装在金属壳体中，通常安装在汽车上尘土和潮气不易侵入、电磁干扰较小的部位，因此 ECU 一般很少发生故障。

ECU 不便于直接检测，常用排除法判定 ECU 是否有故障，即先检查 ECU 的外电路（传感器、导线）是否正常，如出现以下情况，可以认定 ECU 工作异常：

① 相关传感器送给 ECU 的信号正确，但 ECU 不能有效控制执行器工作；

② 供电型传感器与 ECU 间的导线连接正常，但不能对传感器提供 5V 的参考电压。

ECU 工作异常时，应先排除以下可能原因：

① 汽车电源电压不足或不稳定；

② ECU 供电电路、接地电路故障；

③ 受到外界电磁场干扰，如换用的火花塞型号不正确、高压线屏蔽线损坏等。

如以上无异常，可以确定 ECU 存在故障。

当判定 ECU 存在故障时，若非专业维修人员，一般不予修理而直接更换 ECU 总成。注意：有些 ECU 在更换后应使用故障诊断仪的"控制单元编码"功能，对控制单元进行编码。

电控系统检修的注意事项

电控系统是一个比较复杂的控制系统，在对该系统进行故障诊断和检修时，必须严格遵守检修工艺，注意以下事项，否则将会造成"旧病未除，又添新疾"。

1. ECU 及其他电子元件保护方面

（1）ECU 的电压过载保护。ECU 对过电压、静电压敏感，为避免 ECU 因电压过载而损坏，必须遵守以下要求。

• 在点火开关接通（ON）时，决不允许断开任何 12V 的电器元件及蓄电池电极柱接线。拆检带有电磁线圈的元件时，必须先断开点火开关，否则，线圈中产生的自感电动势会损坏 ECU 及传感器。

• 拆下 ECU 时，必须先关闭点火开关，拔下点火钥匙后，拆下蓄电池极柱线，最后拆卸 ECU。

• 用充电机对车上蓄电池充电时，要拆下蓄电池电缆线再进行充电。在车上进行电焊时，应断开汽车电源。

• 不能使用除标准电压蓄电池以外的任何启动电源启动发动机。

• 测试电控系统电阻不能用低阻抗的指针型万用表，而应使用高阻抗数字式万用表。测试传感器输出信号和 ECU 控制信号时，不能使用普通灯泡作为试灯，可将发光二极管串联电阻作为试灯。

• 对于电控汽车的低压电路，不能使用搭铁试火的方法测试电源电路是否断路。

• 电控汽车采用的供电系统均为负极搭铁，安装蓄电池时，正、负极不能接反。

• 在干燥的晴天拆卸 ECU 时，为防止人体静电，检修人员应采取搭铁措施。一般做法是：用搭铁金属带一头缠在手腕上，另一头夹在车身上。

（2）不能在电控发动机正常工作时的车厢内或附近使用大功率（8W以上）的无线电通信设备，以免对电控系统造成干扰而造成故障。

（3）在进行发动机清洗或雨天检修时，应防止水溅到ECU和及其他电子元件上，避免集成电路受潮。

（4）ECU的工作温度环境一般设计为-22~65℃，因此汽车维修时，若有烤漆、焊接等项工作，应预先拆下ECU，同时应严格控制温度，尤其是在距ECU和传感器较近的部位作业时，更要采取防止受到高温的措施。

（5）ECU及其他电子元件是精密部件，拿取时应小心谨慎，防止跌落撞击。

2. 故障码读取方面

- 当点火开关闭合后，在发动机未启动时，故障指示灯点亮，发动机一转动，该灯应熄灭，若此灯一直亮，表明自诊断系统发现故障并储存故障码，此时应及时检修，以免造成故障积累。

- 拆卸蓄电池负极桩线前，注意先读取系统的故障码，电源断开后，所有故障码一般会被消除。

- 检查各端子电压和读取故障代码时，应使蓄电池电压必须保持在11~12V，节气门全关，变速器挂空挡，所有用电设备关闭，发动机水温正常，点火开关闭合。

六、CAN数据总线基本知识

汽车电器元件的不断增加造成导线数量的不断增多，使车内布线越来越困难，目前广泛采用基于总线的多路信息传输系统，即车载局域网络，达到信息共享、减少布线、降低成本的目的。汽车多路信息传输系统采用多条不同速率的总线分别连接不同类型的节点，并使用网关服务器来实现整车信息的共享、汽车局域网络管理以及故障诊断功能。下面以应用最广泛的CAN数据总线为例，介绍汽车网络的构成及诊断方法。

（一）CAN数据总线系统的构成及工作原理

CAN，即控制器局域网（Controller Area Network），又称CAN-Bus。CAN数据总线为双线形式，两根导线分别称为CAN高线（CAN-High）和CAN低线（CAN-Low）。CAN数据总线系统由多个控制单元组成，控制单元的连接采用串行通信方式，不同控制器之间的信息传送采用广播的形式传输，即每个控制单元不指定接收者，所有信息均对外发送，由接收控制单元自主选择是否需要接收这些信息。

CAN数据总线根据数据传送速度分为以下两种。

高速CAN总线：传送率为500kbit/s，用于连接涉及车辆安全性运行的控制单元，如发动机、自动变速器、ABS、SRS等控制单元，统称驱动系统，受点火开关（15号线）控制。

低速CAN总线：传送率为100kbit/s，用于舒适系统（如空调、车门控制等）和信息娱乐系统（如收音机、导航系统等），蓄电池始终供电，当整个系统不使用时，系统进入"睡眠模式"以节约电能。

舒适系统与信息娱乐系统的CAN数据总线相连，但驱动系统不能与舒适/信息娱乐系统的CAN数据总线相连，两种数据总线之间通过网关进行数据转换。

CAN总线系统的结构因车型、配置而各有不同。网关（Gateway），又称数据总线控制单元，在大众车系称为数据总线诊断接口（J533）。网关可集成在组合仪表内部或车身控制单元所在的电器盒内，如上海大众朗逸（图1-36）；或者作为一个独立的控制单元，如上海大众途观（图 1-37）。

图 1-36 中的 K 线是与自诊断插头连接的专用线，用于连接诊断仪器，图中一些控制单元采用 CAN 总线作为诊断仪器的连接线，称为虚拟 K 线。目前，在一些新车型上已经采用 CAN 总线作为诊断总线而完全取代 K 线。

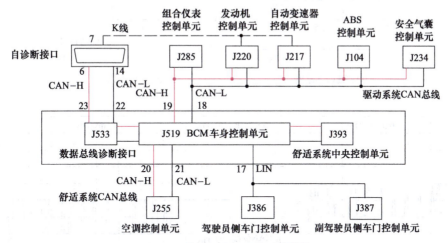

图 1-36　朗逸 CAN 总线系统结构

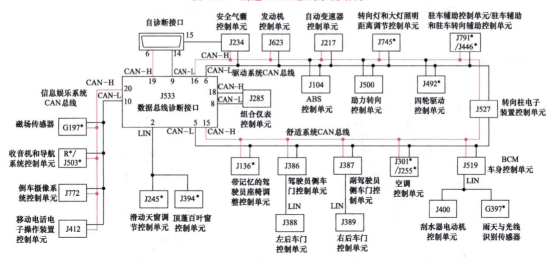

图 1-37　途观 CAN 总线系统结构（注：带 * 的为选装配置）

CAN 高线中的正向电压变化量等同于 CAN 低线中的负向电压变化量。为了防止外界的电磁干扰，CAN 高线和低线绞合在一起。高速 CAN 总线与低速 CAN 总线的电压变化情况如图 1-38 所示。因低速 CAN 速率较慢，导线上的电压变化幅度比高速 CAN 导线要大。通过示波器实际观测到的 CAN 总线信号波形如图 1-39 所示，观测低速 CAN 总线信号波形时，可将零点置于不同的位置，将 CAN 高线信号和 CAN 低线信号分开使观测更清晰。

CAN 总线系统的每个控制单元通过收发器并联在 CAN 总线上。收发器通过差动放大器将控制单元提供的逻辑电平转化为电压信号发送到 CAN 总线，或将 CAN 总线的电压信号转化为逻辑电平传到控制单元。CAN 总线收发器的结构及信号转化如图 1-40 所示，高速 CAN 总线在 CAN 高线与 CAN 低线之间安装有负载电阻，使整个系统形成封闭结构，任一根 CAN 线断路，CAN 总线无法工作；低速 CAN 总线的高、低 CAN 线之间没有负载电阻（负载电阻在各自搭铁线或 5V 导线间），且高、低 CAN 线分离，任一根 CAN 线断路，

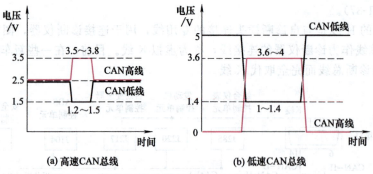

图 1-38　高速 CAN 总线与低速 CAN 总线的电压信号

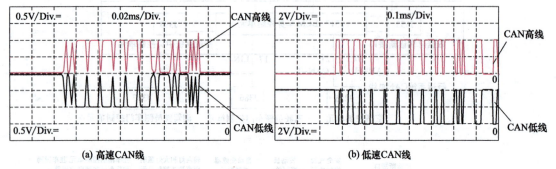

图 1-39　通过示波器实际观测到的 CAN 总线信号波形

CAN 总线进入单线模式下工作而不受影响。

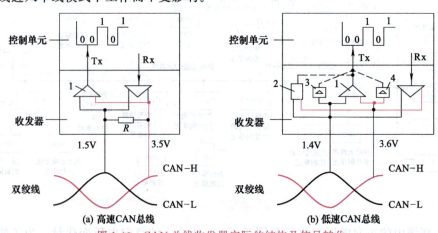

图 1-40　CAN 总线收发器实际的结构及信号转化

1—差动放大器；2—故障逻辑系统；3—CAN 低线放大器；4—CAN 高线放大器

对于车身控制网络，如车门控制、雨刷器控制等，实时性控制要求不高，但布置分散，用低速 CAN 总线成本太高，为降低成本，目前一些车型采用 LIN 数据总线作为 CAN 的辅助总线。LIN 即 Local Interconnect Network（局域互联网），与低速 CAN 总线相比，LIN 数据传输线由两根改为单根，收发器由差动放大式改为比较式。LIN 总线的传送率为 20kbit/s，是一种短距离、低速的串行传输网络，总线上的电压在 12V 与 0V 之间切换，通过车身控制单元（即大众系列 J519、通用系列 BCM 等）、网关等与 CAN 总线之间进行信息交换。

（二）CAN 总线系统的诊断

汽车 CAN 总线系统的故障特点是：故障码成批出现，或者故障点与故障现象风马牛不相及。

引起 CAN 总线系统通信故障的原因有三类：电控单元通信故障、电源系统故障、通信线路故障。

1. 电控单元通信故障

电控单元通信故障包括软件故障和硬件故障，判断是否为电控单元损坏引起的网络系统故障时，简单的方法，就是将怀疑有故障的电控单元从网络系统中摘除。如果系统恢复正常，则表明被摘除的电控单元有问题。注意：在摘除前必须确定该电控单元中没有终端电阻。

2. 汽车电源系统故障

汽车网络系统的电控单元的正常工作电压在 10.5～15.0V 的范围内。如果工作电压低于该值，就会造成一些对工作电压要求高的电控单元出现短暂的停止工作，使整个汽车网络系统出现短暂的无法通信。

3. 通信线路故障

CAN 总线开路或短路的各种情况的图解如图 1-41 所示，对于驱动系统，其短路情况还包括丢失匹配电阻器的情况。

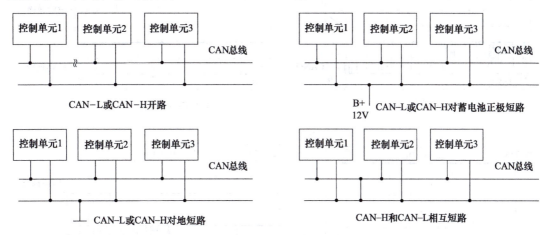

图 1-41　CAN 总线的开路或短路的情况

（1）高速 CAN 总线开路或短路　对于驱动系统，当 CAN 高线对正极短路时，系统由 CAN 低线进行单线模式运行（在一定电阻范围内）；CAN 低线对地短路时，系统由 CAN 高线进行单线模式运行（在一定电阻范围内）。

除上述两种情况外，CAN 高线开路、CAN 低线开路、CAN 低线对正极短路、CAN 高线对地短路、CAN 高线与低线相互短路时，驱动系统数据总线中所有控制单元均无法通信，总线无法运行。通过示波器观测 CAN 高线、低线的信号波形，两者的波形形状均异常。

图 1-42（a）为 CAN 低线开路时的信号波形。图 1-42（b）为 CAN 高线与 CAN 低线相互短路时的信号波形，两种 CAN 导线保持相同电平，即波形完全相同。

（2）低速 CAN 总线开路或短路　舒适/信息娱乐系统 CAN 总线容许一根 CAN 导线上短路和开路，此时系统的数据传送会在单线模式中继续运行。通过示波器观测其信号波形，不同情况电压波形有所不同，其中单线运行的 CAN 导线为正常波形。

CAN 总线开路时的信号波形如图 1-43 所示，其中，图 1-43（a）为 CAN 高线开路时的波形，图 1-43（b）为 CAN 低线开路时的波形。

CAN 总线短路时的信号波形如图 1-44 所示，其中，图 1-44（a）为低线对蓄电池正极短路时的信号波形，低线电压恒为水平 12V，而 CAN 高线无显著影响。图 1-44（b）为 CAN 高线对地短路时的信号波形，CAN 高线信号永远水平保持 0V。

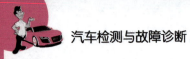

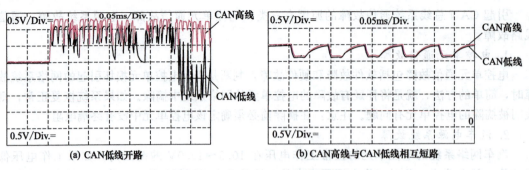

图 1-42 高速 CAN 总线故障波形

当 CAN 高线与 CAN 低线相互短路时,两者的波形正常且完全相同(图略)。

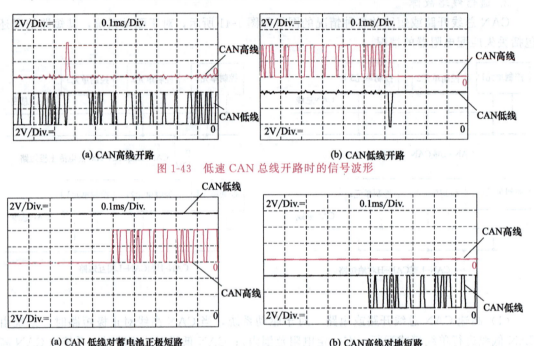

图 1-43 低速 CAN 总线开路时的信号波形

图 1-44 低速 CAN 总线短路时的信号波形

在检查 CAN 数据总线系统时,先利用诊断仪读取故障码,保证所有与数据总线相连的控制单元无功能故障。如存在功能故障,先排除该故障并消除所有控制单元的故障码。排除所有功能故障后,如果控制单元间数据传递仍不正常,检查数据总线系统。

复习思考题

1. 汽车电器的线路发生断路或短路,如何快速找到故障点,其检查方法有哪些?
2. 某传感器正常工作需要外界提供电源,如检查发现故障码,指示其信号异常,分析有哪些原因?
3. 传感器失准且无故障码产生时,如何快速发现是哪个传感器出现信号不良?
4. 分析比较高速 CAN 总线与低速 CAN 总线在工作原理、电压信号、电路出现故障的表现三方面有什么不同?

第一单元 汽车检测诊断基本知识

基本知识 3　汽车维护与机械维修基本知识

学习目标

1. 了解汽车维护制度及维护作业项目。
2. 掌握汽车拆装作业基本要求。
3. 了解汽车常用拆装维修工具，初步认识其使用方法。

汽车维护，又称汽车保养，是指为保持和恢复汽车的技术性能，保证汽车具有良好的使用性、可靠性和安全性，定期对汽车相关部分进行检查、清洁、补给、润滑、调整或更换某些零件的预防性工作。它是预防故障、减少汽车修理成本的重要措施。

汽车机械维修，对于现代汽车而言主要是零部件的拆装作业，它是汽车故障诊断之后进行故障排除的必要措施。因此，本课程有必要学习一些汽车维护与机械维修的基本知识。

一、汽车维护制度及维护作业

（一）汽车维护制度

根据 GB/T 18344—2016《汽车维护、检测、诊断技术规范》要求，汽车维护分为日常维护、一级维护和二级维护，另外还包括走合维护和换季维护。

（1）日常维护　日常维护是日常性作业，由驾驶员负责，以清洁、补给和安全检视为主。

清洁指清洁车辆外观、发动机外表。补给指检查发动机机油、冷却液、制动液、蓄电池液工作液面及轮胎气压，必要时进行补给。安全检视指检查车辆的制动、转向、灯光、信号等安全机构及发动机运转情况，有无四漏（漏水、漏电、漏油、漏气）。

（2）一级维护　以清洁、润滑、紧固为主，并检查有关制动、操纵等安全部件。

清洁指清洁或更换"三滤"。润滑指润滑底盘转向传动件、全车润滑点等。紧固指检查紧固发动机、底盘、车身的紧固件。检查有关制动、操纵等安全部件，轮胎气压、发电机皮带、离合器、制动踏板自由行程等。

（3）二级维护　由维修企业负责执行，作业内容除一级维护作业外，以检查、调整为主，并拆检轮胎，进行轮胎换位，检查排放控制装置。

按汽车二级维护检测项目进行二级维护作业前检测诊断和技术评定，根据结果确定附加作业。维护作业包括基本作业项目和附加作业项目。

（二）汽车维护作业

汽车维护的实际实施中，由于各种车辆结构不同，使用情况的不同，其维护项目和要求也不相同。因此，维护作业应参照制造厂方的规定安排进行。

表 1-4 为一汽大众迈腾轿车常规保养项目，表 1-5 为上海大众新朗逸 1.6L 轿车常规保养项目。表中所有保养项目，根据车辆行驶里程/时间进行选择（以先达到者为准）。

项目单的保养内容是根据汽车正常行驶情况下制定的。对于使用条件比较恶劣的车辆，特别是经常停车/启动以及经常在低温条件下使用的车辆，应经常检查机油油位，每 5000km 更换机油和机油滤清器。

在灰尘较大环境里行驶的车辆，应缩短空气滤清器滤芯、空调系统花粉过滤器和活动天窗的保养间隔（如每5000km更换）。花粉过滤器滤芯脏污将影响空调制冷效果，请注意检查并及时更换。

表 1-4　一汽大众迈腾轿车常规保养项目

保养项目	5000km首次保养（最长不超过7500km）	10000km或1年之后每10000km或1年定期保养
1. 查询自诊断系统故障存储器	●	●
2. 目测检查发动机及机舱内的其他部件是否有泄漏或损坏（从上面）	●	●
3. 检查蓄电池正、负极连接状态，检查蓄电池电压	●	●
4. 检查制动液液位，必要时添加	●	●
5. 检查风窗清洗液液面高度，必要时添加清洗液	●	●
6. 检查冷却液液面高度及浓度（防冻能力），如必要，添加冷却液或调整浓度	●	●
7. 更换发动机机油及机油滤清器	●	●
8. 检查前、后制动摩擦衬块厚度	●	●
9. 检查所有轮胎(包括备胎)的花纹深度、磨损形态，清除轮胎上的异物	●	●
10. 目测检查车身底部防护层和底饰板是否破损	●	●
11. 目测检查制动系统是否有泄漏和损坏	●	●
12. 目测检查变速箱、主减速器及等速万向节防护套有无泄漏或损坏（从下面）	●	●
13. 检查转向横拉杆球头的间隙，紧固程度及防尘套状况		●
14. 检查喷油嘴状态，必要时采取相应维修保养措施		●
15. 进行轮胎换位，按要求检查轮胎气压，必要时校正，检查车轮螺栓拧紧力矩	●	●
16. 润滑车门止动器	●	●
17. 加注燃油添加剂G17	●	
18. 保养周期指示器复位	●	●
19. 检查安全气囊和安全带状态及安全气囊罩壳是否损坏		●
20. 检查车内所有开关、车内照明、用电器、显示器和仪表各警报指示灯的功能		●
21. 检查滑动天窗功能、清洗导轨并用专用润滑脂润滑		●
22. 检查车外前部、后部、行李厢照明灯等所有灯光状态和闪烁报警装置功能		●
23. 检查风窗刮水器、清洗器及大灯清洗装置功能，如必要，调整喷嘴		●
24. 检查火花塞状态，必要时采取相应维修保养措施		●
25. 清洗空气滤清器壳体，检查滤芯状态，必要时采取相应维修保养措施		●
26. 粉尘及花粉过滤器：清洗外壳，检查滤芯状态，必要时采取相应维修保养措施		●
附加保养项目		
27. 更换火花塞		首次20000公里或2年，之后每20000公里或每2年
28. 更换空气滤清器滤芯，清洗壳体		
29. 粉尘及花粉过滤器：清洗外壳，更换滤芯		首次30000公里或2年，之后每30000公里或每2年
30. 检查多楔皮带的状态，必要时更换		
31. 更换DSG-6挡直接换挡变速箱齿轮油和滤清器		
32. 检查DSG-7直接换挡变速箱齿轮油油质，必要时更换齿轮油		首次60000公里或4年，之后每60000公里或每4年
33. 更换燃油滤清器		
34. 对带气体放电灯泡的大灯（氙灯）进行基本设置		
35. 更换制动液		每24个月

表1-5　上海大众新朗逸1.6L轿车常规保养项目

保 养 项 目	5000km 首次保养	每10000 km保养	每20000 km保养	每30000 km保养	每60000 km保养
1. 车身内外照明电器,用电设备检查功能:组合仪表指示灯,阅读灯,时钟,点烟器,喇叭,电动摇窗机,电动外后视镜,暖风空调系统,收音机;近光灯,辅助行车灯,远光灯,前雾灯,转向灯,警示灯,驻车灯,后雾灯,制动灯,倒车灯,车牌灯,行李厢照明灯	●	●	●	●	●
2. 安全气囊和安全带:目测外表是否受损,并检查安全带功能	●	●	●	●	●
3. 多功能方向盘:检查各按键的功能	●	●	●	●	●
4. 手制动器:检查功能	●	●	●	●	●
5. 自诊断:用专用诊断设备读取各系统控制器内的故障存储信息	●	●	●	●	●
6. 活动天窗:检查功能、清洁导轨,如有必要涂敷专用油脂	●	●	●	●	●
7. 前大灯:检查灯光照射位置,必要时调整	●	●	●	●	●
8. 前风窗玻璃落水槽排水孔:清洁	●	●	●	●	●
9. 雨刮器/清洗装置:检查雨刮片,必要时更换;必要时加注清洗液	●	●	●	●	●
10. 发动机舱:目测各管路、电气线路是否存在干涉或损坏,必要时调整	●	●	●	●	●
11. 冷却系统:检查冷却液冰点,检查系统是否泄漏,必要时补充原装冷却液(标准值:-35℃,极寒地区可低于-35℃)	●	●	●	●	●
12. 蓄电池:使用专用检测仪检查蓄电池状况,正、负极连接状态	●	●	●	●	●
13. 助力转向系统:检查是否泄漏,检查转向液液面,必要时加注	●	●	●	●	●
14. 空气滤清器:清洁罩壳和滤芯		●		●	
15. 发动机机油及机油滤清器:更换(行驶里程较少的车辆建议每12个月更换)(注:如拆卸油底壳放油螺栓,必须更换)	●	●	●	●	●
16. 转向横拉杆/稳定杆/连接杆:检查是否有间隙,连接是否牢固		●	●	●	●
17. 车身底部:检查燃油管、制动液管是否干涉以及底部保护层是否损坏,排气管是否泄漏,固定是否可靠		●	●	●	●
18. 底盘螺栓:检查并按规定扭矩紧固		●	●	●	●
19. 制动系统:检查制动液管路、零部件是否泄漏,检查制动液液面,必要时补充	●	●	●	●	●
20. 轮胎/轮毂(包括备胎):检查轮胎磨损情况,必要时进行轮胎换位,同时校正轮胎气压(如配备胎压报警功能,在校正轮胎气压后,必须进行标定)	●	●	●	●	●
21. 车轮固定螺栓:按规定扭矩检查并紧固	●	●	●	●	●
22. 试车:性能检查	●	●	●	●	●
23. 保养周期显示器:复位		●	●	●	●
24. 楔形皮带:检查(首次30000km),必要时更换;每100000km更换				●	●
25. 变速箱/传动轴护套:目测有无渗漏和损坏,连接是否牢固			●	●	●
26. 制动盘及制动摩擦片:检查厚度及磨损情况,必要时更换(首次检查在30000km)			●	●	●
27. 车门限位器,固定销,门锁,发动机盖/行李厢盖铰链和锁扣:检查功能并润滑			●	●	●
28. 空调系统冷凝排水:检查,必要时清洁			●	●	●
29. 灰尘及花粉过滤器:清洁罩壳和滤芯			●	●	
30. 灰尘及花粉过滤器:清洁罩壳并更换滤芯(行驶里程较少的车辆建议每12个月更换)				●	●
31. 空气滤清器:清洁罩壳并更换滤芯(行驶里程较少的车辆建议每12个月更换)					●

续表

保养项目	5000km首次保养	每10000km保养	每20000km保养	每30000km保养	每60000km保养
32. 活动天窗排水功能：检查，必要时清洁			●		●
33. 火花塞：更换				●	●
34. 发动机燃烧室和进气道：用内窥镜检查，必要时请使用上海大众专用汽油清净剂				●	●
35. 正时齿形皮带/张紧轮/水泵齿形皮带：检查（首次90000km），必要时更换				●	●
36. 尾气排放：检测				●	●
37. 手动变速箱：检查变速箱齿轮油液位，必要时添加或更换					●
38. 自动变速箱：更换变速箱ATF油					●
39. 燃油滤清器：更换					●
制动液：更换（每24个月或每50000km，以先到者为准）					

二、汽车拆装作业的基本要求与方法

汽车拆装作业的目的是为了检查和维修汽车零部件，以便对需要保养的总成进行保养，或对有缺陷的零件进行修复或更换，使配合关系失常的零件经过维修调整达到规定的技术标准。

（一）汽车的拆装作业

1. 拆卸应遵循的原则

① 按需要进行拆卸。防止盲目的大拆大卸，不拆卸检查就可以判定零件的技术状况时，则尽量不予拆卸，以免损坏零件。

② 合理安排工艺顺序。拆卸顺序应由外及内，先附件后主体。

③ 正确使用拆卸工具和设备，注意人身安全。

④ 注意零件的位置关系，经过磨合的配合件、有动平衡要求的旋转件等，防止拆卸错乱。

2. 拆卸作业遇到的问题及处理方法

① 螺栓和螺母锈死时的拆卸方法　首先在煤油中浸泡20～30min，用手锤敲击螺母四周，振松锈层，然后拧出；若仍不能拆卸，可用喷灯加热螺母，趁螺母受热膨胀而螺钉受热较轻时，迅速拧下螺母；如螺纹滑扣，可在螺纹孔处钻加大的孔，重新改制螺纹，再配制一端加大而另一端保持原直径的阶梯形螺栓。

② 螺栓断头时的拆卸方法　当断头螺钉直径较大又比较松时，可用手锤和扁凿按螺纹反方向慢慢剔出来；若断头高出端面，可将其锉成方形拧出，或在断头加焊一个螺母将其拧出；若断头高出端面较少或无露头时，可在断头上钻孔，然后楔入多棱淬火钢锹拧出；反螺纹用反扣螺钉将断头拧出。当允许加大螺孔时，可用钻头把断头螺钉钻掉，重新加大螺纹。

拆卸注意事项

（1）发动机及其他机件应在冷态下拆卸。

（2）以下有特殊装配要求的零件，需特别注意：

• 组合加工件：如主轴承盖和气缸体（拆下的零件应做编号，并注意前后记号）、连杆与连杆盖（拆后应合装，并注意前后记号）。

• 经过磨合的配合件：如气门挺杆与导孔、气门与导管、轴瓦与曲轴、活塞与气缸（以上零件拆下后应做编号，按原位置安装）；柴油机喷油泵的柱塞与柱塞套（称为柱塞偶件）、出油阀与出油阀座（称为出油阀偶件）（以上偶件拆后应合装）。

- 有动平衡要求的零件：如离合器总成和发动机飞轮、轮胎与轮辋（拆前应做装配标记，按原位置安装）。
- 有正时要求的零件：如配气正时齿轮、柴油机喷油正时齿轮，一般有正时记号，装配时记号应对齐，如无记号，拆前应做标记。
- 调整间隙的垫片：如主减速器调整轴承预紧度调整垫片、主减速器齿轮啮合间隙的调整垫片等，这些垫片拆后应成组存放。

（3）螺栓组拆卸时，为了防止紧固件受力不均而变形，应按对角线对称地拆装螺钉组。拆卸时，首先将螺栓都拧松1~2扣，然后逐一拆卸。

- 对正方形或圆形零件，按对角线或圆心对称拆卸；对长方形零件（如气缸盖与气缸体之间的拆卸）可从两边到中间呈对称、对角线的顺序逐渐拧松、拆卸，将处在难拆部位的螺钉先拧松，后拆下。
- 拆卸悬臂形多螺栓连接件时，应从下边开始，按对称位置逐一拧松，最上部一个或两个螺栓要最后拆下，否则容易造成事故或零件变形损坏。

（二）汽车部件的装配

1. 装配要求

① 装配前做好零件的质量检查和清洁工作。用规定的清洗液清洗干净，重要的配合表面、油道等，要用压缩空气吹净。

② 装配时，按一定的顺序和技术要求进行零件组合，保证其正确的装配关系。

③ 装配后的试验调整，通过试验，可以发现是否存在卡滞、异响、过热、渗油等现象，并检测工作能力和性能是否符合要求。

2. 螺栓组的紧固顺序

为了防止紧固件受力不均而变形，应按一定的顺序紧固螺栓组。长方形零件安装紧固时，其顺序与拆卸顺序相反，即从中间到两边对称、交叉拧紧。气缸盖与气缸体合装时螺栓组的拧紧顺序如图1-45（a）所示。在气缸体上安装曲轴时，各曲轴轴承盖上螺栓的拧紧顺序如图1-45（b）所示。

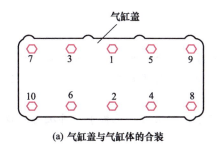

(a) 气缸盖与气缸体的合装　　(b) 曲轴主轴承盖与气缸体的连接

图1-45　螺栓组的拧紧顺序

3. 螺栓的拧紧力矩要求

重要的连接螺栓要求按规定扭矩拧紧，如发动机上的主要部位的螺栓，由于受力和振动比较大，如果拧紧力不够，会导致松动，会使发动机发生重大故障；如果拧紧力过大，又使螺栓屈服变形，导致松动或断裂而发生故障。螺栓的拧紧力矩根据螺栓的强度等级和直径大小而定，一般螺栓的拧紧力矩如表1-6所示，如螺栓拧紧力矩有特殊规定，按特殊规定要求执行。

表 1-6　一般螺栓拧紧力矩　　　　　　　　　　　　　　　　　　　N·m

强度等级	M6	M8	M10	M12	M14	M16	M18
8.8 级	8±2.5	22±5	39±7	70±10	115±15	176±20	235±25
10.9 级	13±2.5	31±5	58±7	100±10	162±15	240±20	330±25

注：表中数值是建立在螺纹清洁、干燥、无油的基础之上，当使用润滑油时其扭矩应减少 10%，如使用新的有镀层螺栓时，扭矩应减少 20%，当螺纹孔为铝制件时，扭矩应减少 20%。

三、汽车常用拆装维修工具的使用

（一）汽车常用拆装工具

1. 扳手类工具

（1）扳手　主要有开口扳手、活动扳手、梅花扳手、内六角扳手、套筒扳手、扭力扳手。

套筒扳手由一套尺寸不同的套筒和摇柄组成，既适合一般部位螺栓螺母的拆装，也适合处于深凹部位和隐蔽狭小部位螺栓螺母的拆装。在汽车维修中还有一些专用的套筒扳手，如薄壁长套筒的火花塞套筒扳手，专用于拆装火花塞。

扭力扳手，又叫力矩扳手，上面有扭矩指示，与套筒头配合使用，用于拧紧或拧松有扭矩要求的螺栓或螺母。扭力扳手分指针式、数显式、报警式和自滑转式，如图 1-46 所示。其中报警式是指当力矩到达设定力矩时会出现机械相碰的声音，自滑转式则是当力矩超过设定力矩时，如再用力，会出现打滑现象。

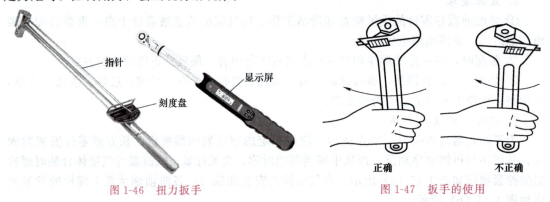

图 1-46　扭力扳手　　　　　　　图 1-47　扳手的使用

使用注意事项

● 开口扳手的开口尺寸必须与螺栓或螺母的尺寸相符合，扳手开口过大易滑脱并损伤螺栓、螺母的六角。为防止扳手损坏和滑脱，应使拉力作用在开口较厚的一边，这一点对受力较大的活动扳手尤其应该注意（图 1-47）。

● 各类扳手的选用原则，一般优先选用套筒扳手，其次为梅花扳手，再次为开口扳手，最后选活动扳手。

● 扳手是按人手的力量来设计的，不能用锤击打扳手；不能使用套筒等加长装置，以防损坏螺纹或扳手。

（2）机油滤清器扳手　滤清器扳手是机油滤清器的专用拆装工具。有帽式、三爪式、带式、铐环式四种，如图 1-48 所示。帽式滤清器扳手使用时，套在滤清器顶部的多棱面上，使用方法同套筒扳手，对滤清器没有损伤，但不同车型需要配用相对应的规格。三爪式滤清器可以根据机滤大小调节三爪的距离。带式、铐环式滤清器扳手对应不同尺寸机油滤清器，使用方便。

第一单元　汽车检测诊断基本知识

(a) 帽式　　　　(b) 三爪式　　　　(c) 带式　　　　(d) 铐环式

图1-48　滤清器扳手

（3）管钳　管钳由固定和可调两部分组成，钳口有齿，以增大与工件的摩擦力，如图1-49所示。管钳一般用于扳转金属管件或其他圆柱形工件。禁止用管钳拆装精度较高的管件，以免改变工件表面的粗糙度。

图1-49　管钳

2. 旋具钳子类

（1）螺钉旋具　又称螺钉螺丝刀、起子，主要有一字起子、十字形起子，使用时，应协助压紧和拧动手柄。

使用注意事项

- 刀口应与螺钉槽口的大小、宽窄相适应。
- 不准用螺钉螺丝刀当撬棒或錾子使用。
- 不可在螺钉螺丝刀口用扳手或钳子增加扭力，以免损坏刀杆。

（2）尖嘴钳、鲤鱼钳　尖嘴钳因其头部细长，能在较小的空间工作。鲤鱼钳钳口的张开度有两挡调节位置，以适应夹持不同大小的零件。两种工具均用于夹持或弯曲小零件，并带有刃口，能剪切细小零件。

使用注意事项

- 尖嘴钳使用时不能用力太大，否则钳口头部会变形或断裂。
- 不可代替扳手旋螺栓、螺母，以免损伤螺件的头部棱角。

图1-50　弯嘴钳

（3）弯嘴钳　弯嘴钳（图1-50）适宜在狭窄或凹下的工作空间使用，用于拆装卡环、锁环。

3. 其他拆装工具

（1）手锤、铜棒　手锤有铁锤、木锤两种，要使用手锤时，要仔细检查锤头和锤把是否楔塞牢固，握锤应握住锤把后部。

铜棒用较软的金属制成，用于敲击不允许直接锤击的工件表面。使用时可锤子共用，不得用力太大。

使用注意事项

- 敲击零件时应在下面垫以硬木，严禁硬性敲击。
- 铜棒不可代替锤子或当撬棍使用。

45

(2) 虎钳　虎钳用于夹紧工件。规格以钳口的宽度表示，一般固定在工作台上，对于易损表面应垫以软质垫片。

(3) 撬棍　撬棍为钢制材料锻造而成，利用杠杆原理撬动旋转件或结合面。

(4) 样冲　样冲为带尖的小铁棒，用于制作零部件上的装配标记。

(5) 活塞环装卸钳、活塞环压缩钳　活塞环装卸钳（图1-51）用于拆装活塞环。使用时，应将其卡入活塞环的端口，并使其与活塞环贴紧，然后握住手把，慢慢收缩，使活塞环张开，便可将活塞环从活塞环槽内取出或装入槽内。

在将活塞连同活塞环装入气缸时，需要使用活塞环压缩钳（图1-52）。使用时，先将活塞环端口位置正确分布，再将活塞环压缩钳包在活塞外面，通过调节扳手收缩卡箍将活塞环压入环槽内，靠近气缸后，使用锤子的木制手柄敲击活塞顶部，使活塞顺利进入气缸。

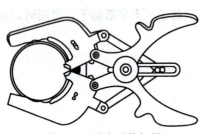
图1-51　活塞环装卸钳

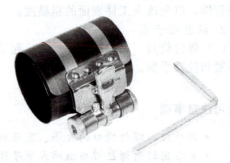
图1-52　活塞环压缩钳

(6) 气门弹簧装卸钳　气门弹簧装卸钳（图1-53）用于拆装气门弹簧。使用时，将拆装钳托架抵住气门，压环对正气门弹簧座，然后压下手柄，使得气门弹簧被压缩。这时可取下气门弹簧锁销或锁片，慢慢地松抬手柄，即可取出气门弹簧座、气门弹簧和气门等。

(7) 轴承拉拔器　轴承拉拔器是一种将轴承的内圈或外圈从轴承座内取出的装置，分机械式和液压式两种。液压式轴承拉拔器如图1-54所示。

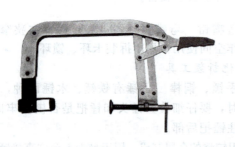
图1-53　气门弹簧装卸钳

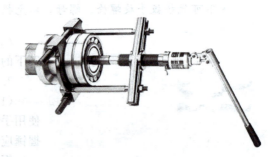
图1-54　液压式轴承拉拔器

(8) 压力机油壶和润滑脂加注枪　压力机油壶（图1-55）通过钢制壶嘴对清洗后的金属零件加注机油，既有润滑作用，同时又便于装配。润滑脂加注枪（图1-56）用于对有润滑脂嘴的机件加注润滑脂。

(9) 拆胎机　拆胎机又称扒胎机、轮胎拆装机（图1-57）。用于更方便顺利地拆卸轮胎，目前拆胎机种类众多，有气动式、液压式两种。最常用的是气动式拆胎机。

图 1-55　压力机油壶

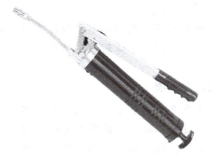

图 1-56　润滑脂加注枪

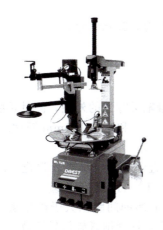

图 1-57　拆胎机

图 1-58　悬臂吊车

（二）汽车维修起吊工具

1. 千斤顶

千斤顶用于重物的顶起。按照其工作原理可分为机械丝杆式和液压式。按照所能顶起的质量可分为多种不同规格。目前广泛使用的是液压式千斤顶。

> **使用注意事项**
>
> • 汽车在起顶或下降过程中，禁止在汽车下面进行作业。应徐徐拧松液压开关，使汽车缓慢下来，汽车下降速度不能过快，否则易发生事故。
>
> • 当需要顶起汽车的前端或后端时，应在车轮处正确地安放楔块。千斤顶顶部应加木质或胶质件，以免溜滑。
>
> • 在松软路面上使用千斤顶顶起汽车时，应在千斤顶底座下加垫一块有较大面积且能承受压力的材料（如木板等），防止千斤顶由于汽车重压而下沉。
>
> • 千斤顶把汽车顶起后，当液压开关处于拧紧状态时，若发生自动下降故障，则应立即查找原因，及时排除故障后方可继续使用。
>
> • 千斤顶必须垂直放置，以免因油液渗漏而失效。

2. 起重吊车

常用液压式悬臂吊车（图 1-58），多用于发动机的起吊。起吊时压力油进入工作油缸内，推动顶杆外移，使重物起吊。

3. 汽车举升机

汽车举升机一般常用电动液压举升机，分为双立柱式、四立柱式、菱架式三种类型。四立柱式举升机用于车体较重的车辆。

> **使用注意事项**
> - 汽车的总质量不能大于举升机的起升能力。
> - 提升车辆前，检查所有管道接头和端口是否有油泄漏，如果存在泄漏时，不要使用举升机，拆下有泄漏的接头并重新密封。
> - 对于双柱举升机，应转动、调整举升臂至汽车底盘指定可承受力位置并接触牢靠。
> - 汽车举高前，操作人员应检查汽车周围人员的动向，防止意外。

（三）汽车维修常用量具

1. 外径千分尺

外径千分尺又称螺旋测微器、分厘卡，主要用来测量轴类零件的外径，测量长度的精度为 0.01mm。测量范围有 0～25mm、25～50mm、50～75mm 和 75～100mm 四种。

（1）操作方法

① 校对。缓缓转动微调旋钮，使测杆和砧座接触，直到棘轮发出声音为止，此时活动套筒上的零刻线应当和固定套筒上的基准线（长横线）对正，否则有零误差。

② 测量。左手持尺架，右手转动粗调旋钮使测杆与砧座的间距稍大于被测物，放入被测物。转动微调旋钮，夹住被测物直到棘轮发出声音为止，拧紧锁紧旋钮后读数。

（2）读数方法

① 从活动套管的前沿在固定套管的位置，读出主尺数（注意 0.5mm 的短线是否露出）。

② 从固定套管上的横线所对活动套管上的分格数，读出不到一圈的小数，二者相加就是测量值。最终测量结果需要估读一位小数，如图 1-59 中读数为 8.561mm。

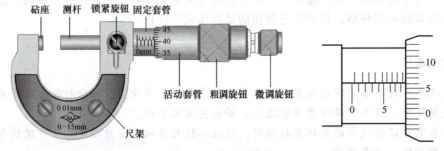

图 1-59 外径千分尺

2. 塞尺

塞尺（图 1-60）有一组具有不同厚度级差的薄钢片组成的量规，用于测量间隙尺寸。测量前用干净的布将塞尺测量表面擦拭干净，不能在塞尺沾有油污或金属屑末的情况下进行测量，否则将影响测量结果的准确性。将塞尺插入被测间隙中，来回拉动塞尺，感到稍有阻力，说明该间隙值接近塞尺上所标出的数值；如果拉动时阻力过大或过小，则说明该间隙值小于或大于塞尺上所标出的数值。

3. 内径百分表

内径百分表用来测量孔的内径，汽车维修中主要测量发动机气缸内径、曲轴轴承内孔直径等，习惯上称为量缸表，主要由百分表、表杆和一套不同长度的接杆等组成（图1-61）。

测量前应校正量缸表，方法是：将外径千分尺调到被测孔的标准内径并锁紧；根据被测孔的内径选择长度尺寸合适的接杆，并固定在量缸表下端的接杆座上；将量缸表置于外径千分尺的2个测量面之间，使大指针旋转0.5~1.5圈左右，旋转表盘使指针对准零位，锁紧接杆。

测量过程中，应前后摆动量缸表，指针指示到最小数字时，即表示量杆与内孔轴线垂直，此读数为标准读数（图1-62）。在计算直径时，应根据所读取的是顺时针读数还是逆时针读数，确定在标准直径的基础上，是相加还是相减。

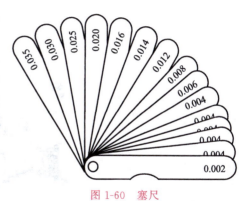

图1-60 塞尺

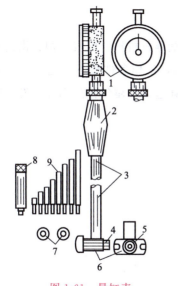

图1-61 量缸表

1—百分表；2—绝热套；3—表杆；4—接杆座；5—活动测头；
6—支承架；7—固定螺母；8—加长接杆；9—接杆

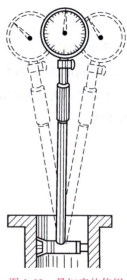

图1-62 量缸表的使用

复习思考题 ▶▶

1. 列举发动机上有哪些零部件标有装配记号？哪些零部件没有记号但要注意安装位置？
2. 汽车拆卸时，如发现螺栓和螺母锈死难以拆卸，应如何做？
3. 简述千斤顶和汽车举升机使用注意事项。

第二单元 汽车发动机的检测与故障诊断

发动机是汽车的动力来源,包括六大系统,即曲柄连杆机构、配气机构、供给系、点火系(仅指汽油机)、润滑系和冷却系。发动机结构复杂,工作条件很不稳定,因而故障率较高,主要表现为动力不足、运转不稳、启动困难、油耗过大、尾气排放超标、发动机异响等故障现象。

项目 1　发动机机械故障诊断

学习目标

1. 能够使用气缸压力表检测气缸压力,正确诊断漏气部位。
2. 能够检查配气正时,分析配气正时不正确的原因。
3. 熟悉发动机异响规律,能够正确诊断发动机异响部位。
4. 学会气缸盖与气缸体变形、气缸磨损、曲轴变形磨损的检查方法,正确分析零件失效的原因。

项目导读

发动机的曲柄连杆机构、配气机构组成发动机的主要机械部分,由于很多零件在高温、高压等恶劣环境下工作,并经常处在转速与负荷变化的条件下运转,容易引起零件的失效,如出现裂纹、变形、磨损等,从而引起气缸漏气、水套漏水、配气正时不正确、发动机异响等机械性故障,这些故障对发动机动力性、经济性影响很大,甚至造成发动机大修。因此必须查找故障部位,分析产生故障的根本原因。

基础知识●发动机曲柄连杆机构及配气机构的组成

一、曲柄连杆机构

曲柄连杆机构主要由机体组、活塞连杆组、曲轴飞轮组三部分组成，其功能是把活塞的往复运动转变成曲轴的旋转运动，对外输出动力。其中，机体组主要由气缸体、气缸盖、气缸垫、油底壳等零件组成；活塞连杆组由活塞、活塞环、活塞销、连杆等零件组成；曲轴飞轮组主要由曲轴、飞轮以及其他附件组成。活塞连杆组与曲轴飞轮组如图2-1所示。

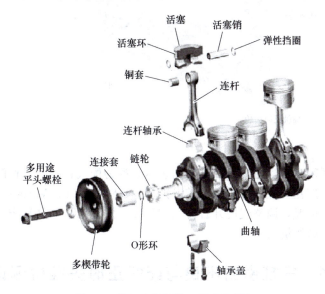

图 2-1　曲柄连杆机构（除去机体组）

二、配气机构

配气机构的功用是根据工作循环和点火顺序的要求，定时打开和关闭各缸的进、排气门，使新鲜空气（或可燃混合气）进入气缸，废气排出气缸。配气机构主要由气门组件和气门传动组件组成。气门组包括气门、气门弹簧、气门弹簧座、气门锁片、气门油封以及装在气缸盖上的气门导管、气门座等零件。要求气门头部与气门座严密贴合，气门导管使气门杆上下运动时有良好的导向。

配气机构按照凸轮轴的布置位置分为下置凸轮轴式和顶置凸轮轴式。轿车普遍采用顶置凸轮轴式（见图2-2），由凸轮轴直接（或通过摇臂）来驱动气门，使运动件大大减小，由于凸轮轴与曲轴传动距离较远，一般用齿形带传动或链传动；下置凸轮轴式传动链长，整个机构的刚度差，仅适合于低速发动机。

为了补偿气门受热膨胀量，防止气门受热膨胀导致气缸漏气，气门关闭时顶部与压紧件之间预留有一定的气门间隙。轿车广泛采用液压挺柱，液压挺柱靠液压缸的相对位移来补偿气门间隙，并减少了配气机构的撞击噪声。液压挺柱安装前须将液压挺柱中的空气排除，以免工作时产生额外噪声。

为了使曲轴与配气凸轮轴满足正确的装配关系，一般在两者的正时齿轮上标有正时记号。顶置凸轮轴式配气机构装配时，正时齿轮的正时记号应与发动机机体上正时记号对齐。

配气机构

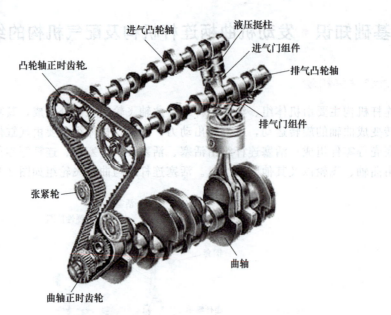

图 2-2 顶置凸轮轴式配气机构

进、排气门的开闭时刻，通常用曲轴转角表示，称为配气正时，又称配气相位或气门正时。近年来，轿车上广泛采用发动机可变气门正时技术（VVT，Variable Valve Timing），它根据发动机的运行情况，调整气门开合时间和角度，进而调整进气和排气的量，使进入的空气量达到最佳，提高燃烧效率。

任务 1　气缸密封不良与配气正时失准检测诊断

气缸压力是表征气缸密封性的重要参数，气缸压力过低是发动机出现启动困难（甚至不能启动）、怠速不稳、动力不足等故障的原因之一。配气正时不正确是发动机出现进气管回火、排气管放炮，发动机启动困难等故障的原因之一。

这里探讨气缸压力的检测方法，配气正时的检查方法，以及出现气缸密封不良或配气正时失准时的诊断方法。

1. 气缸压力表

一般通过气缸压力表测量气缸的压缩压力，检查气缸的密封性。

气缸压力表用来测量气缸内压缩终了时的压力。气缸压力表一般由压力表头、导管、单向阀和接头等组成，如图 2-3 所示。气缸压力表接头有螺纹管接头或橡胶接头两种形式。柴油机压缩比大，必须用螺纹管接头拧紧在喷油器螺纹孔内；汽油机压缩比较小，可用手握住压力表，将橡胶接头压紧在火花塞孔内。测量时单向阀处于关闭位置时，可保持压力表指针位置以便于读数，读数后按下单向阀，可使压力表指针回零。注意气压单位的换算：1bar＝100kPa＝1 个大气压。

2. 气缸漏气故障表现及原因分析

气缸漏气故障表现为：发动机的启动困难（甚至不能启动）、怠速不稳、动力不足，伴随油耗增加、排放超标等故障。

发动机气缸密封不良，其漏气部位主要有以下三处。

(1) 气缸与活塞零件间漏气。

原因有：①气缸磨损造成活塞与气缸壁配合间隙过大；②活塞环槽的磨损造成活塞环与活塞环槽的间隙过大；③活塞环对口、弹性不足。

(2) 气门漏气。

原因有：①气门工作面间气门座磨损、烧蚀、积炭；②气门卡滞，气门弹簧过软、折断；③机油压力过高使液压挺柱伸长过多等，使进排气门关闭不严；④气门间隙调整过小；⑤配气相位失准使气门不按规定时刻开闭，进入气缸内的空气量减少。

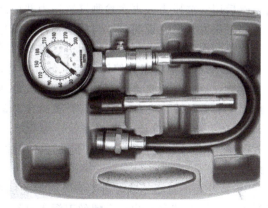

图 2-3　气缸压力表

(3) 气缸体和气缸盖结合面漏气。

原因有：①气缸体和气缸盖翘曲变形不平、缸盖螺栓松动；②气缸垫烧蚀；③气缸体和气缸盖裂纹。

3. 配气正时失准的故障表现及原因分析

配气正时不正确的故障表现为：发动机出现启动困难、进气管回火、排气管放炮等现象。严重时使活塞顶坏气门，造成发动机不能启动。

配气正时失准的原因主要如下：

① 正时齿轮的轮齿折断缺齿，正时齿轮与驱动轴间的键松动；

② 正时齿形带磨损、松旷、缺齿，正时带装配时错齿；

③ 正时带张紧轮松动，大负荷时跳齿；

④ 凸轮轴凸轮磨损（主要影响气门升程）。

任务实施

1. 气缸压力的检测与诊断

(1) 气缸压力的检测　汽油机与柴油机气缸压力的检测方法略有不同，汽油机气缸压力检测的操作步骤如下。

① 在检测之前，应确保发动机机油、启动机和蓄电池正常，将发动机运转至正常温度后停机。

② 高压气体吹净火花塞周围的脏物。断开发动机的供油和点火以确保安全，如拔掉 ECU 电源保险丝、曲轴位置传感器插头等（检测结束连接好电路后，应清除由此产生的故障码）。

③ 拆掉全部火花塞并按顺序放置。将节气门全开，将气缸压力表安装在火花塞孔上。

④ 用启动机带动曲轴旋转 3~5s，待压力表指针指示并保持最大压力后停止启动。记录数据。

⑤ 将压力表指针回零，各缸重复测量 3 次，取其平均值。

检测柴油机气缸压力时，切断油路，拆掉全部喷油器（或各缸预热塞），用螺纹接头安装气缸压力表。如果该机要求在较高转速下测量，此种情况除受检气缸外，其余气缸均应工作。其他检测条件和检测方法同汽油机。

(2) 漏气部位的诊断

① 如果测得气缸压力低于原设计规定，可向该缸火花塞（或喷油器孔）内注入适量机

油，然后用气缸压力表再次检测气缸压力并记录。

如果压力升高，说明气缸与活塞零件磨损过大；

如果两次读数基本相同，说明进、排气门或气缸衬垫不密封。

② 如果相邻两缸压力偏低，而其他缸正常，说明该两缸相邻处的气缸垫窜气。

注意：检测气缸压力时，如果一缸或数缸压力读数偏高，发动机运行时伴随爆震，可能是燃烧室积炭过多、气缸衬垫过薄，或缸体与缸盖结合面修磨过度所致。

2. 配气相位失准检查与诊断

① 配气正时失准会造成点火不正时，用故障诊断仪的数据流功能检查点火提前角是否正确。

② 如点火正时不正确，可检查正时齿轮的装配正时记号是否对准。如找不到正时记号，可拆掉第1缸火花塞，找一个螺丝刀深入气缸内，转动曲轴，螺丝刀上升到最高时就是1缸的活塞上止点，此时观察气门是否完全回位关闭。

③ 如装配正时记号对准，对于齿形带传动，检查正时齿形带是否磨损、松旷；检查正时齿轮安装有无松旷、缺齿现象。以上出现异常应进一步查找原因。

④ 以上如无异常，检查凸轮轴凸轮是否磨损，视情况进行更换。

任务2　发动机异响故障诊断

正常的发动机转速是均匀的，运转声是轻微的，有节奏的振动和排气声是正常的。如果发动机运转过程中出现间歇的碰撞声、摩擦声，即为发动机异响。发动机异响是发动机机械故障的征兆，正确分析发动机异响是诊断发动机故障的有效途径。

相关知识

发动机异响分为主机异响和附件异响，如风扇、水泵、发电机等异响。

发动机主机异响分为气体与金属的冲击声响和金属之间的敲击异响两大类，除爆震异响属于气体与金属的冲击声响，其他部位的异响均属于金属间的敲击异响。

1. 发动机各部位异响主要特征及原因（表2-1）

发动机异响与工作循环有很大关系，尤其是曲柄连杆机构和配气机构。一般曲柄连杆机构异响每工作循环发响2次，配气机构异响每工作循环发响1次。

表2-1　发动机异响主要特征及原因

异响部位	异响特征	原　因
曲轴主轴承异响	①较沉重、发闷"铛、铛"金属敲击声，急加速或负荷较大时响声明显；②单缸断火时响声变化不明显，相邻两缸断火时响声减轻或消失	主轴颈润滑不良、磨损，曲轴弯曲变形，轴承合金脱落、烧损，主轴承盖螺栓松动等原因，造成主轴承配合间隙过大或配合不良
连杆轴承异响	①较沉重且短促"铛、铛"金属敲击声，急加速或负荷较大时响声明显；②单缸断火时响声减轻或消失	润滑不良、轴承或轴颈磨损，轴承合金脱落或烧毁，连杆轴承盖螺栓松动等原因，使配合间隙过大或配合不良
活塞冷敲缸异响	①清脆、有节奏的"铛、铛"金属敲击声，急速或低速运转时响声清晰；②低温时响声明显，温度升高后异响减弱或消失	气缸壁润滑不良，活塞与气缸壁间隙较大，活塞上下运动时撞击气缸壁
活塞热敲缸异响	①活塞与气缸壁的摩擦声；②低温时响声不明显，温度升高后异响明显或加重	活塞与气缸壁间隙较小，活塞偏缸，活塞变形，气缸壁润滑不良等造成活塞环与气缸壁摩擦

续表

异响部位	异响特征	原　　因
活塞环异响	钝哑"啪、啪"声,随转速提高响声增大	活塞环与环槽磨损严重,活塞环折断
活塞销异响	①较尖锐、清脆、有节奏的"嗒、嗒"金属敲击声,急速或低速时明显;②单缸断火时响声减轻或消失	活塞销与销孔、连杆衬套磨损严重,配合间隙过大;卡环松旷、脱落;机油润滑不良
气门脚异响	①气门室处发出连续有节奏的"嗒、嗒"金属敲击声,急速或中速时声较为明显;②不受单缸断火和温度影响	液压挺柱缺油等原因使气门间隙过大;气门间隙处接触面不平;气门杆与气门导管配合间隙过大
气门座圈异响	①气门脚异响稍大,忽大忽小无规律的"嚓、嚓"声;②单缸断火声响不变	镶配气门座圈时,过盈量小造成松旷
凸轮轴异响	①钝重的"嗒、嗒"金属敲击声,急速或中速时声较为明显;②不受单缸断火影响	凸轮轴松旷;凸轮轴弯曲变形
爆震异响	清脆的金属敲击响,转速越高响声越大,并伴随发动机过热、振动	汽油品质差、辛烷值太低;点火时间过早,发动机过热,负荷过大、燃烧室积炭过多
柴油机着火敲击异响	清脆的金属敲击响,转速或负荷增大时响声较弱或消失	柴油品质差,供油时间过早,发动机过热,超负荷
皮带异响	带轮附近发出"吱、吱"声	皮带使用过久弹性下降或皮带张紧器张紧不足,导致皮带过松打滑
轴承异响	刺耳的"嘶嘶"或"沙沙"声,低温时比较明显	压缩机、水泵、发电机等轴承磨损松旷或润滑不良

2．异响变化规律

（1）改变转速,响声随转速的变化

① 活塞冷敲缸、活塞销异响、气门脚异响等在急速或低速时异响较为明显。

② 连杆轴承异响、气门座圈异响、凸轮轴异响等在中速时异响较为明显。

③ 曲轴主轴承异响、连杆轴承异响、活塞环异响等在稳定转速下异响不明显,而急加速时明显。

（2）改变负荷,响声随负荷的变化

① 曲轴轴承异响、连杆轴承异响、爆震等均随负荷增大而增强,随负荷减小而减弱。

② 气门异响,负荷变化时异响不变。

（3）响声随温度的变化

① 活塞热膨胀系数大,活塞异响随温度的变化较大,如活塞冷敲缸在低温时响声明显,温度升高后异响减弱或消失;活塞热敲缸则相反。

② 曲轴主轴承异响、连杆轴承异响、气门脚异响等受温度影响较小。

③ 汽油发动机过热引起的爆震声温度升高后异响明显。

（4）单缸断火时响声变化

① 连杆轴承异响、活塞环异响、活塞销异响、活塞冷敲缸等单缸断火时响声减轻或消失。

② 活塞热敲缸等,单缸断火时响声明显加重。

③ 曲轴主轴承异响、单缸断火响声变化不明显,相邻两缸断火时响声减轻或消失。

④ 配气机构异响,单缸断火时响声不变或变化不明显。

3．汽车异响探测设备

用于探测汽车异响部位的仪器种类很多。比较简单是机械式汽车专用听诊器［图2-4（a）］,其工作原理同医学听诊器,是通过物体的机械振动和传导使声音放大,同时通过耳塞遮蔽了其他声音。也有灵敏度更高的电子式听诊器［图2-4（b）］，通过配备的高灵敏探头，可以查探出机械杂声的发出部位。

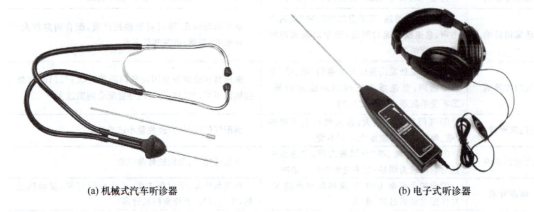

(a) 机械式汽车听诊器　　　　　　　　　　　　(b) 电子式听诊器

图 2-4　汽车异响探测设备

诊断发动机异响时，应先分清是主机异响还是附件异响。若发动机全部附件卸掉后，异响会消失，可认为异响与卸掉的附件有关；若异响仍存在，可认为是主机异响。

① 将专用听诊器的探头接触缸体，倾听响声的变化。确定异响听诊部位和振动区域。常见异响在发动机上引起振动的区域为气缸盖部位、气缸体中上侧部位、气缸体下侧部位、油底壳与曲轴箱分界面部位及正时齿轮室部位和加机油口部位（或曲轴箱通风管口部位）。

② 倾听异响的声调特征，改变转速、负荷、温度，逐缸断火倾听异响变化的特点。

③ 观察发动机异响是否伴随其他故障现象。如机油压力降低、排气管排烟颜色异常、功率下降、运转无力、燃油消耗过大、个别缸不工作或工作不良、振抖、运转不稳定、回火、放炮、机油变质、排气管有"突突"声、加机油口脉动冒烟等。

案例 1　速腾 1.6L 发动机异响

故障现象：速腾 1.6L，行驶里程 160km，在冷车时发动机声音正常，但热车时发动机前部有"吱吱"的异响声音。

故障诊断：因为只行驶了 160km，首先检查是否有撞击痕迹，检查底盘、发动机和车身，没有撞击痕迹。此车此前已倒换并调试了两次正时皮带、胀紧轮，故障依旧，又更换一水泵故障减轻，但没有排除。

根据经验分析此声音不是来源于前部轮系，因为皮带异响一般是冷车响，而热车正常，此故障现象恰恰相反。分析可能原因有两点，一个凸轮轴油封异响，另一个是凸轮轴在一缸处与缸盖或端盖相连接部分相刮擦造成的异响。于是将齿形皮带保护罩拆下，进行详细诊断。由于凸轮轴油封在外端能看到，故先判断是不是凸轮轴油封异响。

因凸轮轴油封本身由塑料、尼龙等做成，故也可能因热而出现问题，如果是其异响，将其位置发生变化，声音肯定将有变化。于是用专用油封安装工具对油封重新安装，并使其位置发生变化。调整重新安装后，声音明显变小，因此可基本断定是凸轮轴油封引起的异响。

拆下凸轮轴油封，按维修手册说明更换了新的凸轮轴油封后，故障排除。

案例 2　帕萨特 1.8T 发动机异响

故障现象：帕萨特 1.8T 轿车，行驶里程约 116000km。车主反映：该车发动机运转过程中出现连续啪啪啪异响故障。

故障诊断：根据以往经验，这是典型的气门液压挺柱响，遂更换一组液压挺柱，并同时更换了机油和机滤，清洗了机油集滤器。在装上新液压挺柱 30min 后启动发动机，异响依旧。检查机油，没有发现金属碎屑。

重新打开气门室罩盖，在拆下凸轮轴正时控制阀和凸轮轴总成时，发现正时控制阀总成下座掉了一块厚约 1mm 的碎块，正好与机油道相通。更换凸轮正时控制阀总成，并将旧的气门液压挺柱换上，异响不再出现。

分析故障原因，由于旧的凸轮正时控制阀碎口与润滑油道相通，造成润滑系泄漏。发动机工作过程中，润滑油在到达液压挺柱低压油腔后因机油压力低而无法顶开球阀进入高压油腔，所以导致气门间隙过大，产生气门异响。

案例 3　捷达发动机异响

故障现象：捷达轿车，行驶里程 5044km，发动机在加速时发出"咯、咯"的异响，凉车时声音小，热车时声音大。

故障诊断：首先做断缸试验，来判断异响来源于缸体还是缸盖。拔下一、二、三缸的高压线，响声没有变化。拔下四缸高压线时，异响消失，说明异响来自四缸缸体。

读取发动机系统没有故障代码。检查爆震传感器传感器数据正常，说明没有敲缸现象。

检查发动机气缸压力，4 个缸缸压正常。

检查机油压力，在发动机转速怠速时，压力比正常值偏低。从上述结果分析，异响应来自缸体，于是分解缸体检查。检查缸径都在标准范围内。

检查主轴瓦间隙，用塑料厚薄规测量结果发现第 5 道主轴承间隙大于 0.76mm，故断定问题可能出在第 5 道曲柄或第 5 道主轴承。更换一标准主轴承瓦，用塑料厚薄规测量第 5 道主轴承，结果发现间隙小于 0.15mm，在标准范围内。说明故障应在主轴承瓦。由于第 5 道主轴承瓦磨损导致曲轴间隙过大，从而发生异响。更换第五道主轴承，异响排除。

任务 3　发动机常见机械故障检查

发动机出现气缸密封不良、水套漏水、配气正时不正确、发动机异响等机械性故障的根本原因是零件的失效，如出现裂纹、变形、磨损等。这里着重介绍零件失效后反映出的故障现象、分析引起这些零件失效的原因，学习检查零件失效程度的方法。

一、气缸体和气缸盖变形与裂纹、气缸垫烧蚀

1. 气缸体和气缸盖的变形

气缸体和气缸盖变形造成气缸体和气缸盖贴合不平，会造成发动机水套和气缸密封不严。可从以下现象进行判断：①冷却液漏入气缸内，发动机排白烟；②怠速运转时，打开水箱盖看到水箱冒气泡；③检测气缸压力，压力低。

气缸体和气缸盖变形的原因主要有：

① 气缸盖工作时受热不均匀；

② 装配时，气缸盖螺栓扭紧力不均匀，拧紧顺序不符合规定，螺纹孔中污物清理不干净。

2. 气缸体和气缸盖裂纹

气缸体和气缸盖裂纹同样会造成发动机水套和气缸密封不严，其故障现象与同气缸体和气缸盖贴合不平相同。

气缸体和气缸盖裂纹的原因主要有：

① 发动机过热时，突然添加冷水，使气缸盖受热应力而产生裂纹；

② 气缸体铸造时残余应力的影响以及气缸盖在生产中壁厚过薄，强度不足；

③ 气缸体承受动载荷的冲击，超负荷工作形成的交变应力过载。

3. 气缸垫烧蚀

气缸垫烧蚀会造成发动机水套和气缸密封不严，引起的故障现象有：①相邻两缸窜气，气缸压力低；②气缸垫水道处窜气，致使发动机散热器内有气泡；③发动机启动困难，排白烟；④冷却液漏入曲轴箱，使润滑油油面升高，且变质；⑤发动机温度高，有时在发动机外部气缸垫边缘有漏水之处。

发现上述故障应拆检更换气缸垫，必要时研磨气缸盖平面。

气缸垫烧蚀的原因主要有：

① 气缸盖螺栓拧紧力不均匀，或拧紧力不够。

② 气缸体和气缸盖接合面变形。

③ 发动机经常在大负荷、发动机过热、爆震等情况下运行。

④ 气缸垫本身质量问题。

二、气缸的磨损与拉缸

1. 气缸的磨损

从纵切断面看：正常情况下，磨损为上大下小的锥形，磨损最大部位在第一道活塞环上止点稍下部位（图2-5）。从横切断面看：磨损为不规则的椭圆形，一般是进气门对面附近缸壁磨损严重。在同一台发动机上，不同气缸磨损情况不尽相同，一般第1缸前壁和最后一缸后壁磨损较为严重。

气缸磨损主要是由机械磨损、腐蚀磨损、磨料磨损造成的。活塞与活塞环在高温高压气体作用下高速运动，对气缸壁压力很大，润滑油膜被破坏，机械磨损最为严重，所以第一道活塞环对应的气缸壁磨损最为严重；可燃混合气燃烧生成的酸性氧化物 CO_2、SO_2 溶于水，生成酸，造成腐蚀磨损，气缸体上部不能完全被润滑油膜覆盖，腐蚀磨损更加严重。空气中的尘埃、润滑油中的机械杂质等进入气缸壁间造成磨料磨损。

第1缸前壁和最后一缸后壁冷却速度快，进气门对面被较冷的可燃混合气冲刷，油膜难以形成，磨损加剧。

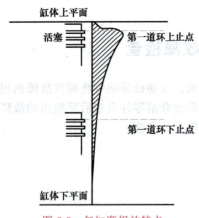

图2-5 气缸磨损的特点

2. 拉缸

拉缸是由于活塞与气缸相对运动困难，致使剧烈摩擦，而引起活塞和气缸壁刮伤。

拉缸的主要原因有：

① 活塞与气缸配合间隙小、活塞严重偏缸、活塞环端隙过小、缸孔过脏等，造成活塞环运动卡滞。

② 机油变质、机油压力过低，造成缸壁润滑不良。

③ 走合期驾驶员不正确使用、发动机过热，造成活塞膨胀量超过最大值。

气缸磨损与拉缸的故障现象均为：

① 发动机异响（拉缸引起的发动机异响并伴随明显抖动，温度升高，响声明显加重）。

② 气缸漏气，致使动力不足，怠速运转时易熄火、停机。

③ 烧机油，引起排气管排蓝烟，加机油口处冒蓝烟。

三、曲轴的磨损与变形

1. 曲轴轴颈的磨损

曲轴轴颈磨损可从以下现象进行判断：

① 长期使用中，机油压力逐渐降低。

② 出现连杆轴瓦响、曲轴主轴瓦响。

③ 接合离合器，总有短暂颤抖。

主轴颈和连杆轴颈磨损后横切断面呈椭圆形，磨损最大部位是相互靠近的一侧。

曲轴轴颈磨损的主要原因有：

① 润滑不好，机油牌号不对。

② 轴颈表面擦伤或烧伤，机油不清洁，较大的机械杂质划痕，烧瓦。

③ 轴颈磨削之前，校正不好，加工时，磨掉淬硬层。

④ 曲轴飞轮组动平衡不好。

⑤ 长时间承受大负荷。

2. 曲轴的变形

曲轴的弯曲变形，会引起活塞连杆组和气缸的磨损，以及曲轴和轴承的磨损，甚至导致曲轴的疲劳折断。曲轴扭曲的变形，影响配气正时和点火正时。

曲轴变形的主要原因有：

① 曲轴不平衡，活塞质量不一致，各轴颈受力不均匀。

② 曲轴轴承松紧不一，中心线不在一条直线上。

③ 曲轴端隙过大，运转时前后移动。

④ 曲轴轴承和连杆轴承间隙过大，工作时受到冲击。

⑤ 驾驶时紧急制动，或上坡时换挡不及时，利用冲力带动发动机等，使发动机突然超负荷工作，曲轴受到较大的扭力。

一、气缸体和气缸盖的检查

1. 气缸体和气缸盖变形

气缸体上平面平面度误差多用刀口尺和塞尺进行检测（图2-6），塞尺测量刀口尺与上平面的间隙，塞入塞尺的最大厚度值就是变形量，即平面度误差，应符合要求。

变形量不大时（平面度＜0.05mm），在气缸体平面上涂些研磨膏，把气缸盖放在气缸体上扣合，研磨修复。

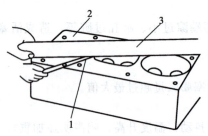

图 2-6 气缸盖下平面平面度的检测
1—塞尺；2—气缸盖；3—刀口尺

2. 气缸体和气缸盖裂纹

气缸体产生明显的裂纹可直接观察检查，对于细微裂纹和内部裂纹，一般是将气缸体和气缸盖装合后用水压试验的方法进行检查。通常要求水压力为350～450kPa，保持5min。如发现有水珠渗出来，说明该处有裂纹。

二、气缸磨损的检查

气缸磨损与拉缸的诊断方法：如排气管排蓝烟，通过单缸断火，如蓝烟消失，判断为故障缸。测量气缸压力，采用注机油法再测缸压，如缸压瞬间升高，判断为故障缸。拆卸发动机检查故障缸的磨损或拉缸情况。

气缸磨损程度通过量缸表测量气缸的圆度和圆柱度误差进行判断，测上部（上止点时第一道活塞环所对应的缸壁）、中部、下部（距气缸下边缘10mm处），每个断面测前后、左右方向2条直径。

三、曲轴的检查

1. 曲轴轴颈磨损的检查

发动机大修用外径千分尺测量曲轴轴颈，较短时以检验圆度误差为主，曲轴轴颈较长时以检验圆柱度误差为主。

2. 曲轴弯、扭变形的检查

曲轴的弯曲检查方法如图 2-7 所示，将曲轴两端主轴颈搁置在检验平板的V形块上，将百分表触头垂直触及中间一道主轴颈，转动曲轴，此时百分表指针所示的最大摆差，即为曲轴主轴颈的径向圆跳动偏差。

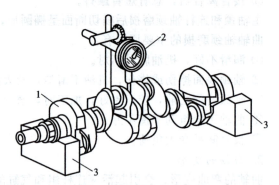

图 2-7 曲轴的弯曲检查
1—曲轴；2—百分表；3—V形块

> **复习思考题** ▶▶
>
> 1. 简述检测发动机气缸压缩压力的方法步骤；如检测的气缸压力过低，如何气缸判断是活塞部位漏气，还是气门漏气。
>
> 2. 发动机异响在单缸断火时，哪些响声减轻或消失，哪些响声变化不明显？为什么是这样的规律？

第二单元　汽车发动机的检测与故障诊断

项目 2　润滑与冷却系统故障诊断

学习目标

1. 熟悉润滑系统的组成、结构及工作原理。
2. 熟悉润滑系统常见故障的故障现象、故障原因、诊断与排除方法。
3. 能够使用检测仪器，完成机油压力过低、机油压力过高、机油消耗异常的故障诊断与排除。
4. 熟悉冷却系统的组成、结构、工作原理，熟悉冷却风扇典型车型的控制电路。
5. 熟悉冷却系统常见故障的故障现象、故障原因、诊断与排除方法。
6. 能够正确使用检测仪器，完成发动机过热、发动机过冷的故障诊断与排除。

项目导读

发动机润滑系统的主要功能是将润滑油送到运动零件表面而实现润滑，保证发动机正常工作。冷却系统的功用是使发动机得到适度的冷却，从而保持在最适宜的温度范围工作。水冷系统是利用水泵强制发动机冷却液在冷却系统中循环流动实现冷却。

润滑系统常见故障有机油压力过低、机油压力过高、机油消耗异常、机油变质等。冷却系统出现故障，会使发动机冷却不足造成发动机过热，或冷却过度造成发动机过冷。本项目在了解润滑与冷却系结构的基础上，探讨这些故障的诊断方法。

基础知识 1 ● 润滑系统的组成

一、润滑系统的组成

发动机润滑系的组成如图 2-8、图 2-9 所示。发动机的润滑形式分为压力润滑和飞溅润滑。其中，曲轴主轴承、连杆轴承及凸轮轴承、涡轮增压器、缸内喷射车型的高压燃油泵等处通过利用机油泵泵油实现压力润滑；裸露在外面承受载荷较轻的气缸壁，相对滑动速度较小的活塞销，配气机构的凸轮等采用运动零件的飞溅油滴或油雾得到润滑。另外，液压挺柱、传动链张紧器、部分发动机电控执行元件如凸轮轴调节器等，借助于润滑系统的机油压力实现调控。

发动机润滑系中，机油泵旁设置的限压阀（又称溢流阀），用以限制机油泵的最高压力，保护机油泵不因泵油压力过高而损坏。旁通阀装在机油滤清器内部并与机油滤清器并联，当机油滤清器堵塞时，机油通过旁通阀直接进入润滑系的主油道，防止主油道断油。单向阀在发动机停机时，可保护气缸盖油道内的存油，防止发动机再次启动时缸盖供油压力不足，导致液压挺柱不能正常工作。

发动机燃烧室中的高压混合气不可避免地会经活塞环与缸壁之间的缝隙窜入曲轴箱，引

发动机润滑系统

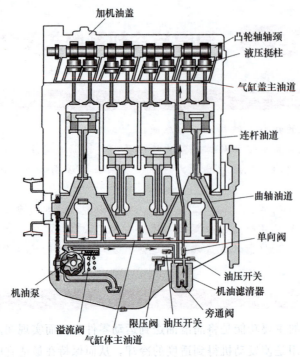

图 2-8 桑塔纳 2000AJR 发动机润滑系示意图

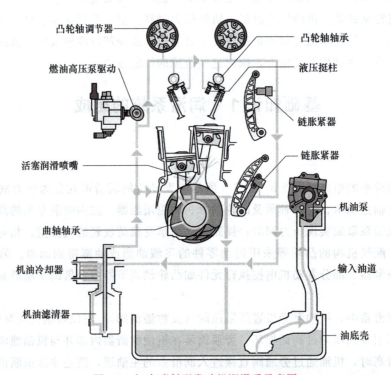

图 2-9 缸内喷射型发动机润滑系示意图

起发动机机油变质，同时由于曲轴箱的压力升高，造成机油从油封、衬垫等处渗漏。为将这部分混合气抽出，经发动机的进气管导入汽缸继续充分燃烧，发动机设置了曲轴箱强制通风装置。为防止机油蒸汽吸入进气管使机油消耗过多,有些发动机在曲轴箱通风通道中设置了油气分离器。

二、机油压力的监测

大型车辆一般装有机油压力表,其油压传感器装在主油道内,用来监测润滑系主油道的油压。

乘用车一般取消机油压力表,以机油压力警告灯作为机油压力监测信号,其油压开关一般装在机油滤清器后的油道里。

大众桑塔纳、捷达、奥迪等车型的发动机装有两个油压开关:高压开关和低压开关,分别装在机油滤清器之前和之后的油道里,用以监测发动机高、低速时的机油压力。当发动机处于怠速 850r/min 左右,机油压力小于 25kPa 左右时,低压开关闭合,油压警告灯报警。当发动机的转速超过 2000r/min,机油压力小于 180kPa 时,高压开关闭合,使油压警告灯报警。

近年来一些车型还装有机油油位报警装置。

任务1　润滑系统故障诊断

润滑系统常见故障有机油压力过低、机油压力过高、机油消耗异常、机油变质等。正常的机油压力和油质,是保证发动机正常工作的条件之一,为防止发生更大的机件故障,发现润滑系统故障应及时排除。

故障1　机油压力过低

1. 故障现象

发动机在正常温度和转速下,机油压力表读数始终低于规定值,机油压力报警灯闪亮。

2. 故障原因

① 油道泄漏,油底壳漏油,机油量没有达到规定容量。

② 机油集滤器、机油滤清器堵塞。

③ 机油泵工作不良,其原因主要是泵体磨损。

④ 限压阀调整不当,限压阀弹簧过软。

⑤ 发动机曲轴主轴承或连杆轴承配合间隙过大,凸轮轴轴承间隙过大。

⑥ 机油黏度变小,原因有:发动机过热;冷却液进入油底壳,机油被稀释。

⑦ 油压报警或指示有误,如油压开关、机油压力表、油压传感器等故障。

3. 故障诊断流程

① 通过水温表,观察发动机是否过热,若过热,查明原因并排除故障。

② 首先拔出机油尺,检查曲轴箱内机油油面。若机油不足,应及时补充机油。

③ 检查机油黏度是否变小,用拇指和食指沾少许机油,两指拉开,两指间应拉有 2～3mm 的油丝,否则即为机油过稀。检查机油中是否有水分,若混杂有水分,则需进一步检查何处渗漏,并排除故障。

④ 拆下油压开关(或传感器),短时间启动发动机,若机油喷出有力,说明油压开关(或传感器)有故障,使油压报警(或油压指示)有误。

⑤ 拆下机油滤清器,短时间启动发动机,若机油喷出无力,说明集滤器、机油泵有故障。

⑥ 检查机油滤清器、集滤器及机油泵、各轴承间隙等。

故障2　机油压力过高

机油压力过高时，容易冲坏机油滤清器密封垫或机油压力传感器。使用液压挺柱的车辆，有时还会造成液压挺柱伸长过度，使气门关闭不严，而导致发动机工作不良。

1. 故障现象

发动机在正常温度和转速下，机油压力表读数始终低于规定值；机油滤清器密封垫损坏，漏机油。

2. 故障原因

① 机油黏度过大。
② 机油限压阀调整不当或卡死在关闭位置。
③ 曲轴主轴承、连杆轴承、凸轮轴轴承等间隙过小，其他压力润滑点泄油口堵塞。
④ 机油加注量过多。
⑤ 油压传感器、机油压力表故障。

3. 故障诊断流程

① 检查机油油面是否过高，机油黏度是否正常，机油牌号是否符合要求。
② 检查油压传感器，机油压力表是否有故障。
③ 检查机油限压阀是否正常。
④ 检查曲轴主轴承、连杆轴承、凸轮轴轴承间隙。

故障3　机油消耗过大

根据 GB/T 19055—2003《汽车发动机可靠性试验方法》规定：发动机在额定转速、全负荷时，机油、燃油消耗比应小于0.3%，明显超出此范围就认为是机油消耗过大。

1. 故障现象

发动机机油减少，平均消耗量超标，有的车辆排气管还排蓝烟。

2. 故障原因

发动机机油消耗过大的故障原因主要是两个方面：一方面是发动机烧机油，另一方面是发动机机油泄漏。

（1）发动机烧机油。发动机烧机油的原因主要有以下方面：

① 活塞与气缸间隙大，活塞环严重磨损、活塞环装反，使机油窜入燃烧室；
② 气门导管磨损且气门油封失效，飞溅到气门杆上机油沿气门杆与导管间的间隙被吸入燃烧室。
③ 曲轴箱通风阀堵塞，使曲轴箱气体压力过高，机油从气门油封处渗入燃烧室或从其他密封面泄漏；油气分离器失效。
④ 机油加注量过多。

（2）发动机机油泄漏。漏机油部位主要有：

① 发动机曲轴前、后端油封处，正时齿轮室盖，油底壳与曲轴箱结合处。
② 废气涡轮增压器漏油。

3. 故障诊断流程

① 检查外部有无泄漏，特别是油底壳、曲轴前后端。
② 查看排气管是否排蓝烟。如果排气管排蓝烟，说明发动机烧机油。

• 若排气管排蓝烟，机油加注口脉动冒烟，同时测气缸压力，缸压过低，说明气缸活塞组磨损过甚。

• 若排气管排蓝烟，机油加注口不冒烟，说明气门杆导管处密封不良，应拆检气门杆与导管，检查间隙是否过大，气门油封是否失效。

③ 检查曲轴箱通风阀。

故障 4　机油变质

1. 故障现象

① 取样检查机油，颜色发黑，用手捻搓无黏性并有杂质感。

② 含水分的机油呈乳浊状并有泡沫。

2. 故障原因

机油变质的主要原因是高温氧化、混入冷却液或其他杂质所致，具体原因如下：

① 机油使用时间过长，未定期更换，高温氧化而变质。

② 气缸活塞组漏气，曲轴通风不良，使废气漏入油底壳，废气中的酸性氧化物和水使机油变质。

③ 发动机缸体裂纹，冷却液漏入油底壳。

④ 发动机过热使机油温度过高，加速机油的高温氧化。

⑤ 对于缸内喷射的发动机，高压油泵柱塞渗漏，燃油进入曲轴箱机油。

3. 故障诊断流程

① 用机油尺取数滴机油观察，可大致分辨出机油污染情况。

• 若机油油色混浊和乳化，说明机油中有水，应检查缸壁是否有裂纹渗漏处。

• 若用手指捻搓机油，有细粒感，则表示含杂质较多。则说明机油含杂质较多已变质。检查机油滤清器是否失效。

② 检查曲轴箱通风阀是否良好。

③ 检查排气管是否排蓝烟，并测气缸压力，如缸压过低，表明气缸活塞组漏气，导致机油变质。

任务实施

发动机润滑不良会对机件造成严重损坏。而且发动机润滑系的故障基本上是机械性故障，故障点设置比较困难，因此，教学中仅进行发动机机油的检查。

用机油尺取数滴机油，用手指捻搓机油，检查是否有细粒感。

用机油尺取数滴机油滴于定性滤纸上，静置4～6h后，检查其扩散后的油迹。中心较深的是沉积环，颜色越深说明机油的氧化程度越严重，沉积环外围是扩散环，其宽窄和颜色的均匀程度反映油内的添加剂对杂质的分散能力，若沉积环较深但扩散环较宽，这样的机油尚可使用；若沉积环面积较大且颜色发黑，扩散环很窄甚至看不到扩散环，说明机油已氧化变质，必须更换。

维修案例

案例 1　帕萨特 B5 机油压力过低

故障现象： 帕萨特 B5 1.8T 型轿车，配置手动变速器。车辆行驶时（发动机温度80℃以上）机油报警灯有时点亮、报警。

故障诊断： 该车来厂检修前曾在其他修理厂检修过，更换了机油感应塞和机油泵，故障仍然没有排除。为了掌握故障发生情况，维修人员进行了很长一段时间的试车，获得情况如下：

当车辆中速、高速行驶，挂挡滑行或减速，车辆停驶但发动机急速运转时，机油报警灯均不亮；当车辆高速突然脱挡时，蜂鸣器响三声，机油报警灯闪烁6～8次，之后该灯熄灭，

蜂鸣器也不再鸣叫,接着挂挡提速行驶一切正常。

根据上述故障特征,将故障点初步锁定在机油压力不足和油压开关损坏两个方面。首先检查油压开关,发现油压开关虽然是新更换的,但它并非是帕萨特专用配件,分析故障可能是由于油压开关与该车型不匹配造成的。随即更换了专用的油压开关,进行路试,故障依旧。

接下来对机油压力进行测试,测试结果显示发动机怠速时的机油压力为100kPa,转速为2000r/min时的油压为250kPa。而该发动机的标准值是:怠速时油压为130kPa,转速为2000r/min时,油压为350~450kPa。可以看出,测得的油压均低于标准值,说明润滑系统有泄漏,分析泄漏部位可能出现在限压阀、机油泵、主轴轴承和连杆轴承等部位。由于限压阀位于机油滤清器底座上面,比较容易拆卸,首先拆检限压阀,没有发现限压阀损坏或卡滞的现象。再拆卸发动机油底壳,发现更换的机油泵属纯正配件,主轴轴承和连杆轴承也没有出现烧蚀和脱落的现象。却发现每个连杆轴承的两片轴瓦均是带孔的轴瓦,而实际上该款车连杆轴承的上轴瓦应带孔(机油通过该孔可进入连杆油道,润滑活塞销),下轴瓦应不带孔。如果下轴承使用了带孔的轴瓦,该孔正好与轴承盖上的加工孔道重合,结果造成机油压力的泄漏。

更换正确的连杆轴承后,测量机油压力,发动机怠速时油压为150kPa,转速为2000r/min时油压为380kPa,进行路试,故障完全消除。

案例2 波罗轿车机油压力过高

故障现象:波罗1.4L轿车,装备BCC型发动机,行驶里程约10.8万公里。该车发动机运转时出现严重的气门异响,并在怠速运转时存在严重抖动现象,行驶时发动机动力明显不足。

故障诊断:接修该车后,经初步检查判断认为造成气门响的原因为液压气门挺杆损坏,故先对液压气门挺杆进行更换。在更换时发现气门室盖罩内淤积有大量的机油油泥沉积物,并且机油很脏。更换液压气门挺杆后,对气门室盖罩内的油泥进行了清理,并更换了机油及机油滤芯。装好试车,在刚启动时约30s的时间里,发动机运行十分安静平稳,而30s过后,发动机就又开始严重抖动,并伴有动力不足现象,但气门响的故障消失。

用故障诊断仪对发动机电控系统进行检测,未发现有故障码。逐一拔下喷油器插头,对各缸进行断缸试验,发现各个缸的工作都不是很理想,尤其第2缸最差,随后又更换了火花塞、点火线圈、喷油器,故障依旧。于是用缸压表检查了各缸的缸压情况,结果各缸压力显示均正常,因此认为气缸压力足够。

随后对进气歧管进行检查,没有发现漏气现象,从而判定是油路或点火控制方面出现了问题。于是继续检查油路及控制系统,检测汽油压力也正常,检查各个缸的点火信号、喷油信号,均正常。又调换了点火线圈、火花塞及喷油器等部件,没有发现任何问题。怀疑配气正时错误,又拆装了2次气门室盖,反复检查配气正时,未发现异常。但从中发现一个规律:每次拆装气门室盖后都是在刚启动约30s时间内,发动机运行平稳,大约30s过后,就开始严重抖动。

在找不到头绪的情况下,维修人员检测了机油压力,怠速时油压达到了300kPa,大大高于规定值。于是这次连气缸盖一起拆下进行了解体检查,也想顺便查找机油压力过高的原因。在拆下气门时,发现此车所有气门口在环带上都有局部轻微发黑现象,其中第2缸最为明显,而正常气门应该有一圈光亮的金属环带,这说明气门口有轻微的漏气现象。通过仔细检查还发现气门摇臂上部的油道孔已经被机油油泥堵死,看来油压过高的原因与此有关。经彻底清理,疏通气门摇臂上部的油道孔后装好试车,发动机抖动现象大幅好转,但还是存在抖动。

再次测量怠速时的机油压力,虽已下降至220kPa左右,但仍高于规定值。随后对机油泵进行检查,发现油底壳内也有很厚的机油油泥,推断机油泵内部也有大量的油泥,在油压过高时不能正常泄油。因此就直接更换了机油泵,并对油底壳和机油油道进行了清理。装复后,启动发动机,抖动消失,运转平稳,上路试车加速有力,故障彻底排除。

分析与总结: 一般情况下,检测气缸压力就可以知道机械部分密封是否良好,但此车故障较为特殊,在刚启动时发动机只有200r/min的转速,机油压力短时间内不过高,气门正常开启关闭,所以发动机运转平稳,测量时缸压正常。约30s后,由于摇臂上部的油道孔被油泥堵死,机油无法正常泄油,造成油压不断升高,超过一定限度使气门液压挺柱伸展过度,造成气门部位漏气,从而导致发动机严重抖动的现象。在本故障中,机油压力过高就是故障的真正原因,该故障具有很大的隐蔽性,需要全方位地检查分析才能发现问题。

基础知识 2 ● 冷却系统的组成及控制原理

一、冷却系统的组成

冷却系统的组成如图 2-10 所示。

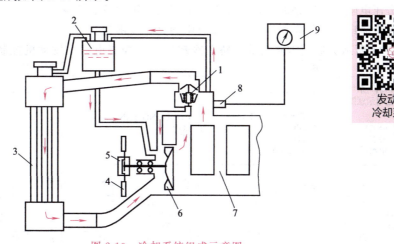

图 2-10　冷却系统组成示意图

1—节温器;2—膨胀水箱;3—散热器;4—冷却风扇;5—硅油式离合器;6—水泵;
7—发动机水套;8—冷却液温度传感器;9—冷却液温度表

节温器安装在气缸盖出水口或散热器出水口,其作用是根据发动机冷却液的温度自动调节冷却液的循环路线(大循环或小循环)及流量,目前常用蜡式节温器。

膨胀水箱的位置通常略高于散热器。其作用是收集散热器和水套中的蒸汽泡,保持系统内压力的稳定,并对水泵补充冷却液,避免气泡产生,从而减少水泵叶轮和水套的穴蚀。

散热器的冷却风扇分为机械式风扇和电动风扇两种,商用车辆多采用由发动机皮带轮驱动的机械式风扇,其工作转速受风扇中部安装的硅油式离合器的控制;对于乘用车,由于冷却系散热器和空调冷凝器共用一个散热风扇,风扇的工作受发动机温度和空调系统的双重控制,故采用电动风扇,风扇的启闭及转速受风扇热敏开关(或风扇控制器)、空调开关及发动机控制单元的共同控制。

现代汽车普遍采用发动机防冻液作为工作介质,与水冷却液相比具有防冻、防锈蚀、防水垢形成、提高沸点、抗泡沫性好等优点。车辆使用中,注意检查发动机冷却液位,发动机冷态时,如低于低限标记应及时添加。有的车辆在膨胀水箱内装有液位报警传感器,液位过低时仪表板上的警告灯闪烁,提示添加冷却液。

使用注意事项

- 发动机热态时,冷却系统处于高压状态,此时切不可拧开膨胀水箱盖,否则可能被高温蒸汽烫伤。应关闭发动机待其冷却,为防烫伤,用厚布包住膨胀水箱盖,再将其拧开。
- 发动机冷却液位过低,在紧急情况下如无合适的防冻液,只可使用蒸馏水。
- 长期使用防冻液的车辆,会出现污垢,需定期更换,一般行驶20000km或1~2年更换一次。

二、冷却风扇控制电路

电动风扇又称电子扇,有高、低速两挡,低速挡在沸点内使用,高速挡在沸点外使用,高、低速挡位的切换温度,因车型不同而有所差异。高、低速的切换方法有以下几种:

- 双速电机切换的方式,如大众捷达;
- 分压电阻串入电路的方式,如大众桑塔纳、帕萨特、波罗;
- 两个风扇串、并联切换方式,如通用别克、雪佛兰。

图2-11所示为通用雪佛兰景程轿车冷却风扇的控制电路。发动机控制单元接受冷却液

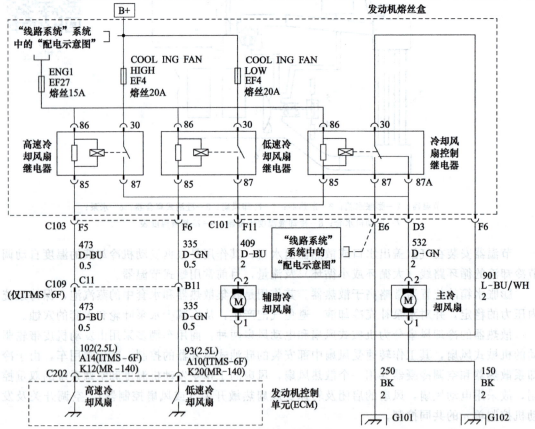

图2-11 通用雪佛兰景程轿车冷却风扇控制电路

传感器、空调开关、制冷剂压力传感器信号,当温度不太高(或空调开启)时,发动机控制单元 K20 端子接地,低速冷却风扇继电器接通,触点闭合,主冷却风扇和辅助冷却风扇串联通电,因而低速运转;高温(或制冷剂压力升高)时,发动机控制单元的 K20 端子和 K12 同时接地,低速冷却风扇继电器与高速冷却风扇继电器触点接通,冷却风扇控制继电器触点 30 与 87 接通,使每个冷却风扇单独接地(并联),故高速运转。

图 2-12 所示为大众朗逸轿车冷却风扇的控制电路。冷却风扇 V7 和 V35 由冷却风扇控制单元 J293 控制,其供电路线为:蓄电池正极→熔丝 S1→Motronic 供电继电器 J271→熔丝 SC44→T4p/2→J293。发动机控制单元 J220 根据水箱出口冷却液温度传感器 G83、空调高压传感器 G65、空调控制单元 J301 空调开关的信号,通过 T4p/3 端子控制冷却风扇的运转;另外,断开点火开关,发动机熄火后,J220 会控制 J271 延时供电约 10min,J220 根据发动机冷却液的温度,控制 J293 内部继续导通或截止,冷却风扇继续运转或停止。

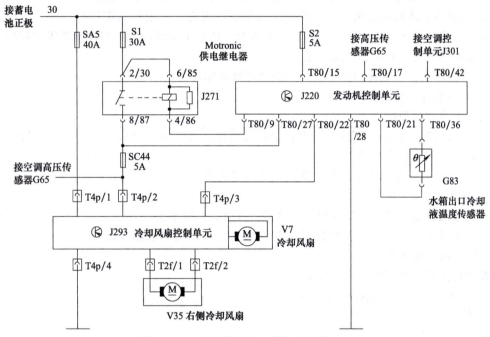

图 2-12 大众朗逸轿车冷却风扇控制电路

任务 2 冷却系统故障诊断

冷却系统常见故障是发动机过热,寒冷气温条件下也会出现发动机过冷。发动机过热会破坏发动机零部件正常的配合间隙,并且机油易氧化变质,黏度下降,从而加速机件的磨损。同时,会使发动机充气效率降低,动力性下降;发动机易发生爆震、早燃。同样,在寒冷气温条件下出现发动机过冷,会使机油黏度增大,加速机件的磨损,同时,使可燃混合气燃烧缓慢,发动机动力性下降。因此发现这些故障应及时排除。

故障 1 发动机过热

1. 故障现象

发动机工作时,在水温表和水温传感器正常的情况下,水温表指示水温高,水温报警灯闪亮。伴随冷却液沸腾现象（俗称散热器"开锅"），且发动机动力下降。

2. 发动机过热的应急处理

在发动机过热、散热器开锅时，应立即靠边停车，不要熄火，让发动机怠速运行一段时间，使发动机内部产生的余热通过冷却水循环散发出去，防止大量富集使机件变形损毁，同时打开发动机舱盖以利于散热，发动机降温后应就近修理，或等候服务站救援。

3. 故障原因

发动机过热一般是冷却系故障引起的散热不良造成的，但也有其他原因引起的发动机工作不良。

（1）冷却系原因

① 冷却系水量不足，水道堵塞、泄漏。

② 散热器芯管堵塞、水垢过多，散热片变形，表面脏污影响风量流过。

③ 风扇不转或转速过低。对于机械式风扇，原因有：风扇传动带过松打滑，风扇离合器失效，风扇叶片卡滞。对于电动风扇，原因有：风扇电动机故障，热敏开关等控制部分故障，风扇叶片变形、百叶窗开度不够。

④ 节温器失效，主阀门打不开，致使冷却液大循环工作不良。

⑤ 冷却水套水垢过多，堵塞。

（2）非冷却系原因

① 点火过迟，混合气过稀等原因，使燃烧缓慢，燃烧拖延时间过长，活塞下行后受热面积大，导致发动机吸热增加。

② 汽车使用条件的影响，如发动机长时间超负荷工作。

4. 故障诊断流程

当发动机自身症状与冷却液指示报警不一致时，排除水温表和水温传感器故障，将水温传感器电源端子直接搭铁，若搭铁后水温表指针摆动，说明水温表良好，水温传感器有故障，否则说明水温表有故障。

发动机出现过热症状，诊断排除方法如下：

① 检查冷却系水量是否不足，有无泄漏。

② 检查百叶窗是否打开。

③ 检查风扇转动情况。

• 如风扇不转或转动很慢，对于机械式风扇，检查风扇传动带，过松打滑应进行调整；若风扇传动带正常，检查风扇离合器。方法是：将过热的发动机停转，用手拨动风扇叶片感觉应较费力，如感觉较轻松，则风扇离合器失效。

对于电动风扇，如风扇不转，可在怠速低温时开启空调，如风扇不运转风扇电动机损坏。如风扇运转，说明热敏开关等控制部分损坏，需进一步检查（注意检查发动机电动风扇高、低速挡的切换温度）。

• 如风扇运转正常，检查风扇风量。方法是：在发动机运转时，将一张薄纸放在散热器前面，若薄纸被牢牢吸住，说明风量足够，否则检查风扇叶片是否变形。

④ 检查节温器。触摸散热器及上下通水管，如果上部感到烫，而下部温度很低，说明节温器大循环阀门打不开。或将节温器放在盛水的容器中，用温度计测水温，观察节温器的工作情况。

⑤ 检查散热器外部和内部清洁状况。散热器外部有泥土、油污、碰撞变形会影响风量流过。散热器内部水垢会影响冷却液传热。

⑥ 若冷却系正常而发动机仍然过热，需根据发动机其他故障征兆，检查点火系、供给系、

润滑系或机械系统故障。若发动机有回火、放炮、爆震症状，应检查发动机的点火正时。

故障2　发动机过冷

1. 故障现象

长时间使用，发动机温度达不到正常工作温度。伴随现象：发动机动力下降。

2. 故障原因

① 百叶窗未关闭。

② 电动风扇温控开关失效，风扇离合器结合过早。

③ 节温器失效。

④ 其他原因：环境温度太低，无保温措施；用发动机冷却液取暖用量过大。

3. 故障诊断流程

① 检查百叶窗是否关闭。检查水温表和传感器是否正常。

② 检查风扇是否过早运转，判断温控开关或风扇离合器是否失效。

③ 检查发动机与散热器温度，如两者温度接近，则节温器失效。

为避免发动机长时间高温工作造成的损坏，同时机械性故障设置比较困难，发动机过热的故障诊断不再进行。

在条件允许的情况下，可用发动机模拟实验台进行实操训练。由于机械性故障设置比较困难，教学中仅设置散热风扇控制电路故障点，进行散热风扇不工作的故障诊断。

案例1　桑塔纳2000GSI型轿车发动机温度过高

故障现象：桑塔纳2000GSI型轿车，行驶中出现水温报警灯报警、发动机温度过高现象。

故障诊断：首先用手分别触摸发动机上、下水管，发现二者温度基本一致，说明节温器是打开的。进一步检查后，发现发动机散热风扇没有正常转动。而后检查散热风扇的保险丝和温控开关，发现散热风扇的保险丝已经烧坏。更换同型号的保险丝后试机，发动机的散热风扇可以正常运转。

但1周后，同样的故障现象再次出现。但这次更换同型号的保险丝后，发动机散热风扇却不能正常运转。进一步检查，分别转动散热风扇的主动风扇和从动风扇叶片，手感阻力都很大，而有发卡的现象，证明散热风扇的主、从动风扇都已经损坏。更换同规格的散热风扇后，发动机水温高的现象再没有出现。

分析原因，因为发动机散热风扇卡滞，造成转动阻力较大，风扇工作的电流加大，从而导致散热风扇的保险丝烧坏。更换保险丝后又能正常运转，是因为风扇卡滞现象不太严重，风扇电机还能够克服摩擦阻力继续运转。但经过1周的运转，散热风扇的卡滞情况加重，再次更换保险丝后散热风扇也不能正常运转，使发动机的温度过高。

案例2　雪佛兰景程发动机温度过高

故障现象：2006年产上海通用雪佛兰景程轿车，行驶里程为15.6万公里，用户反映该车发动机冷却液温度过高，且已经沸腾。

故障诊断：维修人员接车后，经检查，故障确如用户所述。进一步检查发现，电动风扇不工作、熔丝盒及继电器烧坏。连接故障诊断仪TECH-2对车辆进行检查，设备显示发动机系统内无故障码。

启动车辆使空调运转，正常情况下左、右电动风扇应同时高速运转，但该车2个风扇均不运转。打开熔丝盒检查，发现熔丝均正常。检查风扇继电器，发现高速、低速风扇继电器的87号端子均被烧损。2个继电器的87号脚同时烧损，表明故障在与87号端子相连的电路上。

参照电路图（见本项目雪佛兰景程冷却风扇控制电路图），测量风扇电机电阻正常。在检查过程发现了新的线索，右侧风扇（电路图中的主冷却风扇）的正极电源线破损，并与空调低压媒管相连。用万用表测量搭铁点到低速继电器87号端子的导通性，结果导通良好，说明故障正是由于右侧风扇电源线搭铁短路所致。由于该线路长时间与空调低压管相摩擦，导致绝缘层破损，使得高、低速风扇继电器87号端子短路烧坏，从而致使风扇不运转。

对损坏的线束进行处理并更换熔丝盒总成，试车故障排除。

复习思考题 ▶▶

1. 简述发动机运行中机油压力过低，用机油尺检查机油量正常，分析原因可能有哪些。

2. 某车排气管排蓝烟，并且机油加注口冒脉动蓝烟，请分析故障原因。

3. 某车发动机过热，检查发现散热风扇（采用电动风扇）不转，请分析发动机过热的原因有哪些。

4. 某车发动机过热，该车采用机械式散热风扇，发现该风扇不转，请分析发动机过热的原因有哪些。

5. 某车发动机过热，检查散热风扇运转正常，水量充足，请分析发动机过热的原因还有哪些。

项目 3　汽油发动机供给与点火系统故障诊断

学习目标

1. 熟悉燃油喷射系统的组成、控制原理，熟悉基本控制电路。
2. 熟悉进排气系统的组成，理解各控制装置的控制原理。
3. 熟悉点火系的组成、控制原理，熟悉典型车型的点火控制电路。
4. 熟悉相关传感器功能，理解其工作原理。
5. 能够分析燃油喷射系统、进气系统、排放控制系统、点火系统常见故障。
6. 能够正确使用检测仪器，进行燃油喷射系统、进排气系统及相关传感器的检测。
7. 能够使用示波器检测点火波形，正确分析故障波形。

项目导读

汽油发动机供给系统由燃油喷射系统、进排气系统两部分组成。现代汽车发动机均为电控发动机，电子燃油喷射系统、进气辅助控制系统、点火系统，由发动机控制单元集中控制。发动机控制单元通过对发动机喷油量以及喷油时刻、进气量、点火时刻的精确控制，以适应发动机工况的变化，从而改善发动机的动力性、经济性及尾气排放。

上海大众帕萨特 1.8T（手动挡）发动机供给系统和点火系统的主要电控元件，如图 2-13 所示。

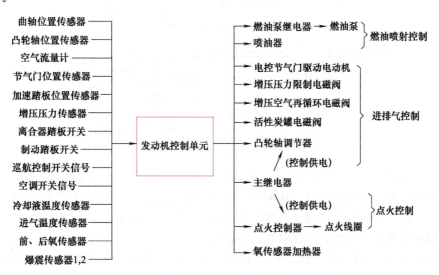

图 2-13　帕萨特 1.8T 发动机主要电控元件

汽油发动机的燃油喷射、进排气系统、点火系统的控制对混合气的燃烧状况有重要影响，如果喷油量不足或过多，进气量不足或过多，不点火、火弱、点火正时不正确，都会使混合气的燃烧速度变慢，燃烧不完全，使发动机出现启动困难、急速不稳或过高、动力不足、排放超标等故障。

基础知识 1 ● 燃油喷射系统的组成及控制原理

一、燃油喷射系统的组成及控制电路

1. 燃油喷射系统的组成

目前大多数汽油车的发动机为缸外喷射，即发动机喷油器安装于进气歧管内，喷出的油雾与空气混合后再吸入气缸，其燃油供给系统由电动燃油泵、燃油滤清器、燃油压力调节器、喷油器等组成。燃油压力调节器的位置有以下三种情况。

① 燃油压力调节器接在燃油分配管回油端（图2-14），其优点是：使进气歧管压力参与燃油压力的调整，使燃油分配管压力与进气歧管压力的差值保持不变，从而消除进气歧管压力对喷油量的影响，使ECU仅控制喷油器开启时间，就能对喷油量进行精确控制。缺点：过量的燃油经过燃油分配管时受发动机机体加热，加速了油箱燃油的蒸发，从而增加蒸发控制系统的工作负荷，并影响发动机的热启动性能。

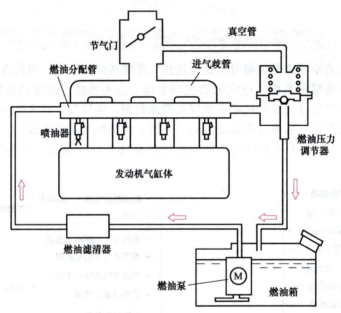

图 2-14　燃油压力调节器接在燃油分配管回油端的燃油供给系统

② 燃油压力调节器安装在燃油滤清器内（图2-15），多余的燃油在进入燃油分配管前流回油箱，避免了燃油的受热蒸发，这种燃油压力调节器仅起到限压阀的作用，燃油压力保持恒定，没有对进气歧管压力的修正作用，但ECU接受进气歧管压力传感器的输出信号后，对喷油时间进行修正和补偿，因此喷油同样精确。

③ 燃油压力调节器安装在燃油泵出口（图略），多余的燃油在出油箱前完成回油，使油路更为简化。

近年来，汽油发动机缸内直喷技术得到发展，即将喷油器安装于气缸内，直接将燃油喷入气缸内与进气混合，由于喷射压力进一步提高，同时，喷嘴位置、喷雾形状、进气气流控制，以及活塞顶形状等特别的设计，使油气能够在整个气缸内充分、均匀的混合，从而使燃油充分燃烧。图2-16是大众缸内直喷发动机燃油供给系统的组成。在低压燃油系统中，油泵ECU控制电动燃油泵并且将低压燃油系统的燃油压力恒定在4bar左右。在热启动或冷启

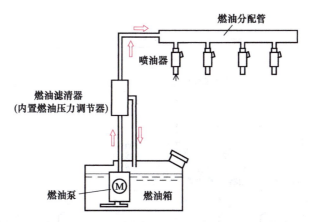

图2-15　燃油压力调节器安装在燃油滤清器内的燃油供给系统

动时，燃油压力被增加至5bar，凸轮轴驱动的高压燃油泵为供油系统提供高压燃油，在高压燃油系统中，限压阀在燃油压力为120bar时打开，使燃油压力维持在50～100bar之间。

缸内直喷发动机对汽油抗爆性、清洁度要求很高，影响了国内的推广，故目前大部分车辆仍为缸外喷射，本教材主要探讨缸外喷射发动机的故障诊断。

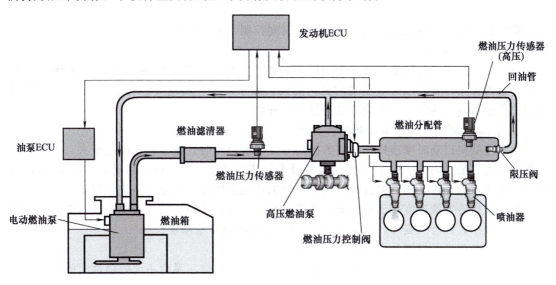

图2-16　缸内直喷发动机燃油供给系统

2. 发动机燃油喷射系统的控制电路

大众系列发动机电子燃油喷射系统的控制原理图如图2-17所示。燃油泵供电端受燃油泵继电器控制，当点火开关置点火挡时，燃油泵继电器通电，触点闭合，燃油泵开始运转，建立系统油压；运行几秒钟后，发动机ECU断开燃油泵继电器电磁线圈的搭铁线，燃油泵继电器触点断开，燃油泵停止运转。

喷油器和点火线圈的供电端受主继电器控制，发动机启动后，发动机ECU接通主继电器电磁线圈的搭铁端，主继电器触点闭合，接通各个喷油器的供电端，同时，燃油泵继电器接通，燃油泵又开始运转；各个喷油器的搭铁端受ECU控制，ECU驱动电路按发火顺序接通喷油器实现顺序喷油。

还有些车型，其燃油泵、各个喷油器的供电端均由燃油泵继电器控制，控制原理同上，不再赘述。

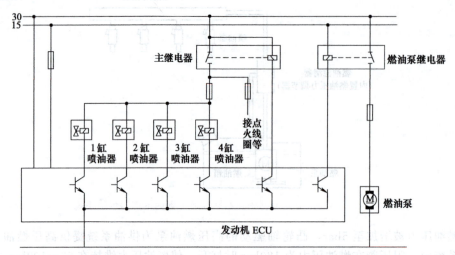

图 2-17 发动机电子燃油喷射系统的控制原理图

二、电控发动机的喷油控制原理

喷油控制包括喷油正时控制、喷油持续时间控制、断油控制。

1. 喷油正时控制

喷油正时控制就是喷油器开始喷油时刻的控制。发动机处于稳定工况时，发动机ECU根据曲轴的转角位置控制开始喷射时刻。发动机处于启动、加速等非稳定工况时，ECU根据相关传感器输入的信号，对喷油量进行临时补偿。

2. 喷油持续时间（即喷油脉宽）控制

（1）发动机启动时喷油持续时间的控制　发动机启动时，由于转速变化很大，无法准确测出实际进气量，因而，ECU不能用进气量来计算喷油量。发动机冷启动时，ECU根据当时发动机的水温确定基本喷油持续时间，再根据进气温度和蓄电池电压进行修正。

当发动机冷却液温度高于设定值，热启动发动机时，为防止喷油器中因含有汽油蒸汽而使喷油量减小，混合气变稀，ECU进行高温启动时喷油量的修正。

（2）启动后发动机喷油持续时间的控制

启动后喷油持续时间＝基本喷油持续时间×综合修正系数＋无效喷油时间

基本喷油持续时间是ECU根据空气流量计、曲轴位置传感器等输入信号，计算出进入发动机气缸的空气质量，再由目标空燃比（一般取14.7）求得喷油持续时间。

综合修正如下。

① 暖机加浓修正。发动机启动后暖机运行，ECU根据发动机温度进行修正，继续提供较浓的混合气，当水温上升至正常值后，暖机修正停止。

② 怠速稳定性修正。在采用D-Jetronic系统的汽油机中，决定基本喷油持续时间的进气歧管压力，在怠速工况时相对发动机的转速有一个滞后，怠速转速越低，滞后时间越长，导致怠速转速周期性的波动。ECU根据进气歧管压力和发动机转速的变化，采取与转矩变动相反的方向进行修正，以提高发动机的怠速稳定性。

③ 高速、大负荷工况修正。ECU根据节气门位置或进气量的大小，判断发动机处于大负荷工况，ECU修正喷油持续时间，提供功率混合气。

④ 加速工况修正。ECU根据节气门开度或者空气流量的变化率，判断汽车正处于加速

工况时，ECU除了根据空气流量增加同步喷射的喷油量，还启动异步喷射额外补充喷油量。

⑤ 空燃比反馈修正。ECU根据氧传感器输出信号对空燃比进行修正，将实际空燃比控制在理论空燃比附近，提高三元催化转化器转化效率。

⑥ 学习空燃比修正。发动机在长期使用过程中，电控燃油喷射系统各部件性能会有所改变，从而使空燃比控制发生偏差，ECU对空燃比进一步进行修正，提高控制精度。

⑦ 电源电压修正。蓄电池电压低时，针阀开启时间滞后（无效喷油时间）较大。ECU根据蓄电池电压对喷油持续时间进行修正。

3. 断油控制

（1）减速时断油控制。当发动机在高速运行下节气门突然关闭时，ECU中止输出喷油信号，停止喷油，以节约燃料，降低废气排放。当发动机降至预设转速或节气门重新打开时，恢复喷油。

（2）超速时断油控制。当发动机转速超过安全转速或汽车车速超过设定最高车速时，ECU会强制断油，即停止喷油，防止超速。

（3）溢油消除。发动机多次启动又不能启动时，喷出的汽油会浸湿火花塞，使之不能跳火（俗称火花塞"淹死"）。此时可将点火开关处于启动挡，油门踏板踩到底，此时发动机ECU会自动断油，只点火而不喷油，以此将火花塞干燥。ECU进入溢油消除状态应同时满足以下条件：①点火开关处于启动挡；②发动机转速低于500r/min；③节气门全开。

任务1　燃油喷射系统检修

燃油喷射系统的常见故障有不喷油、喷油量不足或喷油量过多三种情况，导致混合气过稀或过浓，发动机不能启动，或能启动但运行不正常。这里先对汽油发动机燃油喷射系统的故障进行分析，学习几种典型的检修方法，这些方法的应用场合，将在"汽油发动机综合故障诊断"项目中，结合发动机的故障情况进一步阐述。

一、燃油喷射系统常见故障的分析

1. 喷油器不喷油的原因

① 不供油。其原因有：燃油箱油量不足；燃油泵不工作；燃油滤清器严重堵塞；燃油压力调节器故障（如膜片破裂、弹簧性能下降等导致回油阀开度较大）。

② 不喷油。其原因有：喷油器电磁阀故障；控制电路断路；ECU故障。

2. 喷油量不足的原因

① 燃油压力过低。其原因有：燃油泵性能不良；燃油滤清器、燃油泵滤网堵塞；燃油管泄漏；燃油压力调节器故障。

② 喷油持续时间过短。其原因有：相关传感器信号失准，如节气门位置传感器、发动机冷却液温度传感器、空气流量计、氧传感器等；ECU故障。

③ 喷油器积炭堵塞。

3. 喷油量过多的原因

① 燃油压力过高。其原因有：回油管堵塞；燃油压力调节器故障；对于带真空管油压调节器，可能是真空管脱落或破裂。

② 喷油持续时间过长。其原因有：相关传感器（如节气门位置传感器、发动机冷却液

温度传感器、空气流量计、氧传感器等）信号失准；ECU故障。

③ 喷油器积炭卡滞，关闭不严导致漏油。

二、喷油器波形分析

1. 检测前的准备

① 脱开喷油器线束插头，并将插头与插座按原样用插跨线连接。

② 由于喷油器由发动机ECU内的驱动电路控制其接地端，应将示波器的红色探头接喷油器的搭铁端，黑色探头（或夹子）接蓄电池负极或直接接地（图2-18）。

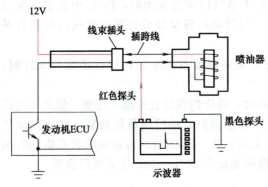

图2-18 示波器的连接方法

2. 喷油器标准波形

喷油器常见的控制方式有两种：饱和开关型和脉宽调制型。两种喷油器波形不同，标准波形如图2-19所示。

（1）饱和开关型喷油器　发动机ECU控制喷油器搭铁端接地时，该处电压下降到接近于0，喷油器工作，发动机ECU断开喷油器接地电路时，喷油器线圈产生感生电动势使电压突然上升，由于钳位二极管限制，一般喷油器峰值电压为30～60V。

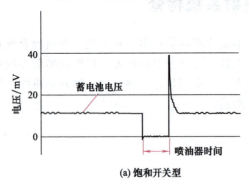
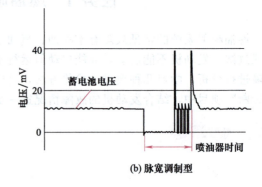

图2-19 喷油器波形

（2）脉宽调制型喷油器　ECU控制喷油器接地，当喷油器线圈流过电流达到4A时，ECU以高频脉冲形式开、关喷油器电路，将电流减小到1A，电流的减少引起喷油器中磁场突变产生第1个峰值，最后关闭喷油驱动电路时产生第2个峰值。

三、喷油器清洗设备

喷油器上汽油燃烧后的残留物形成积炭，堵塞喷油器头部针阀孔，会导致喷油雾化不良、喷油量减少或不均匀，因此，必须定期对其检查、清洗。喷油器的清洗可以分为车下清洗和免拆清洗两种方法。

车下清洗是从发动机上拆掉喷油器，放进台式喷油器清洗机（图2-20）利用超声波进行清洗，在十几分钟内可同时清洗2～8个喷油器，清洗比较彻底，适应于积炭比较严重的情况。而且，还可以观测喷雾形状、完成检漏及喷油量测定等项目。

免拆清洗常用吊瓶式喷油器清洗装置（图2-21）进行清洗，通过压缩气体的压力将可燃的专用清洗液，连同清除的积炭喷入燃烧室烧掉，这种清洗方法不需要从发动机上拆掉喷油器，适应于定期清洗，积炭不是很严重的情况。

图 2-20　喷油器清洗机

图 2-21　吊瓶式喷油器清洗装置

任务实施

一、燃油压力的检测

1. 测试前的准备

发动机熄火后，燃油供给系统残余压力仍较高，拆卸油管前，必须释放燃油系统的残余压力。

检查电源电压应正常，松开油箱上的加油盖，释放油箱蒸汽，断开燃油泵电源，启动发动机几次，释放系统油压。

拆开燃油分配管的进油管，接入油压表。松开燃油管前，用棉布垫在油管接口下，防止燃油滴落在发动机体上。

2. 油压检测

① 反复接通点火开关，但不启动发动机。油泵运转 2～3s 建立，直到油压不再上升，读取燃油压力（称静态油压），启动发动机，读取怠速时的燃油压力。

不同发动机的油压值有所不同，可参考维修手册中的有关要求。

若燃油压力过低，用钳子包上软布，将燃油压力调节器的回油管夹住，切断回油管路，进一步检查：

- 若燃油压力迅速上升，说明是燃油压力调节器回油阀关闭不严，应更换燃油压力调节器；
- 若燃油压力上升缓慢或基本不上升，检查燃油管有无泄漏，燃油滤清器、燃油泵滤网是否堵塞，如以上正常，则是燃油泵性能不良。检查燃油泵供电电压，如是电压正常，表明燃油泵有故障，应更换燃油泵。

对于带真空管的油压调节器，发动机运行时，随着节气门的开启，由于真空管内气压升高，燃油压力应相应上升。

- 若油压随节气门的开大而上升，但均偏高，说明油压调节器有故障，应更换。
- 若油压始终偏高，不随节气门的开启而变化，则说明油压调节器的真空软管漏气，对于真空管上装有电磁阀的油压调节器，也可能是该电磁阀出现故障，应更换电磁阀。

对于不带真空管的油压调节器,发动机运行时,燃油压力应始终保持恒定,与节气门开度无关。

② 接通点火开关,发动机怠速运转,使燃油压力达到额定值,断开点火开关,燃油泵停止工作,观察残余油压30s,油压应无明显下降。

如油压明显下降,再次启动发动机,当燃油压力正常后,夹住回油管切断回油通路,关闭发动机,进一步检查:

- 若燃油压力上升,说明是燃油压力调节器回油阀关闭不严,应更换;
- 若燃油压力仍下降,则说明燃油泵出口单向阀关闭不严或喷油器漏油。

3. 拆卸油压表

断开燃油泵电源,启动发动机几次,释放系统油压,拆除油压表,接好燃油管路。

二、燃油泵的检查

1. 检查燃油泵是否工作

将点火开关调到点火挡或启动挡,在油箱口处仔细听,应有燃油泵运转的响声。用手捏住进油管时是否感觉到油压脉动。

如燃油泵不工作,检查保险丝、燃油泵控制电路。如果电路正常,说明电动燃油泵有故障。

2. 检查燃油泵的工作性能

如燃油泵能工作,拆开油泵线路连接器,用万用表测量其电阻值,应为2~3Ω。不符合要求需更换油泵。拆装燃油泵时,应释放燃油系统压力,关闭用电设备。

三、燃油滤清器的检查

通常燃油滤清器的更换期为一年半或40000km,检查燃油滤清器是否被堵塞。拆下燃油滤清器,试用嘴吹一下靠油箱侧的进油管接头口,应通气。如不通气或用力吹才通气,应更换燃油滤清器。

更换燃油滤清器时,注意燃油滤清器上标注的箭头方向(表示燃油经过燃油滤清器时的流向),安装应紧固,四周不能有渗漏现象。

四、喷油器的检查及清洗

1. 检查喷油器是否工作

方法1:直接检查。从发动机上将喷油器连同燃油分配管一起拆下,用硬纸板垫在喷油器与发动机之间,启动发动机,检查硬纸板上是否有喷出的油痕迹。

方法2:用故障诊断仪的元件动作测试功能检测。打开点火开关但不启动发动机,旋转机械式节气门,怠速开关打开时,电磁阀应有"咔嗒"的开闭声。

方法3:试灯检查。拔下喷油器导线侧连接器,连接试灯,启动发动机,试灯应闪亮。

如喷油器不工作,检查喷油器控制电路有故障。先检查电源保险丝,再接通点火开关,不启动发动机,先检查喷油器接头供电端电压,应为12V。再检查喷油器与ECU之间的接线是否良好。如果外部电路均正常,则可能是ECU内部有故障,更换ECU。

2. 喷油器工作性能的检测

① 示波器观测喷油器波形,观测喷油器的喷油持续时间(脉宽),在怠速时大约1~6ms,冷启动或节气门全开时大约6~35ms,在发动机加速时,喷油持续时间增大,脉宽调制型喷油器的第2个峰尖向右移动,第1个峰尖保持不动。比较峰值电压的一致性,峰值电压反映了喷油器线圈感生电动势的强弱,个别峰值电压下降,说明该喷油器线圈匝间短路。

② 用万用表测量喷油器电磁线圈的电阻。不同的喷油器其阻值亦不同，低阻值的喷油器阻值为 2～3Ω，高阻值的喷油器阻值为 12～17Ω。别克 11.4～11.6Ω，桑塔纳 15.9Ω±0.35Ω。

③ 检查喷油质量。主要包括喷油量、雾化质量和泄漏，此项试验应在专用试验台上进行。

检测单位时间内的喷油量应在规定值范围内，各缸喷油嘴喷油量的差别越小越好；检测各喷油嘴雾化情况，不能有集束、喷歪现象；停止喷射时，不能有燃油泄漏发生，3min 内，泄漏不能超过 1 滴，否则更换。

喷油雾化不良、喷油量减少或不均匀，检查喷油器上是否有积炭，如有，应先清洗喷油器，之后再进行测试。

3. 喷油器的清洗

吊瓶式喷油器清洗装置的安装连接如图 2-22 所示，具体操作步骤如下。

① 将发动机运行至正常工作温度，打开汽车油箱盖释放油压，切断燃油泵电源。再启动发动机，确认油路切断且点火系统正常。

② 释放油压，断开发动机进油管，取出与该进油口相吻合的接头、接管，接到发动机的进油口端，再连接上清洗设备的压力油管。对于燃油分配管有回油管的车辆，用管夹堵住发动机的回油管。

③ 关闭清洗设备的调压阀和球阀，接上气源，旋转调压阀调压至所需压力，打开球阀。

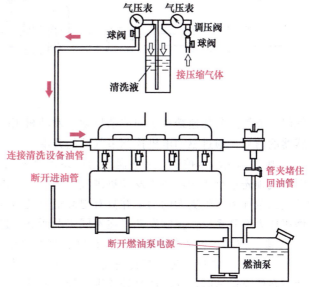

图 2-22　吊瓶式喷油器清洗装置的安装连接

④ 将需要量的清洗液倒入吊瓶里，旋转球阀调压至所需值，检查各接头有无泄漏。

⑤ 启动发动机并怠速运转，清洗时间约 25min 或把清洗液用完。

⑥ 清洗完毕时，先关闭调压阀，再关闭球阀，关闭发动机点火开关。拆除各接头、接管，恢复发动机油路。启动发动机并适当加速，检查各接头处及管路无渗漏即可。

基础知识 2　•　进排气系统的组成及控制原理

一、进排气系统的组成及控制装置

发动机进排气系统组成如图 2-23 所示，其中，发动机进气系统包括空气滤清器、进气管、节气门体、进气歧管等，排气系统包括排气歧管、三元催化转换器、排气管、消声器等。为减少发动机排放，增加了燃油蒸汽回收、废气再循环系统（EGR）等辅助装置。为了提高发动机的功率，目前一些较高档次的汽车发动机上安装了废气涡轮增压系统（包括废气涡轮增压器、中冷器、增压控制装置等）。

发动机 ECU 根据相关传感器的信号，通过下列装置对进气量进行控制：

① 节气门开度控制。节气门控制装置分为机械式和电子节气门（EPC）两种。对于机械式节气门，通过拉索将加速踏板与节气门直接连接控制节气门的开度，ECU 仅在怠速状态下根据发动机的转速、温度等传感器信号，控制怠速控制阀开度或节气门开度；对于电子

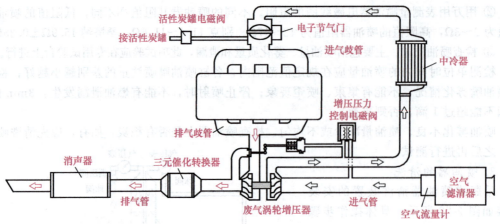

图 2-23　发动机进排气系统组成

节气门，节气门与加速踏板之间取消拉索，发动机 ECU 根据加速踏板位置传感器以及其他传感器的信号，通过驱动电机控制节气门的开度。

② 废气涡轮增压控制。废气涡轮增压系统是利用发动机废气的排气动力将进入气缸的新鲜空气预先进行压缩，由于发动机进气量增加，所以允许喷入较多的燃油，使发动机在尺寸不变的条件下产生更大的功率并具有更高的燃烧效率，降低油耗。同时，发动机 ECU 通过增压压力控制系统，控制发动机在不同工况所需的进气压力。

③ 排放控制。包括燃油蒸汽回收控制、废气再循环系统（EGR）控制。

④ 可变进气歧管（又称谐波进气增压）控制。发动机 ECU 通过控制转换阀的启闭，使发动机在低速运转时，气流通过较长进气管，发动机中高速运转时，通过较短进气管，利用气流惯性效应提高进气量。由于该技术属于进气优化措施，对发动机动力的提高有限，故这里不予探讨。

二、节气门控制装置

1. 机械式节气门的怠速控制装置

机械式节气门的怠速控制装置应用于早期车型，分为节气门直动式和旁通气道式两种。旁通气道式怠速控制装置结构及控制电路如图 2-24 所示。节气门位置传感器内设有怠

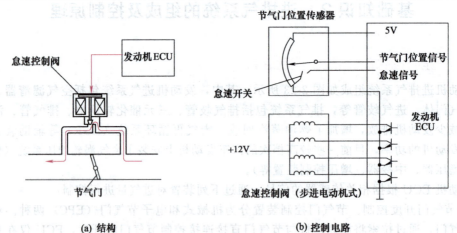

(a) 结构　　　　　　　　　　　(b) 控制电路

图 2-24　旁通气道式怠速控制装置结构及控制电路

速开关,当节气门全关闭时,急速开关触点闭合,该信号传给发动机 ECU,指示发动机处于急速状态,此时发动机 ECU 控制旁通气道上的急速控制阀一个适当开度,从而控制进入气缸的进气量。

节气门直动式急速控制装置结构如图 2-25 所示,其控制电路如图 2-26 所示。在松开加速踏板时,急速开关闭合,此时发动机 ECU 驱动急速电动机转动一定角度,通过减速齿轮组驱动节气门的开启一定角度。同时,ECU 根据急速节气门位置传感器 G88 的反馈信号实现闭环控制。

当点火开关打开、关闭时,节气门内部的响声就是节气门进行基本设置时发出的。在关闭点火开关时节气门的电动机会瞬间向相反的方向旋转,然后再断电,目的是清洁掉节气门附近沉积的灰尘。

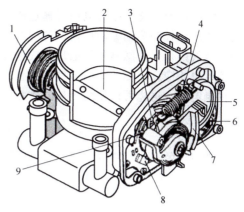

图 2-25 节气门控制组件结构

1—节气门拉索操纵臂;2—节气门;3—急速节气门位置传感器;4—应急运行弹簧;5—中间齿轮;6—急速电动机驱动齿轮;7—节气门驱动齿扇;8—节气门位置传感器;9—急速开关

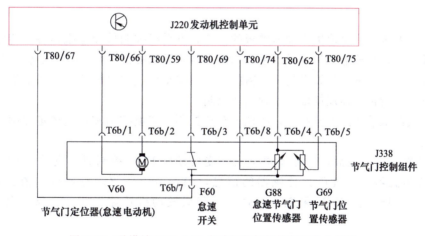

图 2-26 桑塔纳 2000 AJR 发动机节气门控制组件电路图

当节气门控制部件电源被切断时,节气门控制组件内的应急运行弹簧将节气门定位在预先设定的紧急运行位置,此时发动机的急速升高(约 1500r/min)。

2. 电子节气门控制系统

目前很多车辆采用电子节气门控制系统(EPC)。电子节气门控制装置的结构如图 2-27 所示,图 2-28 所示为朗逸 1.6L 发动机电子节气门控制系统的控制电路,为增加系统的可靠性,电子节气门系统采用两个加速踏板位置传感器和两个节气门位置传感器。

随着加速踏板位置变化,加速踏板位置传感器的阻值发生线性变化,将加速踏

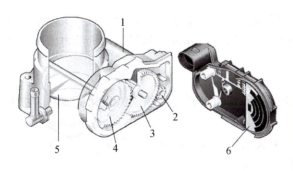

图 2-27 电子节气门控制装置的结构

1—驱动电动机;2—电动机驱动齿轮;3—中间齿轮;4—节气门驱动齿轮;5—节气门;6—节气门位置传感器

板的踏量大小以及变化速率的电信号输送给发动机ECU，发动机ECU根据输入信号以及内部设定的程序，控制驱动电动机使节气门打开相应的角度。

两个节气门位置传感器的阻值反向线性变化，对两个传感器施加+5V电压，两者输出的电压信号也相应反向变化，当节气门位置变化时，其中一个增加，另一个减小，且其和始终等于供电电压，这样可以使两个传感器相互校核。

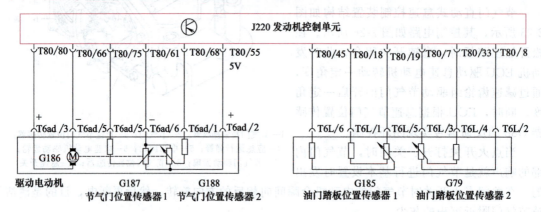

图2-28　朗逸1.6L发动机电子节气门控制系统的控制电路

节气门的开度不完全取决于加速踏板的位置，发动机控制单元还根据各种传感器信息，如空调开关、自动变速器挡位开关、手动挡离合器踏板开关、制动踏板开关等信号以及废气排放、燃油消耗等数据，计算发动机所需的扭矩，驱动节气门电机使节气门处于最佳开度，并根据节气门位置传感器反馈信号实现闭环控制。

电子节气门取消了怠速控制阀，实现了怠速控制、巡航控制和车辆稳定控制等的集成，使结构简化。

当电子节气门出现故障，驱动电动机不受发动机ECU控制时，发动机ECU根据加速踏板位置传感器和进气压力传感器的信息，判断节气门驱动电动机未依据驾驶员的意图控制节气门开度。ECU采取降级模式，降低发动机转速，并点亮仪表上的故障报警灯。

节气门驱动电动机断电时，节气门内的紧急运行弹簧将节气门定位在预设的2°位置，以保证足够的进气量，此时，发动机将ECU根据驾驶员的意图控制喷油量和点火提前角，增加发动机转速。

制动开关与制动踏板自由间隙过小，车辆行驶中如车身抖振引起制动踏板开关动作，此信号传至发动机ECU，ECU会根据该制动信号限制节气门开度，限制发动机动力输出，造成加速不良。

3. 节气门开度控制原理

ECU对电子节气门（或机械式节气门的怠速控制阀）开度的控制因发动机而异，主要控制项目如下：

① 启动初始位置设定。在发动机点火开关关闭后，节气门开度处于某预设位置（怠速控制阀处于全开位置），为发动机下次启动做好准备。

② 启动后暖机控制。启动后暖机过程中，ECU控制节气门开度逐渐关小，当冷却水温达到70℃时，达到正常怠速开度。

③ 反馈控制及学习控制。当发动机的实际转速与ECU存储器中所存放的目标转速差超

过规定值，ECU 控制节气门增减进气量，使发动机实际转速与目标转速差小于规定值。

发动机在使用过程中，节气门进气通道脏污使进气量减少时，ECU 通过反馈信号识别节气门脏污的程度，修正节气门开度，使怠速转速仍达到目标值。

④ 负载增大时的转速控制。对于机械式节气门，在发动机怠速运转时，空调开关、自动变速器空挡启动开关等接通引起发动机负荷变化，产生较大的转速波动。ECU 在收到以上开关信号时，控制节气门（或怠速控制阀）预先开大一些。当汽车用电器增多使电源电压降低时，节气门（或怠速控制阀）同样开大，以提高发动机的怠速转速，增加发电量。

对于电子节气门，在各种发动机工况下，ECU 根据空调开关、自动变速器挡位开关、手动挡离合器踏板开关、制动踏板开关等信号以及废气排放、燃油消耗等数据，计算发动机所需的扭矩，驱动电子节气门处于最佳开度。

三、废气涡轮增压系统

本书以帕萨特 1.8T 轿车为例，介绍废气涡轮增压系统结构原理与检修。

（1）废气涡轮增压器 该发动机的废气涡轮增压器的废气涡轮和压气叶轮安装在同一根轴上，当废气气流冲击涡轮时，涡轮高速旋转，同时带动压气机叶轮以相同的速度旋转，进空气滤清器滤清的洁净空气被吸入压气机室，压缩后压力升高，通过管道进入中冷器冷却，而后进入气缸，从而提高了发动机的充气效率。增压压力传感器安装在中冷器出口处，用于检测冷却后空气的进气压力。

（2）增压压力控制系统 增压压力控制系统主要是对膜片式压力控制阀和增压空气再循环阀的控制，如图 2-29 所示。

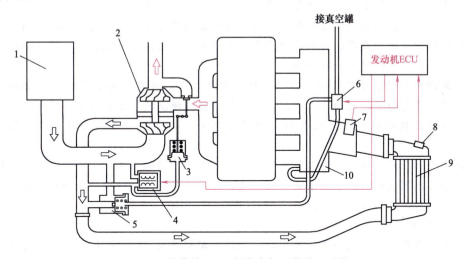

图 2-29 帕萨特 1.8T 轿车废气涡轮增压系统

1—空气滤清器；2—废气涡轮增压器；3—膜片式压力控制阀；4—增压压力限制电磁阀；5—空气再循环阀；6—增压空气再循环阀；7—电子节气门控制装置；8—增压压力传感器；9—中冷器；10—进气歧管

膜片式压力控制阀通过橡胶软管经增压压力限制电磁阀与压气机出口相连接。发动机 ECU 根据需要以占空比控制方式给增压压力限制电磁阀通电，改变加在膜片式控制阀上的气压以调节增压压力。

① 在中低速小负荷时，增压压力限制电磁阀的高压通气端和膜片式控制阀接口连通，自动调节增压压力。当冲击涡轮的废气量增加，涡轮转速加快，增压压力达到一定值时，膜片阀移动，通过推杆和杠杆使废气旁通阀打开一个角度，此时冲击涡轮的废气量减少，控制

增压压力的进一步升高，从而实现对增压压力的自动调节。

② 在加速或高速大负荷时，增压压力限制电磁阀的低压通气端与另两端连接，使加在膜片阀上的压力下降，废气旁通阀开度减小，增压压力提高。

增压空气再循环阀并联安装在压气机出口的高压软管与压气机入口低压进气管之间，细的管接头通过真空管与增压空气再循环电磁阀相连接。增压空气再循环电磁阀安装在进气歧管下面，该阀受发动机 ECU 控制。

① 在一般情况下增压空气再循环电磁阀不通电，进气歧管与增压空气再循环阀的膜片室相通，在发动机怠速或小负荷工况时，进气歧管较大的真空度作用于增压空气再循环阀膜片，使该阀开启，压气机出口的高压空气流回到低压端，此时废气涡轮增压器不起作用；在加速或高速大负荷时，进气歧管的真空度降低使增压空气再循环阀关闭，实现增压。

② 在车辆高速行驶急减速时，节气门突然关闭，涡轮转速仍然很高，若不加以控制，增压空气继续流向节气门，可能造成节气门损坏。此时，发动机 ECU 将增压空气再循环电磁阀通电，使真空罐与增压空气再循环阀的膜片室接通，在真空罐的真空吸力作用下增压空气再循环阀开启，废气涡轮增压器被卸荷，以减轻高压气体对节气门和压气机叶轮的冲击，同时，能使废气涡轮增压器保持在较高的转速，使废气涡轮增压器在需要时能更迅速地向发动机提供所需的增压压力，减小废气涡轮增压器的"迟滞"现象。

废气涡轮增压器使用注意事项

废气涡轮增压器处于高温（废气温度达 500℃ 左右）、高速下工作，所以对润滑和自身清洁度的要求很高。造成废气涡轮增压器产生故障的主要原因是润滑不良，如润滑供油滞后、缺少、变质或油里有杂质，外来杂质进入压气机叶轮或废气涡轮。因此，正确使用和预防性维护习惯，特别是对空气滤清器和机油滤清器的维护等，可以保证废气涡轮增压器的使用寿命和良好性能。

- 发动机启动后不可立即急踩油门踏板起步运行，应先怠速运转 3~5min 后才能起步行驶。这是为了使机油达到一定的压力和温度，使涡轮增压器各零件得到润滑，特别是当环境温度过低或车辆较长时间停放不用时，发动机油的流动性下降，更需这样做。
- 车辆长距离高速行驶后，如果发动机突然熄火，涡轮在油压突降的情况下继续运转，涡轮增压器内部的热量无法被机油带走，容易造成涡轮增压器转轴与轴套之间金属零件严重磨损，缩短废气涡轮增压器的使用寿命。因此，应尽可能怠速运行 3~5min，待机体温度降下来后再熄火。
- 更换发动机油或机油滤清器后，必须是发动机怠速运转 1min 以上，使发动机油循环至废气涡轮增压器全浮动轴承处。

四、其他装置

1. 三元催化转换器

三元催化转换器（Three Way Catalyst Converter，简称 TWC）安装在排气歧管之后，汽车废气中的 CO、HC 和 NO_x 在内部催化剂作用下发生氧化还原反应，转化为无害气体（N_2、CO_2）。三元催化转换器可使有害物排放降低 90% 以上。

2. 燃油蒸发控制系统

燃油蒸发控制系统（Evaporative Emission Control System，简称 EVAP），其作用是防

止汽车油箱内蒸发的汽油蒸气排入大气。它由活性炭罐、炭罐电磁阀、蒸气分离阀等组成（图 2-30）。蒸气分离阀的作用是防止汽车翻倾时油箱内的燃油从蒸气管道中漏出，活性炭罐用于吸附汽油蒸气中的汽油分子。

发动机 ECU 根据发动机冷却液温度、转速、节气门开度等运行参数，控制炭罐电磁阀的开闭。

• 在发动机停机、冷机或怠速运转时，微机使电磁阀关闭，从油箱中逸出的燃油蒸气被活性炭罐中的活性炭吸收。

• 当发动机以中、高速运转时，微机使电磁阀开启，储存在活性炭罐内的汽油蒸气经过真空软管后被吸入发动机。

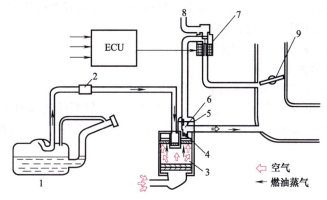

图 2-30　燃油蒸发控制系统

1—油箱；2—蒸气分离阀；3—活性炭罐；4—定量排放小孔；5—主节门室；
6—排放控制阀；7—炭罐电磁阀；8—接缓冲器；9—节气门

3．废气再循环系统

废气再循环系统（Exhaust Gas Recycle，简称 EGR），其作用把发动机排出的部分废气回送到进气歧管，并与新鲜混合气一起再次进入气缸，使气缸中混合气的燃烧温度降低，从而减少了 NO_x 的生成量。对 EGR 系统的控制要求如下：

• 由于 NO_x 排放量随负荷增加而增加，因而 EGR 量亦应随负荷的增加而增加；

• 当发动机在怠速、低速、小负荷及冷机时，NO_x 排放浓度低，为了保证稳定燃烧，ECU 控制 EGR 阀关闭；

• 在大负荷、高速时，为了保证发动机有较好的动力性，此时虽温度很高，但氧浓度不足，NO_x 排放较少，通常 EGR 阀也关闭或减少 EGR 率。

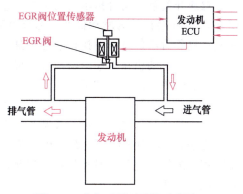

图 2-31　废气再循环系统示意图

废气再循环系统按 EGR 阀的驱动方式分为真空驱动式和电磁直接驱动式，电磁直接驱动式如图 2-31 所示。有的 EGR 系统装有 EGR 阀位置传感器，该传感器发出的 EGR 阀位置信号反馈给 ECU，保证精确实现预定的电控脉谱。

任务 2　进气系统检修

发动机进排系统的故障主要有进气量不足、进气量过多，导致发动机混合气过稀或过浓。本节对汽油发动机进气系统进行故障分析，学习几种典型的检修方法，这些方法的应用场合，将在"汽油发动机综合故障诊断"项目中，结合发动机的故障情况进一步阐述。

进气系统常见故障的分析

1. 进气量不足的主要原因

① 空气滤清器堵塞。

② 节气门体的进气通道脏堵。

③ 怠速控制阀或电子节气门的开度过小。原因有：节气门驱动电机故障，节气门卡滞；相关传感器信号失准，如发动机水温传感器、氧传感器、空调开关信号等；ECU 故障。

④ 涡轮增压器或增压压力控制系统工作不良。

⑤ 与排气不畅有关，如三元催化转换器堵塞等。

2. 进气量过多的主要原因

① 进气管漏气；真空管破裂或脱落，造成过量进气。

② 怠速控制阀或电子节气门的开度过大。原因有：相关传感器信号失准所致；ECU 故障。

进气系统相关故障通常不能被自诊断检测出来，只能通过零件检测查找故障。

一、怠速的检测

发动机怠速转速的检测是发动机的基础检测，以桑塔纳 2000AJR 发动机为例，测试时空调应关闭，冷却液温度应大于 80℃，冷却风扇不能转。用故障诊断仪读取数据流，节气门开度应为 0°～5°，发动机怠速标准值应为（800±30）r/min，怠速转速由发动机 ECU 预先设置，不可以调整，怠速过高或怠速不稳应分析故障的原因。

怠速开关触点闭合指示发动机处于怠速状态，它是执行怠速控制的依据。如怠速开关不闭合，ECU 会误认为发动机处于部分负荷状态，会造成怠速过高或怠速不稳，打开空调等使发动机负荷增加时，不执行怠速提速。如怠速开关短路，ECU 误认为发动机一直处于怠速，可引起发动机在中速时断油游车现象。

怠速开关检测方法如下。

方法1：故障诊断仪检测。用故障诊断仪直接读取 ECU 内储存的在怠速开关信号数据，如不正常应视情况更换怠速开关所在的部件。

方法2：万用表检测。点火开关置于 OFF 位置，拔去怠速开关所在部件的导线连接器，用万用表测量怠速开关触点的导通情况，当节气门全闭时，触点应导通；当节气门打开时，触点应不导通。

二、节气门的清洗及匹配

由于发动机长期运行后节气门体脏污，进气量减少。为了稳定怠速，ECU 识别节气门脏污的程度，通过自学习功能，下一次启动时修正怠速时的节气门开度，使发动机尽量运转平稳。但当节气门脏污超过修正范围时，会出现发动机怠速不稳并产生故障码，因此，需要对节气门体的进气通道进行清洗。

节气门体清洗多使用自喷式化油器清洗剂，最好是拆下清洗，因为采用免拆清洗时，有一些灰尘会随着节气门轴渗入到电子节气门内部的齿轮中，积垢增多时，在对节气门进行基本设置或是怠速运行时,会阻碍齿轮运动,造成发动机怠速不稳。节气门体拆下清洗的方法如图2-32所示。

节气门体清洗后,通道面积变大,但ECU储存的自适应调节值并没有修改,怠速控制阀开度依然较大,导致怠速不稳或怠速过高。因此节气门体清洗后,需要启动发动机,利用故障诊断仪的"基本设定"功能对发动机ECU进行基本设定。进行基本设定时,ECU控制节气门转动,将最小、最大及中间某位置记录下来,以此识别节气门的开度特性。有的车型可自动完成基本设定,而无需使用专用仪器。

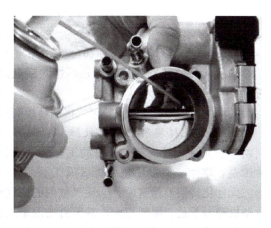

图2-32 清洗节气门体

三、废气涡轮增压系统检查

废气涡轮增压系统出现故障会造成增压压力降低,使发动机进气量减小,功率降低,故障原因主要有:膜片式压力控制阀损坏、空气再循环阀损坏、电磁阀损坏、连接管路损坏、废气涡轮增压器与进气管之间漏气、废气涡轮增压器自身损坏。以帕萨特1.8T轿车为例,重要部件的检查方法如下。

1. 增压压力限制电磁阀和增压器空气再循环电磁阀的检查

① 将汽车故障检测仪与该车的自诊断连接器连接,接通点火开关,利用元件动作测试功能,依次激活2个电磁阀,正常情况下,每个都应发出"咔嗒、咔嗒"的响声。

② 从增压压力限制电磁阀上拔下连接管和导线连接器,用万用表测量线圈的电阻,应为$25 \sim 35\Omega$;蓄电池对电磁阀直接供电(注意极性要与实车相同)并同时用软管吹气检查,正常情况下不通电时高压通气端和膜片阀接口连通应相通,通电时低压通气端与另两端应相通。

③ 用万用表测量增压器空气再循环电磁阀的电阻,应为$27 \sim 30\Omega$;蓄电池对电磁阀直接供电,正常情况下,不通电时进气歧管与空气再循环阀的膜片室相通,通电时真空罐与空气再循环阀的膜片室相通。

2. 膜片式压力控制阀及连接管路的检查

让发动机怠速运转5min后,急踩加速踏板使发动机转速迅速提高到5000r/min,膜片式压力控制阀的推杆应能正常移动,无卡滞现象。

3. 空气再循环阀的检查

从车上拆下空气再循环阀,将该阀与空气再循环电磁阀的软管接头端连接手动真空泵,扳动真空泵以产生吸力,此时压气机出口端与压气机入口端应相通,放开真空泵以解除真空,两端口应迅速截止且密封良好。

任务3 排放控制系统检测

发动机排放控制系统包括燃油蒸气回收、废气再循环系统(EGR)、三元催化转换器等,其故障主要有燃油蒸气或废气的异常进入进气系统、三元催化转换器性能不良。

本任务学习汽油发动机排放控制系统的检查方法,这些方法的应用场合,将在"汽油发动机综合故障诊断"项目中,结合发动机的故障情况进一步阐述。

1. 燃油蒸气回收、废气再循环系统常见故障

燃油蒸气回收装置常见故障是活性炭罐电磁阀异常开启，燃油蒸汽吸入气缸，引起混合气过浓。

废气再循环装置常见故障是废气再循环控制阀异常开启，废气进入气缸使燃烧速度变慢。

2. 三元催化转换器的常见故障

由于三元催化转换器受本身的工作环境十分恶劣，在使用过程中也会产生各种故障，常见故障是：堵塞、性能恶化、机械损坏。

三元催化转换器堵塞时，会使气缸内的废气排出不畅，甚至排出的废气倒流到气缸内，造成发动机动力不足、尾气超标，甚至启动困难或熄火的现象。三元催化转换器发生堵塞的主要原因是发动机混合气燃烧不完全或烧机油，使三元催化转换器内部蜂窝状载体产生积炭。

三元催化转换器性能恶化，指三元催化转换器性能下降甚至失去催化转换功能。性能恶化的原因是由磷、硫等元素引起的催化剂中毒。磷来源于机油添加剂，机油窜入气缸燃烧后，使催化剂的活性降低。硫来源于汽油，燃烧后以 SO_2 的形式随尾气排出，也会抑制催化剂的活性。

三元催化转换器机械损坏，指内部的蜂窝状载体发生破裂。机械损坏的主要原因是三元催化转换器长时间过热引起的。混合气过浓或燃烧不完全使排气中的 CO、HC 浓度过高，催化温度大幅度上升造成三元催化转换器过热，则内部颗粒催化物及载体发生熔化破裂。

三元催化转换器如发生积炭堵塞，可用专用的三元催化转换器清洗剂进行清洗，如果性能恶化或机械损坏，只能进行更换。

一、三元催化转换器的检查

（1）机械损坏的检查 用拳头轻轻敲击三元催化转换器，如听到"咔啦"声，并伴随有散碎物体落下，说明其内部催化物质剥落或蜂窝陶瓷载体破碎，需要更换整个转换器。

（2）堵塞的检查 拆下前氧传感器，装上压力表；启动发动机，使发动机转速为 2500r/min；测排气背压，如果排气背压超过规定的限值，表明排气系统堵塞。

（3）性能检查

① 红外线测温法 三元催化转换器在正常工作状态下，由于氧化反应产生大量的反应热，因此可以通过温差对比来判断三元催化转换器性能的好坏。启动发动机，预热至正常工作温度，举升车辆，将发动机转速维持在 2500r/min 左右，红外线测温计测量三元催化转换器进口和出口的温度（测量时应尽量靠近三元催化转换器，距离在 50mm 以内）。出口温度应至少高于进口温度 10%～15%，技术状态良好的发动机其温差可以达到 20%～25%。如果车辆在主催化转换器之前还安装了副催化转换器，则主催化转换器的出口温度应高于进口温度 15%～20%。如果温差低于上述范围，说明三元催化转换器工作不正常，需要更换；如果温差超过上述范围，则说明废气中含有异常高浓度的 CO 和 HC，需要对发动机本身做进一步的检查。

② 氧传感器电压波形分析 由于三元催化转换器转换 CO 和 HC 时消耗氧气，三元催化转换器后端的氧传感器电压波动要比安装在三元催化转换器前端的氧传感器电压波动少得多 [图 2-33 (a)]。若三元催化转换器损坏，其转换能力丧失，则前后的氧气值接近，前后氧传感器的电压波形和波动范围将趋于一致 [图 2-33 (b)、(c)]。

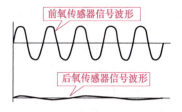

(a) 三元催化转换器功能完好时的波形

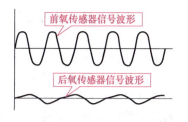

(b) 三元催化转换器性能下降时的波形

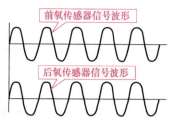

(c) 三元催化转换器功能失效时的波形

图 2-33　前后氧传感器波形对比

注意：汽车排放的好坏与各系统的工作状况有关，影响因素较多，三元催化转换器效率只是其中原因之一。

二、燃油蒸发控制系统的检查

1. 系统工作的检查

将发动机预热至正常工作温度，并使之怠速运转。拔下活性炭罐上的真空软管，用手按住接口，此时应无真空吸力。踩下加速踏板，当发动机转速大于 2000r/min 时，上述真空软管应有真空吸力。否则，可能电磁阀、ECU 或控制线路有故障，需进一步检查。

2. 电磁阀的检查

方法 1：用故障诊断仪的元件动作测试功能检测。打开点火开关但不启动发动机，旋转节气门，电磁阀应有"咔嗒"的开闭声。

方法 2：吹气检查。拆下电磁阀，向电磁阀内吹气，电磁阀应不通气；将蓄电池电压加到电磁阀连接器的两端子上，向电磁阀内吹气，电磁圈子应通气。

三、废气再循环（EGR）系统的检查

1. 系统工作的检查

启动发动机怠速运转时，将手指伸入 EGR 阀中，按在膜片上，检查 EGR 阀有无动作。在冷车状态下踩加速踏板，使发动机转速上升为 2000r/min 时，EGR 阀应不开启，热车后踩加速踏板，使发动机转速上升为 2000r/min 时，EGR 阀应开启。

2. 检查 EGR 阀

对于电磁驱动式 EGR 阀，测量电磁阀电磁线圈的电阻值，电阻值应符合规定。接入蓄电池电压，通断电时，电磁阀应有"咔嗒"的开闭声。不通电时电磁阀关闭，检查其密封性。

基础知识 3 ● 相关传感器功能与原理分析

发动机检测中如发现喷油持续时间（又称喷油脉宽）异常，怠速控制阀或电子节气门的开度过小或过大，一般与相关传感器工作异常有关。这里我们从汽车维修的角度，探讨发动机供给系统相关传感器的功能、工作原理、传感器出现故障对发动机的影响，从而在发动机故障诊断中能明确应该检查哪些元件，争取做到一步到位，避免故障检查的盲目性。

一、空气流量传感器

1. 传感器的功能与原理

空气流量传感器的作用是测定每一瞬间吸入发动机的空气量，以此作

发动机供给系相关传感器

为ECU计算喷油量的主要依据。空气流量传感器分为空气流量计、进气歧管压力传感器两种。

(1) 空气流量计　空气流量计安装在空气滤清器与进气管之间，目前常用的空气流量计为热线式空气流量计与热膜式空气流量计，其电路原理如图2-34所示。热线R_H（金属铂）连接在惠斯通电桥的1个臂上，当进气气流流过时，热线温度下降，电阻值发生变化，电桥失去平衡，集成控制电路则加大通过热线的电流，使热线温度与吸入空气温度相差一定值，使电桥保持平衡，这样，通过热线的电流就为空气质量流量的单一函数。热膜式空气流量计的发热体由热线改为热膜，固定在树脂膜上，或者将热线、冷线、精密电阻镀在一块陶瓷片上，使发热体不直接承受气流的作用力，提高了工作可靠性。

(2) 进气歧管压力传感器　进气歧管压力传感器安装在节气门后的进气歧管上。其电路原理如图2-35所示。该传感器的压力转换元件是利用半导体压阻效应制成的硅膜片，在膜片表面规定位置有四个应变电阻，以惠斯通电桥方式连接。硅膜片的一侧是真空室，另一侧导入进气歧管压力。硅膜片的变形与进气歧管的压力成正比，膜片上的应变电阻阻值的变化也与变形量成正比。这样就可利用惠斯通电桥将硅膜片的变形转换成电信号并通过混合集成电路放大后输出。

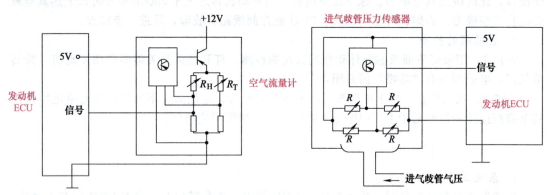

图2-34　热膜式空气流量计的电路原理　　图2-35　进气歧管压力传感器的电路原理
R_H—金属铂（热线）；R_T—温度补偿电阻（冷线）

半导体压敏电阻式压力传感器成本低、重复性和抗振性较好，在-30～100℃使用温度范围内测量精度基本不受温度的影响。

2. 传感器故障的影响

(1) 传感器信号缺失　空气流量传感器电路故障导致空气流量信号缺失时，发动机ECU的失效保护系统根据发动机转速信号和节气门位置传感器信号估算进气量，控制发动机工作，故障表现除发动机故障灯亮、性能有所下降之外，但故障现象不太明显。

(2) 传感器信号失准　由于空气流量计安装在进气管之前，当出现下列情况，由于空气流量计会检测不到真实的进气量，ECU根据氧传感器的反馈信息，会误判空气流量计失准而记故障码。

- 进气管或节气门后的真空管漏气，实际进气量多于空气流量计检测到进气量，ECU仍按检测到进气量供油，结果使混合气过稀（图解如图2-36所示）。
- EGR系统电磁阀异常开启，废气进入气缸。
- EVAP系统电磁阀异常开启，汽油蒸汽进入气缸，使混合气过浓。

因此，当怀疑空气流量计故障之前，应检查一下节气门体的所有进气管路，并排除以上问题。

空气流量传感器进气通道脏污、进气系统漏气等原因导致传感器信号失准时，会使发动机工作异常，性能下降，严重时甚至不能启动。

注意：检查发动机进气系统的密封性，空气流量计之后的进气软管不能有破裂，各接头卡箍松脱，机油尺、机油加油口盖必须安装到位。

想一想：机油尺、机油加油口盖为什么必须安装到位？

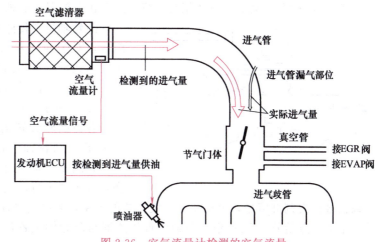

图 2-36　空气流量计检测的空气流量

进气歧管压力传感器由于该传感器安装在节气门后，不存在因进气管漏气而使传感器失准的情况，但应注意进气歧管与气缸盖安装时的密封问题。

二、节气门位置传感器和加速踏板位置传感器

1. 传感器的原理与功能

节气门位置传感器装在节气门体上，其活动触点（炭刷）与节气门轴联动，在电阻器（炭膜）上滑动形成一个电位计，基准电压由 ECU 提供。随着节气门开度的改变，电位计阻值也发生线性变化，将节气门的开度和变化速率的电压信号输送给发动机 ECU。

节气门的开度反映了发动机的负荷状态；同时，节气门开度信号也是自动变速器进行自动换挡的重要依据。节气门开度的变化速率反映车辆的加、减速状态。当快踩节气门时，反映发动机的加速状态，发动机 ECU 加浓混合气；当车辆高速运行节气门突然松开进行急减速时，发动机 ECU 实行断油控制。

加速踏板位置传感器用于电子节气门系统，其工作原理与节气门位置传感器相同，也是按电位计原理工作。随着加速踏板位置变化，加速踏板位置传感器的阻值发生线性变化，将加速踏板的踏量以及变化速率信号输送给发动机 ECU，反应驾驶员的加速、减速的驾驶意图。

2. 传感器故障的影响

节气门开度信号有误时，会造成发动机动力不足，加速不良，油耗增加，排放超标，同时引起自动变速器自动换挡方面的故障。

三、曲轴位置传感器与凸轮轴位置传感器

1. 传感器的功能与原理

常用的曲轴位置传感器和凸轮轴位置传感器根据工作原理的不同分为磁感应式、霍尔式和光电式 3 种。

曲轴位置传感器，又称发动机转速传感器，由信号发生器和信号轮（又称触发轮或信号盘）组成，信号轮通常带有 58 个凸齿和一个缺齿位置（缺 2 个齿），如图 2-37 所示，触发轮的缺齿位置产生的畸变信号用于 ECU 判断第 1 缸活塞上止点位置，轮齿产生的交变电压

信号用于ECU检测发动机转速及相对于第1缸上止点位置的曲轴转角。

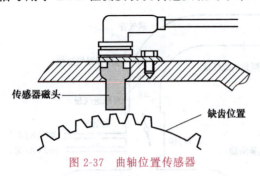

凸轮轴位置传感器由信号发生器和信号盘组成,对于四缸发动机,信号盘通常有两种:半圆周式信号盘和四叶片式信号盘。

半圆周式信号盘的凸轮轴位置传感器如图2-38(a)所示,信号发生器输出的高、低电平信号各占凸轮轴转角180°,即曲轴转角360°。ECU根据凸轮轴位置传感器输出的下降沿信号,判断正在向上止点运动的是第1、4缸活塞,且1缸进行的是压缩行程,4缸为排气行程,该信号称为判缸信号,由于相对安装位置的关系,判缸信号在时间上先于曲轴位置传感器的1缸上止点信号。ECU根据曲轴位置传感器与凸轮轴位置传感器的两种信号确认喷油正时和点火正时。

图2-37 曲轴位置传感器

四叶片式信号盘的凸轮轴位置传感器如图2-38(b)所示。4个叶片前边沿所处位置将360°圆周等分,产生的下降沿信号分别对应4个缸压缩行程上止点前一定角度,作为按点火顺序进行点火与喷油的基准信号。4个叶片的弧长有所不同,便于ECU识别不同气缸,故适用于独立点火方式的车辆。

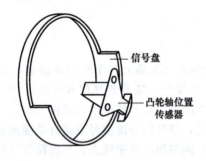 

(a) 信号盘为半圆周式的凸轮轴位置传感器　　　(b) 信号盘为四叶片式的凸轮轴位置传感器

图2-38 凸轮轴位置传感器

有的车型利用进气压力传感器来实现判缸,如天津一汽威志4GB2型发动机,它的进气真空度传感器安装在第4缸靠近进气门的进气歧管上。当第4缸工作在进气行程,进气门突然打开时,该缸进气门附近的歧管进气压力会有1kPa左右的急速下降,这一急速下降的现象被进气压力传感器检测到,发动机ECU通过内置程序,对此信号与来自曲轴位置传感器的信号进行分析处理,即可实现判缸。

曲轴位置传感器和凸轮轴位置传感器的信号波形变化均与传感器的触发轮的齿形变化相对应。磁感应式传感器信号波形为尖峰型波,霍尔式传感器和光电式传感器为方形波,图2-39是信号轮为58个凸齿的磁感应式曲轴位置传感器波形与两种形式信号盘的凸轮轴位置传感器波形的对应关系。正常情况下,曲轴位置传感器出现缺齿信号时,对应的凸轮轴位置传感器信号应高、低电平交替出现。

2. 传感器故障的影响

(1) 传感器信号缺失的影响　如曲轴位置传感器信号缺失,一般情况下发动机不能启动。个别车型ECU会以凸轮轴位置传感器信号替代,发动机可以启动和运行,但发动机启动所需时间较长,各项性能会下降。

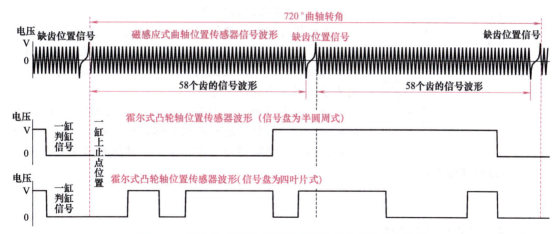

图 2-39　曲轴/凸轮轴位置的传感器输出波形的对应关系

如凸轮轴位置传感器信号缺失，ECU 无法判断哪个气缸处于压缩上止点位置，有些机型的发动机不能启动，但多数车型发动机能够启动。不同车型根据 ECU 的内部程序设置，有以下两种情况。

情况 1：将顺序喷油改为同时喷油，并推迟点火时刻。此种情况的发动机能够启动，但会出现加速不良、燃油消耗增加、排放超标等问题。

情况 2：借助曲轴位置传感器信号进行判缸。当 ECU 检测到曲轴位置传感器的缺齿信号时，先假定发动机第 1 缸处于压缩行程上止点前，然后按照假定的相位和各缸的发火顺序持续一定次数的喷油，当发动机转速超过一定的阈值，可判断此相位正确，从而判缸成功；若没有转速升高的迹象，则重新假定一相位喷油以判缸。此种情况的发动机启动时间稍长。

（2）传感器信号异常的影响　传感器信号异常主要表现有两种：信号过弱、信号不稳定（忽强忽弱）。

曲轴位置传感器信号过弱会造成发动机启动困难或不能启动。但对于触发间隙不当引起的传感器信号过弱使 ECU 不能正常接收，一旦发动机启动，因发电机开始工作使电压充足，传感器信号幅值增大而被 ECU 正确接收，发动机启动后能正常运行。

传感器信号轻微抖动时影响不大，视为正常，但抖动严重时会造成使发动机工作异常。

（3）曲轴位置传感器与凸轮轴位置传感器信号不同步　曲轴位置传感器缺齿信号对应的凸轮轴位置传感器信号如不符合高、低电平交替的关系，称为信号不同步。曲轴位置传感器与凸轮轴位置传感器信号不同步会影响发动机的喷油和点火正时，轻微时发动机怠速不稳，加速无力，严重时发动机启动困难甚至不能启动。

四、发动机冷却液温度传感器与进气温度传感器

1. 传感器的功能与原理

发动机冷却液温度传感器安装在出水管上，用于检测发动机冷却液温度。发动机冷却液温度准确反映了发动机的机体温度，发动机 ECU 根据该信号修正喷油量、电子节气门（或怠速控制阀）开度和点火提前角。

进气温度传感器安装在进气管上，用于检测进气温度。发动机 ECU 根据该信号计算空气密度，进而修正喷油量。

两种温度传感器通常为具有负温度系数的热敏电阻，随着温度升高，电阻值减小，分压电阻在发动机 ECU 的内部，热敏电阻通过分压原理产生电压信号，工作原理如图 2-40 所示。

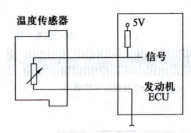

图 2-40 温度传感器的连接电路

2. 传感器故障的影响

发动机冷却液温度传感器信号缺失，一般会造成发动机冷启动困难，但热车启动正常；如该传感器信号失准，会造成发动机冷启动或热启动困难，怠速不稳或过高、动力不足、燃油消耗过大等。

进气温度传感器信号缺失时，发动机 ECU 会产生故障码，并用备用值控制发动机工作，故障症状一般不十分明显；如该传感器信号失准，会使喷油脉宽修正有误，造成混合气过稀或过浓。

五、氧传感器

1. 传感器的功能与原理

氧传感器安装在排气管中，用以监测发动机排气中氧气的含量。现代汽车一般在三元催化转换器前后各装一个氧传感器，分别称为前氧传感器（又称主氧传感器）和后氧传感器（又称副氧传感器），前氧传感器用以检测发动机排气中氧气的含量，反馈给ECU，ECU根据此信号修正喷油器的喷油量，控制混合气的空燃比在理论值附近。后氧传感器用以监测三元催化转换器的转换效率。如图 2-41 为上海大众途观轿车氧传感器电路图。

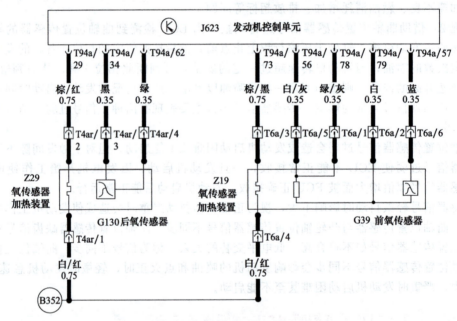

图 2-41 途观轿车氧传感器电路图

常用的氧传感器为氧化锆（ZrO_2）型，其正常工作温度为 600～800℃，一般需要一个受发动机 ECU 控制的加热线圈。氧化锆型氧传感器的信号电压范围是 0～1V，当混合气过稀时，排出的废气中氧的含量高，氧传感器两极之间产生的电压很低（接近 0V）；当混合气过浓时，排出的废气中氧的含量低，氧传感器的输出电压高（约为 1V）。在理论空燃比附近，氧传感器输出电压信号值有一个突变（见图 2-42）。

2. 传感器故障的影响

氧传感器信号失准，会造成发动机排放超标、排黑烟、放炮、怠速不稳、动力不足、燃油消耗增加、热启动困难等。氧传感器对空燃比变化响应迟缓，会导致发动机运转不稳。

燃油压力过高或过低、喷油器滴漏、堵塞等机械性故障引起的混合气过稀或过浓，会使 ECU 根据氧传感器反馈信号发出加浓或稀释混合气的指令，在调控指令超出极限时，ECU 会误判氧传感器存在故障，而记故障码，因此，对涉及反馈传感器的故障码，应注意检查、鉴别。

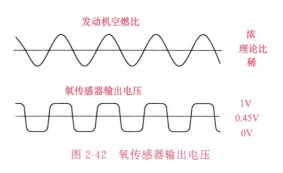

图 2-42　氧传感器输出电压

任务 4　相关传感器检测

发动机供给系统故障诊断中，检测中如发现喷油持续时间（喷油脉宽）异常，怠速控制阀或电子节气门的开度过小或过大，一般与相关传感器工作异常有关。

检测传感器时，先通过汽车故障诊断仪读取数据流，发现信号异常后再通过万用表检查相关电路，或用示波器分析波形，查找故障原因。传感器通用的检测方法在第一单元已作过介绍，这里主要学习几种传感器检测结果的分析方法。

一、空气流量计的检测

检测空气流量计时，先用故障诊断仪读取故障码。如发现空气流量计信号缺失时，再用万用表检测各端子电压值，判断是传感器本身的故障还是外部电路故障。

用诊断仪读取故障码或数据流，如发现空气质量数据不符合要求，首先检查进气管或节气门后的真空管是否漏气，其次检查空气流量计处进气通道是否脏污，必要时进行清洁，清洁时应小心，不要损坏空气流量计热线或膜片。如以上情况正常，再用万用表检测各端子电压值，判断是传感器本身的故障还是外部电路故障。

二、节气门位置传感器的检测

1. 传感器电阻测量

点火开关置于 OFF 位置，拔下节气门位置传感器的导线连接器，用万用表测量电位计的电阻，该电阻应能随节气门开度增大而呈线性增大。

2. 传感器故障波形分析

用示波器检测节气门位置传感器的信号波形，信号电压范围应从怠速时的低于 1V 到节气门全开时的略低于 5V 之间连续变化。如果波形有断点或向下的尖峰（见图 2-43），说明传感器炭膜磨损，导致与炭刷接触不良，需更换。

三、曲轴位置传感器与凸轮轴位置传感器的检测

曲轴位置传感器与凸轮轴位置传感器的故障分为信号缺失、信号异常、两者信号不同步三种情况。

（1）信号缺失的诊断　传感器信号缺失时，发动机 ECU 会产生故障码，通过诊断仪读取故障码即可发现。

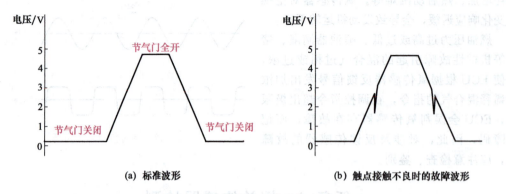

图 2-43 节气门位置传感器信号波形

发现故障码后应进一步查找原因,传感器无信号输出的原因有:传感器线路开路、短路,信号发生器有故障,信号发生器与触发轮间隙过大,触发轮不旋转等。

(2) 传感器信号异常的诊断　传感器信号异常的情况如不明显,一般不显示故障码,此时,利用示波器可观测到故障波形。故障波形有波形振幅过小、波峰间差值过大、波形抖动三种表现。

波形振幅过小的原因是:传感器信号发生器与信号轮间隙过大使信号过弱。

波峰间差值过大的原因是:传感器信号轮齿出现变形(见图 2-44)。

波形抖动表明传感器信号不稳,其原因是:曲轴或凸轮轴动不平衡造成装在上面的信号轮振动,与信号发生器的间隙发生变化。

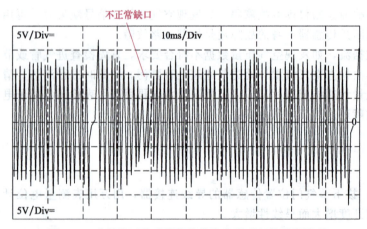

图 2-44 曲轴位置传感器信号轮齿变形引起的异常波形

(3) 曲轴位置传感器与凸轮轴位置传感器信号不同步的诊断　两传感器输出信号不同步时,用故障诊断仪读取故障码,有时会有"凸轮轴位置传感器故障"之类的提示,但从曲轴位置传感器或者凸轮轴位置传感器单独的波形来看都是正常的,需要使用双通道示波器,观察曲轴位置传感器缺齿信号对应的凸轮轴位置传感器信号,如果同为低电平或同为高电平,表明两传感器信号不同步。

两传感器信号不同步的原因有:曲轴正时齿形带安装错位,或凸轮轴可变正时调整装置故障。

四、氧传感器性能检查

1. 检测氧传感器的输出信号

测量条件:发动机水温正常,转速在 2500r/min 左右。

用故障诊断仪或万用表(或示波器)检测氧传感器输出信号电压(或波形)能否在 0~

1V 间摆动。通常电压应在 0.45V 上下不断变化，10s 变化应在 8 次以上。

• 若混合气混合比反应不灵敏，可能是氧传感器性能不良或氧传感器加热器故障。可通过测量加热器控制电压来判断，发动机正常运转时为 0.5V，熄火时为 12V。

• 若电压读数持续中间值，可能是氧传感器与 ECU 之间断路或氧传感器损坏。

• 若平均电压偏低，可能是氧传感器故障、氧传感器与 ECU 之间导线电阻过大或混合气过稀。可人为使混合气变浓（采用急加油门、调高油压，在进气歧管喷入可燃气、堵住空气滤清器等方法），若氧传感器输出电压上升，说明氧传感器性能良好，故障是混合气过稀造成的。

• 若平均电压偏高，可能是氧传感器故障或混合气过浓。可人为使混合气变稀（如拔掉进气管真空管），若输出电压有所下降，说明氧传感器性能良好，故障是混合气过浓造成的。

2. 氧传感器拆检

拆下氧传感器，检查外壳有无积炭，通气孔有无堵塞（ZrO_2 型），检查氧传感器颜色，正常为淡灰色。

基础知识 4 ● 电控点火系统的组成与控制原理

目前汽油发动机点火系统普遍采用电控点火系统。电控点火系统可分为有分电器的电控点火系统和无分电器的电控点火系统，目前有分电器的电控点火系统正在被淘汰，无分电器的电控点火系统得到广泛应用。本项目主要探讨无分电器电控点火系统的故障诊断与检测。

一、电控点火系统的组成

1. 电控点火系统的组成

电控点火系统是汽油发动机电控系统的一个组成部分，除了点火系统专用部件，如点火控制器、点火线圈、火花塞和爆震传感器之外，其他所有传感器和 ECU 都与发动机电子燃油喷射系统是共用的。点火控制器，又称点火模块，直接受发动机 ECU 控制，是电控点火系统的执行器。

根据点火线圈的数量和高压电分配方式的不同，无分电器的电控点火系统又分为同时点火方式和独立点火方式两种类型。

采用同时点火方式时，两缸共用一个点火线圈，有两次点火，一次发生在压缩终了之前，是有效点火，一次发生在排气行程终了之前，是无效点火。由于排气行程气缸压力很低，加之废气中导电离子较多，其火花塞很容易被高压电击穿，所以消耗的能量就非常少。图 2-45 为大众车系同时点火系统原理图。在同时点火系中，两个火花塞串联在同一高压电路中，火花塞电极的极性相反。通常点火控制器与点火线圈组装在一起，统称为点火线圈，如图 2-46 所示。

同时点火方式的结构和控制电路较简单，在桑塔纳 2000GSI、桑塔纳 3000、别克凯越等四缸机车型和一些 V6 发动机的车型上有一定应用。

采用独立点火方式时，各缸均有各自独立的点火线圈，电控单元 ECU 按各缸工作顺序向点火控制器发出点火信号，图 2-47 为大众车系独立点火系统原理图。通常点火线圈集成了点火控制器与高压线，直接安装在火花塞上，统称为点火线圈，如图 2-48 所示。

与同时点火方式相比，独立点火方式初级线圈充电时间短，点火能量损失小，可以提供足够高的点火电压和点火能量，因此目前得到广泛的应用。

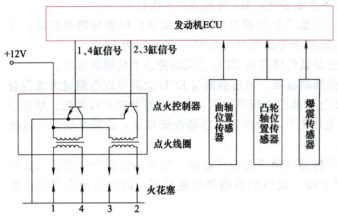

图 2-45　大众车系同时点火系统原理图

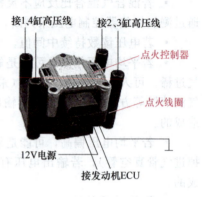

图 2-46　大众车系同时点火系统的点火线圈

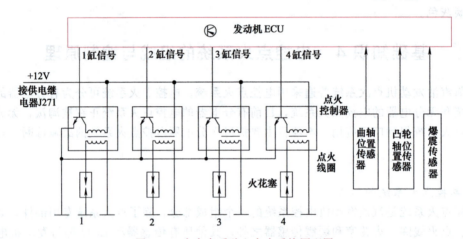

图 2-47　大众车系独立点火系统原理图

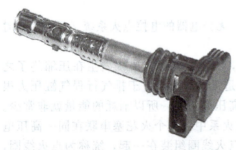

图 2-48　独立点火线圈

2. 火花塞

火花塞对发动机的正常工作起着重要的作用，应选用发动机说明书规定型号的火花塞，如原配火花塞缺件时，代用型号的旋入螺纹长度、螺纹直径及热值必须与原型号一致，并且各缸统一成组更换。火花塞属于消耗件，一般每行驶 20000～30000km 即应更换。

3. 爆震传感器

爆震传感器安装在发动机气缸外壁，当振动或敲缸发生时，产生小电压峰值，一定高的频率表明是敲缸或爆震，将此信号反馈给发动机 ECU 用于修正点火提前角。

爆震传感器以压电式共振型传感器应用最广。爆震传感器通常十分耐用，除非受到意外碰伤，导致传感器内部晶体断裂而不产生信号。当爆震传感器本身或线路不良时会导致点火正时不正确，产生发动机加大油门时有爆燃声，发动机动力不足等故障。

可以使用示波器检查爆震传感器的信号波形。打开点火开关，不启动发动机，用一些金属物敲击发动机（在传感器附近），爆震传感器应检测到一个短暂的爆震信号，此时示波器显示的波形如图 2-49 所示，敲击越重，振幅越大。如果示波器波形只是一点水平的直线，应检查传感器相关线路，否则更换传感器。

为了确保爆震传感器输出信号的正常，安装时其拧紧力矩有一定要求，对于大众车系，安装爆震传感器的规定力矩为 20N·m。

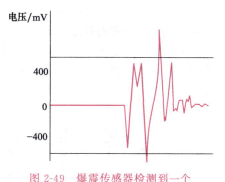

图 2-49　爆震传感器检测到一个短暂的爆震信号时波形

二、点火系统的控制原理

电控单元对点火的控制包括点火提前角控制和通电时间控制两方面。

1. 电控点火系统点火提前角的控制

（1）启动时点火提前角的控制　根据启动开关信号和发动机的转速信号，以预先设定值（随发动机而异，一般是 10°左右）对点火提前角点火。

（2）启动后的最佳点火提前角的控制　发动机怠速工况运行时，ECU 根据转速信号确定基本点火提前角，发动机非怠速工况运行时，ECU 根据发动机转速信号和负荷信号确定基本点火提前角，再根据有关传感器的信号进行修正，即

实际的点火提前角＝基本点火提前角×点火提前角修正系数

点火提前角的修正包括以下几项。

① 冷却液温度修正。发动机在暖机工况，由于温度过低，燃烧速度慢，应增大点火提前角。

② 过热修正。当发动机处于怠速工况运行时，防止发动机过热，增大点火提前角，以提高燃烧速度。正常运行工况，当冷却液温度过高时，为了避免产生爆燃，则应减小点火提前角。

③ 空燃比反馈修正。为了稳定发动机转速，ECU 根据氧传感器的反馈信号对点火提前角进行修正。

④ 怠速稳定性修正。发动机怠速运转时，转速因空调等接通，发动机负荷变化而发生波动，ECU 改变点火时刻使发动机转速稳定。

⑤ 当 ECU 接到爆震传感器的爆震信号后，推迟点火时刻。当无爆震信号时，ECU 则增大点火提前角。

2. 通电时间控制

通电时间指初级点火线圈的通电时间（又称导通角）。为保证有足够的电流供应给线圈，以产生足够高的次级电压，同时防止通电时间过长使点火线圈过热损坏，ECU 根据发动机转速、蓄电池电压等控制线圈初级的通电时间，高速时通电时间延长。

任务 5　点火波形分析

在火花塞等机件拆检之前，汽车维修企业一般使用汽车示波器（或发动机综合分析仪）检测发动机点火系统高压线的信号波形，即次级点火波形，用于辅助诊断发动机点火系统的故障部位。

一、示波器测试线的连接

① 将示波器与专用的点火测试探头连接好，使接地端通过测试夹良好接地。

② 如果点火系统有高压电缆，将点火高压电缆嵌入测试探头的卡槽内（见图2-50）。

对于无高压电缆的独立点火系统，应取出点火线圈，取一根备用的点火高压电缆将点火线圈与火花塞连接起来，再将高压线嵌入测试探头的卡槽内。有的检测仪配备有检测独立点火系统的特殊传感器，将该传感器的测试探头与点火线圈的顶端接触即可，一般仅用于检测单缸点火波形。

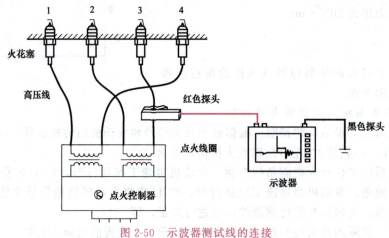

图2-50　示波器测试线的连接

二、基本点火波形分析

次级电压点火基本波形如图2-51所示，它反映了点火系统在一个工作周期内各个阶段的变化情况，各段的含义如下。

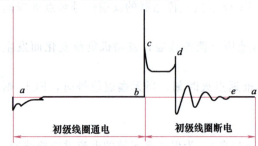

图2-51　次级电压点火基本波形

ab段：初级线圈通电段。点火控制器输出导通时，点火线圈的初级线圈突然通电充磁，使次级线圈产生反向电动势，形成次级电压波形反向突变。随后反向电动势衰减振荡（点火线圈和高压电路分压电容构成LC振荡电路），最终趋于0V。

b点：火花塞击穿点。点火控制器输出断开，点火线圈的初级线圈突然断电，使次级线圈产生高压电动势，使次级电压急剧上升，火花塞电极间混合气被击穿，其峰值电压称为火花塞击穿电压。

cd段：跳火段。火花塞电极间混合气被击穿之后，维持火花放电所需电压，一般为几千伏。这段波形称为火花线或燃烧线。

de段：剩余磁场衰减振荡段。火花塞放电完毕，点火线圈的剩余磁场能再次和高压电路中分布电容的电场能交换，导致电压衰减振荡，直到趋于0V。

注意事项

- 对于同时点火方式，由于气缸压缩压力的不同，做功气缸的点火电压要比排气气缸高一些。
- 不同车型点火波形略有差异。如有的电子点火次级波形在初级线圈通电段内有波纹或凸起，或该段结束时，先产生一条锯齿状的上升斜线，再导出点火线，这都属于正常现象。

任务实施

在示波器上连接好专用的点火测试探头，将点火高压电缆嵌入测试探头的卡槽内。

多通道示波器可同时测量各缸的点火波形，在示波器屏幕上，选择单缸、阵列、三维等不同的显示方式，用于比较各缸点火电压、火花持续时间的一致性。为便于辨别不同气缸的波形，屏幕上每个波形旁边标有示波器的通道号，该号码对应于所测试气缸的高压电缆。

1. 分析击穿电压

观察各缸击穿电压高度是否一致，电子点火系统击穿电压一般为18～30kV，在急加速或高负荷时，由于混合气燃烧压力增加，其峰值电压将会增高。

- 如果某缸峰值电压过高，表明该缸的点火次级电路中存在着较高的电阻，可能是点火高压线电阻值过高、火花塞电极间隙过大等原因造成的。
- 如果某缸峰值电压过低，表明该缸点火高压线短路、火花塞间隙过小、火花塞破裂漏电和有油污。
- 在急加速或高负荷时，如所有气缸的火花塞击穿电压都偏低，说明点火线圈的性能不良。

2. 分析火花线

火花线应十分"干净"，如有过多的杂波（图2-52），表明由于点火过早、喷油器损坏、火花塞脏污等原因造成气缸点火不良。

火花线的持续时间长度与气缸内混合气浓稀有关。如各缸火花线均过长（通常超过2ms）表明混合气过浓；各缸火花线均太短（通常少于0.75ms）表示混合气过稀。

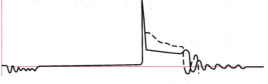

图2-52　次级波形杂波

在击穿电压、燃烧电压均降低的情形下，多余的能量会导致了火花线持续时间的延长。如某缸火花线过长，则为该缸次级电路的电阻降低，如火花塞间隙过小、高压线漏电等。

任务6　电控点火系统故障诊断

发动机点火系统要求火花能量充足、点火时刻精确，点火系统的常见故障为：不点火、火弱、点火正时不正确。本节分析其故障原因，探讨其诊断方法。

相关知识

故障1　不点火

1. 故障现象

打开点火开关启动挡，发动机不能启动，做高压跳火试验时，火花塞不跳火。

2. 故障原因

① 无点火控制信号。凸轮轴位置传感器、曲轴位置传感器本身及相关线路断路，未向发动机ECU发出触发信号；发动机ECU本身故障。

② 初级电路断路；点火器和点火线圈故障造成点火电压不足。

③ 高压线断路；火花塞型号不正确、间隙过大，漏电，烧蚀。

3. 故障诊断

诊断方法见"汽油发动机综合故障诊断"项目中的"发动机不能启动"内容。

故障2　点火火弱

1. 故障现象

启动发动机时,有发动着火征兆但启动困难,容易熄火;火花塞能跳火,但火花强度不足。

2. 故障原因

① 点火器和点火线圈故障造成点火电压不足。

② 高压线漏电;火花塞型号不正确、间隙过小,漏电、烧蚀、积炭(因积炭层有一定的导电性)。

3. 故障诊断

① 通过故障诊断仪读取故障码,根据故障码提示进行诊断。

② 检查火花塞型号、间隙是否正确,有无漏电、烧蚀、积炭现象,必要时清除积碳或更换火花塞。

③ 用万用表测量高压线电阻,检查是否有漏电情况;检查点火器和点火线圈初级电路导线及节点电阻、搭铁线及节点电阻,如符合要求,可判断是点火器和点火线圈本身故障,需更换点火器和点火线圈。

故障3　点火正时不正确

1. 故障现象

启动发动机时,有发动征兆但启动困难,并时而伴随回火、放炮现象。

2. 故障原因

① 凸轮轴位置传感器、曲轴位置传感器安装不正确,水温传感器、爆震传感器出现故障。

② 发动机 ECU 故障。

3. 故障诊断

通过故障诊断仪数据流功能读取电控单元储存的点火提前角数据。电控点火系统点火提前角是不可调的,如发现点火提前角不正确,需检查相关传感器,必要时更换传感器或发动机 ECU。

一、实施准备

本次任务主要是验证发动机点火系统故障,准备好汽油车一辆。也可在电控汽油发动机实验台进行实操训练。

实车训练时,在不损坏发动机的情况下设置故障点,设置方案仅供参考:①松开导线插头使电路虚接设置电路断路故障;②换用有烧蚀、积炭故障的火花塞;③教学实验台训练时,通过改变传感器模拟器输出信号,模拟传感器性能不良。

二、实施过程

诊断之前应进行点火火花的检查。发动机点火火花的检查方法有两种:一种方法是直接做跳火试验,观察火花情况;另一种方法是通过示波器观测点火波形,进行波形分析。

跳火试验的方法是:拆下高压线,旋下火花塞(如果仅检查高压电路,可用备用火花塞替代),接在高压线上;将火花塞接地(即抵触在气缸体上);接通启动开关,用启动机带动发动机转动,同时观察高火花塞电极处有无强烈的蓝色高压火花。若无火花或火花较弱,表明点火系统不工作或工作不良，作进一步诊断。

注意：在检测前应取下所有喷油器插头，防止未燃烧完全的混合气在排气管内燃烧，损坏三元催化转换器。

火花塞的检查方法如下：

启动发动机使其怠速运转，就车检查，用手触摸火花塞绝缘陶瓷部位，如温度上升得很高很快，表明火花塞正常。

拆下火花塞观察，如电极为浅褐色，且没有积炭，表明火花塞正常。

如火花塞有油渍，可能是火花塞间隙失调或供油过多，高压线短路或断路；

如火花塞有黑色积炭，可能是混合气过浓或烧机油；如在使用中发现火花塞经常积炭、断火，一般为火花塞选型偏冷，需选用热值较大的火花塞（火花塞的绝缘体裙部较长，散热缓慢）；

若发动机发出冲击声，且火花塞电极烧蚀，则是火花塞选型偏热，需选用热值较小的火花塞（火花塞的绝缘体裙部较短，容易散热）。

火花塞上有积炭时，可用专用化油器清洗剂浸泡，待积炭软化后，用非金属刷刷净电极上和瓷心与壳体空腔内的积炭并晾干。不要用刀刮、砂纸打磨或火焰烧烤。

当火花塞中心电极烧蚀，瓷绝缘体有裂纹时，应更换。

火花塞拆装注意事项

（1）拆卸注意事项

• 发动机冷却后方可拆卸，拔下高压线接头时应轻柔，操作时不可用力摇晃火花塞绝缘体，否则会破坏火花塞密封性能。

• 当旋松所要拆卸的火花塞后，用一根细软管逐一吹净火花塞周围的污物，以防火花塞旋出后污物落入燃烧室内。

（2）安装注意事项

• 螺纹周围、火花塞电极和密封垫必须保持清洁、干燥无油污，否则会引发漏电、漏气等故障。

• 安装时，先用套筒将火花塞对准螺孔，用手轻轻拧入，拧到约螺纹全长的1/2后，再用加力杠杆紧固。若拧动时手感不畅，应退出检查是否对正螺口或螺纹中有无夹带杂质，切不可盲目加力紧固，以免损伤螺孔，殃及缸盖，特别是铝合金缸盖。

• 应按要求力矩拧紧。过松会造成漏气，过紧使密封垫失去弹性，同样会造成漏气。锥座型火花塞由于不用密封垫，遵守拧紧力矩尤显重要。

复习思考题

1. 简述发动机喷油量不足的原因，其中燃油压力过低的原因又有哪些。
2. 简述发动机喷油量过多的原因，其中燃油压力过高的原因又有哪些。
3. 简述发动机进气量不足的原因有哪些。
4. 简述火花塞点火火弱的原因有哪些。
5. 曲轴位置传感器信号异常的原因是什么，传感器信号异常会引起什么后果？

项目 4　汽油发动机综合故障诊断

学习目标

1. 熟悉汽油发动机不能启动、怠速不良、动力不足的故障现象、故障原因、诊断与排除方法。

2. 正确使用检测仪器，完成汽油发动机不能启动、怠速不良、动力不足的故障诊断与排除。

项目导读

发动机不能启动、怠速不良、动力不足是汽油发动机的常见故障，故障现象不同，原因也不同。汽油发动机的这些故障往往涉及发动机的多个系统，属于综合性故障，在显现主要故障征兆的同时，还伴随有其他故障现象，如发动机进气管回火、排气管放炮、发动机过热等。尽管不同车型的结构不一样，但各种发动机均有一些共同特征，其故障的检测诊断方法中有一定的规律可循。

任务 1　发动机不能启动或启动困难故障

故障 1　发动机不能启动

发动机不能启动故障原因很多，涉及电源与启动系统、防盗系统、发动机进气系统、燃油供给系统、点火系统及发动机机械故障（气缸压力过低），下面分两种情况进行介绍。

情况 1：无着车征兆，发动机无法启动

1. 故障原因

（1）启动系统故障或蓄电池电量不足，导致启动机运转无力。

（2）点火钥匙失效或防盗系统故障。

（3）发动机故障。具体原因可根据火花塞点火、喷油器喷油情况，分以下几种情况进行讨论。

① 喷油器不喷油，火花塞不点火（无油无火）。供油系统和点火系统同时出现故障的概率很小，最有可能是 1 个故障点导致供油系统和点火系统均不工作，该故障点主要如下：

a. 曲轴位置传感器信号缺失或信号严重异常；凸轮轴位置传感器信号缺失（个别车型），使 ECU 收不到发动机运行的基本信号。

b. 点火系统低压线路故障，使 ECU 收不到点火反馈信号，从而不对喷油器发出喷油指令。如初级电路断路，点火器和点火线圈内部故障。

c. 发动机 ECU 或其线路故障，CAN 数据总线系统故障。

② 喷油器能喷油，但火花塞不点火（有油无火）。其原因一般是点火系统出现故障，主要是高压线路故障。

③ 火花塞点火正常，但喷油器不喷油（有火无油）。

a. 油箱中燃油不足。

b. 供油系统完全丧失功能。如电动燃油泵不工作，喷油器不工作，油路堵塞等。

④ 火花塞能点火，喷油器能喷油（有油有火）。

a. 点火正时不正确，火花塞火花太弱。

b. 燃油压力过低。

c. 怠速控制阀及控制系统故障。

d. 气缸压力过低。

e. 燃油品质问题。

2. 故障诊断

（1）首先通过观察仪表，排除以下故障：

① 若燃油表显示油量不足，应添加油量。

② 若防盗报警灯几秒钟不熄灭（闪烁或常亮），则初步判断防盗系统可能存在故障。

注意： 有些车型防盗系统发生故障时发动机能够启动，但启动几秒钟后自动熄火。

（2）接通启动开关，观察启动机运转情况，如启动机不转或转动缓慢，则为蓄电池亏电、电源导线接触不良或启动系统存在故障。如启动机运转正常，则进行以下检测。

（3）利用故障诊断仪读取故障码和数据流。

如故障诊断仪无法与发动机控制单元进行通信，但能进入其他电控系统，应检查发动机ECU供电、搭铁线路。

如发动机控制单元中有故障码，则应该对故障码进行分析和故障查找，并检查与启动有关的数据流，如冷却液温度传感器、节气门位置传感器等信息；若发动机控制单元无故障码，进行以下检测。

（4）检查火花塞点火、喷油器喷油是否喷油（其方法前面已介绍过），根据检查结果分以下四种情况。

① 如火花塞不点火、喷油器不喷油，检查曲轴位置传感器、凸轮轴位置传感器、发动机ECU是否存在故障。将发光二极管试灯接发动机ECU的点火控制信号端子，启动发动机，如试灯不闪亮，判断发动机ECU有故障。检查点火控制器和点火线圈初级电路的供电线或搭铁线是否断路，如接线情况良好，可判断是点火器和点火线圈本身有故障，予以更换。

② 如火花塞不点火，但喷油器能正常喷油，用万用表检查高压线是否断路；检查火花塞型号是否正确，间隙是否过大，有无漏电、烧蚀现象。

③ 如点火正常，但喷油器不喷油，则供油系统存在故障。先检查电动燃油泵是否工作，再检查燃油泵和喷油器控制电路（其方法前面已介绍过）。如果外部电路均正常，则可能是ECU内部有故障。换一个好的ECU进行对比试验，确定ECU故障。

④ 如喷油器能喷油、火花塞能点火，检查火花塞火花是否过弱，如火弱，检查火花塞是否烧蚀、积炭，高压线是否电阻过大，如火花塞、高压线正常，更换点火线圈。

检查点火正时是否正确。

检查燃油压力是否过低，如果油压过低再进一步查明原因。如油压正常，检查怠速控制阀是否存在故障。

检查发动机气缸压力，若气缸压力过低，则说明发动机机械部分有故障，应拆检发动机机体。

若上述检查均为正常，更换燃油再试车，如能启动，可判断是燃油品质问题。

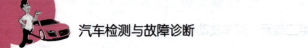

情况2：有着车征兆，但发动机不能启动或启动困难

1. 故障原因

在该情况下，发动机有着车征兆，说明点火系统、燃油喷射系统和电控系统没有完全丧失功能。故障原因类似"有油有火，发动机不能启动"的情况，只是程度轻微一些。具体原因有以下方面。

① 进气系统故障：进气管严重漏气；空气滤清器堵塞；燃油蒸发控制阀和废气再循控制阀关闭不严。

② 燃油喷射系统故障：喷油器漏油；燃油压力过低。

③ 相关传感器信号缺失或异常：发动机冷却液温度传感器、空气流量计故障等造成混合气过稀或过浓。

④ 点火系统故障：点火正时不正确；火花塞火花太弱。

⑤ 发动机机械故障：气缸压力太低。

⑥ 燃油品质问题。

2. 故障诊断流程

一般先检查点火系统，然后再检查进气系统、燃油系统、控制系统，最后检查发动机气缸压力。

① 先检查有无故障代码。如有故障代码，则可按显示的故障代码查找相应的故障原因。

② 从缸体上拔下各缸高压线，作火花塞跳火试验，如跳火情况不正常。检查火花塞是否烧蚀、积炭，必要时进行更换。

如果火花塞表面有大量潮湿汽油，说明气缸中已出现"呛油"现象。对此，可拆下所有火花塞将其烤干，再让气缸中的汽油全部挥发掉。如果仍会出现"呛油"现象，应拆卸喷油器，检查喷油器有无漏油。

③ 检查空气滤清器是否过脏堵塞，拆掉滤芯后再启动发动机，如能正常启动，则应更换滤芯。

检查进气系统有无漏气。检查中应仔细查看空气流量计之后的进气软管有无破裂，各处接头卡箍有无松脱。

判断燃油蒸发控制和废气再循控制阀是否关闭不严，将其管道堵塞，启动发动机，如在此状态下发动机能正常启动，说明系统控制阀关闭不严。

④ 检查燃油压力，如果燃油压力过低需进一步检查原因。

⑤ 读取空气流量计、水温传感器、点火正时等有关数据流，对照标准数据检查是否正常。

⑥ 检查发动机气缸压力。若气缸压力过低，应拆检发动机机体。如缸压正常，更换燃油再试车，如能启动，可判断是燃油品质问题。

故障2　热车启动困难

1. 故障现象

发动机冷启动正常，但运转到正常工作温度发动机熄火后，再次启动困难，甚至不能启动。

2. 故障原因

发动机热车启动困难的基本原因是混合气过浓。具体原因如下。

① 空气滤清器过脏、堵塞。

② 喷油器漏油或雾化不良。

③ 燃油系统压力过高，原因：回油管堵塞，燃油压力调节器真空管漏气或本身有故障。

④ 冷却液温度传感器、空气流量计信号失准。
⑤ 燃油蒸发回收系统炭罐电磁阀未关闭。

3. 故障诊断流程

① 检查故障代码，如无故障代码，再读取数据流，如发动机转速、节气门开度、急速空气流量学习值、急速空气调节值、急速λ学习值、急速λ调节、空气流量、冷却液温度、进气温度等数据，查找故障原因。

② 检查空气滤清器是否过脏，燃油蒸发回收系统有无漏气。

③ 检查燃油压力。如油压过高查找故障原因。

④ 拆下喷油器，清洗，检查喷油器是否滴油或有雾化不良现象。

一、实施准备

本次任务主要是验证或诊断发动机启动故障，准备好汽车一辆。也可在发动机实验台进行实操训练。

实车训练时，在不损坏发动机的情况下设置故障点，设置方案仅供参考：①堵塞空气滤清器；②松开进气管卡箍使进气管漏气，旋松进气歧管与气缸盖间的紧固螺栓；③对于带真空管的燃油压力调节器，脱开真空管，使油压升高；④换用有烧蚀、积炭故障的火花塞；⑤松开导线插头使电路虚接设置电路断路故障。

教学实验台训练时，可通过故障设置开关，设置电路断路故障点，通过改变传感器模拟器输出信号，模拟传感器性能不良。

二、实施过程

观察故障现象，判断故障点，故障诊断方法见"相关知识"中的故障诊断流程。

任务2 发动机怠速不良和动力不足故障

发动机怠速工况是指完全放松油门踏板，发动机空转运行的状态。发动机怠速不良表现为怠速不稳和怠速过高。

故障1 发动机怠速不稳

怠速不稳是电控发动机最常见的故障之一。一般地，发动机怠速转速额定值在±50r/min范围内抖动是正常的，超过此值即认为是怠速不稳，当发动机转速规律性地忽高忽低，波度幅度较大时，又称怠速游车。

1. 故障现象

① 发动机启动正常，但不论冷车或热车，急速均不稳定，转速过低，易熄火。

② 发动机在一般怠速工况下运转平稳，仅在打开空调、液压助力转向器打方向盘等，使发动机负荷增加时运转不稳，甚至熄火。

2. 故障原因

发动机怠速不稳有以下原因。

① 各气缸功率不平衡。

②急速工况下混合气过浓或过稀、点火火花过弱、点火正时不正确等，使混合气燃烧速度变慢，发动机驱动力不足，或者发动机急速控制功能失效，驱动空调压缩机、转向助力油泵或自动变速器时，发动机负荷增大，产生较大的转速波动，严重时熄火。

③传感器失准或信号波动等原因使ECU无法对进气量和喷油量进行精确调节，使燃烧火焰传播不稳定。

具体原因如下。

(1) 各气缸功率不平衡的原因。
① 喷油器积炭引起的各气缸喷油不一致。
② 个别气缸缺火或火花过弱。
③ 个别气缸漏气，各缸凸轮的磨损不一致导致各缸进入空气量不一致。

(2) 发动机驱动力不足的原因。
① 进气歧管、真空管漏气引起进气量过多，使混合气过稀。
② 燃油压力过低；喷油器堵塞引起喷油量不足，使混合气过稀。
③ 节气门体的进气通道脏堵；排气管三元催化转换器堵塞；节气门驱动电动机故障，节气门或急速控制阀卡滞引起进气量不足，使混合气过浓。
④ 燃油蒸发控制阀未关闭；喷油器滴漏，使混合气过浓。
⑤ 相关传感器信号失准，如空气流量传感器、冷却液温度传感器、进气温度传感器、氧传感器等；ECU故障，CAN总线系统故障引起进气量、喷油脉宽控制失准，使混合气过稀或过浓。
⑥ 点火火花过弱，点火正时不正确。
⑦ 空调开关、动力转向开关、自动变速器挡位开关信号不良，使ECU急速提升信号中断。

(3) 燃烧不稳定的原因。
① 配气相位错误导致进气歧管的气压、进气温度波动，引起空气流量信号波动。
② 机械式节气门急速开关不闭合，ECU误判发动机处于部分负荷状态，由于氧传感器的反馈作用，ECU反复调节喷油量和急速控制阀的开度，造成混合气时浓时稀，当打开空调等使发动机负荷增加时，不能实现急速提升，引起急速不稳或熄火。
③ 废气再循环阀卡滞关闭不严，使废气进入燃烧室，导致燃烧不稳定。

3. 故障诊断流程

(1) 打开空调、挂入挡位、打方向盘时的某一种情况，检查发动机是否仅在高急速时抖动。如打开空调急速抖动，关闭空调，打动力转向，如有急速提速正常，说明空调开关信号故障，检查与发动机ECU的连接线路有无断路或短路。如急速依然抖动，说明节气门急速开关不闭合或急速控制故障，需进一步诊断。

(2) 检查故障代码，如无故障代码，再读取数据流，如发动机转速、节气门开度、空气流量、急速空气流量学习值、急速λ学习值、点火提前角、氧传感器信号电压、冷却液温度、进气温度等数据，查找故障原因。

(3) 检查急速控制阀的工作是否正常。拔下急速控制阀接线插头。如果发动机转速无变化，说明急速控制阀或控制电路有故障，应检查电路或更换急速控制阀，必要时清洗节气门体进气通道。

(4) 检查进气系统各管接头、各真空软管、废气再循环系统和燃油蒸发回收系统有无漏气。

(5) 急速时逐个拔下各缸高压线，检查发动机转速的下降是否相等。如果某缸在拔下高压线时，发动机转速基本不变，说明该缸工作不良，应检查该缸火花塞或喷油器有无故障，喷油器控制电路有无短路。

① 仔细听各缸喷油器在急速时的工作声音。如果各缸喷油器工作声音不均匀，说明各缸喷油器喷油不均匀，应拆检、清洗或更换喷油器。

② 检查高压火花。如火花太弱，应拆检各缸火花塞，检查点火高压线路。

（6）检查燃油压力。如燃油压力太低，应检查油压调节器、电动燃油泵、燃油滤清器。

（7）检查气缸压缩压力，如压力过低，应拆检发动机。

故障 2　急速转速过高

1. 故障现象

发动机冷车时能正常快急速运转，但热车后仍保持快急速，导致急速转速过高。

2. 故障原因

急速转速过高是由急速时进气量过多或发动机控制信号错误引起的，具体原因如下。

① 进气系统中有漏气；急速控制阀故障；节气门关闭不严。

② 燃油蒸发回收装置的炭罐电磁阀常开，使混合气过浓。

③ 节气门位置传感器、冷却液温度传感器、空气流量计信号失准。

④ 空调开关，动力转向器压力开关、自动变速器挡位开关信号有误。

⑤ 发动机 ECU 故障或匹配设定不当。

3. 故障诊断流程

① 检查急速时节气门是否全关闭，节气门拉索有无卡滞。用手将节气门摇臂朝关闭的方向扳动，如果发动机急速能下降至正常转速，说明节气门卡滞关闭不严。视情况更换拉索或拆卸、清洗节气门体。

② 检查进气系统管接头、真空软管等处有无漏气。

③ 进行故障自诊断。如有故障码，则按所显示的故障码查找故障原因。

按该发动机的规定程序，重新调整急速，对发动机 ECU 进行重新设定。

读取动态数据流，主要观察发动机的负荷信号、急速控制阀开度或控制步数、发动机进气量、冷却液温度信号、各开关信号等。

④ 检查冷却液温度传感器。若拔掉冷却液温度传感器线束插头后，发动机急速转速恢复正常，则说明冷却液温度传感器有故障，向电脑输入过低的冷却液信号。注意：在重新插上冷却液温度传感器线束插头后，记住清除码清除故障。

⑤ 用钳子将包上软布的燃油蒸发回收装置软管夹紧。如果发动机转速随之下降，则说明在急速时阀门未关闭。

⑥ 检查急速控制阀。在发动机熄灭后拔下急速控制阀线束插头，待启动后再插上。如果发动机随之变化，说明急速控制阀工作正常；否则，应检查控制线路或更换急速控制阀。

⑦ 在打开空调开关后或转动转向盘，如果发动机转速没有进一步升高，应检查空调开关，动力转向压力开关及急速自动控制线路。

故障 3　动力不足

1. 故障现象

① 发动机无负荷运转时基本正常，但带负荷运转时加速缓慢，上坡无力，加速踏板踩到底时仍感到动力不足。

② 踩下加速踏板后发动机转速不能马上升高，有迟滞现象，加速反应迟缓、甚至下降、熄火。

③ 有时伴有发动机进气管回火、排气管放炮现象。

2. 故障原因

发动机动力不足的主要原因是：混合气浓度不当、点火正时不当或点火火花过弱、进排气不畅、气缸压力过低等。

发动机加速不良的主要原因是：混合气过稀、点火过迟、节气门调整不当、节气门位置传感器故障等。

进气管回火的主要原因是：①混合气过稀、排气管堵塞、点火正时不当造成混合气燃烧速度缓慢，燃烧延续到排气终了进气门打开时，新鲜混合气被点燃；②进气门关闭不严。

排气管放炮的主要原因是：①混合气过浓、点火过迟造成燃烧不充分，排气门打开时，未燃尽的混合气排入排气管继续燃烧；②排气门关闭不严。

故障具体原因如下：

① 进气系统故障。空气滤清器过脏堵塞；机械式节气门拉索调整不当，不能全开；进气系统漏气；废气再循环阀不能正常关闭，使废气进入燃烧室；废气涡轮增压器故障，增压控制系统故障；可变进气系统不工作或工作不良（影响较小）。

② 燃油系统故障。燃油压力过低，喷油器堵塞或雾化不良。

③ 相关传感器故障。水温传感器故障，节气门位置传感器故障，空气流量计或进气歧管压力传感器故障。

④ 点火系统故障。点火正时不当，点火火花太弱。

⑤ 气缸压力过低。

3. 故障诊断流程

① 将加速踏板踩到底，检查节气门能否全开。如不能全开，应调整节气门拉索或踏板。检查空气滤清器有无堵塞。如有堵塞，应清洗或更换。

② 用故障诊断仪进行故障自诊断，检查有无故障代码出现。

③ 通过故障诊断仪读取点火提前角，在发动机预热后，急速时点火提前角应为 10°～15°左右，加速时点火提前应能自动地加大到 20°～30°。如有异常，应检查点火控制系统或更换 ECU。

④ 通过故障诊断仪读数据流，检查喷油脉宽，检查节气门位置传感器、水温传感器、空气流量计，读数据流或观测输出波形，如有异常，应进行调整或更换。

⑤ 检查燃油压力。急速时燃油压力应符合规定值，加速时燃油压力应能上升 50kPa 左右。如油压过低，应进一步检查油压调节器、电动燃油泵、汽油滤清器等。

⑥ 检查各缸火花塞、高压线、点火线圈、点火器等。如有异常应更换。

⑦ 拆卸喷油器，检查喷油量是否正常。如喷油量不正常或喷油雾化不良，应清洗或更换喷油器。

⑧ 检查废气再循环系统。拔下废气再循环控制阀上的真空软管，并将其塞住，再检查发动机的加速性能。如果此时加速性能恢复正常，则说明废气再循环系统工作不正常，应作进一步检查。

⑨ 测量气缸压缩压力。如压力过低，应拆检发动机。

一、实施准备

本次任务主要是验证或诊断发动机急速不良、动力不足故障，准备好汽车一辆。也可在发动机实验台进行实操训练。

实车训练时，在不损坏发动机的情况下设置故障点，设置方案仅供参考：①堵塞空气滤清器；②松开进气管卡箍使进气管漏气，旋松进气歧管与气缸盖间的紧固螺栓，真空管上开一个暗口；③对于带真空管的燃油压力调节器，脱开真空管，使油压升高；④换用有烧蚀、积炭故障的火花塞；⑤松开导线插头使电路虚接设置电路断路故障。

教学实验台训练时，可通过故障设置开关，设置电路断路故障点，通过改变传感器模拟器输出信号，模拟传感器性能不良。

二、实施过程

通过发动机运行时的声音、转速表指示变化观察故障现象，判断故障点，故障诊断方法见"相关知识"中的故障诊断流程。

案例 1　进气管漏气引起的发动机不能启动

故障现象：帕萨特 1.8T 轿车，行驶中发动机动力突然明显下降，最后熄火，熄火后发动机无法再启动。

故障诊断：检查高压跳火情况，正常。检测燃油系统压力，也正常；拔下喷油器导线侧连接器，连接试灯，然后启动发动机，试灯正常闪烁，说明喷油正常。

既喷油又点火，但发动机启动不着，按常规分析，可能是混合气浓度问题。采用断开空气流量计导线连接器再启动发动机的方法，检查是否是空气流量计的问题，发现当断开空气流量计导线连接器后，发动机竟然能启动了！当时以为故障原因找到了，空气流量计坏了。换上新的空气流量计，本以为发动机能启动，但结果发动机还是无法启动。再断开空气流量计导线连接器后启动发动机，发动机又能启动了。看来问题不像想象的那么简单。

可是换上的新空气流量计为什么不起作用呢？想到了进气管漏气的问题，于是拆下进气软管进行全面检查，终于发现：在涡轮增压器前方的进气软管上有一个几厘米长的裂口。由于裂口在进气软管下部，进气管拆下前没能发现。更换进气软管后启动发动机试车，上述故障彻底排除。

分析前面发生的现象，该车发动机采用的是热膜式空气流量计，当断开空气流量计导线，ECU 发现断路故障，于是启用备用程序，依据节气门位置传感器信号估算进气量，进而确定基本喷油量，故发动机能启动；接上空气流量计导线连接器时发动机不能启动，说明空气流量计的测量信号严重失准，比启用备用程序时估算的偏差还大，应该是进气管漏气引起的故障。

案例 2　发动机转速传感器引起的冷车启动困难

故障现象：大众途安 2.0，行驶里程 23492km，客户反映该车冷车启动困难，车辆停一晚上，启动发动机，有时一次能够启动，有时要启动好几次才能发动起来，启动机有运转声音，但车辆不能启动。

故障诊断：

① 检查水温传感器、进气温度压力传感器信号均正常；

② 考虑点火系统，更换火花塞、高压线、点火线圈；

③ 考虑供油系统和怠速信号，检查汽油油品，清洗气门积炭、清洗节气门并更换节气门，内窥镜检查气缸内没有潮湿情况，更换汽油泵、喷油器、油压调节器、燃油分配管；

④ 检查发动机线束供电线及所有搭铁线，之后更换发动机 ECU，试车正常；

⑤ 冷车启动，测量气缸压力，均 13bar 以上，正常。

上述工作都做过，仍然排除不了故障。最后，使用 VAS5051 检查启动时火花塞点火波形。冷车启动发动机，第一缸火花塞有时跳火不强，有时不跳火，有时跳火，且点火波形有缺陷。分析可能是由于曲轴信号轮受到敲击、变形，使发动机 ECU 得不到可靠的转速信号，而引起该车冷启动困难。

再测量发动机转速传感器 G28 的波形，发现有不正常的缺口，且个别峰值之间相差很大。

拆下油底壳，检查信号轮变形，变形齿正对应转速传感器波形的缺口。更换信号轮，故障排除。

案例 3 高压油泵向发动机内渗漏汽油，导致热车不易启动

故障现象：迈腾 1.8TSI，车辆冷车启动正常，热车停车短时间不易启动，踩油门踏板才能启动。

故障诊断：该车为缸内直喷发动机，VAS6150 检查发动机控制单元储存的故障码，故障码显示：08213 进气歧管流道位置传感器/开关电路范围/性能，静态；00370 气缸列 1 燃油调整系统过浓，静态；00769 检测到不发火（间歇）。

00370 说明混合气过浓，进一步读取与混合气状态有关的数据流，发现：喷油脉宽 0.51ms，远小于正常值；进气量 2.1g/s，发动机负荷 15%，小于正常值，同时怠速 λ 学习值和部分负荷 λ 学习值向稀混合气调整值较高，说明混合气过浓。

观察发动机怠速运行状态，怠速运行较平稳，没有抖动现象。决定先检查燃油压力及燃油蒸汽控制装置的炭罐电磁阀部分，检测燃油系统压力为 3.9MPa，将与炭罐电磁阀连接的燃油蒸汽管路堵塞，喷油脉宽数据未见增加；最后对喷油器拆检清洗，未发现喷油器滴油或雾化不良现象。

热车熄火后，拧开机油加注盖闻到较浓燃油蒸气，说明曲轴箱混入燃油，看来故障点与高压油泵有直接关系；更换高压油泵及机油、机油滤清器，故障排除。

分析认为，因为高压油泵柱塞渗漏，燃油进入曲轴箱机油中，导致热车后曲轴箱燃油蒸汽过浓，使混合气空燃比始终处于较浓状态，发动机控制单元减少喷油脉宽也未能达到正常值。

案例 4 发动机控制单元引起的发动机不能启动

故障现象：大众新途安 1.4T，配备 CFBA 发动机，行驶里程约 2300km，车主反映：该车发动机热机熄火后不能再次启动，要等发动机温度降下后才能重新启动。

故障诊断：接车后，首先确认故障现象，属实。连接 VAS6150 进行检测，发现多个系统有故障码。进入组合仪表，读取的故障代码为：U005600 组合仪表/底盘 CAN 无通信，U111100 由于丢失信息功能受到损害。在检查过程中发现接通点火开关后，发动机不能启动，但转向盘能很轻松地转动，和发动机运转时一样。读取转向器第 3 组数据，发现在发动机关闭时有发动机的转速信号，为 1490r/min。

综上所述，分析故障发生的原因如下：发动机电控单元供电或搭铁故障；发动机电控单元故障；驱动 CAN 数据总线故障；其他控制单元或信号干扰。

检查发动机电控单元的供电和搭铁，均正常。连接 VAS5051B 示波器测量驱动 CAN 总线波形发现，发动机在不能启动时波形杂乱无章［图 2-53（a）］，接着在断开发动机控制单元和发动机能正常启动情况下，分别测量驱动 CAN 总线波形，均正常［图 2-53（b）］，由此判断是发动机控制单元损坏。更换了发动机控制单元后，故障排除。

案例 5 凸轮轴位置传感器接地引起加速踏板位置传感器故障

故障现象：帕萨特 1.8T，手动挡，车辆行驶中偶尔加速不畅，踩加速踏板没反应，甚至熄火，EPC 警告灯亮，熄火后不易启动。故障一天会出现一两次。

故障诊断：先用 VAS5051 检查发动机存储的故障码，有：凸轮轴位置传感器对正极短路或断路（偶发）；涡轮增压器压力传感器故障（偶发）；加速踏板位置传感器正极短路或断

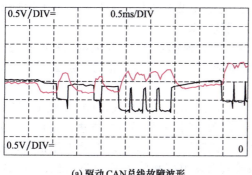 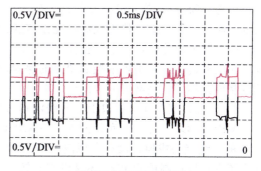

图 2-53　发动机不能启动故障波形及正常波形对比

路（偶发）；节气门角度传感器正极短路或断路（偶发）；凸轮轴调节电磁阀故障（偶发）。以上均为偶发故障，清除故障码后再检查，没有故障码出现。然后空负荷加速情况良好，试车也正常，没有客户所反映的故障现象。

多个传感器同时损坏的可能性极小，有可能是它们的公共部分出现问题或某个元件损坏后造成的影响。检查中突然发动机怠速抖动了一下，然后 EPC 灯亮起。检查故障码，和前面检查的一样，但故障码不能清除，成了永久故障。然后将车熄火后重新启动，启动不着，故障终于出现了。

测数据流，加速踏板位置传感器在踩油门时没变化。更换加速踏板总成，故障依旧，于是拔下加速踏板位置传感器插头，再测量，没有发动机 ECU 提供的 5V 参考电压，检查加速踏板位置传感器到发动机 ECU 之间的线路没有搭铁故障。分析原因：一种是发动机 ECU 故障，另一种是其他传感器损坏影响到发动机 ECU 的输出电压。

先从第二种原因入手，将有故障码的元件从发动机 ECU 端子处逐个断开，当拔下凸轮轴位置传感器插头时，测量加速踏板位置传感器，有 5V 电压，说明凸轮轴位置传感器可能存在短路现象。

除凸轮轴位置传感器外，将其余线路装复好后启动发动机，启动、加速均正常，检查故障，只剩下一个故障码：凸轮轴位置传感器对正极短路或断路。拆下凸轮轴位置传感器时发现：传感器内部有磨损痕迹，且线路也被磨破。原来凸轮轴位置传感器的信号轮拧紧力矩不够、松动，脉冲轮转动时磨到信号发生器内部线路，造成凸轮轴位置传感器 5V 电源线短路。从维修电路图看，加速踏板位置传感器等多个元件的 5V 电源端子由 ECU 单独供给，实质上，这几个 5V 电源引出线在发动机 ECU 内部是相连的。由于发动机 ECU 的 5V 电源线短路，于是就产生上述故障并同时出现多个故障码。

更换传感器信号发生器，信号轮变形不大可继续使用，故障排除。

案例6　CAN 总线网络故障

故障现象：波罗轿车，发动机难以启动，防盗灯闪烁，方向故障灯亮，安全气囊灯亮，ABS 灯亮，发动机启动之后马上熄火。

故障诊断：用汽车专用诊断仪 VAS5051 读故障码，有两个码分别是发动机 ECU 和 CAN 网线故障。再用 VAS5051 进入 15.44.03.17. 都进不去，进入 01.19.09. 都能进去。

发动机控制单元 J220 和车载网络控制单元 J519（内置网关 J533）用的是 K 线诊断，而组合仪表、安全气囊、转向助力、ABS 控制单元通过网关 J533 诊断。莫非是网关工作不良？

用 VAS5051 进入 19－02 检查网关故障码，发现 6 条故障：①与发动机控制单元没有通信；②与ABS控制单元没有通信；③与安全气囊控制单元没有通信；④与转向助力控制单元没有通信；⑤与组合仪表控制单元没有通信；⑥网线故障。

根据以上故障码，看了数据流19—08—125126，数据流都是0，这说明网关和所有的控制单元没有通信。看了各个控制单元的保险丝和数据流09—08—001，正常。那么，究竟是某控制单元坏了还是网线的故障？

在ABS控制单元的接口上做网线波形分析。用DSO1接CAN高线，DSO2接CAN低线，发现波形均异常。到底是网线的故障还是控制单元的故障？用插拔的方法，先是把网关J533的网线接头拔掉，没有发现波形的正常变化。这说明网关J533控制单元工作正常，接着拔了发动机控制单元J220还是没有好转。当拔掉转向助力控制单元J500的时候波形正常了。故障找到了，就是J500转向助力控制单元的故障，拔掉J500的插头，一切正常。把所有的控制单元的故障码清除，一启动发动机立即着车。此次故障是由于J500转向助力控制单元把高速网线和31号线之间短路（接地）造成的。

案例7 节气门位置传感器故障引起发动机怠速过高

故障现象：2004年产别克君威2.5轿车，行驶里程12.8万公里。用户反映该车发动机怠速过高。

故障诊断：维修人员接车后，使发动机在怠速下运转，发现怠速转速为1400r/min，确实怠速过高。用故障诊断仪TECH2进行检测，动力控制单元PCM（即发动机ECU）内无故障码，读取数据流，数据显示：节气门开度10%，节气门位置传感器输出电压1.20V，数值过大。

维修人员用探针测量节气门位置传感器的3个端子的电线电压，供电线、搭铁线、信号线分别为5V、0V、1.23V。信号电压1.23V与TECH2检测的电压值基本一致。断开传感器的插接器，仔细观察其插脚，发现有明显的腐蚀痕迹，且密封圈缺失。进一步观察发现该车发动机非常干净，可以肯定是用水冲洗过，估计由于密封圈丢失导致水侵入传感器使其失效。将节气门位置传感器拆下，果然发现插头内部还有残留的水迹。

更换节气门位置传感器，并选配合适的密封圈，试车，发动机怠速正常。再次观察数据流，数据显示：节气门开度0%，节气门位置传感器输出电压0.67V，属于正常值，故障排除。

复习思考题

1. 某电控汽油车启动机运转正常但发动机不能启动，分析下列情况下发动机不能启动的原因。

情况1：检查喷油器不喷油，火花塞不跳火。

情况2：检查喷油器能正常喷油，但火花塞不跳火。

情况3：检查火花塞能正常点火，但喷油器不喷油。

情况4：检查发现喷油器能喷油，火花塞也能跳火。

2. 电控发动机怠速正常，但打开空调时，发动机怠速不稳甚至熄火，请分析故障原因。

3. 简述电控发动机动力不足，且冒黑烟，请分析故障原因。

4. 某车检查发现单缸不点火，但各缸喷油器喷油正常，该车采用独立点火，请分析故障原因。

项目 5　柴油发动机供给系统故障诊断

学习目标

1. 熟悉传统柴油发动机供油系统的组成、工作原理。
2. 熟悉柴油机高压共轨燃油喷射系统的组成、工作原理。
3. 熟悉传统柴油机不能启动、怠速不良、动力不足的故障现象、故障原因、诊断与排除方法。
4. 熟悉高压共轨柴油机不能启动、怠速不良、动力不足的故障现象、故障原因、诊断与排除方法。
5. 正确使用检测仪器，完成传统柴油机不能启动、怠速不良、动力不足的故障诊断与排除。
6. 正确使用检测仪器，完成高压共轨柴油机不能启动、怠速不良、动力不足的故障诊断与排除。

项目导读

柴油发动机与汽油机相比具有良好的经济性和动力适应性，且排放污染少，故广泛应用于大中型客车、货车以及个别乘用车。柴油机与汽油机结构的主要区别是供给系统，柴油机燃油供给系统分为机械控制喷射和电子控制喷射两大类，目前电控柴油机已逐步取代传统的机械控制式柴油机。

柴油发动机的常见故障是，发动机不能启动、怠速不稳、动力不足，在显现主要故障征兆的同时，有时伴随有排黑烟、排白烟、排蓝烟、发动机爆震等故障现象。柴油发动机与汽油机相比，没有节气门，没有点火系，故障涉及的系统比较少，主要是燃料供给系统和发动机机械部分。

基础知识 • 柴油机燃料供给系统的组成及基本原理

一、传统柴油机供油系统的组成

传统柴油机为机械控制式柴油机，其供油系统由油箱、油水分离器（又称粗滤清器）、柴油滤清器、喷油泵总成、喷油器及低压油管、高压油管组成。

喷油泵总成是柴油供给系中的核心部件，它的性能和质量对柴油机的工作影响很大。喷油泵总成均由输油泵、喷油泵、调速器、喷油提前角调节装置 4 个部分组成。喷油泵有柱塞式和转子式两类。柱塞式喷油泵（又称直列式喷油泵）供油系如图 2-54 所示。转子式喷油泵（又称分配式喷油泵）供油系如图 2-55 所示。

柴油机柱塞泵

输油泵对喷油泵供应足量及一定压力的柴油。调速器根据发动机负荷变化而自动调节供油量，保证发动机的转速稳定在很小的范围内变化。发动机转速升高时，喷油提前角调节装置使凸轮轴相对于驱动部分超前转过一个角度，使喷油提前角增大；反之，喷油提前角减小。

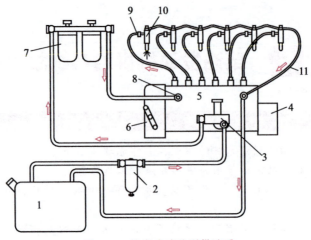

图 2-54 柱塞式喷油泵供油系

1—油箱；2—油水分离器；3—输油泵；4—喷油提前角调节装置；5—喷油泵；6—调速器；
7—燃油滤清器；8—放气螺钉；9—高压油管；10—喷油器；11—回油管

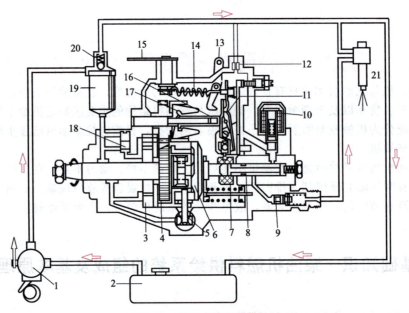

图 2-55 转子式喷油泵供油系

1——级输油泵；2—燃油箱；3—叶片式输油泵；4—调速器驱动装置；5—供油提前角自动提前器；6—凸轮盘；
7—油量控制套筒；8—分配转子；9—出油阀；10—电磁断油阀；11—调速机构；12—溢流节流孔；
13—停车操纵杆；14—调速弹簧；15—调速杆；16—滑动套筒；17—离心块总成；18—调压阀；
19—燃油细滤清器；20—溢流阀；21—喷油器

输油泵上带有手油泵，柴油机长时间停机后，应先将柴油滤清器和喷油泵的放气螺钉拧开，往复抽按手油泵，将其中的空气驱除干净，拧紧放气螺钉，再启动发动机。

二、电控共轨喷射系统的组成及原理

柴油机电子燃油喷射系统经历了三次变革，即位置控制式、时间控制式（电控单体泵）和时间-压力控制式（即共轨式电控喷射系统）。共轨式电控喷射系统实现了压力建立和喷射过程的分离，从而使控制过程更具有柔性，油量控制更加精确。按照高压油管高压形成方式的不同,共轨式喷射系统分为高压共轨和中压共轨两种。目前,柴油机高压共轨技术发展日渐成熟,在国内已得到广泛应用。

柴油机高压共轨式燃油喷射系统在结构上与缸内喷射式汽油机的燃油喷射系统非常接近。图2-56为Bosch高压共轨燃油喷射系统,其中,粗滤清器用于分离燃油中的水分,并带有手油泵;高压油泵总成由输油泵、高压油泵、燃油计量阀等部件组成,低压油泵为齿轮式输油泵,高压油泵为柱塞式油泵,由发动机驱动。输油泵将燃油从油箱泵入高压油泵的进油口,高压油泵将燃油增压后送入共轨管。较大容积的共轨腔用于储存高压,消除燃油中的压力波动。共轨管内的持续高压直接用于喷射,省去了各缸喷油器内的增压机构,喷油器由喷油电磁阀控制喷油时间。燃油计量阀(又称流量计量单元)根据发动机负荷状况以及经济性和排放性的要求,对共轨腔内的油压进行灵活调节,优化了发动机的性能。

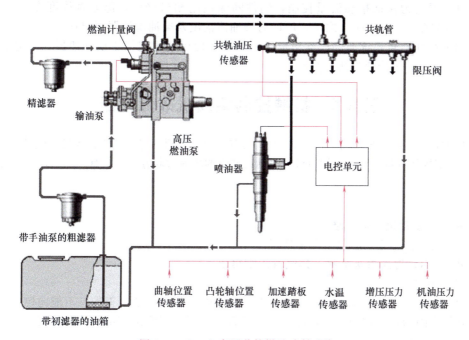

图2-56 Bosch高压共轨燃油喷射系统

通过喷油器上的电磁阀控制喷射定时、喷射油量以及喷射速率,还可以灵活调节不同工况下预喷射和后喷射的喷射油量以及与主喷射的间隔。预喷射在主喷射之前,将小部分燃油喷入气缸,在缸内发生预混合或者部分燃烧,缩短主喷射的着火延迟期。这样缸内压力升高率和峰值压力都会下降,发动机工作比较缓和,并改善高压共轨系统的冷启动性能。

电控系统中传感器包括共轨油压传感器、曲轴位置传感器(又称发动机转速传感器,安装在飞轮壳)、凸轮轴位置传感器(安装在高压油泵外侧)、空气流量传感器、冷却液温度传感器、进气歧管温度传感器、增压压力传感器、机油压力传感器、燃油温度传感器、加速踏板位置传感器、离合器踏板位置传感器等。执行器包括喷油器、燃油计量阀、电动风扇、预热塞、EGR阀等。

由于喷油器本身的制造偏差,如喷孔直径、电磁阀开启时需要克服的阻力等参数,各喷油器之间都存在差异,这会影响ECU对喷油量的控制精度。为克服这种影响,电控柴油机普遍采用了喷油器修正码技术,即在每只喷油器的顶部印有IQA(Injector Quantity Adjustment,喷油器油量修正)码,该码用于修正每只喷油器与标准喷油器存在的差异,安装时输入ECU,从而实现对每单只喷油器依据工作点进行油量修正。在更换喷油器或ECU

时，需通过仪器将喷油器的 IQA 码输入 ECU，进行匹配。

共轨喷射系统具有以下优点。

① 共轨系统中燃油喷射压力高达 160MPa 以上，并且柔性可调，使喷油压力不随发动机的转速变化，有利于增大柴油机低速时的转矩和改善低速烟度。

② 共轨系统能柔性控制喷油速率变化，实现理想喷油规律，容易实现预喷射和多次喷射，自由地调节喷油定时和喷油量，既改善排放又能降低油耗。

③ 由电磁阀控制喷油，结构简单，控制精度较高，高压油路中不会出现气泡和残压为零的现象，因此循环喷油量变动小，各缸供油不均匀可得到改善，从而减轻柴油机的振动和降低排放。

同时，共轨喷射系统面临以下问题。

① 共轨系统为保证精确流量控制，偶件间隙控制相当严格，部分直线度在 $0.8\mu m$ 以下，偶件间隙在 $1.5\sim3.7\mu m$ 之间，所以对柴油清洁度及柴油滤清器要求很高。

② 目前高压共轨系统部件成本昂贵，如果未按使用说明定期更换滤清器，会造成喷油器、高压泵损坏，维修成本相当昂贵。

任务 1 机械控制柴油机故障诊断

由于电控柴油机对柴油清洁度要求较高，其普及应用受到一定的制约，故目前机械控制柴油机仍有一定市场保有量，因此，学习机械控制柴油机的故障诊断方法，仍有一定的现实意义。

故障 1　发动机启动困难

发动机启动困难主要有以下两种情况。

情况 1：启动时无着车征兆，排气管无烟排出

1. 故障原因

该情况的实质是柴油未进入气缸，主要是由于燃油供给系统不工作，不能向燃烧室喷油所致。具体原因为：①油箱无油，油箱开关未打开；②油箱滤网脏堵，油路堵塞；③熄火拉钮没有退回；④油路有空气；⑤油中有水分。

2. 故障诊断流程

① 检查油箱开关是否打开，柴油机熄火拉钮是否退回，油箱内的油面是否过低，视情况予以补充或修理。

② 判断故障是出在燃油供给系的低压油路，还是高压油路。为此，可先将喷油泵进油管端的放气螺塞旋松，用手油泵泵油。

- 若放气螺塞孔有气泡，可能是油箱油量不足、低压油路油管破裂、接头松动等原因。
- 若放气螺塞孔不流油，说明低压油路堵塞。继续用手油泵泵油，若拉手油泵活塞杆有吸力，松开后自动回位，则输油泵至油箱堵塞、油箱盖空气孔堵塞，若压手油泵时阻力较大，则输油泵至喷油泵堵塞。若手油泵无泵油阻力且泵不出油，手油泵损坏。
- 若放气螺塞孔流油正常，说明高压油路有故障。

发动机转动时，用手触试高压油管，若有喷油脉动，则喷油器故障。若无喷油脉动或脉动甚弱，则喷油泵故障。

情况 2：启动时有着车征兆，排气管有少量排烟或排白烟

1. 故障原因

该情况的实质是柴油已进入气缸，但未正常燃烧。具体原因为：①供油正时不正确；

②空气供给系统故障，如空气滤清器堵塞、排气管堵塞；③燃油供给系统故障，如供油量小、喷油器雾化性能差；④气缸压力过低；⑤燃油中有水分；⑥外界温度低，预热装置失效。

2．故障诊断流程

检查供油正时是否正确，检查空气滤清器、排气管是否堵塞。

必要时检测供油量，排除喷油泵、喷油器等燃油供给系统故障。

检测气缸压力是否过低，排除机械性故障。

故障 2 发动机运转不稳

情况 1：怠速转速不稳，抖动，怠速易熄火

1．故障原因

① 各缸供油量不均匀，雾化不良，燃油中有水、气。

② 各缸供油间隔角不准确。

③ 调速器失灵，怠速调整不当。

2．故障诊断流程

① 采用单缸断油法，检查有无故障缸。若有，检查故障缸的喷油器、喷油泵、气缸压力。

② 如果没有故障缸，进行怠速调整，检查并调整调速器。

③ 检查柴油中是否有水、有气。

情况 2：发动机转速不稳，伴随有敲缸声，排烟异常

1．故障原因

① 供油时间过早。

② 各缸供油量不均匀；喷油器不密封，出现滴漏，喷油雾化不良。

③ 气缸压力不足。

④ 选用的柴油牌号不当。

⑤ 调速器弹簧过软。

2．故障诊断流程

（1）如果敲击声比较均匀，则说明各缸的工作情况一致。

① 首先检查空气滤清器滤芯是否脏、堵。

② 检查供油正时是否正确。若供油过早，响声尖锐、清脆，排气管排黑烟，怠速不良；如供油过迟，响声沉闷，柴油机过热、无力，排气管排黑烟。调整供油提前角，故障现象无明显变化，应检查柴油牌号选择是否适当。

③ 检查调速器弹簧是否过软：用手的压力使弹簧压缩到极限位置，若放开后不能自动回位，则说明弹簧过软或折断。

（2）如果敲击声不均匀，说明故障是由于各缸工作情况不一致引起的，可用单缸断油法找出故障缸。检查故障缸的气缸压力、喷油器、喷油泵、供油正时。

故障 3 发动机动力不足

情况 1：最大供油量达不到要求，排烟少，柴油机达不到最高转速

1．故障原因

① 低压油路供油压力过低，如输油泵滤网、油管、柴油滤清器堵塞或低压油路溢流阀失效。

② 调速器全负荷供油量调整不当。

③ 喷油泵故障。柱塞偶件磨损，造成泄漏过多；出油阀密封不良；柱塞弹簧失效；滚轮、凸轮磨损。

④ 喷油器喷孔积炭，调压弹簧调整不当。

2. 故障诊断流程

① 启动发动机，中速运转，拆下一个缸上的喷油器，观察喷油情况。如喷油无力且雾化不良，再拆下喷油泵进油管检查出油情况。出油量充足，故障在高压油路；出油量少，故障在低压油路。

② 将加速踏板踏到底，若喷油泵操纵臂不能使油量调节拉杆移动到最大供油量位置，则应检修加速踏板拉杆或加速踏板轴。

③ 踏下离合器踏板，并将加速踏板踏到底，观察车上发动机转速表，如果低于发动机最高转速，则应检查调速器高速限制螺栓和最大供油量限制螺栓。

④ 拆下喷油器检查喷油器针阀的密封性和喷油压力。

⑤ 拆下喷油泵，通过喷油泵试验台检测喷油泵各缸的供油量，供油量不足或不一致应进行检修，必要时更换偶件。

情况 2：发动机动力不足，排灰白色烟雾；有时排水汽白烟

1. 故障原因

① 排灰白色烟雾是柴油燃烧不完全所致。供油正时过迟，发动机温度过低，喷油器的喷油压力低，柴油雾化不好，导致柴油燃烧不完全。

② 排水汽白烟，是气缸中进水所致。气缸垫烧蚀，气缸破裂，导致气缸进水；柴油内含有水分。

2. 故障诊断流程

将手靠近消声器管口处，检查手上是否有水珠。

- 若手上无水珠，应检查：①喷油正时，检查喷油泵联轴器紧固情况，有无损坏及错位；②在喷油器试验台上检验喷油器的开启压力及雾化质量；③检查发动机的温度。
- 若手上有水珠，说明气缸中进水。检查：①柴油中是否有水；②用单缸断油法判断哪个气缸破裂或气缸垫烧蚀。

情况 3：发动机动力不足，排黑烟，加大油门时，出现敲击声

1. 故障原因

① 进排气不畅（空气滤清器过脏、气门间隙大）。

② 供油正时过早或过迟。

③ 喷油泵或喷油器故障，如针阀关闭不严或卡在开启位置。

④ 气缸压力过低。

2. 故障诊断流程

① 在发动机运转时，可逐缸断油试验。当某缸断油时，若发动机转速明显降低，黑烟减少，敲击声减弱或消失，则说明该缸供油量过多。若发动机转速变化小而黑烟消失，则说明该缸喷油器喷雾质量差。找出故障缸后，再进一步查明故障原因，如该缸喷油泵柱塞副的磨损情况、扇形齿轮固定螺栓有无松动、柱塞弹簧有无折断等。若均正常，则可换装新喷油器进行对比试验。若用新喷油器时故障消失，则说明原喷油器有故障。拆下喷油器，检查其喷油压力、喷雾质量。必要时进行清洗和调试。

② 拆下喷油泵边盖，比较故障缸与其他各缸的挺杆上升到最高位置时，柱塞顶部的余隙（可用螺丝刀撬动检查）。若余隙的差值较大，则可能是该缸挺杆调整螺栓调整不当或松动，引起个别缸供油时间过迟。旋松锁紧螺母，通过转动调整螺栓予以调整，直到黑烟和敲击声均减轻或消失为止。必要时，应拆下喷油泵，在试验台上进行试验。

③ 若上述检查均正常，但该缸仍燃烧不良，则故障是因气缸压力低引起的。应检查气缸、活塞和活塞环是否磨损漏气或气门密封不良。

第二单元 汽车发动机的检测与故障诊断

一、实施准备

本次任务主要是验证或诊断柴油发动机工作不良故障,准备好柴油汽车一辆。也可在柴油发动机实验台进行实操训练。

在不损坏发动机的情况下设置故障点,设置方案仅供参考:①堵塞空气滤清器或排气管;②改变供油正时;③调整调速器怠速螺钉。

二、实施过程

如发动机能够启动,将发动机预热到正常工作温度,通过发动机运行时的声音、转速表指示变化观察故障现象,判断故障点,故障诊断方法见"相关知识"中的故障诊断流程。其中,柴油机供油正时的调整、喷油器的调校方法如下。

1. 柴油机供油正时的调整

供油正时即供油提前角的检查,应在基准缸的供油起始角及各缸的供油间隔角正确的前提下进行。供油提前角的调试需要在发动机上进行。其方法是:手摇转动曲轴,使第1缸处于压缩行程中,当飞轮或曲轴传动带轮上的供油提前角刻度对准固定标记时,停止摇转。查看联轴器从动盘的刻线应与泵壳上的正时刻线是否对齐

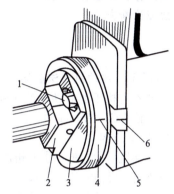

图 2-57 喷油泵第 1 缸开始供油记号
1—调整螺钉;2—联轴器;3—驱动盘;
4—从动盘;5—从动盘定时刻线;
6—泵体上的标记线

(图 2-57),若两刻线正好对齐,说明第 1 缸供油时间正确。若从动盘刻线未到达或超过泵壳正时刻线,说明 1 缸供油过晚或过早,可通过转动凸轮轴,改变喷油泵凸轮轴与供油正时齿轮的相对转角来进行调整。

供油时刻的静态调试忽略了发动机转速、喷油器磨损等对喷油开始时间的影响,因此,调试结果应以发动机的动态检查为准,可以在发动机启动后,根据运转情况(主要是运转稳定程度、响声、排气是否正常)来判断喷油开始时间的早或迟,然后稍作调整即可。

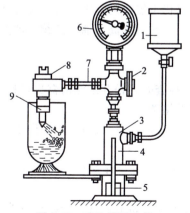

图 2-58 喷油器试验仪
1—油罐;2—开关;3—放气螺钉;4—喷油泵;
5—泵油手柄;6—压力表;7—高压油管;
8—调节螺钉;9—锁紧螺母

2. 喷油器的调校

喷油器试验仪用于检测和调整喷油器的喷油压力,其结构如图 2-58 所示。

① 检查仪器的密封性。关闭油路,将油压增至 25MPa 后,每分钟油压的下降应不大于 2.0MPa。喷油器用油为清洁的 0 号车用柴油。

② 喷油压力的调整。首先拆下锁紧螺母,旋松调整螺钉,然后将喷油器装到试验器上。压动油泵手柄,排除留在油管和喷油器内的空气,以 60 次/min 的速度压动油泵手柄,同时观察喷油过程中压力表上的读数。如果压力不符合规定,可调整压力调节螺钉。调整后,拧紧锁紧螺母。

③ 喷雾质量的检查。以 120 次/min 的频率压动手柄,观察喷油器喷出来的油雾束,应细小均匀,无

123

油滴飞溅现象，并发出清脆的响声。对于轴针式喷油器，应喷出雾化良好的伞状雾束。对于多孔式喷油器，各孔应各自形成一个雾化良好的均匀油雾束。停止喷油后立刻检查喷油器，应无成滴油珠。

任务 2　电控柴油机故障诊断

电控共轨柴油发动机的常见故障，如发动机不能启动，怠速不稳、动力不足，排烟异常等，故障分析方法有些类似电控汽油发动机，这里以 Bosch 高压共轨燃油喷射系统为例，分析其故障诊断方法。

故障 1　发动机无法启动

柴油发动机不能启动，首先确定启动机系统是否正常、蓄电池电压是否正常（蓄电池电压不足，使 ECU 断开喷油器控制电路），如有不正常应首先排除。

1. 故障原因

（1）油轨压力过低。①油箱油位过低；②输油泵故障，高低压油路有空气，高低压油路不通畅或泄漏，燃油滤清器堵塞，高压油泵故障，流量计量阀损坏；③油轨压力传感器故障。

（2）曲轴位置传感器、凸轮轴位置传感器信号不同步，或信号太弱，同步判断时间较长。

（3）ECU 没有通电，ECU 故障；喷油器卡死不喷油、积炭堵塞。

（4）进排气管漏气、堵塞，排气制动蝶阀卡死在关闭位置。

（5）其他原因。气缸压力过低；配气正时不正确；外界温度低，预热装置失效。

2. 故障诊断

① 检查 ECU 是否通电，点火开关置 ON 位，故障警告灯自检点亮，表明 ECU 通电，如警告灯不亮，故障诊断仪无法通信，则表明 ECU 不通电。

② 用故障诊断仪检查有无故障码（又称闪码）。检查如无故障码，则进行下一步。

③ 检查油轨压力。如油轨压力过低，检查油箱油位是否过低，拉压手压泵判断低压油路是否通畅、手压泵是否正常；检查进油管及回油管是否有弯折处。

检查低压油路是否有空气，排气检查方法是：松开粗滤清器放气螺栓，压手油泵，直到放气螺栓处出油为止。如低压油路中的空气排净后仍柴油机仍不能启动，则需排出高压油路的空气，方法是：松开某缸高压油管，用启动机带动柴油机运转直到高压油管持续出油为止（不建议经常拆卸高压油管接头）。

检查高压油路是否泄漏，油路是否通畅。

检查柴油滤清器是否堵塞（注意及时更换柴油滤芯）。检查时，松开细滤清器出口螺栓，用启动机带动柴油机运转，如有少量柴油流出，则判定滤芯堵塞。

用故障诊断仪检查油轨压力传感器的初始电压是否为 0.5V 左右，设定油轨压力 30～50MPa，若不正常首先检查接插件是否牢靠。

检查流量计量阀是否完好。拔掉接插件尝试再启动。当拔掉流量计量单元的接插件后，启动时油泵将以最大的供油量向共轨管内供油。

④ 检查曲轴位置传感器、凸轮轴位置传感器信号是否正常，如不正常，继续检查线路、信号盘是否正常。检查喷油器，如有故障应更换（注意将喷油器的 IQA 码输入 ECU）。

⑤ 检查进排气有否漏气、堵塞，检查气缸压力是否正常。

⑥ 在低温季节启动困难，检查柴油机机预热装置是否正常。

故障 2　发动机怠速不稳

1. 故障原因

发动机怠速不稳的原因如下。

① 各气缸功率不平衡。个别缸漏气，各缸喷油量不一致。如喷油器积炭，更换喷油器后未写入新的喷油器 IQA 码值。共轨压力不稳定等。

② 发动机动力不足，转速过低。进气系统漏气，供油系统堵塞等导致供油不足，如气缸漏气，燃油含有水分或蜡质导致燃烧异常，机油压力不足等原因造成发动机阻力过大。

③ 曲轴位置传感器、凸轮轴位置传感器信号不正常。

④ 怠速信号缺失。如油门踏板位置传感器信号波动、失准，松开油门踏板后信号不回零。

2. 故障诊断

① 先通过故障诊断仪检查电控系统故障。松开油门踏板后，检测油门踏板位置传感器信号是否回零，如不回零检查传感器及线路，必要时更换油门踏板位置传感器。

诊断仪检查曲轴位置传感器、凸轮轴位置传感器信号是否正常。

检查喷油器电磁阀及驱动线路。

② 检查和排除机械性故障，如测气缸压力，检查进气系统、供油系统管路等。

故障 3　发动机动力不足

1. 故障原因

① 供油系统供油不足。如供油系统堵塞、泄漏，更换喷油器后未写入新的喷油器 IQA 码值。

② 空气供给系统进气不足。如空气滤清器堵塞；进气管漏气；增压器的损坏；中冷器冷却不良，会使充气效率下降；排气管及消音器堵塞。

③ 油轨压力过高或不足，油轨压力传感器不良，使发动机 ECU 启动失效保护模式，限制发动机动力输出。油轨压力过高或不足的原因有高压油路泄漏、流量计量单元故障、高压油泵损坏、喷油器入油口泄漏或者喷油器针阀卡死、回油不畅等。

④ 冷却液温度、机油温度、进气温度过高或其相对应的传感器信号不良，使发动机 ECU 启动失效保护模式，限制发动机动力输出。

⑤ 曲轴转速传感器、凸轮轴转速传感器信号不良；油门踏板位置传感器信号失准。

⑥ 其他故障。如气缸压力不足、燃油品质差等。

2. 故障诊断

仿照前面的故障诊断方法先通过故障诊断仪检查电控系统故障，再检查和排除机械性故障，不再赘述。

一、实施准备

本次任务主要是验证或诊断共轨发动机工作不良故障，准备好汽车一辆。也可在发动机实验台进行实操训练。

在不损坏发动机的情况下设置故障点，设置方案仅供参考：①堵塞空气滤清器；②松开进气管卡箍使进气管漏气；③松开导线插头使电路虚接设置电路断路故障。

教学实验台训练时，可通过故障设置开关，设置电路断路故障点，通过改变传感器模拟器输出信号，模拟传感器性能不良。

二、实施过程

如发动机能够启动，将发动机预热到正常工作温度，通过发动机运行时的声音、转速表指示变化观察故障现象，判断故障点，故障诊断方法见"相关知识"中的故障诊断流程。

维修案例

案例1　潍柴发动机不能启动

故障现象：欧曼牵引车（采用潍柴WP10.336发动机），行驶过程中突然熄火，无法启动发动机。

故障诊断：经排查，发动机ECU可以自检，连接故障诊断仪，发现油轨压力无法建立。排出油路中的空气，高压油泵出油口出油正常，但仍无法启动。检查高压油管和喷油器接头处喷油情况，喷油正常，但是仍无法建立油轨压力。初步判断油路有泄漏，拆开喷油器回油管，发现在发动机启动过程中，第5缸喷油器回油孔泄油。更换喷油器，故障排除。

案例2　潍柴发动机动力不足

故障现象：北方奔驰自卸车（采用潍柴WP10.336发动机），用户反映发动机动力不足，发动机故障灯点亮。

故障诊断：用WP-VDS100故障检测仪读取故障码：P251低压油路或高压油路故障。用故障检测仪检测，显示：油轨泄压阀打开或低压油路回油不畅。检查低压油路回油管，发现从车架处通过的回油管折扁，造成回油不畅，导致油轨管内燃油压力升高，油轨压力传感器将升高的燃油压力传送给发动机ECU，发动机ECU误认为燃油供给系统有故障，于是启动失效保护模式，限制发动机动力输出，使发动机转速只能增加到1500r/min。更换折扁的回油管，清除故障码后试车，上述故障排除。

案例3　潍柴发动机动力不足

故障现象：陕汽半挂牵引车（采用潍柴WP10.336发动机）。用户反映发动机功率不足。最高转速只能达到1600r/min。

故障诊断：经故障诊断仪检测，读取故障码：P134共轨管限压阀打开故障。拆开共轨管回油管（用矿泉水瓶接油），启动发动机，发现在刚启动时有油从共轨管回油管排出，但启动数分钟后，共轨管往返油管无回油现象。

共轨管限压阀是个机械阀。不受ECU控制。分析上面现象，初步判断为油轨压力瞬间过高。当管内轨压超过160MPa，共轨管限压阀打开，燃油回流油箱。因油轨压力波动太大，发动机进入失效保护模式。共轨管限压阀应该正常。怀疑是流量计量单元损坏。更换高压油泵后，故障排除。

分析该用户因油质不达标，油中水分过多，使高压油泵内锈蚀，造成该故障。

复习思考题

1. 某机械控制式柴油车启动机运转正常但发动机启动困难，分析下列情况下发动机启动困难的原因。

情况1：启动时无着车征兆，排气管无烟排出。

情况2：启动时有着车征兆，排气管有少量排烟。

2. 某高压共轨式柴油车启动机运转正常但发动机启动困难，检查油轨压力正常，分析发动机启动困难的原因。

3. 某高压共轨式柴油车发动机动力不足，检查油轨压力正常，分析发动机动力不足的原因。

第三单元

汽车底盘检测与故障诊断

汽车底盘包括传动系、行驶系、转向系和制动系。汽车底盘的技术状况,直接关系到整车行驶的操纵稳定性和安全性,同时还影响发动机的动力传递和燃油的消耗。

项目1　传动系统的故障诊断

■ 学习目标

1. 熟悉传动系各主要部件的结构、工作原理。
2. 熟悉传动系各主要部件常见故障的故障现象、故障原因、诊断与排除方法。
3. 能够正确使用仪器,完成离合器、变速器、驱动桥的故障检查、诊断与排除。
4. 熟悉液力自动变速器的组成、工作原理。
5. 熟悉自动变速器常见故障的故障现象、故障原因、诊断与排除方法。
6. 能够对自动变速器简单故障,进行检测、测试、诊断与排除。

■ 项目导读

汽车传动系统将发动机发出的动力传给驱动车轮,具有换挡、减速增矩和差速功能,以保证汽车在不同条件下正常行驶。

变速器按操纵方式可分为手动变速器(Manual Transmission,MT)、自动变速器(Automatic Transmission,AT)和手动自动一体变速器三种。传动系由离合器与手动变速器(或自动变速器)、传动轴、驱动桥组成。本项目学习离合器与手动变速器、自动变速器、传动轴、驱动桥的故障诊断。

基础知识1 ● 传动系(手动挡)的组成与基本原理

手动挡传动系由离合器与手动变速器、传动轴(含万向节)、驱动桥(包括主减速器、差速器、半轴)组成。对于发动机前置、前轮驱动的轿车,其变速器输出轴直接驱动主减速器,取消了传动轴,驱动桥的桥壳与变速器壳为一个整体,统称为变速驱动桥。如图 3-1 为发动机前置前轮驱动手动挡轿车传动系示意图。

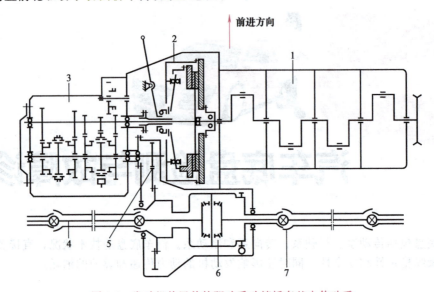

图 3-1　发动机前置前轮驱动手动挡轿车基本传动系
1—发动机;2—离合器;3—变速器;4—半轴;5—主减速器;6—差速器;7—万向节

一、离合器与手动变速器的结构

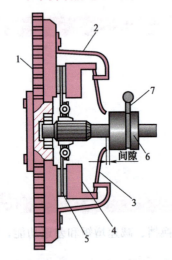

图 3-2　膜片弹簧式离合器结构示意图
1—飞轮;2—离合器盖;3—膜片弹簧;
4—压盘;5—从动盘;6—分离轴承;
7—分离叉

1. 离合器

离合器依靠摩擦力矩传递动力,通过中断动力传递,保证发动机顺利启动和变速器顺利换挡。

离合器从运动关系上可分为主动部分、从动部分和操纵机构三部分(图 3-2),其中压盘、离合器盖、压紧机构与发动机飞轮刚性连接,为主动部分;从动盘、变速器输入轴为从动部分。

离合器按从动盘的数目又可分为单片离合器和双片离合器,双片离合器多用于重型车辆。

离合器根据压紧弹簧的不同,分为螺旋弹簧式离合器和膜片弹簧式离合器两大类,由于膜片弹簧兼有分离杠杆和压紧弹簧的作用,相对于螺旋弹簧式离合器简化了结构,并且操纵更加轻便,故目前膜片弹簧式离合器已普遍应用于各种车辆,一些重型车辆考虑到膜片弹簧的压紧力相对较小,仍用螺旋弹簧式离合器。

离合器踏板的自由行程,是分离轴承与分离杠杆之间等处间隙的体现。该间隙如图 3-2 所示。此间隙随着从动盘摩擦片的磨损而逐渐变小,若间隙太小甚至没有间隙,分离轴承会与分离杠杆长时间接触而迅速磨损,同时,离合器因结合力不足而出现"打滑"故障;如间隙太大,离合器将出现分离不彻底的故障,因此,应定期检查调整离合器踏板的自由行程。在捷达轿车离合器踏板自由行程的控制上采用了自动调整装置，此类离合器的踏板自由行程不需要进行调整。当检查其离合器踏板自由行程失准时，应检修或更换其自动调整装置。

离合器操纵机构分为人力式和助力式的。人力式操纵机构又可以分为机械式和液压式的；机械式操纵机构有杆系传动和绳索传动两种形式。液压式操纵机构主要由主缸（又称总泵）、工作缸和管路系统等组成。目前液压式操纵机构在各类型车上应用广泛。桑塔纳2000GSi 型轿车离合器液压操纵机构如图3-3所示。

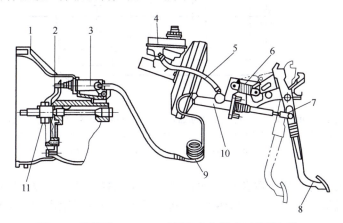

图 3-3　桑塔纳2000GSi 型轿车离合器液压操纵机构
1—变速器壳体；2—分离叉；3—工作缸；4—储液罐；5—进油软管；6—助力弹簧；7—推杆接头；
8—离合器踏板；9—油管总成；10—主缸；11—分离轴承

2. 手动变速器

手动变速器有两轴式、三轴式两种类型，两轴式变速器适用于发动机前置前轮驱动的汽车，传动示意图见图3-4，常用锁环式同步器。三轴式变速器适用于发动机前置后轮驱动的汽车，传动示意图如图3-5所示，同步器为锁销式。

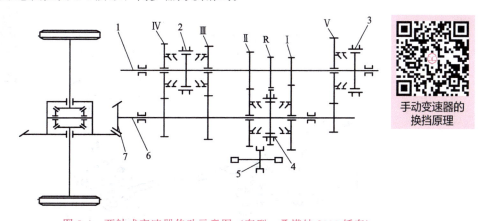

图 3-4　两轴式变速器传动示意图（车型：桑塔纳2000轿车）
1—输入轴；2—三、四挡同步器；3—五挡同步器；4—一、二挡同步器；5—倒挡中间齿轮；6—输出轴；7—主减速器主动锥齿轮；
Ⅰ——挡齿轮；Ⅱ—二挡齿轮；Ⅲ—三挡齿轮；Ⅵ—四挡齿轮；Ⅴ—五挡齿轮；R—倒挡齿轮

手动变速器操纵机构由拨叉、拨叉轴、换挡杆以及自锁装置、互锁装置、倒挡保险装置等及远距离操纵机杆件组成。自锁装置的作用是保证滑移齿轮或接合套齿圈工作时处于全齿宽啮合，不工作时彻底脱开，防止变速器自动挂挡或脱挡。互锁装置是为防止变速杆同时拨动两根拨叉轴，使变速器同时挂上两个挡位而导致严重损坏。倒挡保险装置使驾驶员在挂倒

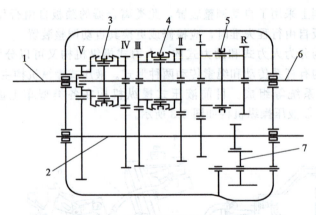

图 3-5 三轴式变速器传动示意图

1—输入轴；2—中间轴；3—四、五挡同步器；4—二、三挡同步器；5—一挡、倒挡接合套；
6—输出轴；7—倒挡中间齿轮；Ⅰ——挡齿轮；Ⅱ—二挡齿轮；Ⅲ—三挡齿轮；
Ⅵ—四挡齿轮；Ⅴ—五挡齿轮；R—倒挡齿轮

挡时必须使用较大的力，从而避免在车辆行驶中误挂倒挡。图 3-6 为桑塔纳 2000 轿车手动变速器内的换挡机构。图 3-7 为桑塔纳 2000 轿车手动变速器远距离操纵机构。

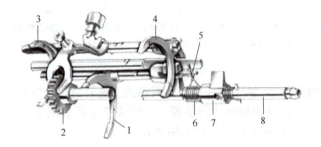

图 3-6 桑塔纳 2000 轿车手动变速器内的换挡机构

1——、二挡拨叉；2—倒挡中间齿轮；3—三、四挡拨叉；4—五挡拨叉；
5—定位拨销；6—定位弹簧；7—倒挡保险挡块；8—换挡杆

手动变速器的操纵机构

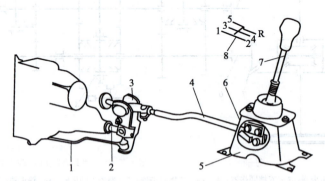

图 3-7 桑塔纳 2000 轿车手动变速器的远距离操纵机构

1—支撑杆；2—内换挡杆；3—换挡杆接合器；4—外换挡杆；5—倒挡保险挡块；6—换挡手柄座；7—变速杆；8—换挡标记

二、传动轴与驱动桥的组成

1. 传动轴

传动轴用于发动机前置、后轮驱动的汽车，变速器输出轴通过传动轴与主减速器的凸缘连接（图 3-8）。

由于相邻两传动轴间具有一定交角且相对位置经常变化，常用十字轴万向节连接。传动轴分段时需加装中间支承。

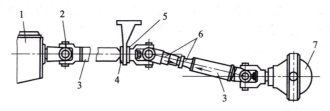

图 3-8　变速器与驱动桥之间的传动连接

1—变速器；2—万向节；3—传动轴；4—中间支撑；5—球轴承；6—伸缩节；7—驱动桥

十字轴万向节为不等速万向节，欲使具有一定交角的两轴实现等角速度传动，应将两个十字轴式万向节予以组合并满足以下条件：

① 第一个万向节两轴间的夹角与第二个万向节两轴间夹角相等（设计保证）；

② 第一个万向节的从动叉与第二个万向节的主动叉处于同一平面（由装配保证）。

2．驱动桥

驱动桥由主减速器、差速器、半轴和驱动桥壳组成。

主减速器的作用是对传来的发动机动力降速增矩，并改变传递方向（发动机纵置时）。差速器的作用是使左右车轮能以不同转速进行纯滚动，实现转弯行驶。图 3-9 为桑塔纳 2000 轿车主减速器和差速器的零件分解图。

驱动桥有整体式和断开式两大类。整体式驱动桥适用于非独立悬架的汽车；断开式驱动桥适用于前轮驱动、独立悬架的轿车，其主减速器固定在车架上，半轴分段并用球笼式万向节与前轮连接，球笼式万向节为等速万向节。

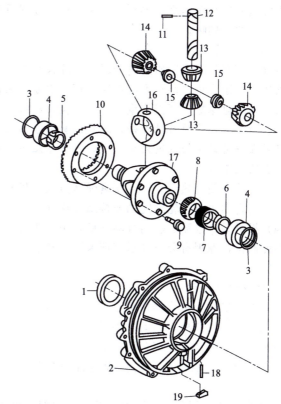

图 3-9　桑塔纳 2000 轿车主减速器和差速器的零件分解图

1—密封圈；2—主减速器盖；3—从动锥齿轮的调整垫片；
4—轴承外座圈；5—差速器轴承；6—锁紧套筒；7—车速表主动齿轮；
8—差速器轴承；9—螺栓（拧紧力矩 70N·m）；10—从动锥齿轮；
11—夹紧销；12—行星齿轮轴；13—行星齿轮；14—半轴齿轮；
15—螺纹套；16—复合式止推垫片；17—差速器壳；
18—磁铁固定销；19—磁铁

任务 1　传动系（手动挡）故障诊断

传动系工作时，各零件需适应运转速度的频繁变化，同时承受各种不同载荷，随汽车行驶里程的增加，零件磨损、变形也随之加大，各零件间的配合关系变坏，紧固件松动，造成轴承松旷、齿轮啮合不良、壳体变形等故障。

手动挡传动系常见故障主要有：离合器打滑、离合器发抖、变速器换挡困难（离合器分离不彻底或变速器故障）、变速器脱挡、变速器乱挡、变速器或驱动桥漏油、传动轴（后轮驱动）振动、驱动桥过热、各传动部位的异响等。这些故障不但影响车辆动力的传递，还会进一步损坏机件，所以发现故障应及时排除。

故障 1　离合器打滑

1. 故障现象

起步时，完全放松离合器踏板，汽车不能起步或起步困难。行驶中加速时，车速不能随发动机转速的提高而提高，感到行驶无力；上坡或重载时，动力明显不足，严重时可嗅到离合器摩擦片的焦煳味。

2. 故障原因

离合器打滑的故障实质是离合器的膜片弹簧的压紧力不足、使摩擦片摩擦力不足，致使离合器传递扭矩变小，甚至不能传递扭矩。主要原因如下。

（1）从动盘摩擦片磨损严重变薄、硬化，铆钉外露或粘有油污等。

注：由膜片弹簧的特性可知，膜片弹簧离合器在从动盘磨损后，压盘压力会有所增大，但这只是在一定的磨损范围内才发生，当压盘压力达到最大值后，如果从动盘继续磨损，压盘压力会明显下降。

（2）膜片弹簧受热变软，或压紧弹簧过软、折断，致使压紧力不足。

（3）离合器盖与飞轮之间的连接螺栓松动。

（4）操纵系统故障。①离合器踏板自由行程过小，使分离轴承压在膜片弹簧上；②分离轴承不能回位，原因有分离轴承套筒卡滞，离合器液压操纵系统故障，如主缸回油孔堵塞，使工作缸不回位。

3. 故障诊断流程

（1）故障确认。离合器打滑不严重时很难觉察，需要进行故障确认，方法是：拉紧驻车制动，踩下离合器踏板，启动发动机，挂上低速挡，缓缓放开离合器踏板，如发动机继续运转又不熄火，即确认存在离合器打滑。

（2）检查离合器踏板自由行程是否符合要求。若踏板自由行程过小，检查踏板能否回位。

• 若踏板不能回位，拆下离合器液压操纵系统的工作缸，轻踏离合器踏板，检查工作缸的推杆是否能伸出，放松离合器踏板，推杆是否能回位。如推杆伸缩自如，则离合器液压操纵系统正常，再检查分离轴承套筒是否卡滞。

• 若踏板能回位，调整离合器踏板自由行程，检查离合器盖与飞轮的连接螺栓是否松动。

（3）若踏板自由行程符合要求，拆下离合器盖，检查摩擦片是否有油污、不平、烧焦等，压紧弹簧是否断裂。

故障 2　离合器起步发抖

1. 故障现象

汽车起步时，放松离合器踏板，徐徐踩下加速踏板时，离合器接合不平稳，产生断续结合，严重时车身出现抖振。

2. 故障原因

离合器起步发抖的实质是主、从动盘在同一平面内接触时间不同，出现局部接触，具体原因如下。

① 压盘或飞轮翘曲不平，离合器盖与飞轮之间连接螺钉松动，致使压紧力不均。

② 膜片弹簧离合器的个别膜片弹簧内端折断、变形；螺旋弹簧离合器的压紧弹簧弹力不均、分离杠杆内端面不在同一平面内，使压盘的压紧力不均。

③ 从动盘翘曲变形，从动盘摩擦片局部油污、烧焦、硬化，铆钉外露，减振弹簧折断等。

④ 变速器与发动机或飞轮壳之间的固定螺栓松动，造成变速器输入轴晃动。

3. 故障诊断流程

① 检查离合器、变速器与飞轮壳固定螺栓是否松动。

② 拆下离合器，检查从动盘摩擦片是否油污、烧焦、硬化，减振弹簧是否折断，从动盘、压盘、飞轮是否翘曲变形等，视情况进行更换。

故障3 变速器换挡困难

1. 故障现象

汽车行驶需要变速换挡时，挂挡困难或挂不上挡，且变速器内齿轮发响。

2. 故障原因

引起变速器换挡困难的原因有两个方面：离合器分离不彻底和变速器本身故障。

（1）离合器分离不彻底　离合器分离不彻底的故障实质是离合器从动盘与主动盘没有完全分离，因而发动机动力传递未完全切断，致使变速器的接合套与齿圈不能实现同步。具体原因如下。

① 从动盘故障。从动盘翘曲、摩擦片破损、铆钉松脱；新摩擦片过厚、从动盘装反。

② 压盘故障。离合器分离时，膜片弹簧过软变形。

③ 离合器操纵机构故障。

a. 离合器踏板自由行程过大，使其工作行程过小。

b. 离合器液压管路漏油；主缸、工作缸工作不良；液压管路有空气，使踏板有效行程减少。

④ 从动盘毂在花键轴上轴向移动不灵活；双片离合器的中间压盘限位螺钉调整不当，中间压盘回位弹簧过软、折断等。

（2）变速器故障引起的换挡困难　变速器故障引起的换挡困难，主要原因是变速操纵机构或同步器失效，具体原因如下。

① 变速操纵机构润滑不良，操纵杆调整不当，松旷；拨叉轴弯曲、严重锈蚀，造成拨叉轴移动困难；拨叉固定螺钉松动。

② 同步器损坏。如定位滑块、锁环、花键毂内齿与齿轮外花键倒角等磨损。

3. 故障诊断流程

（1）先检查换挡困难是离合器分离不彻底引起的，还是变速器本身的故障引起的。

如果各挡位均挂挡困难，且变速器内有齿轮撞击声；强行挂入某挡位，不松离合器踏板，车辆出现前移或发动机立即熄火，可以确定是离合器分离不彻底引起的换挡困难。

以下现象可判断是变速器故障引起的换挡困难：①仅个别挡位换挡困难；②勉强挂上挡，很难退挡；③将发动机熄火，再强行换挡，仍出现换挡困难。

（2）如判断为离合器分离不彻底，检查离合器踏板是否自由行程过大，如过大，调整离合器踏板自由行程。对于液压传动离合器，检查液压管路是否漏油、油量不足或有空气，视情况进行加油或排气。

拆检离合器，检查从动盘是否装反，从动盘是否翘曲，轴向移动是否灵活，膜片弹簧是否过软等，视情况进行调整或更换。

如判断为变速器故障，且引起换挡困难的挡位较多，检查变速操纵杆有无损坏，调整是否正常。拆检变速器，检查拨叉轴是否弯曲、锈蚀，有锈蚀可用砂纸打磨，如弯曲应更换新件，如拨叉固定螺钉松动应拧紧。

如果某一挡换挡困难，应怀疑该挡的同步器有问题，应拆检更换同步器。

故障4 变速器脱挡（又称跳挡）

1. 故障现象

汽车在某一挡位行驶时，变速杆自动跳回空挡。脱挡一般发生在中高速或负荷突然变化时，尤其是在重载或爬坡时。

2. 故障原因

变速器脱挡的主要原因是挡位锁止装置失效，具体原因如下。

（1）变速操纵机构故障。①操纵杆弯曲变形、调整不当致使自锁定位球未进入凹槽内；②自锁装置失效，原因可能是自锁定位球、凹槽磨损严重或自锁弹簧折断，拨叉轴弯曲磨损；③拨叉弯曲变形，过度磨损致使齿轮花键啮合深度不足。

（2）同步器接合套与齿轮花键磨损成锥形。

（3）对于三轴式变速器：轴与轴承磨损严重等原因，使第一轴、第二轴不同轴。

3. 故障诊断流程

① 确认脱挡的挡位。逐个挡位进行路试，反复加速减速，直到变速杆自动跳回到空挡位置，则判断为该挡脱挡。

② 把变速杆重新挂回脱挡挡位上，熄灭发动机，拆下变速器盖，观察脱挡接合套啮合深度，如啮合深度不足，检查并调整变速操纵杆，检查拨叉是否弯曲变形、磨损。

③ 变速器挂挡时若阻力很小，甚至没有钢球落入凹槽的手感，表明拨叉轴自锁不良。

④ 如直接挡脱挡，故障可能是变速器第一轴、第二轴不同轴等造成。

故障5 变速器乱挡

1. 故障现象

离合器技术状况正常，变速杆不能挂入所需挡位；或者一次挂入两个挡位。

2. 故障原因

① 变速杆球头定位销磨损松旷或脱出，使变速杆失去控制作用，任意摆动。

② 变速杆下端弧形工作面磨损过大，不能正确拨动拨叉轴上的拨块。

③ 互锁装置失效，原因可能是互锁销、钢球或凹槽磨损严重，拨叉轴弯曲。

3. 故障诊断流程

① 摆动变速杆，若变速杆能成圈转动或摆动幅度较大，则为定位销失效，应更换并调整变速杆。

变速杆挂错挡但摆动正常，检查变速杆下端弧形工作面是否磨损过大。

② 若能同时挂入两个挡位，说明互锁销、球磨损过甚而失去互锁作用。

故障6 离合器与变速器异响

情况1：在分离和接合过程中或汽车起步时发出不正常响声

该异响为离合器异响。

1. 故障原因

① 分离轴承润滑不良或损坏。

② 回位弹簧折断或脱落。
③ 从动盘摩擦片铆钉松动或外露。
④ 离合器盖与飞轮之间固定螺栓松动。
⑤ 从动盘与轴的花键磨损严重。

2. 故障诊断流程

① 发动机怠速运转，不动踏板时就有异响，表明分离轴承与膜片弹簧无间隙，若向上提起踏板，响声消失，为回位弹簧折断或脱落，否则，就是离合器踏板自由行程调整不当。

② 踩离合器踏板少许，有"沙沙"响声，为分离轴承响。润滑分离轴承再试，响声消失，表明分离轴承润滑不良；再踩踏板少许，有金属破碎声，表明分离轴承损坏。

③ 连续踩离合器踏板，在即将分离和接合瞬间有金属刮擦声，表明离合器摩擦片铆钉松动、铆钉头外露。若仅在踏板踩到底才出现金属敲击声，且高速加重，中速减弱，则为离合器盖与飞轮之间固定螺钉松动。

情况2：个别挡位或各挡均有异响，主要是变速器齿轮啮合、轴承运转声

该异响为变速器异响。

1. 故障原因

① 齿轮油不足、变质，导致各运动副润滑不良。
② 各轴轴承间隙过大或损坏。
③ 齿轮磨损，齿轮断裂。
④ 同步器花键配合间隙过大。
⑤ 输入轴、输出轴弯曲变形。
⑥ 变速器壳体变形，破坏了各齿轮副、轴承及花键齿的配合精度。

2. 故障诊断流程

① 检查齿轮油油量、油质是否符合要求。

② 汽车行驶，换挡，监听异响。若换入某挡位行驶时响，该挡啮合齿轮啮合不良或损坏。

若各挡都有连续响声。将变速器置空挡，发动机怠速运转，拉紧驻车制动使汽车静止，踩下离合器踏板不响，松开就响，为输入轴后轴承、中间轴轴承、各道常啮合齿轮响。

③ 最后，判断故障可能是同步器花键配合间隙过大、输入轴、输出轴弯曲变形等造成。

故障7 传动轴异响

1. 故障现象

汽车起步或行驶时，听到"咔啦、咔啦"一种撞击声，且车速变化时响声明显，有时伴随车身发抖。

2. 故障原因

传动轴异响主要有两大类：一类是万向节、中间支承或凸缘零件之间的摩擦声；另一类是传动轴振动等引起的冲击响声，因而伴随有机械振动。分述如下。

① 万向节磨损松旷；万向节装配过紧、十字轴轴承过紧。
② 传动轴连接凸缘磨损后松旷；伸缩节处花键磨损后松旷。
③ 传动轴连接凸缘螺栓松动；中间支承紧固螺栓松动，中间支承轴承内圈过盈配合处松旷。
④ 十字轴万向节叉的安装不正确，使万向节等速条件破坏，引起传动轴振动。

⑤ 传动轴弯曲、不平衡，引起传动轴振动。

3. 故障诊断流程

（1）起步、行驶，听异响变化。

① 若起步时无异响，行驶中有异响，中间支承轴承润滑不良，万向节装配过紧。

② 若突然改变车速时，出现一种金属撞击声，说明凸缘、万向节十字轴轴承磨损松旷。若起步及行驶中始终异响，说明中间支承架紧固螺栓松动，中间支承轴承松旷。

（2）若行驶时周期性异响，并伴随车身振抖，车速越快响声越大。

① 检查十字轴万向节叉的安装是否符合等速条件。

② 停车后晃动传动轴。若松旷，可能是传动轴各部紧固螺栓松动、中间轴承磨损或轴承支架松动、伸缩节或连接凸缘花键松旷等。

③ 若正常，检查传动轴是否弯曲、不平衡。

故障 8　驱动桥异响

1. 故障现象

汽车行驶时，驱动桥发出较大响声。尤其是起步、转弯或急剧改变车速时响声较大，直行或空挡滑行时，响声减弱或消失。

2. 故障原因

① 齿轮油不足、变质引起润滑不良。

② 主减速器主从动齿轮啮合间隙过大、过小，啮合印痕不良，齿轮折断。

③ 主减速器齿轮轴承磨损后松旷，差速器行星轮轴松旷。

④ 半轴花键磨损松旷，半轴球笼万向节磨损松旷。

3. 故障诊断流程

① 架起驱动桥，变速器挂入空挡，用手转动传动轴，如感觉松旷，可能半轴花键磨损松旷或齿轮啮合间隙过大。

② 检查驱动桥壳齿轮油是否不足或变质。

③ 行车路试检查。

- 若急剧改变车速时异响明显，空挡滑行时响声减弱，为主减速器主从动齿轮啮合间隙过大。
- 若只在转弯时异响严重，直线行驶时响声减弱，为差速器故障或半轴球笼万向节故障。
- 若始终有响声，同时驱动桥过热，则主减速器主从动齿轮啮合间隙过小。
- 若行驶中有较强的金属撞击声，为齿轮折断。

故障 9　驱动桥过热

1. 故障现象

行驶一段路程后，用手抚摸驱动桥，感觉烫手。

2. 故障原因

① 润滑油不足或润滑油牌号不符合要求。

② 主减速器齿轮啮合间隙过小。

③ 轴承装配过紧。

3. 故障诊断流程

检查驱动桥壳齿轮油是否不足或变质，否则为主减速器齿轮啮合间隙过小或轴承装配过紧。

任务实施

准备好手动挡汽车一辆，试车场地不足时，用举升机支起车身使四轮悬空，实验中通过观察车轮转速的变化判断车辆驱动情况。

手动挡传动系故障基本上是机械性故障，故障设置比较困难，可设的故障点较少，如：①改变离合器踏板自由行程，拧松离合器盖与飞轮之间的连接螺栓等，设置离合器故障；②改变十字轴万向节叉的安装位置使其不符合等速条件；拧松传动轴连接凸缘，设置传动轴故障；③调整主减速器主从动齿轮啮合间隙等，设置驱动桥故障。运行车辆，通过以上的故障设置，观察、验证出现的故障现象。

也可用专用的实验台或模型，在条件允许的情况下设置其他故障点，进行相关故障现象的演示。

案例1　速腾 2.0 离合器打滑

故障现象：速腾 2.0L 轿车，行驶里程约 5 万公里。当转速达到 3000r/min 时 5 挡车速仅能达到 45km/h。用户强调离合器有打滑的现象。平时该车行驶距离短、速度低，以前以为新车只要磨合一段时间就会好了。当日跑高速，发现离合器打滑非常严重才来报修。

故障诊断：

（1）试车，进行故障确认。拉紧手制动，踏下离合器踏板，然后在 1 挡启动，再放开离合器踏板。此时发动机继续运转，不熄火，确定离合器存在打滑，同时能闻到离合器打滑的焦煳味。更换离合器片、压盘后行驶了两天，高速时离合器又出现打滑现象。

（2）检查离合器踏板自由行程太小，同时离合器踏到底再松到很高程度，才能起步。故障范围锁定为离合器操纵机构。

（3）拆下离合器液压系统工作缸，轻轻按压工作缸的推杆，能按压到底，并能回位。轻踏离合器踏板，推杆能伸出，放松离合器踏板，推杆能回位。这与新车对比相同，大致判定离合液压系统正常。

用手晃动分离叉，发现分离叉没有活动余量，不能回位，并且烫手。分离叉烫手的原因是：离合器打滑时，离合器片摩擦产生的热量通过压盘、分离轴承传到分离叉。分离叉为什么没有活动余量呢？通过仔细检查，发现固定换挡支架的固定螺栓拧入变速器壳体过多，正好挡住分离拨叉，致使分离拨叉不能回位。这是造成离合器打滑的根本原因。

通过与新车对比，发现固定支架橡胶内应有一个铁套，所修的车没有铁套，造成螺栓拧入过多，挡住分离拨叉，致使分离拨叉不能回位，导致离合器打滑。装上相同规格的铁套，故障排除。

案例2　波罗 1.4 换挡困难

故障现象：波罗 1.4L 轿车，行驶 2000km，车主反映该车变速器一直换挡很平顺，手感良好，但是最近在汽车行驶的过程中换挡明显感觉困难，即使强行挂上挡位，也会伴随"咔咔"的金属摩擦异响。

故障诊断：首先进行试车，试车发现该车每个挡位均存在换挡困难的现象。考虑到该车是新车，变速器技术状况下降导致故障的可能性较小，离合器分离不彻底可能性较大，因此先对离合器的工作状况进行检查。

在准备检查踏板自由行程时，发现在车主进行汽车内部装饰时，铺了厚厚的一层地毯，这可能使离合器踏板不能踩到底，导致其工作行程减小，造成离合器分离不彻底。于是将驾驶员这一侧的地毯取出，进行试车，故障排除。

这里也提示车主在进行汽车内部装饰时，不要在离合器、制动踏板部位铺设较厚的地毯或地胶。

案例 3　奇瑞旗云换挡困难

故障现象：奇瑞旗云 SQR7150 轿车，行驶里程约 18.3 万公里，用户反映：该车无论在行驶中还是原地，3 挡换挡困难。

故障诊断：经详细了解获知，该车碰破了变速器壳体，在其他奇瑞服务站换过变速器壳体，在返回的途中发现 3 挡换挡困难故障。

检查发现：无论发动机启动还是不启动，都很难挂上 3 挡；而其他挡位尤其是 4 挡，与 3 挡共用一套同步器和一个拨叉，却能挂挡轻松自如。3 挡可以顺利挂挡的情况是：发动机不运转时挂挡，如果能偶尔挂入一次，此时反复挂 3 挡都轻松自如，但换入其他挡位再换 3 挡又非常沉重；发动机运转时换 3 挡，偶尔也很顺利。

分解变速器，将故障部位锁定在 3—4 挡同步器接合套及锁环等部件。经检查，发现 3—4 挡同步器接合套内花键的齿端，一边倒角，端头成尖角；一边未倒角，端头成平面。未倒角一边正是与三挡齿轮齿圈接合的一端，此时故障原因终于真相大白。

原因是：有倒角的一边（4 挡），在换挡过程中，接合套与齿轮圆周速度同步的瞬间，接合套内花键与相应齿圈外花键两尖角接触，可使换挡的轴向作用力分解成两个方向相反的旋转力矩，使接合套与接合齿圈发生相对转动，实现接合套与齿圈顺利接合而挂挡。而无倒角一边（3 挡）的接合套在换挡过程中，换挡的轴向作用力不能分解为接合套与齿圈的相对旋转力矩，故很难实现挂挡。只有在偶尔接合套内齿与齿轮的齿间正好对正时，3 挡才会顺利挂入。

用户反映，在未换变速器壳前没有此种现象，毫无疑问，那时 3—4 挡同步器接合套的内花键两端应该都有倒角。带着这个问题进一步观察，发现 5 挡同步器接合套与 3—4 挡接合套几何形状大体一致，是不是两者调换装错位置了？于是决定对 5 挡同步器进行分解，并对两个接合套进行比较，发现它们不仅几何形状一致，几何尺寸也一致，只是一个两端均有倒角、一个仅一端有倒角。根据这一特征，将两个接合套互换位置，装复试验，故障排除。

案例 4　速腾低速大角度转向时异响

故障现象：大众速腾 1.8T，手动挡，行驶里程约 3.9 万公里，低速大角度转向时车辆底盘发出"咕、咕"的异响

故障诊断：首先试车进行故障确认，在车速 20km/h 大角度（方向盘转角大于 180°）转弯时，其前部有异响，加减速时，异响随不同的车速而改变。因为差速器行星齿轮只有在转弯时才发生自转，所以这种异响会在转弯时出现，初步判断为差速器异响，也有可能是驱动桥半轴的万向节异响。

更换驱动桥半轴，异响仍然存在，故排除半轴故障可能。

分解变速器，测量差速器行星齿轮的齿轮间隙和啮合印痕，发现啮合印痕在齿根部位（正常应为齿轮中部啮合）。分析可能是差速器球形衬套的不正常磨损，造成差速器的行星齿轮啮合部位达到齿轮根部，差速器不正常啮合产生异响。

更换球形衬套（相当于止推垫片），重新装配，测量新装配的差速器行星齿轮的齿隙在 0.4mm 左右，而发生异响的差速器的实际测量数据为 0.6mm 左右，试车发现故障排除。

基础知识 2 • 液力自动变速器的组成与基本原理

目前汽车的电控自动变速器主要有三类：液力式自动变速器（AT）、无级变速器（CVT）、双离合器自动变速器（DCT，大众称为 DSG），其中，液力式自动变速器的应用最广泛。本项目仅探讨液力式自动变速器的检测与诊断。

一、液力自动变速器的组成

液力式自动变速器主要由液力变矩器、齿轮变速机构、液压控制系统和电子控制系统等五部分组成，其组成如图 3-10 所示。

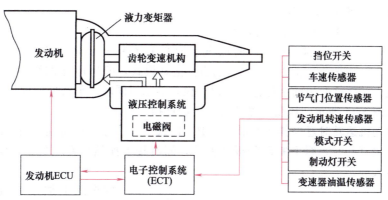

图 3-10　电控液力式自动变速器的组成

1. 液力变矩器

液力变矩器的基本元件是泵轮、涡轮、导轮。

液力变矩器的泵轮和变矩器壳及发动机飞轮相连，是变矩器的主动件。涡轮为从动件，导轮静止不动，起增矩作用。为避免变矩器在涡轮高速时的转矩减小，导轮与固定轴之间加装了一个单向离合器。

在车速较高时，液力变矩器的传动效率降低，为了充分利用发动机的功率，降低油耗，通过锁止离合器将变矩器锁定，实现直接传动。

2. 齿轮变速机构

齿轮变速机构由行星齿轮组和换挡执行机构等组成，多采用双排、三排辛普森式或拉维娜式齿轮机构。

3. 液压控制系统

液压控制系统主要由油泵、主调压阀、换挡阀、离合器、制动器、蓄压器等组成。

油泵由发动机驱动，向液力变矩器工作、自动变速器换挡和润滑提供自动变速器油，通过主调压阀调节主油路油压。离合器、制动器和单向离合器为换挡执行元件，手动控制阀和换挡阀实现自动或手动换挡。强制降挡阀是在节气门接近全开时，迫使变速器在当时挡位下降低一个挡位，以提高汽车动力。

为提高换挡品质，自动变速器采用蓄压器储存油压，减缓整个油路油压的上升速度；采用节流孔、单向球阀，控制调节油液油压，使换挡执行元件接合柔和，防止出现换挡冲击。

4. 电子控制系统

电子控制系统由自动变速器 ECU、传感器、调压和换挡电磁阀、各种开关和故障报警装置组成。

传感器监测汽车行驶工况、发动机工况。自动变速器换挡的主要依据是车速和发动机节气门开度两个信号。为提高控制质量，还需要一些辅助信号，如挡位开关信号、发动机转速信号、强制降挡开关信号、制动灯开关信号、变速器油温信号等。

自动变速器 ECU 根据检测的结果和设定的控制程序输出控制信号，实现对自动变速器的换挡电磁阀、变速器油压电磁阀、变矩器锁止离合器等的自动控制。

二、液力自动变速器的工作原理

09G自动变速器

这里以爱信公司TF-60SN自动变速器为例简介其工作原理,该变速器应用于大众公司的多个系列车型,如波罗、晶锐、朗逸、迈腾等,大众内部编号为09G。

1. 自动变速器的操作

09G自动变速器的操纵手柄有P(驻车)、R(倒挡)、N(空挡)、D(前进挡正常模式)、S(前进挡运动模式,即晚升挡早降挡)五个位置,选挡杆切入位置由选挡杆旁边的字母指示,组合仪表显示器同时显示选挡杆的位置和变速器执行的挡位,如图3-11所示,该变速器共有6个前进挡。

为防止发动机运转时意外挂入行驶挡(R、D或S),换挡杆锁将换挡杆锁止在N或P位置,点火开关打开时,踩下制动踏板并保持,同时按下换挡杆左侧的开锁按钮,该锁解除,可挂入行驶挡。

完全踩下加速踏板时,变速器ECU根据车速和发动机转速强制降低挡位,以利用车辆的最大加速性能。

该变速器为手动/自动一体变速器(Tiptronic技术),当换挡杆从D位压向右侧Tiptronic槽内时,进入手动模式,选挡杆旁边的字母D指示灯熄灭,"+""−"符号亮起,往前(+)推一次换挡杆,升一个挡位,往后(−)推一次换挡手柄,降一个挡位。此时组合仪表显示器也不再显示选挡杆位置。

图3-11 09G自动变速器的操纵手柄及组合仪表的挡位显示

当电控系统出现功能性故障时,变速器ECU启动应急程序,此时,挡位显示屏所有字段均会亮起,此时仍可以移动换挡杆至任何位置,R位仍为倒挡,但在D位和S位,变速器均停留在3挡,同时,手动模式被关闭。

2. 动力传动方案

09G自动变速器齿轮传动机构示意图如图3-12所示,液力变矩器装有锁止离合器K,齿轮传动由1个单排行星齿轮组和1个拉维娜式双排行星齿轮组组成,换挡执行元件由3组离合器(K1、K2、K3)、2组制动器(B1、B2)和1个单向离合器F组成。换挡执行元件彼此协调工作产生6个前进挡和1个倒挡,表3-1为换挡执行元件在各挡位的工作状态。

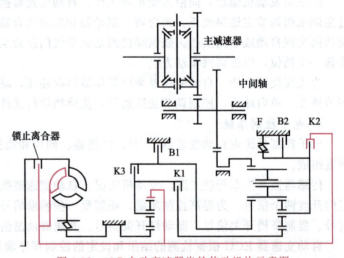

图3-12 09G自动变速器齿轮传动机构示意图

表 3-1 换挡执行元件在各挡位的工作状态

挡位	部件					
	K1	K2	K3	B1	B2	F
1 挡	●				*	●
2 挡	●			●		
3 挡	●		●			
4 挡	●	●				
5 挡		●	●			
6 挡		●		●		
R 挡			●		●	

注：● 表示换挡执行元件接合；* 表示下陡坡时，通过在手动模式下选 1 挡，B2 接合，利用发动机制动作用。

3. 操纵控制原理

09G 自动变速器的操纵控制原理如图 3-13 所示，图 3-14 为朗逸 09G 自动变速器电路图。

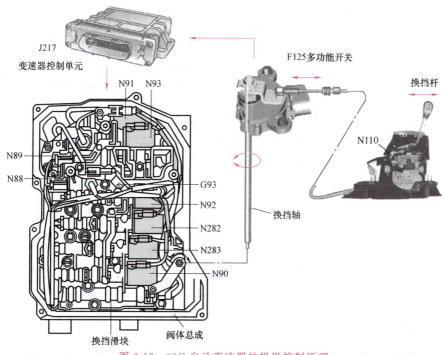

图 3-13 09G 自动变速器的操纵控制原理

多功能开关 F125 在变速器顶部外侧，将换挡杆的机械运动转换为电信号，为变速器 ECU 提供变速器杆位置信号，并通过 CAN 总线传送到仪表显示器。

变速器油温传感器 G93 用于监测自动变速器油的温度，当机油温度超过 127℃时，变速器 ECU 控制变矩器锁止离合器提前接合，以减轻自动变速器油的搅动。

变速器输入转速传感器 G182 用于监控变矩器锁止离合器的工作状态，变速器输出转速传感器 G195 的信号与车速之间存在对应关系，变速器 ECU 通过该信号确定换挡时刻。同时 G182 和 G195 监控换挡元件的执行情况，为变速器 ECU 提供诊断信息。

换挡杆锁电磁阀 N110 位于换挡杆旁用于控制换挡杆，将换挡杆锁止在 P 和 N 位置。点火开关打开时，踩下制动踏板，制动踏板开关信号传入 BCM 控制单元 J519，J519 控制

N110 解除锁止，可挂入行驶挡。

N88、N89 为换挡电磁阀，在换挡过程中交替通电，用于 4～6 挡控制，此外，在手动模式第 1 挡中控制制动器 B2，用于发动机制动。

N90、N91、N92、N93、N282、N283 为压力控制电磁阀，变速器 ECU 通过改变电磁阀通电时的占空比控制电磁阀的开度，进而控制各油路的油压。N90 控制离合器 K3，N91 控制变矩器锁止离合器，N92 控制离合器 K1，N93 控制系统压力，N282 控制离合器 K2，N283 控制制动器 B1。

当换挡杆从 D 位压向右侧 Tiptronic 槽中，手动模式开关 F189 开启，变速器进入手动模式。选择的挡位由选挡杆位置显示屏 Y6 指示。

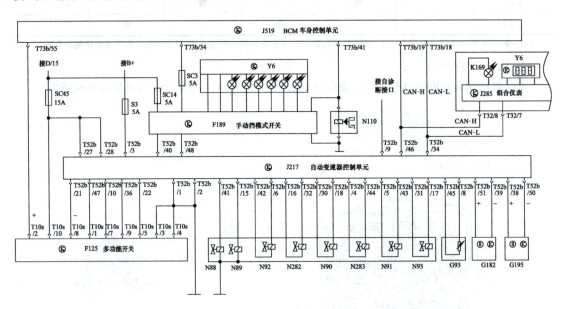

图 3-14　朗逸 09G 自动变速器电路图

N88—电磁阀 1；N89—电磁阀 2；N90—电磁阀 3；N91—电磁阀 4；N92—电磁阀 5；N93—电磁阀 6；N282—电磁阀 9；N283—电磁阀 10；N110—换挡杆锁电磁阀；G93—变速器油温传感器；G182—变速器输入转速传感器；G195—变速器输出转速传感器；Y6—选挡杆位置显示屏；K169—选挡杆锁指示灯

自动变速器使用注意事项

- 在发动机运转的情况下，驾驶员如果离开本车，务必拉起手制动，换挡杆应置于 P 位。
- 无论发动机是否运转，切勿在换挡杆置 N 位的情况下离开汽车，否则汽车会顺着坡度下滑。
- 切勿关闭发动机并将换挡杆置于 N 位让汽车滑行，否则自动变速器得不到润滑而损坏。下坡路面行驶时，在手动模式下降挡，较低的挡位可提高发动机制动效果。

任务 2　自动变速器检查与试验

电控自动变速器具有自诊断功能，当出现故障时，首先应读取故障码，并按故障码提示进行检测和维修,若无故障码,但故障又确实存在时,应根据故障症状读取数据流,进行自动变速器的基本检查与性能试验,确定故障所在范围。

一、自动变速器故障诊断检测的程序

① 车况询问和故障确认。请用户详细描述车辆的故障现象,并询问之前做过哪些检修,并通过试车来确认故障。

② 读取故障代码和数据流。通过读取故障代码和数据流,维修人员可以初步判断出故障所在的系统。

③ 基础检验。排除由于自动变速器油位不当、油质不佳、发动机本身等状态不佳和漏油等引起的自动变速器故障。

④ 手动换挡试验。通过电控自动变速器的手动换挡试验来鉴别区分故障是电控系统引起的,还是由机械液压控制系统引起的。

⑤ 如果故障是电控系统引起的,进一步检测电控系统;如果是由机械液压控制系统引起的,通过一系列的机械试验进一步进行检查。

⑥ 确定故障的具体部位,排除故障,再通过自动变速器试验进行竣工检验。

自动变速器机械试验的项目包括液压试验、失速试验、时滞试验、道路试验。一般常用液压试验和道路试验检查故障。

① 通过液压试验检查油路是否漏油、堵塞及各液压元件是否有故障,若都正常,则故障出现在机械系统。通过失速试验检查发动机功率、液力变矩器性能及有关换挡执行元件的工作是否正常。

② 通过时滞试验进一步诊断主油路油压及换挡执行元件的工作是否正常。

③ 通过道路试验侧重于检验换挡冲击、噪声、打滑等现象。自动变速器在修复之后,也应进行道路试验,以检验其工作性能和维修质量。

二、自动变速器的基础检验

基础检验目的:检验自动变速器是否具备正常工作的能力。

基础检验的前提条件是:发动机工作正常、底盘性能良好,特别是制动系统正常。

基础检验中各检查和调整项目如下。

1. 自动变速器油面高度检查

在自动变速器故障诊断前,要首先进行自动变速器油面高度检查。如油面高度过低,将会使液压控制系统供油不足,使自动变速器的离合器和制动器容易打滑、磨损加剧。油面高度过高,将使旋转零件剧烈搅动油液,使空气渗入产生泡沫,导致油压降低或压力建立缓慢,还会造成油液溢出或沿通风管进入发动机烧掉。

自动变速器油面高度检查方法是:将汽车停放在水平地面上,并拉紧手制动,让发动机怠速运转,使自动变速器油达到正常温度。踩住制动踏板,将操纵手柄拨至R、D等位置,并在每个挡位上停留几秒,使液力变矩器和所有换挡执行元件中都充满自动变速器油。最后将操纵手柄拨至P位。从加油管内拔出油尺,擦干净后再插入油管后再拔出,检查油尺上的油面高度。

注意:只有在P挡、N挡位置才能加入自动变速器油。继续运转发动机,检查自动变速器油底壳、油管接头等处有无漏油。如有漏油,应立即予以修复。

2. 自动变速器油品质检查

检查油液颜色，正常的自动变速器油液清洁且呈红色，如油液呈暗红色或褐色，说明离合器、制动器打滑，引起自动变速器过热，或更换自动变速器油不及时。

从油尺上嗅油液的气味，在手指上点少许油液用手指互相摩擦，若油液清淡，无黏性，表明油变质；若油尺上黏附胶质，油液有烧焦味，说明自动变速器油冷却器或管路堵塞等引起自动变速器油温过高；如有金属屑，说明液力变矩器、离合器、制动器或单向离合器有磨损。

若自动变速器油有轻微变质或有少量金属屑，换油后再进行进一步检查。如换油后能正常工作，无明显故障，可以继续使用。若油质有明显变质或有严重焦味，或油底壳内有大量粉末沉淀，应立即拆检并排除故障。

3. 节气门拉索的检查与调整

将加速踏板踩到底时，节气门应全开，否则会使发动机高速大负荷输出功率不足，影响汽车动力性，还会造成强制降挡时机不当。当节气门开度不符合要求时，应对加速踏板与节气门之间的传动机构进行调整。

早期的自动变速器，通过连接节气门和自动变速器的拉索，将发动机的节气门开度信号转换成自动变速器的节气门阀油压信号，该拉索太紧，会使油压过高，引起换挡点升高造成换挡冲击，如拉索太松，则会使油压过低，换挡点降低。在自动变速器的节气门拉索上都嵌有金属挡块作为调节标记，检查时将节气门处于全开位置，此时拉索套末端和挡块标记之间的距离应在 0~1mm 之间。

4. 换挡操纵手柄位置的检查与调整

将操纵手柄拨至各挡位，检查挡位是否正确和挡位开关指示灯的指示是否正确，否则应对其传动机构进行调整。

5. 空挡启动开关的检查

发动机应只能在 N 挡和 P 挡时才能启动，其他挡位时不能启动，若有异常，应进行调整。

6. 发动机怠速检查

检查发动机怠速时，关闭空调，将自动变速器操纵手柄置于 P 挡或 N 挡位置。正常怠速值一般为 750~900r/min。发动机怠速过低，易引起发动机熄火；发动机怠速过高，会出现换挡冲击。

三、手动换挡试验

（1）试验目的　是为了区分故障是机械液压系统引起的，还是电控系统引起的。

（2）试验方法　手动换挡试验是将电控自动变速器所有换挡电磁阀的线束插头全部拔掉，由测试人员手动进行各挡位的试验，此时 ECU 不能通过换挡电磁阀来控制换挡，自动变速器的挡位取决于换挡操纵手柄的位置。不同车型在脱开换挡电磁阀线束插头后的操纵手柄位置和自动变速器挡位之间的对应关系不完全相同，如大众 01V、通用 4L60E 自动变速器，该对应关系为：D 位—超速挡，2（S）位—3 挡，L 位—1 挡，R 位—倒挡，P 挡—停车挡，N 位—空挡。

① 脱开电子控制自动变速器的所有换挡电磁阀线束插头。

② 启动发动机，将换挡操纵手柄拨至不同位置进行路试，或将驱动轮悬空进行试验。

③ 观察发动机转速和车速的对应关系，以判断自动变速器所处的挡位。不同挡位时发动机转速与车速的关系可以参考表 3-2。

④ 试验结束后，接上所有换挡电磁阀线束插头，清除电脑中因脱开换挡电磁阀线束插头而产生的故障码。

表 3-2　自动变速器不同挡位时发动机转速和车速关系

挡位	发动机转速/(r/min)	车速/(km/h)
1 挡	2000	18～22
2 挡	2000	34～38
3 挡	2000	50～55
超速挡	2000	70～75

（3）试验结果分析　所有换挡电磁阀的线束插头全部拔掉，若各挡位符合表 3-2 的对应关系，说明自动变速器的机械和液压部分正常，故障发生在电控系统，下一步应进行电控系统故障的诊断检查；若有一挡位工作异常，说明自动变速器的机械和液压部分有故障，应进行机械试验。

另外，试验结束再次读取故障码，如果仅出现脱开换挡电磁阀线束插头而产生的故障码，也说明自动变速器的电控系统工作正常。

四、机械试验

1. 液压试验

（1）试验目的　液压试验是在自动变速器工作时，通过测量液压控制系统各回路的压力，检查液压控制系统各管路是否漏油，各元件（液力变矩器、蓄压器、油压电磁阀等）是否工作正常，判断故障在自动变速器机械系统还是在液压系统。

（2）试验方法　一般在自动变速器壳体的有关位置设有数个测量不同油路液压的测压孔，用于安装油压表。平时用螺塞堵住，具体位置可以在该车型的维修手册中查到。检测自动变速器各油路的油压时，一般在 R 挡和 D 挡分别检测，又分发动机怠速和失速状态两种工况。

失速状态，是指在相应挡位踩紧制动踏板，同时将加速踏板快速踩到底，此时自动变速器的液力变矩器的涡轮静止不动，只有液力变矩器壳及泵轮随发动机一同转动。在失速状态下，发动机的动力全部消耗在液力变矩器内自动变速器油的内部摩擦损失上，油温急剧上升，因此在试验中，从加速踏踩下到松开的整个过程不得超过 5s。

试验前应检查汽车的脚制动和手制动，确认其性能良好。以主油路为例介绍油压测试方法。

① 将汽车停放在宽阔的水平路面上，用三角块抵住前后车轮；将自动变速器预热到正常工作温度。拆下变速器壳体上的测压孔螺塞，接上油压表。

② 启动发动机，检查怠速转速是否正常。

③ 将换挡操纵手柄拨至 D 位，读取发动机怠速运转时的油压。

④ 用左脚踩紧制动踏板，同时用右脚将加速踏板快速踩到底，在失速状态下读取油压，该油压即为失速状态下的 D 挡油压。

⑤ 将换挡操纵手柄拨至 N 位，让发动机怠速运转 2min 以上，以防止油温过高而变质。

⑥ 将换挡操纵手柄拨至 R 位，重复上述的步骤，读出 R 挡在怠速工况和失速状态下的油压。

（3）试验结果分析

① 怠速工况油压不正常

• 所有挡位的油压均过高：主油路调压阀或调压电磁阀损坏。

• 所有挡位的油压均过低：可能是油泵故障，主油路调压阀或调压电磁阀损坏，主油路泄漏等。

- 某一挡位的油压过低：可能是该挡油路阻塞或泄露。

② 失速状态油压不正常
- 稍低于标准油压：可能是节气门位置传感器信号不良，油压电磁阀损坏或线路故障。
- 明显低于标准油压：可能是油泵故障或主油路堵塞或泄漏。

2. 失速试验

（1）试验目的　检查发动机功率、液力变矩器性能及自动变速器中有关换挡执行元件（离合器、制动器）的工作是否正常。

（2）试验方法　失速试验即检测在失速状态下的发动机最大转速（即失速转速），一般分 R 挡和 D 挡两个挡位。由于失速试验引起油温过高，需要等待时间降温，在进行自动变速器液压试验检测失速状态的油压时，最好由两名维修人员配合，一人观察油压表，另一人监测发动机转速表，在转速不再上升时，同时读出油压和发动机转速，即完成了失速试验，无需单独做失速试验。

（3）试验结果分析　不同车型的自动变速器都有其失速转速标准。大部分汽车液力变矩器失速转速处于 2000~2500r/min 之间。若失速转速与标准值不符，说明存在某些故障。
- 所有挡位的失速转速均过低：说明发动机功率不足。
- 所有挡位的失速转速均过高：可能是液力变矩器失效；主油路油压过低。
- 某一挡位的失速转速过高：可能是该挡油路油压过低；相关液压执行元件（离合器、制动器）打滑。

3. 时滞试验

（1）试验目的　测出自动变速器换挡的迟滞时间，根据迟滞时间的长短来判断主油路油压及换挡执行元件的工作是否正常。

发动机怠速运转时，将换挡操纵手柄从空挡拨至前进挡或倒挡后，需要有一段短暂时间的迟滞或延时才能使自动变速器完成挡位的结合（此时汽车会产生一个轻微的振动），这一短暂的时间称为自动变速器换挡的迟滞时间。迟滞时间取决于自动变速器油路油压、油路密封情况、离合器和制动器的磨损情况。

（2）试验方法

① 让汽车行驶，使发动机和自动变速器达到正常工作温度。将汽车停放在水平地面上，拉紧手制动。检查发动机怠速，如不正常，应按标准予以调整。

② 将自动变速器换挡操纵手柄从 N 位拨至 D 位，用秒表测量从拨动换挡操纵手柄开始到汽车振动为止所需的时间，该时间称为 N—D 延时时间。

③ 将换挡操纵手柄拨至 N 位，让发动机怠速运转 1min 后，再做一次同样的试验。

④ 做 3 次试验，并取平均值。

⑤ 按上述方法，将换挡操纵手柄由空挡位置拨至倒挡位置，测量 N—R 延时时间。

（3）试验结果分析　大部分自动变速器 N—D 延时时间小于 1.0~1.2s，N—R 延时时间小于 1.2~1.5s。
- 若 N—D 延时时间过长，说明主油路油压过低、前进挡离合器摩擦片磨损过甚或前进挡单向超越离合器工作不良。
- 若 N—R 延时时间过长，说明倒挡主油路油压过低，倒挡离合器或倒挡制动器磨损过甚或工作不良。

4. 道路试验

（1）试验目的　检验换挡点、换挡冲击、各挡执行元件是否有打滑、振动、噪声。

（2）试验项目　在道路试验之前，应先让汽车以中低度行驶 5~10min，让发动机和自动变速器都达到正常工作温度。

① 升挡检查　将变速器操纵手柄拨至前进挡位置，踩下加速踏板，使节气门保持在1/2开度左右，让汽车起步加速，检查自动变速器的升挡情况。自动变速器在升挡时发动机会有瞬时的转速下降，同时车身有轻微的闯动感。正常情况下，汽车起步后随着车速的升高，试车者应能感觉到自动变速器能顺利地由1挡升入2挡，随后再升入3挡，最后升入超速挡。若自动变速器不能升入高挡，说明电子控制系统或换挡执行元件有故障。

② 升挡点检查　将换挡操纵手柄拨至前进挡位置，踩下加速踏板，并使节气门保持在某一固定开度，让汽车起步加速。当觉察到自动变速器升挡时，记下升挡车速。一般4挡自动变速器在节气门开度保持在1/2开度时，1→2挡的升挡车速为25～35km/h，2→3挡的升挡车速为55～70km/h，3→4挡的升挡车速为90～120km/h。由于升挡车速和节气门开度有很大关系，即节气门开度不同时，升挡车速也不同，而且不同车型的自动变速器各挡位的传动比的大小都不尽相同，其升挡车速也不完全一样。因此，只要升挡车速基本保持在上述范围内，而且汽车行驶中加速良好，无明显的换挡冲击，都可认为其升挡车速基本正常。若汽车行驶中加速无力，升挡车速明显低于上述范围，说明升挡过早；若汽车行驶中有明显的换挡冲击，升挡车速明显高于上述范围，则说明升挡过迟。升挡过早一般是控制系统的故障所致，也可能是换挡执行元件的故障所致。

由于降挡时刻在行驶中不易察觉，因此在道路试验中一般无法检查自动变速器的降挡车速，只能通过检查升挡车速来判断自动变速器有无故障。

③ 换挡质量的检验　换挡质量的检查内容主要是检查有无换挡冲击。正常的自动变速器只能有不太明显的换挡冲击，特别是电控自动变速器的换挡冲击十分微弱。若换挡冲击太大，可能是油路油压过高、换挡执行元件打滑、装配间隙过小等原因，应做进一步的检查。

④ 强制降挡功能的检查　检查自动变速器的强制降挡功能时，应将换挡操纵手柄拨至前进挡位置，保持节气门开度为1/3左右，在以2挡、3挡或超速挡行驶时突然将加速踏板完全踩到底，检查自动变速器是否被强制降低一个挡位。在强制降挡时，发动机转速会突然上升至4000r/min左右，并随着加速升挡，转速逐渐下降。若踩下加速踏板后没有出现强制降挡，则说明强制降挡功能失效；若在强制降挡时发动机转速升高得反常，达5000～6000r/min，并在强制降挡时出现换挡冲击，则说明换挡执行元件打滑，应拆修自动变速器。

⑤ 发动机制动作用的检查　将换挡操纵手柄拨至前进低挡位置，突然松开加速踏板后车速立即随之下降，则说明有发动机制动作用；否则，说明控制系统或前进挡强制离合器有故障。

一、实施准备

准备好液力自动变速器汽车一辆，以及油压表、秒表及故障诊断仪等检测设备。

进行失速试验时，将汽车停放在宽阔的水平路面上，用三角块抵住前后车轮；如不做失速试验，不检测失速状态的油压，可用举升机支起车身使四轮悬空，实验中通过观察车轮转速的变化判断车辆驱动情况。

二、实施过程

启动发动机，将发动机和自动变速器预热到正常工作温度。检查发动机怠速转速是否正常。

进行液压试验时,拆下变速器壳体上的测压孔螺塞,接上油压表。

进行时滞试验时,拨动挡位,用秒表测量从拨动换挡操纵手柄开始到汽车振动(此时,观察发动机转速表有一个轻微抖动)为止所需的时间。

各试验方法见"相关知识"中的相关内容。

任务3 自动变速器常见故障分析

电控液力自动变速器常见故障有自动变速器打滑、换挡冲击过大、升挡过迟等,由于不同车型的自动变速器结构不同,其诊断方法也略有不同,这里学习的故障分析诊断方法仅作参考。

一、电控液力自动变速器故障诊断的原则

① 分清故障引起的部位和性质。分清故障是由发动机引起的,还是液力自动变速器本身引起的。自动变速器故障是机械部分的,还是液压系统的,还是电控系统的;是只需维护就可排除,还是需要拆卸自动变速器彻底修理才能排除的。只有分清了故障部位,才能有针对性地去查找故障根源,少走弯路。

② 坚持先简后难、逐步深化的原则。先从最简单、最容易检查的地方开始,如开关、拉杆,自动变速器油液状况等,最后再深入实质性故障。

③ 充分利用自动变速器的性能试验。通过这些试验项目,为查找故障提供线索。

④ 充分利用电控自动变速器的故障自诊断功能。维修人员可以通过故障诊断仪从自动变速器 ECU 中读出故障码,为自动变速器控制系统的故障诊断和排除提供依据。

⑤ 非拆不可,放在最后。必须在拆检之后才能确诊的故障,应是故障诊断的最后步骤。电控自动变速器是不允许轻易解体的。

自动变速器的常见故障,如换挡粗暴、挡位不正确等,通常由自动变速器油位不当、油质不佳、换挡杆等联动装置调节不当、发动机怠速不正确等引起;液压控制系统漏油(液压系统的密封垫、油封失效是发生漏油的常见原因)会引起液压不足,从而造成换挡打滑、延时等故障;自动变速器电控系统的故障会引起自动变速器没有某一挡、不能上挡等故障。

自动变速器的机械系统部件(如各挡离合器、制动器、行星齿轮组、轴等)和液压控制系统部件(如液力变矩器、阀体、调速器等)在正常使用条件下,1~2 年内一般不会发生故障。当然,如果自动变速器长期使用或不正常使用,也会导致机械、液压系统部件发生故障,如各离合器、制动器磨损、粘连等。阀体等精度要求高的部件,一般不会出现故障。

二、自动变速器常见故障诊断

故障1 汽车不能行驶

1. 故障现象

变速杆挂入哪个行驶挡(R、D、S),汽车都不能行驶;或者冷车启动后汽车能行驶一段路程,但热车后不能行驶。

2. 故障原因

① 主油路油压过低。自动变速器油发生泄漏,使液压油严重不足;油泵故障;进油滤

网堵塞。

② 操纵手柄和手动阀摇臂之间的连杆或拉索松脱，手动阀保持在 N 挡或 P 挡位置。

③ 内部机械故障。涡轮花键毂严重磨损；行星齿轮系统损坏。

3．故障诊断流程

① 检查自动变速器液面高度。若油面过低或无油，应检查自动变速器油底壳、液压油散热器、油管等处有无破损而导致漏油。如有漏油处，应修复后重新加油。

② 检查自动变速器操纵手柄与手动阀摇臂之间的连杆或拉索有无松脱。如有松脱，应予以装复并调整好操纵手柄的位置。

③ 检测主油路油压。

• 若主油路油压过低，应打开油底壳，检查集滤网是否堵塞。如无堵塞，说明油泵损坏或主油路严重泄漏，应拆解自动变速器进一步检查。

• 若冷车启动时主油路有一定的油压，但热车后油压明显下降，说明油泵磨损过大或油滤清器堵塞（冷车滤清器堵塞不明显，热车后滤清器吸附杂质增多而堵塞）。

• 若主油路油压正常，故障应为涡轮花键毂严重、行星齿轮系统损坏等机械故障。

故障 2　自动变速器打滑

自动变速器打滑是最常见的故障之一。自动变速器打滑往往都伴有离合器或制动器摩擦片严重磨损甚至烧焦等现象，但如果只是简单地更换磨损的摩擦片而没有找出打滑的真正原因，则会使修后的自动变速器使用一段时间后又出现打滑。

1．故障现象

自动变速器打滑故障现象和手动挡的离合器打滑相似，即：踩下加速踏板，发动机转速升高很快，但车速升高很慢，多发生在汽车起步、车辆上坡或急加速时。伴随现象：自动变速器油温易升高，甚至可能闻到自动变速器有焦煳味。有时，仅存在自动变速器的某一挡位打滑。

2．故障原因

① 自动变速器油液面太低，或液压油油面太高，运转中被行星排搅动后产生大量气泡。

② 自动变速器油变质。

③ 主油路油压过低。如油泵严重磨损、滤清器堵塞、主油路泄漏、主调压阀或压力控制电磁阀失效等造成多个执行元件打滑。

④ 离合器或制动器、单向离合器严重磨损，或制动带间隙调整不当。

⑤ 单个执行元件工作油压过低造成单个执行元件打滑。如单个执行元件的活塞密封圈损坏，油路密封圈损坏、蓄压器泄漏等。

3．故障诊断流程

① 检查自动变速器油的油面高度。若油面过高或过低应先调整至正常。

② 检查自动变速器油的品质。若液压油已变色且有烧焦味，应拆修自动变速器。

③ 检测自动变速器油压。如果主油路油压正常，只要更换磨损或烧焦的摩擦元件即可。如果主油路油压过低，拆下自动变速器油底壳，检查滤清器是否堵塞，如滤清器正常，拆检阀体，清洗油路，检查试换调压阀，如以上处理均无效，检查油泵及各密封件是否良好。

④ 进行道路试验，以确定自动变速器是否打滑，并检查出现打滑的挡位和打滑的程度。汽车正常行驶，将操纵手柄换入不同的挡位。若自动变速器升至某一挡位时发动机转速突然升高，但车速没有相应地提高，即说明该挡位有打滑，判断产生打滑的换挡执行元件。

故障 3　换挡冲击过大

自动变速器换挡冲击过大的故障表现不同，其原因亦有不同，下面分三种情况进行介绍。

情况1：车辆起步时，由P位或N位换入倒挡或前进挡时，发生入挡冲击

1. 故障原因

① 发动机怠速过高，变速器油位过高，节气门位置传感器信号异常。

② 电控单元进入失效保护模式。

2. 故障诊断流程

① 检查发动机怠速，若怠速过高，应予以检修。

② 检查节气门位置传感器信号是否异常，检查变速器油位是否过高，如油位过高将多余的油放掉。

③ 故障诊断仪检查电控单元是否进入失效保护模式，如进入失效保护模式，应进一步分析原因。

情况2：汽车行驶中，所有挡位升降挡均有换挡冲击

1. 故障原因

变速器主油路油压过高，原因有：主油路调压电磁阀或控制线路故障，主油路调压阀故障。

2. 故障诊断流程

首先检查主油路油压，如油压过高，则先检查主油路调压电磁阀及其线路是否正常，ECU在换挡的瞬间是否向油压电磁阀发出控制信号。如果电磁阀及其线路有故障，应予以修复，如果ECU在换挡的瞬间没有向油压电磁阀发出控制信号，说明ECU故障，应予以更换。

如果电磁阀正常，拆解自动变速器阀体，检查主油路调压阀是否发生卡滞，如发生卡滞应用1200号细砂纸沿圆弧方向进行打磨。

情况3：个别挡位有换挡冲击

1. 故障原因

① 该挡液压执行元件打滑。相关离合器、制动器活塞的密封圈密封不良导致该挡油路油压过低。

② 对应该挡的油压缓冲系统出现故障，如蓄压器活塞密封圈泄漏（会造成热车时换挡冲击严重），蓄压器活塞卡滞，单向球阀磨损或装错、漏装。

2. 故障诊断流程

① 进行道路试验，如果在升挡之前发动机转速异常升高，则说明离合器或制动器打滑，导致升挡过迟，使升挡瞬间有较大的换挡冲击，检测发生换挡冲击的挡位的换挡油压是否正常，必要时分解自动变速器，予以修理。

② 若发现某个挡位在换挡时油压保持稳定，说明对应该挡的油压缓冲系统出现故障，检查蓄压器活塞密封圈是否泄漏、卡滞，检查单向球阀是否磨损或装错、漏装。

故障4　升挡过迟

1. 故障现象

① 在汽车行驶中，达到升挡车速范围不能升挡，要有较高的车速和发动机转速才能升挡。

② 必须采用松油门提前升挡的操纵方法，才能使自动变速器升入高挡或超速挡。

2. 故障原因

① 电控系统故障。节气门位置传感器或车速传感器信号不良；ECU或其线路有故障。

② 离合器、制动器等液压执行元件打滑。原因有：①自动变速器油路泄漏、集滤网堵塞、油泵、主调压阀故障等造成主油路油压过低；②油压过低引起执行元件打滑、自动变速

器油散热不良等,导致自动变速器油温偏高变质,加速了液压执行元件磨损和打滑。

③ 行星齿轮组发生机械损坏。

3. 故障诊断流程

① 检查自动变速器油量是否充足、油是否变质。

② 利用故障诊断仪检查有无故障码,同时查看影响升挡迟滞的数据流,如发动机水温、自动变速器油温、节气门开度等。

③ 检测油路油压,判断故障在液压系统还是机械系统。

• 若油压过低,故障在液压系统,需进一步检查集滤网是否堵塞,油泵、主调压阀等是否有故障。

• 若油压正常,故障在机械系统,需解体进一步检查机械部件。

故障5　不能升挡

1. 故障现象

① 汽车行驶中自动变速器始终保持在1挡,不能升入2挡或高速挡。

② 行驶中自动变速器可以升入2挡,但不能升入3挡和高速挡。

2. 故障原因

① 车速传感器、节气门位置传感器、挡位开关、自动变速器ECU或线路有故障。

② 换挡阀卡滞、换挡电磁阀或线路有故障。

③ 高速挡液压执行元件有故障。

3. 故障诊断流程

① 应先进行故障自诊断,按所显示的故障代码查找故障原因。重点检查换挡控制的传感器,如节气门位置传感器、车速传感器等。

② 检查挡位开关的信号,如有异常,应予以调整或更换。

③ 拆卸阀板,检查各个换挡阀。换挡阀如有卡滞,可将阀芯取出,用细砂纸抛光,再清洗后装入。如不能修复,应更换阀板。

④ 分解自动变速器,检查各个换挡执行元件有无打滑现象,用压缩空气检查各个离合器、制动器油路或活塞有无泄漏。

故障6　自动变速器跳挡

1. 故障现象

汽车以前进挡行驶时,即使加速踏板保持不动,自动变速器仍经常出现突然降挡现象;降挡后发动机转速异常升高,并产生换挡冲击。

2. 故障原因

① 节气门位置传感器、车速传感器故障;自动变速器ECU故障;控制系统电路断路。

② 换挡电磁阀或线路故障。

3. 故障诊断流程

① 用故障诊断仪读取故障码,检查节气门位置传感器、车速传感器数据流。

② 检查控制系统电路接线状态,予以修复。

③ 拆检自动变速器油底壳,检查各个换挡电磁阀线束接头的连接情况。如有松动,应予以修复。

④ 换一个新的阀板或电脑试一下,如果故障消失,说明原阀板或电脑损坏,应更换。

故障7　不能强制降挡

1. 故障现象

当汽车以3挡或超速挡行驶时,突然将加速踏板踩到底,自动变速器不能立即降低一个挡位，致使汽车加速无力。

2. 故障原因

① 节气门位置传感器故障；强制降挡开关损坏或安装不当；强制降挡电磁阀损坏或线路短路、断路。

② 阀板中的强制降挡控制阀卡滞。

3. 故障诊断流程

① 检查节气门位置传感器的安装情况，如有异常，应按标准重新调整。

② 检查强制降挡开关。在加速踏板踩到底时，强制降挡开关的触点应闭合；松开加速踏板时，该开关触点应断开。如果加速踏板踩到底时强制降挡开关触点没有闭合，可用手直接按动强制降挡开关。如果按下开关后触点闭合，说明开关安装不当，应重新调整；如按下开关后触点仍不闭合，说明开关损坏，应予以更换。

③ 对照电路图，在自动变速器线束插头处测量强制降挡电磁阀。如有异常，则故障原因是线路短路、断路或电磁阀损坏。对此，应检查线路或更换电磁阀。

④ 拆下自动变速器油底壳，检查强制降挡电磁阀的工作情况。如有异常，应予以更换。

⑤ 拆卸阀板总成，分解、清洗、检查强制降挡控制阀。阀芯如有卡滞，可进行抛光；若无法修复，则应更换阀板总成。

故障 8 锁止离合器无锁止作用

1. 故障现象

汽车行驶中，车速、挡位已满足锁止离合器起作用的条件，迅速踩下加速踏板时，发动机转速先升高，车速滞后上升，且汽车油耗较大，即锁止离合器没有产生锁止作用。

2. 故障原因

① 自动变速器油温传感器、车速传感器、节气门位置传感器、自动变速器 ECU 或线路有故障。

② 锁止电磁阀或线路故障。

③ 锁止控制阀有故障；锁止离合器损坏、锁止油路严重泄漏。

3. 故障诊断流程

① 进行故障自诊断，检查有无故障码。检查与锁止控制有关的部件包括油温传感器、节气门位置传感器、锁止电磁阀信号等。

② 测量锁止电磁阀：如有短路或断路，应检查电路；如电路正常，则应更换电磁阀。

③ 拆下阀板，分解并清洗锁止控制阀。如有卡滞，应进行抛光修复。如不能修复，应更换阀板。

④ 若控制系统无故障，则应更换变矩器。

故障 9 自动变速器异响

1. 故障现象

在汽车运转过程中，自动变速器内始终有异常响声；或者汽车行驶中自动变速器有异响，停车挂空挡后异响消失。

2. 故障原因

① 发动机运转过程中，任何挡位下自动变速器始终有连续的异响。

原因：油泵磨损，变矩器内锁止离合器、导轮单向超越离合器故障。

② 汽车行驶中自动变速器有异响，在 N 挡或 P 挡异响消失。

原因：行星齿轮机构磨损、断裂；单向超越离合器磨损、卡滞；轴承或止推垫片损坏；行星齿轮与行星架之间轴向间隙过大。

3. 故障诊断流程

① 检查自动变速器油的油面高度和油质有无异常。

② 用举升器将汽车升起，启动发动机，在空挡、前进挡、倒挡等状态下检查自动变速器产生异响的部位和时刻。

• 若在任何挡位下自动变速器中始终有连续的异响，应拆检油泵和变矩器，检查油泵有无磨损、变矩器内有无大量摩擦粉末。如有异常，应更换油泵或变矩器。

• 若只有行驶中自动变速器有异响，在 N 挡、P 挡时异响消失。拆检自动变速器，检查行星齿轮机构中各个零件有无磨损痕迹，齿轮有无断裂，单向超越离合器有无磨损、卡滞，轴承或止推垫片有无损坏，如有异常，应予以更换。

• 若自动变速器在直接挡没有异响，在其他挡位有异响，故障在行星齿轮机构。

一、实施准备

准备好液力自动变速器汽车一辆，用举升机支起车身使四轮悬空，实验中通过观察车轮转速的变化判断车辆驱动情况。准备油压表、故障诊断仪等检测设备。

在不损坏变速器的情况下设置故障点，主要是松开导线插头使电路虚接设置电路断路故障。

也可在自动变速器实验台进行实操训练。教学实验台训练时，可通过故障设置开关，设置电路断路故障点，通过改变传感器模拟器输出信号，模拟传感器性能不良。

二、实施过程

启动发动机，将发动机和自动变速器预热到正常工作温度，检查发动机怠速转速应正常。故障诊断方法参考"相关知识"中相关内容。

案例 1　帕萨特 B5 无法行驶

故障现象：帕萨特 B5 轿车，在行驶时，遇到路面的石块，由于避让不当，造成石块拖底，随即车速下降，停车后汽车无论挂哪个挡均无法继续行驶。

故障诊断：将车辆拖到修理厂后检查，发现故障灯亮，用故障诊断仪检测，显示：自动变速器转速传感器和 N89 换挡电磁阀断路或短路。将车辆举升起来，发现变速器油底壳碰瘪严重。打开油底壳，发现 N89 换挡电磁阀端子已经脱开，变速器转速传感器外观未见异常，自动变速器油滤清器变形。用万用表分别检查控制单元到变速器转速传感器和 N89 换挡电磁阀的线束，电阻值都小于 1Ω，表明线束正常。再检测变速器转速传感器和 N89 换挡电磁阀本身的电阻值，为无穷大，说明两者均已损坏。大众自动变速器控制单元自诊断系统发现传感器或电磁阀断路或短路后，会启动失效保护程序，在 D 位有一个 3 挡，最高车速能达到 150km/h，但该车却不能行驶。

进一步检查，发现该车的自动变速器油滤清器不通，更换新的电磁阀、转速传感器及变速器油底壳、滤清器后，试车一切正常，故障排除。该故障的原因是油底壳变形堵住自动变速器滤清器的进油口，同时造成电磁阀损坏，最终使汽车无法行驶。

案例2　速腾2.0个别挡换挡冲击

故障现象：速腾2.0L汽车，配置09G自动变速器，将该车挂D位，起步加速时1挡升入2挡过程中车身抖动，换挡冲击大，且每次从D挡起步时均有此现象发生。3、4、5挡之间换挡过程均正常。

故障诊断：用故障诊断仪进入网关安装列表查询，无故障存储，进入02（自动变速器系统）读取自动变速器测量数据块显示正常，自动变速器控制单元编码正确。

检查自动变速器油位和油质，正常，无明显的色泽变化（正常是暗红色）及烧焦气味。做自动变速器的失速试验，发动机转速在2000r/min左右，证明自动变速器内部离合器与制动器等摩擦元件正常。

依据09G自动变速器升挡工作原理：1挡升2挡过程中，自动变速器1、2挡切换时参与的执行元件有K1和B1，相应的电磁阀N92与N283。用万用表检查电磁阀N92与N283线路，无短路和开路现象。

拆下自动变速器的滑阀，检查N283电磁阀，无卡滞现象，工作正常。拆检与N283电磁阀相连的机械阀，发现机械阀的弹簧断成两段。更换相同规格的弹簧后故障排除。

分析原因，自动变速器阀体中，与N283电磁阀相连的机械阀弹簧本身存在瑕疵，使用一段时间后断成两段。N283是调压电磁阀，当电磁阀通过占空比信号后，油道泄压，此时机械阀弹簧推动机械阀移动进行油道切换。该弹簧断成两段后总弹力下降，不能迅速推动机械阀切换油道，存在迟滞现象，导致制动器B1的活塞移动迟缓，造成1挡升2挡时车身抖动，换挡冲击大。

案例3　速腾1.6入挡冲击

故障现象：速腾1.6L轿车，行驶里程约12.8万公里，搭载09G自动变速器。用户反映：该车的挡位指示灯变成红色，变速器入挡冲击，车辆无法高速行驶。

故障诊断：维修人员检查后确定变速器已经锁挡，进入了失效保护模式。使用故障诊断仪VAS5052A检查变速器系统，存储故障码：00262 电磁阀3—N90断路/对地短路。读取动态数据，在02—08—007组读取N90电磁阀工作电流，发现各电磁阀工作电流都是0A（各电磁阀均处于断电状态）。挂入其他挡位时电流没有变化，这就确定了变速器控制单元识别出故障，进入了失效保护模式。

根据故障码的提示，笔者分析可能故障点有：N90电磁阀故障；N90到变速器控制单元之间的电路故障；变速器控制单元故障；阀体内N90电磁阀的机械滑阀故障。对以上故障点，变速器控制单元的故障可能性最低；检查N90电磁阀的机械滑阀，需要放出变速器油，拆卸油底壳和阀体，考虑到其工作量，检查电磁阀N90的方法最简单。根据电路图（图3-15）N90通过T14插头的7脚和8脚直接与变速器控制单元J217相连，找到T14插头中对应的线脚来测量N90的电阻，N90为脉宽调制电磁阀，电阻应为5～7Ω，实测电阻为6.3Ω，符合标准。测量N90到

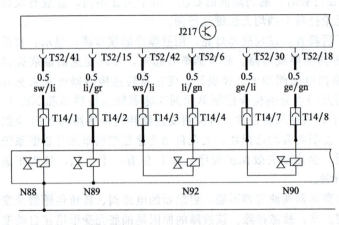

图3-15　09G型自动变速器电磁阀电路图（局部）

变速器控制单元的 2 条电路，均不导通，难道 2 条线都断了？首先检查 T14/7 到 T52/30 的电路，再检查 T14/8 到 T52/18 的电路，经过仔细检查，发现 T14/8 脚连接的电路从根部断掉，故障点找到了。将断掉的电路用同色线重新连接并包扎好，清除故障码，可以看到变速器电磁阀的数据恢复正常。试车，确定变速器升挡正常。

09G 型自动变速器电磁阀的 T14 插头线束的走向很紧凑，而且弯度几乎达到 360°，容易从接脚根部断线。如果 09G 型变速器出现电磁阀断路故障，应该首先检查 T14 插头的线束。

复习思考题

1. 某汽车出现行驶无力，行驶中踩下节气门踏板，发动机转速能迅速提高，但车速增加缓慢，能嗅到摩擦片的焦煳味。该车配手动变速器，检查离合器踏板自由行程正常，请分析故障原因。
2. 某车配手动变速器，出现换挡困难，如何判断此故障是离合器分离不彻底引起的，还是变速器故障引起的。
3. 发动机怠速工况下检测液力自动变速器油压，下列情况下分别简述故障原因。
   情况 1：所有挡位的油压均过高；
   情况 2：所有挡位的油压均过低；
   情况 3：某一挡位的油压过低。
4. 简述液力自动变速器打滑的故障原因。
5. 液力自动变速器出现换挡冲击，下列情况下分别简述故障原因。
   情况 1：所有挡位升降挡均有换挡冲击。
   情况 2：个别挡位有换挡冲击。

项目 2　转向系与行驶系故障诊断

■ 学习目标

1. 熟悉转向系、行驶系的组成、结构、工作原理。
2. 熟悉转向系、行驶系常见故障的故障现象、故障原因、诊断与排除方法。
3. 理解车轮定位仪的测量原理，能够使用车轮定位仪进行车轮定位的检测与调整。
4. 理解车轮平衡机的测量原理，能够使用车轮平衡机进行车轮平衡检测与校正。

■ 项目导读

汽车转向系用来改变和恢复汽车行驶方向；汽车行驶系由车架、车桥、悬架和车轮组成，其作用是驱动车辆，缓和不平路面的冲击和振动，与汽车转向系配合，保证汽车的操纵稳定性。从两大系统的功能上看，两者在保障汽车的操纵稳定性方面有一定的关联性。常见的前轮摆振，行驶跑偏等故障，其故障原因可能是转向系本身问题，也可能与行驶系有关（如悬架、车轮定位等异常），因此本书将汽车转向系和行驶系的故障诊断放在一个项目内进行探讨。

汽车维修中常见的车轮定位和车轮平衡检测，作为汽车行驶系的重要检修项目，其检测原理与检测方法将在本项目进行探讨。

基础知识 1 ● 转向系的结构原理

汽车转向系由操纵机构、转向器和转向传动机构三部分组成。为改善汽车转向的轻便性，现代汽车的转向系均配备有转向助力装置。转向助力系统，又称动力转向系统，它是在机械式转向系统的基础上加一套动力辅助装置组成。

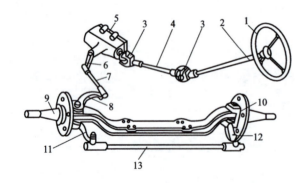

图 3-16　非独立悬架配用的转向传动机构

1—转向盘；2—转向轴；3—转向万向节；4—转向传动轴；5—转向器；6—转向垂臂；7—转向纵拉杆；8—转向节臂；9—左转向节；10—右转向节；11,12—梯形臂；13—转向横拉杆

一、转向系的机械部分

汽车转向系的机械部分构成转向系的主体部分，从转向盘到转向器之间的零部件，属于操纵机构；由转向盘到转向节之间的零部件（不包含转向节），属于转向传动机构。

与非独立悬架配用的转向传动机构如图 3-16 所示，一般由转向摇臂、转向直拉杆、转向节臂及转向梯形机构等部件组成。与独立悬架配用的转向传动机构比较简单，取消了转向摇臂、转向直拉杆，并将转向梯形机构分成两段或三段。

转向器的常见类型由循环球-齿条齿

扇式转向器和齿轮齿条转向器两种。

循环球-齿条齿扇式转向器，简称循环球式转向器，如图 3-17 所示，一般有两级传动副：第一级是螺杆螺母传动副；第二级是齿条齿扇传动副。循环球-齿条齿扇式转向器传动比大，常用于重型汽车，并加装动力转向装置。

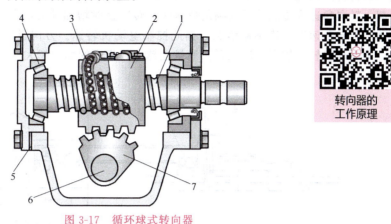

图 3-17 循环球式转向器

1—转向螺杆；2—转向螺母；3—钢球；4—推力轴承；5—调整垫片；6—摇臂轴；7—齿扇

齿轮齿条转向器只有一级传动，转向齿轮与转向盘柔性相连，转动转向齿轮，转向齿条水平轴向移动，带动左右横拉杆、左右转向节使转向轮偏转，实现汽车转向。齿轮齿条转向器使转向机构简化，常用于前轮为独立悬架的轿车或轻、微型货车。

二、助力转向系统

助力转向系统，有液压助力转向、电控液压助力转向（又称电子液压助力转向）、电动助力转向（又称电子助力转向）三种。

液压助力转向系统是在机械式转向系统的基础上加一套液压装置，液压系统由转向罐、转向油泵、转向控制阀、转向动力缸组成。由于转向油泵由发动机皮带轮驱动，转向助力的大小与发动机转速有关，影响驾驶性能。

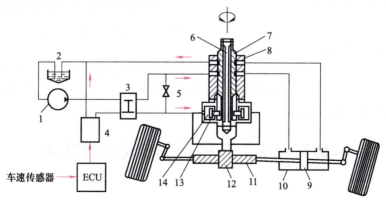

图 3-18 电控液压助力转向系的组成

1—转向油泵；2—储油罐；3—液流分配阀；4—电磁阀；5—节流孔；6—扭力杆；7—转阀阀杆；8—控制阀阀体；9—活塞；10—转向动力缸；11—转向齿条；12—转向齿轮；13—柱塞；14—油压反力腔

电控液压助力转向系统分为两种。一种是在液压助力转向系统的基础上增加了控制流量的电磁阀、转向控制单元（ECU）、车速传感器等电控元件（图 3-18），转向 ECU 根据车速信号控制电磁阀,从而控制流量,使低速转向时助力作用增大,使转向操纵轻便;高速转向时助力作用减弱,提高高速行驶的稳定性。

另一种是将转向油泵由发动机驱动,改为由电动机驱动。图3-19是大众波罗轿车电控液压助力转向系统,转向ECU、电动液压泵(电动机和液压泵)、储液罐和限压阀等集成在一起。转向角速度传感器可以满足快速转动转向盘时增加助力的要求。助力转向ECU接收车速、转向角速度等传感器信息,据此控制电动机转速。方向盘转向角速度越大或车速越低,则电动机转速越高,液压泵供油量也越大,相应的助力越大。

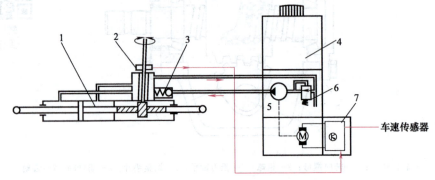

图3-19 波罗轿车电控液压助力转向系统

1—动力转向器;2—转向角传感器;3—止回阀;4—储油罐;5—液压泵;6—限压阀;7—转向ECU

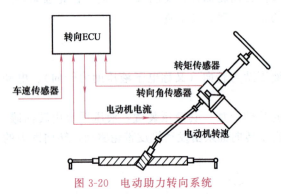

图3-20 电动助力转向系统

电动助力转向系统(Electrical Power Steering,EPS)转向齿轮或齿条由助力电动机直接驱动(图3-20),转向ECU根据车速传感器、转矩传感器、转向角传感器等信号,向电动机控制器发出指令,使电动机输出相应大小和方向的转矩,并具有直行矫正功能,可补偿由侧向力引起的车辆行驶偏向。EPS系统取消了液压系统,使结构大大简化,具有减少燃油消耗、故障率低、便于维修等优点,但电动机提供的助力有限,仅适用于乘用车。

当助力转向电控系统存在故障时,转向ECU会存储故障码并点亮仪表板上的转向助力警告灯。当监测到系统内电动机等部件出现严重故障时,转向ECU会切断助力转向系统,此时机械转向系统仍然正常。

基础知识2 • 行驶系及车轮定位参数

一、汽车行驶系的组成

汽车行驶系由车架、车桥、悬架和车轮组成。

1. 车架、车桥与车轮

车架用于支承连接汽车的各零部件,对于大多数轿车和客车,由于采用承载式车身而取消了车架,以减轻整车质量。

车桥可分为转向桥、转向驱动桥、驱动桥和支持桥四种类型。
车轮一般由轮毂、轮辋及连接辐板等组成。现代汽车广泛采用无内胎轮胎。

2．悬架及其类型

悬架由弹性元件、减振器、导向机构组成。弹性元件有螺旋弹簧、钢板弹簧、扭杆弹簧、气体弹簧四种类型。螺旋弹簧应用于轿车；钢板弹簧主要应用于商用车辆；气体弹簧的刚度可变，并且可以实现对车身高度的控制，故应用于高配置的客车和轿车。

悬架有非独立悬架和独立悬架两大类。非独立悬架因其结构简单，工作可靠，被广泛应用于客、货车的前、后悬架。

独立悬架用于乘用车，由于在一定的弹性变形范围内两侧车轮可以单独运动，互不影响，可减少车架和车身的振动，同时减少了汽车的非簧载质量，使悬架所受的冲击载荷减少。某些SUV车型前后全部使用独立悬架，可使车轮与路面良好接触，提高汽车的离地间隙，从而提高通过性。

在独立悬架中，前悬架有三种形式，即麦弗逊式、双叉臂式、多连杆式，后悬架一般为多连杆式或单斜臂式

麦弗逊悬架（图3-21）广泛应用于发动机前置前驱动的轿车，该悬架结构紧凑，增大了两前轮内侧的空间，便于发动机和其他机件的布置，有良好的操纵稳定性，但抵抗高速转向时车身侧倾的刚度较弱，为减少横向倾角，在悬架中设有横向稳定杆。

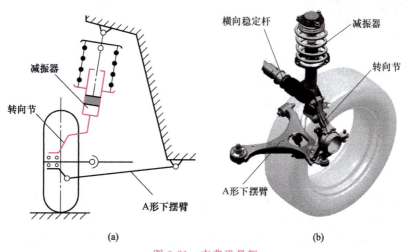

图3-21 麦弗逊悬架

双叉臂式（又称双A臂式，见图3-22）悬架和多连杆式悬架（图3-23）多用于高配置轿车或SUV车型。前悬架一般为双叉臂式、三连杆式或四连杆式，后悬架为四连杆式或五连杆式。在较多连杆作用下，可以大幅度降低来自路面的冲击，最大可能维持轮胎的贴地性。但由于结构复杂，需要定位精确，故研发、制造成本很高；因占用空间大，不便于发动机维修，故五连杆悬架一般用于后轮。

单斜臂式悬架（图3-24）多用于后轮驱动汽车的后悬架。

对于前轮驱动的经济型轿车，后悬架一般采用结构比较简单的扭力梁式悬架（又称拖曳臂式悬架，图3-25），从结构来看，该悬挂左右纵向摆臂被横梁刚性连接，属于非独立悬架，但由于横梁受扭转动，可以使一侧车轮在小范围内单独运动，又称半独立悬架。

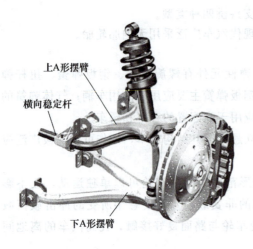

图 3-22 双叉臂式悬架

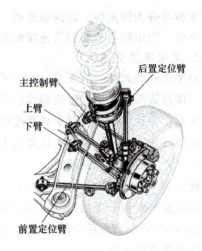

图 3-23 五连杆悬架

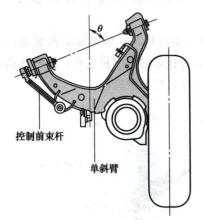

图 3-24 单斜臂式悬架

图 3-25 扭力梁式悬架

二、车轮定位参数

为了保证汽车直线行驶的稳定性、操纵轻便性以及减少轮胎和机件的磨损,要求车轮、转向主销、车桥保持一定的相对安装位置,汽车车轮和主销所设计的角度参数,称为车轮定位参数。车轮主要定位参数是主销后倾角、主销内倾角、车轮外倾角、前束角。近年来注意到车桥变形对车轮定位影响,增加了推进角、退缩角等附加定位参数的检测。

1. 主要定位参数

(1) 主销后倾角 从汽车的侧面看,转向轴中心线与竖直线所成的夹角称为主销后倾角,通常用 γ 表示 [图 3-26 (a)]。规定主销后倾为正,主销前倾为负。

作用:当汽车行驶中,转向轮偶然受外力作用而稍有偏转时,由于主销后倾,地面产生的摩擦力矩与车轮偏转方向相反,从而使车轮回正,保证汽车直线行驶的稳定性。

现代汽车普遍采用扁平低压胎,增加了行驶稳定性,因此主销后倾角可以减小到接近于零。

当主销后倾角过小时,转向后方向盘自动回正能力变弱,引起前轮摆振,使方向盘发抖。主销后倾角过大时,如车速较高,回正力矩会过大,造成转向沉重。当左右车轮主销后倾角不相等时,车辆会朝着主销后倾角小的一侧跑偏。

（2）主销内倾角　从汽车的前面看，转向轴中心线与竖直线所成的夹角称为主销内倾角，通常用 β 表示［图 3-26（b）］。规定主销内倾为正，主销外倾为负。

作用：由于主销内倾，使主销中心线延长线与地面交点至前轮接地点的距离减少，可使转向轻便，减少转向轮传到方向盘的冲击力；同时，由于主销内倾，前轮转向后，前轮及车身重心有一定抬升，汽车本身的自重使转向轮产生回正效应。

主销后倾和主销内倾都有使汽车转向自动回正的作用，但主销内倾的回正作用与车速无关，低速起主要作用。主销后倾的回正作用随车速增大而增大，高速时起主导作用。

主销内倾角过大时，自动回正的作用加剧会使转向沉重，转向时轮胎磨损。

（3）车轮外倾角和前束角　从汽车前方看轮胎中心线与竖直线所成的角度称为外倾角，通常用 α 表示［图 3-26（b）］。规定车轮外倾为正，车轮内倾为负。

从汽车的正上方向下看，轮胎中心线与正前方向，即汽车纵向几何中心线方向之间的夹角称为前束角［图 3-26（c）］。规定两轮前边缘距离小于后边缘距离为正，反之为负。两个车轮的前束角之和，即两个轮胎中心线的夹角称为总前束。

车轮外倾角的作用：车轮外倾是为了防止车辆满载时悬架变形，造成车轮内倾而使轮毂轴承的负荷增加，并使轮胎磨损。同时，也可减少前轮接地点至主销中心线延长线与地面交点的距离，从而使转向轻便。

前束角的作用：车轮外倾使轮胎产生向外侧滚动的趋势，由于车桥的约束，车轮在地面上出现边滚边向内侧滑的现象，造成轮胎磨损，前束对轮胎施加向内侧滚动的趋势，抵消车轮外倾带来的不良影响，从而避免轮胎侧滑造成的磨损，并减轻轮毂外轴承的压力。

对于轿车，由于车速较高，转向时汽车具有很大的惯性离心力，即使悬架具有横向稳定杆，车身也会自然向外侧倾斜，使车轮外倾角增大，且外侧车轮的侧偏角比内侧车轮大得多，从而使内、外车轮产生不同程度的拖滑。因此，部分轿车车轮静止状态时采用负外倾，在转向时车轮外倾角趋于零，可减少转向时轮胎的磨损，提高转向时横向稳定性。由于外倾角为负值，为抵消其影响，相应地前束也采用负值。

车轮外倾角太大时，会造成轮胎外侧出现单边磨损。负外倾角太大时，会造成轮胎内侧出现磨损。左右车轮外倾角不等时，车辆会朝着外倾角较大（或负外倾角较小）的一侧跑偏。

前束失准会造成轮胎羽毛状磨损、前轮摆振。前束角过大时，轮胎外侧磨损，羽片状磨损后的尖部指向轮胎内侧；前束角过小（或负前束过大）时，轮胎内侧羽毛状磨损，磨损的尖部指向轮胎外侧。

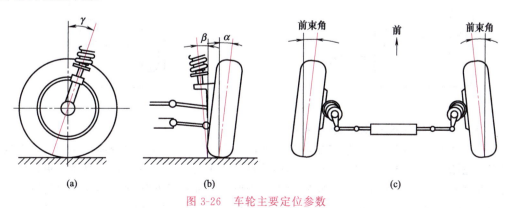

图 3-26　车轮主要定位参数

2．附加定位参数

（1）推进角　汽车纵向几何中心线是指通过汽车前桥和后桥中心的直线，以此确定汽车行驶的正前方向。如果后轮左右轮的前束角不等,汽车行驶时后轮的行进方向(即推进线,又称推力线)会偏离正前方向,推进线与汽车纵向几何中心线之间的夹角称为推进角(又称推力角)。规定:推进线左偏时,推进角为正,反之为负。

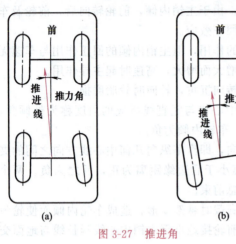

图 3-27 推进角

试验证明:汽车后轮是沿着后轮总前束夹角的平分线的方向行进。由几何关系可以证明:

推进角=(右后轮前束角—左后轮前束角)/2

形成推进角的原因有以下两种:

① 后轮安装不当,造成左、右单轮前束角不等[图 3-27 (a)];

② 车桥变形引起前桥轴线和后桥轴线不平行,造成后轮左右单轮前束角不等[图 3-27 (b)]。

正常情况下,推进角为零,因此,这是一种故障状态参数。推进角超过一定限值会造成车辆跑偏、轮胎异常磨损等问题。

(2) 退缩角 退缩角分前退缩角和后退缩角。两前轮中心连线与推进线的垂线之间的夹角称为前退缩角。两后轮中心连线与推进线的垂线之间的夹角称为后退缩角(见图 3-28)。规定右轮在左轮后面时退缩角为正,反之为负。

退缩角也是一种故障状态参数,一般是由于发生碰撞事故而形成,达到一定程度车辆将出现跑偏。

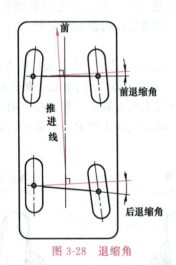

图 3-28 退缩角   图 3-29 后轮推进线定位方式

3. 定位基准线的选择及前轮前束角的新定义

根据前面所述,汽车后轮推进角的存在使汽车后轮的行进方向会偏离正前方向,造成车辆跑偏、轮胎异常磨损等问题,但很多车辆后轮的前束角是不可调的,只有通过更换底盘零件或者使用专用垫片消除推进角,实施起来相当麻烦。而一般车辆前轮的前束角是容易调整的,能不能通过调整前轮前束角的方法,使前后轮的行进方向一致,而不必消除推进角呢?如果后轮推进线偏离角度不大,这样做是可以的。目前四轮定位仪采用的就是这种方法,称为后轮推进线定位方式,如图 3-29 所示。

推进线定位的方法是：首先测量推进角，如果前、后轮前束均可调整，先调整后轮前束，使推进线与几何中心线重合，消除推进角，再以此为基准调整前轮前束；当后轮前束不可调时，仅调整前轮前束，使前轮左、右两轮的轮胎中心线与推进线之间的夹角相等，这样就可实现前、后轮均按照推进线方向行进。

在四轮定位仪的软件设计中，为了便于读数，仪器所显示的前轮前束角的测量值，就是指前轮轮胎中心线与后轮推进线之间的夹角。因此，目前对前轮前束角有新的定义，即：前轮轮胎中心线与后轮推进线之间的夹角称为前轮前束角。也就是说，前轮前束角不再以汽车几何中心线为测量基准，而是以后轮推进线为测量基准（注意：后轮前束角的定义不变，仍以汽车几何中心线为测量基准）。

任务1　车轮定位检测与调整

正确的车轮定位是为了保证汽车直线行驶的稳定性、操纵轻便性以及减少轮胎和机件的磨损。车轮定位仪作为检测与校正车轮定位的专用设备，成为汽修厂或专修店重要的检测维修设备。

汽车一般在下列情况下要进行车轮定位：

① 直线行驶时需紧握方向盘，否则汽车会跑偏。
② 前轮或后轮出现单侧磨损或快速磨损。
③ 转向时方向盘太重、太轻以及快速行驶时方向盘发抖。
④ 当车辆发生碰撞事故维修后。
⑤ 更换轮胎、悬架、转向及有关配件后。
⑥ 新车行驶3000km以及每行驶10000km后。

一、四轮定位仪的组成部件

车轮定位仪从诞生发展到目前，出现的种类很多，早期的车轮定位仪属于普通的机械

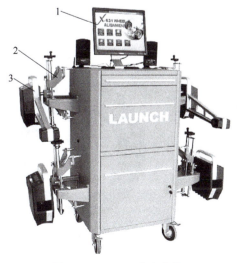

图3-30　CCD四轮定位仪
1—主机；2—轮辋夹具；3—测量机头

图3-31　3D四轮定位仪
1—CCD摄像机；2—主机；3—轮辋夹具；4—目标盘

或光学仪表，且只对前轮定位参数进行测量。现代车轮定位仪均为电脑式四轮定位仪，可同时测量前后四轮的定位参数。这里介绍目前广泛应用的3D四轮定位仪，以及逐渐退出汽修行业的CCD四轮定位仪。图3-30为CCD四轮定位仪，图3-31为3D四轮定位仪。

CCD四轮定位仪和3D四轮定位仪均由主机、测量装置、轮辋夹具、转角盘和附件等组成，两者的主要区别是测量装置。为便于四轮定位的调整作业，一般使用具有二次举升功能的四柱式举升机作为定位平台。

1. 定位仪主机

定位仪主机由计算机、机柜和打印机组成，可完成数据计算、结果显示、打印输出等功能。计算机内有四轮定位专用软件，并存有各种车型定位参数的数据库和操作帮助系统等。

2. 测量装置

（1）CCD四轮定位仪　CCD四轮定位仪的测量装置通过轮辋夹具安装在车轮上，测量装置内主要有控制板、信号光源、CCD传感器、倾角传感器、通信装置、电源等，四轮定位仪共有4个测量机头，上面标有在车轮上的安装位置，各自不能互换。

测量装置各传感器的位置如图3-32所示。两个CCD传感器分别位于大、小箱体，大箱体内的CCD传感器用于测量水平纵向的定位角，如前束角等，又称前束传感器；小箱体内的光学传感器用于测量水平横向定位角，又称横角传感器。两个倾角传感器互成90°放置，其中，外倾角传感器能直接测量车轮中性面的倾角，用于车轮外倾角和主销后倾角的测量。

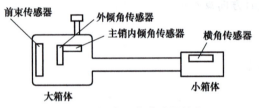

图3-32　测量装置各传感器的位置

主销内倾角传感器则通过测量车轮平面绕车轮轴线的相对转角，计算出主销内倾角的大小。

四轮定位仪的通信装置实现测量机头之间、测量机头与主机之间的数据传递，目前多用无线蓝牙通信方式。蓝牙（Bluetooth）的有效通信距离为10～100m，可穿越障碍通信（此时会损失功率，使通信距离缩短）。

（2）3D四轮定位仪　3D四轮定位仪，即三维成像四轮定位仪，其测量装置分为两部分：安装在立柱两侧的高分辨率CCD摄像机和固定在轮辋夹具上的目标盘。CCD摄像机主要由一个CCD图像传感器和一个红外线发射器组成，目标盘仅是一个反光板，其上有若干个规定大小的反光斑。不同的目标盘，其反光斑略有不同，以便于计算机成像后识别各个车轮的定位参数。目标盘背面标有在车轮上的安装位置，各自不能互换。

3. 轮辋夹具

轮辋夹具将测量机头（或目标盘）安装在汽车轮辋上，有三爪和四爪夹具两种形式。四爪夹具的结构如图3-33（a）所示。通过转动调节手柄调整卡爪的间距，将其卡在轮辋外缘。

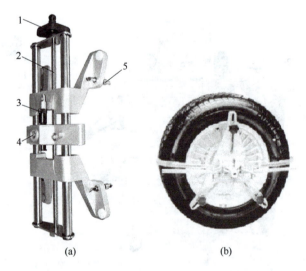

图3-33　轮辋夹具

1—调节手柄；2—丝杆；3—传感器或反光板锁紧螺栓；4—传感器或反光板安装孔；5—卡爪

卡爪的形式可根据需要进行选择。在装配轮辋夹具时，应使卡爪避开轮辋上的平衡块，同时务必使四个卡爪与轮辋接触均匀，并可通过安全钩得到可靠固定。三爪夹具具有自定心作用，在轮辋上的安装情况如图3-33（b）所示。

4．转角盘

转角盘由固定盘、活动盘、滚珠和插销等组成，如图3-34所示。检测时将汽车前轮在置于转角盘上保证车轮转向时能够灵活偏转。检测之前及检测结束后，为便于前轮上下转角盘，应用插销将活动盘锁止。

传统四轮定位仪的转角盘装有位移传感器（或刻度尺、指针），用来测量前轮转过的角度。对于3D四轮定位仪，由于应用三维成像和计算机图像处理技术实现非接触测量，转角盘中取消转角测量装置。

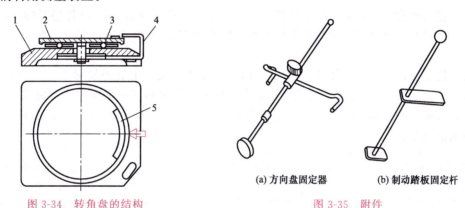

图3-34　转角盘的结构　　　　　　图3-35　附件

1—固定盘；2—活动盘；3—滚珠；4—指针；5—刻度尺

5．附件

附件包括方向盘固定器、制动踏板固定杆等，如图3-35所示。方向盘固定器用于固定方向盘，在测前束时防止车轮转向。制动踏板固定杆用于固定制动踏板，在测定主销倾角时防止车轮滚动。

对于3D四轮定位仪，附件中还配有三角垫块，测量中可用三角垫块抵住后轮，防止车辆前后窜动。

二、CCD四轮定位仪的测量原理

1．水平角度的测量原理

CCD四轮定位仪采用"红外8束"封闭测量方法，即每个测量机头内均有2个红外发射管、2个CCD传感器，安装在车轮上的4个测量机头的前束和横角红外发射管发出的8条光束，由对应的测量机头的CCD传感器接收，形成一个封闭的矩形，将被检汽车置于此矩形中，根据8个光点的位置，可测量水平方向的定位角度，如前束角、退缩角等。

CCD（Charge Coupled Device，电荷耦合器件）是一种大规模集成电路光电器件，即在半导体硅片上制作成百上万个光敏元，即像素，排列在硅平面上。红外线发射管的点光源经过光学镜片投影到线阵排列的CCD光敏元上，如图3-36所示。由于测量机头2偏离零线某一角度δ，测量机头1的红外线光点在测量机头2中的CCD传感器成像点也偏离零点，偏距为x，成像点产生的光生电荷通过转化输出偏距数值，根据聚焦镜片的焦距f，计算出测量机头2的偏角δ为

$$\delta = \arctan \frac{x}{f} \tag{3-1}$$

CCD 器件输出的是数字信号，通过特殊滤波算法可以区分各种干扰光，是目前广泛采用的光传感器件。

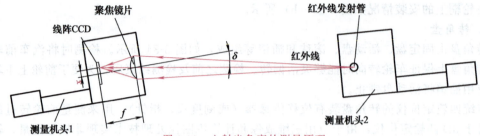

图 3-36　入射光角度的测量原理

在车轮前束检测前，应保证车体摆正且转向盘位于中间位置。CCD 传感器的零点位置，表示前束或横角为零时对应测量机头红外发射管的光点成像位置，在设备标定时已进行确定。

当车轮存在前束时，如图 3-37 所示，相邻车轮测量机头上红外发射管的光点，在该轮测量机头的前束 CCD 传感器上的成像位置会偏离零点位置形成一个偏差值，由式（3-1）可测出该轮的前束角，如后轮左、右车轮的前束分别为 $\delta_3=\delta_{32}$，$\delta_4=\delta_{42}$。再由后轮前束值计算出后轮推进角为

$$\theta=(\delta_4-\delta_3)/2 \qquad (3-2)$$

当车桥未变形时，4 个车轮中心连线组成封闭矩形，对同一车轮，其测量机头横角传感器的直接测量值 δ_{i1} 与前束传感器的直接测量值为 δ_{i2} 相等，即 $\delta_{i1}=\delta_{i2}$。

但当车桥发生变形时，左右车轮轴轴线偏离理论轴线，如图 3-38 所示，相同车轮测量机头横角传感器测量值 δ_{i1} 与前束传感器测量值 δ_{i2} 不再相等，根据几何关系可知，前、后退缩角是两

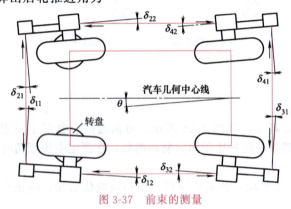

图 3-37　前束的测量

者测量值的差，分别为

$$\varphi_1=\delta_{12}-\delta_{11},\varphi_2=\delta_{32}-\delta_{31} \qquad (3-3)$$

2. 车轮外倾角的测量原理

车轮外倾角是转向盘位于中间位置时的车轮倾角。倾角传感器以重力方向作为测量基准，测得的倾角转化为电压信号输出。车轮外倾角由测量机头内的外倾角传感器直接测出。

3. 主销后倾角和主销内倾角的测量原理

主销后倾角和主销内倾角不能直接测出，可采用间接测量计算得到。

当车轮处于直线行驶位置时，将前轮向左、向右各转规定角度（通常为 10°或 20°），由于主销后倾角的存在，车轮外倾角会发生变化，通过外

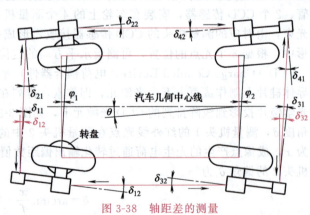

图 3-38　轴距差的测量

倾角传感器测出前轮外倾角的变化量,并按一定的几何关系可算得主销后倾角。

与此同时,由于主销内倾角的存在,在前轮转向时,车轮平面会发生绕车轮轴线的相对转动,通过主销内倾角传感器测出转角,按一定的几何关系可算得主销后倾角。

三、3D 四轮定位仪的测量原理

3D 四轮定位仪运用光学透视原理、透视缩短原理和计算机信息处理技术测量定位参数。CCD 摄像机内的红外线发射器发出的光经柱面镜的单方向拉伸形成一个光平面照在目标盘上,光线经目标盘反射回 CCD 摄像机,被 CCD 摄像机拍摄成像,送入计算机进行运算,成像方法如图 3-39 所示。目标盘上一般选择圆作为观测物体,圆是轴对称图形,也是中心对称图形,是进行相关参数计算最理想的图形。

根据透视原理,即相同物体所成图像有近大远小的特点,测量出到物体移动的距离。

根据透视缩短原理,如图 3-40 所示,当目标盘上的圆形光斑绕横轴旋转时,其纵向外观尺寸将变得越来越小,直到变成一条横向线段,当继续旋转时,其纵向外观尺寸又会从零慢慢恢复到原来大小。因此可知,圆沿横轴旋转时,沿旋转轴方向的外观尺寸保持不变,而纵向外观尺寸随转动角度的不同有规律的变化。因此,若已知圆纵向外观尺寸的大小,就可计算出圆沿横轴转过的角度。同理,圆沿纵轴旋转时,也可通过横向外观尺寸求出圆沿纵轴转过的角度。如果将圆沿横轴和沿纵轴的旋转效果进行合成,可以计算出圆在空间中任意方向上所转过的角度,并且可确定其旋转轴的空间位置。CCD 图像传感器的分辨率影响测量的精度。

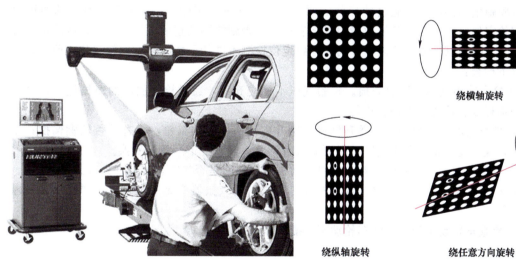

图 3-39　3D 四轮定位仪的成像方法　　图 3-40　反光板的圆形光斑随车轮转动时的透视缩短原理

3D 四轮定位仪是通过前后移动汽车,目标盘随车轮转动,然后用 CCD 摄像机拍摄目标盘上的圆形光斑随车轮滚动的空间运动图像,由计算机三维图像处理技术对空间运动图像进行处理和坐标变换,计算出每个车轮转动的轴线位置。由于车轮轴线与车轮平面是垂直的,前束角和车轮外倾角可通过确定车轮平面的位置而得到。

主销倾角的测量操作方法与 CCD 四轮定位仪类似,都是在车辆静止时,通过转向盘将车轮向左和向右转动相同的角度进行测量。但两者的测量原理不同,3D 四轮定位仪系统通过测量车轮摆动轴线,即主销的位置,直接计算出主销内倾角和主销后倾角。

3D四轮定位仪具有以下的主要特点，故为传统CCD四轮定位仪的换代产品。

（1）故障率低　传统的定位仪的测量机头精密而又复杂，使用中如有磕碰，轻者会降低精度，重者会导致损坏。3D四轮定位仪的目标盘仅是用有机玻璃制成的反光板，无任何传感器等电子元件，不涉及因传感器损坏而校准的工作。

（2）操作简便　对于传统的定位仪，轮辋钢圈如有较明显的变形，轮辋夹具轴销与车轮旋转平面可能会不垂直而形成一定的夹角，造成测量偏差，所以在测量车轮定位参数前，应测出这种偏差值，以便对实际测量的定位数据进行修正，此过程称为轮辋偏摆补偿。

对于3D四轮定位仪，由于测量对象是车轮的转动轴线，轮辋的好坏和反光板的安装位置均不影响测量精度，所以不需要进行测量机头的轮辋偏摆补偿。

（3）对汽车停放平面的水平程度无严格要求　传统的定位仪是以重力方向为基准，以汽车停放的平面（举升机台面）为基准平面，基准平面的水平程度直接影响测量结果的准确性，故设备每使用1～2年需要进行标定。3D四轮定位仪是以车轮轴线为基准确定的三个相互垂直平面，即车身平面、轮轴平面和车轮平面为定位基准，对定位平台的水平程度没有严格的要求，因此，设备无需定期标定。

一、症状询问和车况检查

四轮定位检测之前，应仔细倾听司机对车辆不适症状的描述，如轮胎异常磨损、转向沉重、行驶跑偏等问题。引起这些症状的原因是多方面的，车轮定位失准只是其中的原因之一。四轮定位应放在排除其他故障因素之后进行，否则检测校正的数据不准确，四轮定位没有效果。为排除其他故障原因，并消除导致定位检测不准的干扰因素，四轮定位之前通常需进行以下检查：

① 检查轮胎气压和胎面磨损。轮胎气压不足应充气，通过检查胎面的磨损记号，确定轮胎磨损程度、检查磨损是否均匀。

② 检查轮辋和轮毂轴承。举升机将车辆升离地面，转动车轮，检查是否轮辋偏摆；推拉轮胎，检查轮毂轴承是否松旷，必要时进行调整，轮辋变形严重应更换。

③ 检查转向系。检查转向器、转向传动机构杆件间是否松旷，传动杆件有无变形。

④ 检查悬架、减振器。检查悬架杆件是否松旷、减振器有无渗漏，减振弹簧是否折断或变形等。

⑤ 检查车轮动平衡，排除车轮动不平衡故障因素。

二、CCD四轮定位仪的操作使用

各厂家定位仪的操作步骤不尽相同，但基本操作流程大致相同，这里作简要介绍。

1. 检测前的准备工作

① 根据汽车的轴距和轮距确定转角盘和后滑板（四轮定位仪附件或选配件）的位置，保证转角盘和后滑板在同一水平面，避免倾角测量产生误差。插好转角盘和后滑板上的插销。

② 将被测车辆驶上举升机平台。车辆停稳后，前轮应落在转角盘中心。车辆熄火后，拉紧驻车制动器。

③ 调节夹具卡爪位置安装夹具，然后挂上安全钩；拔掉转角盘和后滑板上的插销；将四个传感器按照对应车轮的位置安装到夹具上。举升机升至合适位置，转动测量机头使水平

气泡处在中央位置,拧紧传感器固定螺栓。

注意:4个测量机头上面标有在车轮上的安装位置,各自不能互换。测量机头是精密器件,使用时要轻拿轻放,切勿撞击或滑落。

2. 开机及车型选择

启动电脑主机,运行四轮定位软件,显示器屏幕出现系统主界面和主菜单。输入客户信息,车型选择按品牌、车辆型号、年份款式的层次进行操作,选定后可显示该车型的标准数据。

3. 轮辋偏摆补偿

通过主机键盘进入偏摆补偿程序,通过举升机的二次举升台使车轮悬空,松开驻车制动器,松开测量机头与夹具的紧固螺栓。根据界面上的提示进行操作,首先在车轮初始位置取点,按测量机头上的补偿键确认,将夹具随车轮一起绕车轮轴线转动180°,按测量机头上的补偿键确认,直到最后回到初始位置。然后按照同样的操作对其他的传感器进行补偿。

注意:在偏摆补偿过程中,各传感器需保持水平状态,保持光路良好。

如果车辆轮辋良好,可以跳过偏摆补偿程序直接进入检测程序。

4. 调整前检测

① 拉紧驻车制动器,用制动踏板固定杆抵住制动踏板,进入定位检测程序。

② 按照屏幕上出现的方向盘对中提示,使方向盘对中,并用方向盘固定器锁紧,此时进行前束角和车轮外倾角的测量。

③ 拿掉方向盘固定器,按照提示转动转向盘使前轮向右转10°(有的定位仪转角设定为20°),用按键确认,回正,再向左转动转向盘使前轮向左转10°并确认,最后回到对中位置,即初始位置,用按键确认。此时系统通过测量转向时左右两个10°转角位置的目标值,测出主销内倾角、主销后倾角。测量结束后,屏幕显示所有的测量数据。

注意:在以上过程中,各传感器水平泡应保持中心位置。

5. 定位调整

① 将方向盘对正并用固定器锁紧,升起举升机到合适调整的高度,将举升机锁止在水平安全位置,将四个传感器调整为水平状态。

② 进入定位调整程序,各参数按要求的顺序进行调整,调整过程中,屏幕上检测数据会实时变化,调至符合规定值后,结束定位调整过程。

6. 调整后检测

将举升机降回到调整前测量时的高度,将举升机锁止在水平安全位置,进行调整后复检。

三、3D四轮定位仪的操作使用

1. 检测前的准备工作

① 转角盘插好插销,驶入车辆停放在四柱举升机中间位置,临近转角盘时,打正方向盘,并用方向盘固定器锁紧,向前推动车辆使前轮停在转角盘中心,用三角垫块抵住后轮。

3D回轮定位仪的操作

② 然后操作人员将夹具及目标盘安装在对应的车轮上,并使夹具上的水平气泡大致处在中央位置,将夹具锁紧,挂上安全钩。

2. 开机及车型选择

启动电脑主机,运行四轮定位软件。调整举升机与立柱高度,使四个目标盘都清晰地出现在显示画面内。输入客户信息,选择车辆型号、年份款式。

3. 检测

① 进入推车检测程序,移去后轮的垫块,按显示器屏幕或语音提示,将汽车向后推动

一定距离（约15～20cm），直到屏幕及语音提示停止推车，再将汽车向前推回，使转盘上回到原来位置，用三角垫块抵住后轮，系统测量出前束角和外倾角。

② 进入主销倾角测量程序，拔掉转角盘插销，拉起驻车制动，用制动踏板固定杆抵住制动踏板。拿掉方向盘固定器，按显示器屏幕或语音提示，向左转动转向盘10°，再回正，再向右转动转向盘10°，然后再回正，系统测出主销后倾角和主销内倾角。

检测结束后，将方向盘对正并用方向盘固定器锁紧，插好转角盘插销。对照分析所有测量数据，决定是否需要调整。

四、定位参数的调整

1. 四轮定位参数的调整顺序

由于所有四轮定位角度都在通过底盘的机械结构相关联，改变其中一个角度，其他的角度也会相应地改变。举例如下。

① 改变后轮前束角会引起前轮单轮前束角变化。因为改变后轮前束角时，推进线发生变动，根据前轮前束角的新定义，前轮总前束角虽不会因此而改变，但两个单轮前束角会发生变动。

② 改变车轮外倾角会引起主销内倾角变化。

③ 改变前束角会引起车轮外倾角变化。因为改变前束时车轮绕主销转动，由于主销后倾角的影响，车轮外倾角会随之变动。

因此，为了减少车轮定位参数之间的关联性影响，车辆四轮定位调整的顺序为：先调后轮，再调前轮；先调主销倾角，再调车轮外倾角，最后调前束角。即一般顺序为：后轮外倾角→后轮前束角→前轮主销内倾角→主销后倾角→前轮外倾角→前轮前束角。

2. 四轮定位的调整方法

汽车前轮前束值均能调整，其调整方法也基本相同。对于非独立悬架的前轮，前轮前束值可通过改变转向横拉杆的长度来调整，调整时，拧松两端接头的夹紧螺栓，转动转向横拉杆（横拉杆两端的螺纹一端为右旋，一端为左旋）调出所需前束值。调好后再夹紧锁紧螺栓；对于独立悬架的前轮，转向横拉杆分为左右两段，并与转向器的齿条相连，调整时，松开接头处的锁紧螺母，转动左、右横拉杆，通过改变左、右横拉杆的长度调整左、右轮前束值。

对于除了前轮前束值外的其他定位参数，有的车型能够调整某些参数，有的车型不能调整。如不能调整，其定位角度出现偏差是由于相关零件变形造成的，只能通过更换零件的方法进行纠正。如能够调整，由于各车型的定位调整机构不同，其调整方法也不同。有的采用凸轮式调整机构，调整时，先松开偏心螺栓锁紧螺母，然后转动偏心凸轮进行调整，调好后再拧紧锁紧螺母；有的为垫片式调整机构，通过增减垫片，或改变垫片的厚度的方法进行调整；有的为位移式调整机构，通过松开固定螺栓，沿长孔方向推拉的方法进行调整；有的采用撑杆式调整机构，其调整方法类似于前轮前束的调整，先拧松锁紧螺母，然后旋转撑杆调节螺母使撑杆伸长或缩短，再拧紧锁紧螺母，主要用于调整后轮前束。

车轮定位调整注意事项

• 标准是对新车而言的，对旧车来说标准只是参考，如对前轮驱动、独立悬架的旧车来说，前轮前束的调整值比标准应偏小一些，后轮驱动的车辆前束调整值比标准应偏大一些。

- 为补偿拱形路面的影响，左前轮正的车轮外倾角可以调节得比右前轮外倾角稍大，左前轮正的主销后倾角可以调节到比右轮小一些。
- 对于前轮外倾角的调整，有的车型需要举升前轴使前轴车轮悬空才能调整外倾角，以消除因加载到减振器的重量变化带来的车轮外倾角变化。

任务2　车轮平衡度检测与校正

随着汽车行驶速度的提高，车辆会暴露出诸多问题，其中最突出的是车轮平衡问题。车轮不平衡会引起车轮上下跳动和横向振摆，这不仅影响汽车的乘坐舒适性和操纵稳定性，还因加剧了轮胎及有关机件的磨损和冲击，缩短了汽车使用寿命。因此，对车轮的平衡度进行检测和校正，已成为汽车维修作业中的重要项目之一。

一、静平衡和动平衡的概念

1. 静平衡的概念

质量为 m_0 的转子以角速度 ω 匀速转动。若转子的质量分布对转轴中心 O 均匀对称，即质心 C 在转轴中心上，这时转子处于静平衡状态。若转子质心 C 不在转轴中心上，设偏心距为 e，则产生的离心力 $F=m_0 e \omega^2$，这时转子静不平衡。

判断转子是否处于静平衡状态，其方法是：转动转子，在自然停转时转子最低处作一标记，然后重复多次转动，如自然停转后所作标记的位置各不一样，则转子处于静平衡状态，如进行上述试验，则每次试验标记都停在转子最低处，则转子存在静不平衡，不平衡点就在竖直向下的作用半径上，如图3-41（a）所示。

消除转子不平衡的操作，称为不平衡的校正。显然，只需在 OC 反方向距轴心 O 为 r 的位置加一个质量 m 的平衡块，如图3-41（b）所示，使其产生的离心力 $F'=mr\omega^2$ 和不平衡力 F 大小相等，方向相反，即 $F'+F=mr\omega^2-m_0 e\omega^2=0$，则转子静平衡。

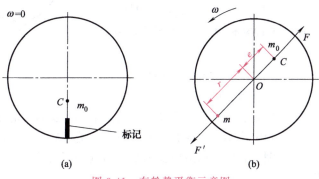

图3-41　车轮静平衡示意图

因此，转子的静平衡条件是：转子的各不平衡力之和为零，即 $\Sigma F=0$。

2. 动平衡的概念

考虑转子的轴向质量分布（即圆柱转子），如图3-42（a）所示，如果在旋转轴线的径向相反位置上，各有一作用不平衡点 m_1 和 m_2，产生的离心力 F_1、F_2 满足静平衡条件 $\Sigma F=F_1-F_2=0$，但由于 m_1 和 m_2 在纵向中心面不对称，F_1 和 F_2 形成力矩 $M=F_1 l$，这时，转子处于动不平衡状态。

如果圆柱转子的两端面上配置质量块 m_1' 和 m_2'，当转子匀速旋转时，产生的离心力 F_1'

和 F_2' 满足条件

$$\begin{cases} \sum F = 0, F_1 + F_1' - F_2 - F_2' = 0 \\ \sum M(F) = 0, F_1 l - F_1' l' = 0 \end{cases}$$

则圆柱转子处于动平衡中，如图 3-42（b）所示。配置平衡块所在的垂直于转子轴线的两个平面，称为校正平面。

因此，转子的动平衡条件是：转子的各不平衡力之和为零，不平衡力产生的力矩之和亦为零，即 $\sum F = 0$，$\sum M(F) = 0$。

3. 车轮不平衡的危害及原因

车轮不平衡引起的离心力 $F = mr\omega^2$，由此可知，汽车车轮转速 ω 越高、不平衡质量 m 越大、不平衡点离车轮旋转中心的距离 r 越远，则 F 越大，其中车轮转速 ω 影响最大。

车轮不平衡质量 m 在高速下形成的不平衡力 F 可分解为水平分力 F_x 和垂直分力 F_y，如图 3-43 所示。在车轮转动一周中，垂直分力 F_y 在不平衡质点通过点 a 和 b 时达到最大值，使车轮上下跳动，这不仅影响乘坐舒适性，而且会加剧轮胎的不均匀磨损。水平分力 F_x 在不平衡质点通过点 c 和 d 时达到最大值，形成绕主销前后摆动的力矩，造成前轮摆振，严重时驾驶员无法控制行驶方向，影响汽车的操纵稳定性，同时对轮胎等相关零件造成损坏。

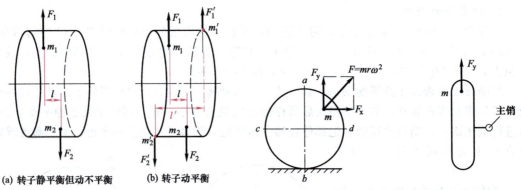

图 3-42　车轮动平衡示意图　　　　　图 3-43　车轮不平衡

引起车轮不平衡的主要原因有：

① 车轮碰撞造成变形引起质心偏移。

② 因轮毂、轮辋定位不准，使安装中心与旋转中心不重合。

③ 车轮定位不当，或制动抱死拖滑，造成轮胎局部的不均匀磨损，使质心改变。

④ 轮辋、轮胎等制造精度不足，引起质量分布不均。轮胎翻新精度不高，造成新胎冠厚度不均。

4. 车轮平衡的校正

车轮平衡的校正分为静平衡和动平衡。静平衡指不考虑不平衡质量在车轮宽度上的分布，只在车轮单侧进行校正，只能作力平衡，不能作力矩平衡；动平衡将车轮左右两侧作为校正平面都进行校正，既能实现力平衡，又能实现力矩平衡。

车轮平衡机是通过测量车轮不平衡的大小及其相位（即位置），在轮辋上加装平衡块实现车轮平衡的校正。车轮平衡机按测量方式可分为离车式和就车式两类。使用离车式车轮平衡机时，是把车轮从车上拆下安装到车轮平衡机的转轴上检测其平衡状况。就车式车轮平衡机，又称免拆式车轮平衡机，使用时无需从车上拆下车轮，就车即可测得车轮的平衡状况。

比较这两种形式,离车式车轮平衡机测量精度高,平衡效果好,适合汽车修理厂使用。就车式车轮平衡仪可以在不拆下轮胎的情况下,对轮胎及随同轮胎旋转件一起进行平衡测试,因而能够解决安装中心与旋转中心不同心等综合平衡问题,并且操作方便、测试速度快,为汽车检测部门所普遍采用。

二、离车式车轮平衡机

1. 测量原理

离车式车轮平衡机将车轮的内外两侧作为校正平面进行校正,属于双面式测定的车轮动平衡机。

离车式车轮平衡机检测原理如图 3-44 所示。图中 m_1、m_2 为车轮不平衡质量,F_1、F_2 为车轮不平衡产生的离心力,左右支承处安装有力传感器,测得的支承反力为 N_1 和 N_2。已知轮辋边缘至右支承的距离为 a,轮辋宽度为 b,左右支承间的距离为 c,轮辋直径为 d。不平衡力和支承反力的力平衡和力矩平衡方程为

$$\begin{cases} \sum F=0, N_2-N_1-F_1-F_2=0 \\ \sum M(F)=0, F_1(a+c)+F_2(a+b+c)-N_2c=0 \end{cases}$$

求解上式得 F_1 和 F_2 为

$$\begin{cases} F_1=N_2(a+b)/b-N_1(a+b+c)/b \\ F_2=N_1(a+c)/b-N_2a/b \end{cases}$$

c 为常数,将 a、b、d 通过测量输入计算电路,可计算出离心力 F_1、F_2,再根据 $F=\dfrac{md\omega^2}{2}$,计算得到两个校正面上的车轮不平衡质量

$$\begin{cases} m_1=\dfrac{2F_1}{d\omega^2} \\ m_2=\dfrac{2F_2}{d\omega^2} \end{cases}$$

在平衡机主轴上安装一个光电编码盘,通过光敏元件确定车轮转动的方向和位置,其测量原理类似于发动机的曲轴位置传感器,不再赘述。采样系统记录上述两个力传感器信号 N_1 和 N_2 在转动周期内的变化情况,根据 F_1、F_2 最大值时对应的位置,确定不平衡的位置(相位)。

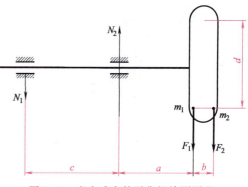

图 3-44 离车式车轮平衡机检测原理

2. 组成与结构

离车式车轮平衡机一般由驱动系统、测量系统、附加装置和平衡块等组成。图 3-45 是离车式车轮平衡机的整机图。

(1) 驱动系统 驱动系统一般由交流电动机、传动装置、主轴与支承装置、制动装置等组成,驱动系统均装在机箱内。由交流电动机和传动装置驱动主轴旋转。制动装置可使车轮停转。

(2) 测量系统 测量系统由测振传感器、信号处理电路、控制与显示面板等组成,测振传感器采用应变片或压电式力传感器,置于支承主轴的两个滚动轴承内。控制与显示面板用于设定参数的输入、显示出不平衡量及相位。

(3) 附加装置 附加装置包括车轮防护罩、车轮定位锥体和专用卡尺。

车轮防护罩可防止车轮旋转时,其上的平衡块或花纹内夹杂物飞出伤人。

图 3-45　离车式车轮平衡机

1—控制与显示面板；2—平衡块槽；3—车轮防护罩；4—标尺；5—快锁螺母；6—主轴

通过车轮定位锥体和快锁螺母在主轴的外端固装被测车轮，如图 3-46 所示。为确保不同规格的车轮中心与主轴的中心严格重合，车轮平衡机配有几个不同规格的定位锥体。

专用卡尺如图 3-47 所示，用于测量轮辋宽度和轮辋直径，标尺上一般都同时标有英制和公制两种刻度，以适应不同计量制式。

（4）平衡块　平衡块又称配重，通常有卡夹式和粘贴式两种类型：卡夹式配重如图 3-48（a）所示，适用于轮辋有卷边的车轮；粘贴式配重如图 3-48（b）所示，适用于无卷边可夹的铝镁合金轮辋，其外弯面有不干胶，粘贴于轮辋内表面。

平衡块有两种计量单位：一种以克（g）为计量单位，分为 14 挡，其中最小为 5g；最大为 80g，配重的最小间隔为 5g；另一种系列以盎司（oz）为基础单位，分为 9 挡，其中，最小为 0.5oz（14.2g），最大为 6oz（170.1g）。

三、就车式车轮平衡机

就车式车轮平衡机仅选用车轮轮辋单面作为校正平面进行车轮平衡，不考虑不平衡质量在轮宽上的分布，所以就车式车轮平衡机只对不平衡力进行平衡，不能实现力矩平衡。

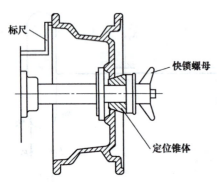

图 3-46　车轮在平衡机上的安装

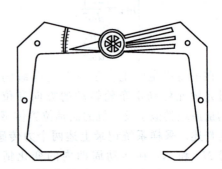

图 3-47　动平衡机专用卡尺

(a) 卡夹式配重

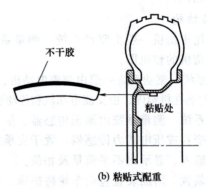

(b) 粘贴式配重

图 3-48　平衡块

不同结构的就车式车轮平衡机其测量原理和检测方法有所不同,这里以美国比线(Beeline)就车式车轮平衡机为例,介绍此类车轮平衡机的测量原理和检测方法。

1. 测量原理

如图 3-49 所示,支起被测车轮的车桥,摩擦盘被驱动电动机带动旋转,并压于被测车轮上,依靠摩擦力带动被测车轮以角速度 ω 高速旋转。传感器传感磁头吸附在车桥下。设车轮不平衡点质量为 m,到转轴中心的距离为 r,不平衡点引起的不平衡力为 $F_m = mr\omega^2$。在 t 时刻,其竖直方向的分力为 $F_y = mr\omega^2 \sin\omega t$,该分力产生的上下振动通过车桥、传感磁头传给传感器。当车轮不平衡点转到最下方位置时,F_y 竖直向下并达到最大值,由传感器转换成的电信号控制频闪灯发光,以指示不平衡点的位置。同时,传感器转换的电量与不平衡点质量成正比,并用数字显示不平衡量的大小。

检测前,在被测车胎任意位置用白色粉笔等明显物品做上反光标记。然后启动电动机,驱动摩擦盘带动车轮旋转开始检测。观察频闪灯照射下轮胎反光标记,由于人的视觉暂留生理现象,轮胎上的标记会停留在一定位置上不变,记下标记位置并显示不平衡量数值。切断电源,待车轮停止转动后,用手转动车轮使其上的标记仍处在上述观察位置上,此时车轮不平衡点就在竖直向下的作用半径上,其反方向位置即轮辋的最上方即为加装平衡块的位置。

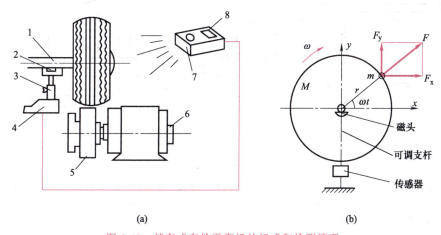

图 3-49 就车式车轮平衡机的组成和检测原理

1—车桥;2—传感磁头;3—可调支杆;4—底座;5—摩擦轮;6—电动机;7—频闪灯;8—数字显示屏

2. 组成与结构

就车式车轮动平衡机一般由驱动装置、传感装置、指示与控制装置三部分组成。驱动装置由电动机、摩擦轮等组成,能带动支离地面的车轮转动。传感装置由传感磁头、可调支杆、底座和传感器等组成。它能将车轮不平衡量产生的振动变成电信号,送至指示与控制装置。指示与控制装置由频闪灯、数字显示屏等组成。频闪灯用来指示车轮不平衡点位置,数字显示屏用来指示车轮的不平衡量,有两个挡位,第一挡用于初查时的指示,第二挡用于装上平衡块后复查时指示。转速设定有三个挡位(如标有 Lo-C-Hi),应根据不同车型轮胎的大小进行选择。除测量装置外,车轮动平衡机的其余装置都装在小车上,可方便地移动。

一、离车式车轮平衡机的使用

不同厂家和型号的平衡机其操作方法基本相同,下面以科星 C301G 离车式车轮平衡机

车轮平衡机的操作

为例介绍离车式车轮动平衡机的使用方法，该平衡机的操作面板如图3-50所示。

（1）操作前的准备

① 检查轮毂和轮胎是否发生较大变形，如有应及时更换。

② 清除被测车轮上的杂物和旧平衡块。检查轮胎气压，视必要充至规定值。

③ 根据轮辋中心孔的大小选择定位锥体，仔细地装上车轮，用快锁螺母锁紧。

（2）平衡操作

① 打开电源开关，输入轮辋数据：将标尺拉至轮辋边缘，读出标尺上的数据，然后按动面板上 a 旁边的 [↑] 和 [↓] 按钮，此时左侧显示器显示"a"，直至右侧显示值跟测量值一致。专用卡尺量出轮辋宽度 b 和轮辋直径 d，同样方法输入 b 和 d 值数据。

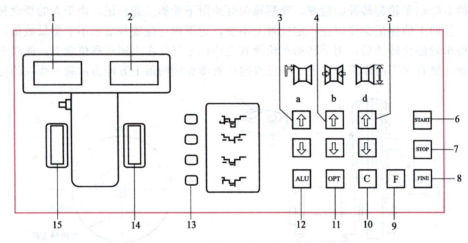

图3-50 C301G离车式车轮平衡机的操作面板

1—内侧不平衡显示值；2—外侧不平衡显示值；3—轮机距离输入键；4—轮辋宽度输入键；5—轮辋直径输入键；6—启动键；7—急停键；8—精确显示键（小于5g时）；9—动/静平衡切换；10—重复运算；11—选择最优化；12—动平衡模式选择；13—平衡模式指示灯；14—外侧不平衡位置指示灯；15—内侧不平衡位置指示灯

② 放下车轮防护罩，按下 [START] 键，车轮旋转，微机自动采集数据后，机器自动停止。

同时按 [STOP] 键和 [F] 键可启用放下护罩即启动的功能，或取消此功能。

③ 显示不平衡量，机器停止后，显示器显示的数值为轮胎的不平衡值（平衡机默认单位为克）。

④ 抬起车轮防护罩，用手转动车轮，面板上不平衡位置指示灯不停地闪动。内侧指示灯全亮时，表示轮辋内侧最高点位置为不平衡点，在此位置加上相应的平衡块；同样操作，在轮辋外侧加上相应的平衡块。

⑤ 重复之前操作步骤，直至左右两侧的显示器均显示为"0"。

⑥ 从平衡旋转轴上卸下车轮，操作程序结束。

（3）平衡方式的选择 每次开机时，系统默认的正常模式是轮辋两边夹平衡块。对于特殊情况的轮胎，有以下几种。

对于摩托车轮胎或轮辋，两侧不能加平衡块，按静平衡进行校正。按 [F] 键，进行动平衡模式或静平衡模式切换。

对于不同的铝合金轮辋，按 [ALU] 键选择动平衡模式，按加平衡块的位置，参照平衡模式指示灯进行选择。

模式1：轮辋内侧粘贴平衡块，需要测量出将要贴的平衡块的位置尺寸。

模式2：平衡块可粘贴于轮辋两边。

模式3：轮辋内侧均粘贴平衡块。

模式4：轮辋内侧边缘卡夹平衡块，中间粘贴平衡块。

当四个指示灯都熄灭时，为正常平衡模式。

二、就车式车轮平衡机的使用

比线（Beeline）就车式车轮平衡机操作方法如下。

① 用单臂千斤顶将车由前桥中心位置顶起，离地15cm左右。不要将车用千斤顶由两侧顶起，否则会影响检测器的敏感度。清除被测车轮上的泥土、石子和旧平衡块。检查轮胎气压，视必要充至规定值。检查轮毂轴承是否松旷，视必要调整至规定松紧度。

② 用三角垫木塞紧对面车轮和后轴车轮，将平衡机传感磁头吸附在车桥下，并尽量靠近被测轮，调节可调支杆高度并锁紧。将频闪灯面向要检测的轮胎放好。

③ 在轮胎外侧面任意位置上用白粉笔做上记号。

④ 检查各连接线并放好位置，以免车轮转动时发生危险。

⑤ 打开电源开关，摩擦轮运转，将摩擦轮与轮胎胎面完全接触并加压力，使轮胎转动，直到与摩擦轮同速，移开电动机。频闪灯随着车轮转速的提高而加快闪光的速度，在车轮转到预期设定的速度时，记下显示的数值和标记位置。

⑥ 踩汽车制动踏板使车轮停止转动。

⑦ 用手转动车轮，使其上的标记仍处在上述观察位置上，此时轮辋的最上部加装相应重量的平衡块。当平衡块超过50g时，最好分两半，分别加装在车轮的内外侧。

⑧ 重新驱动车轮进行复查测试，指示装置用二挡显示。若车轮平衡度不符合要求，应调整平衡块质量和位置，直至符合平衡要求。

以上是对从动轮的平衡测试，在对驱动轮进行平衡时，对面车轮不必用三角垫木塞紧。用发动机、传动系驱动车轮，加速至50～70km/h的某一转速下稳定运转。测试结束后，用汽车制动器使车轮停转。

> **车轮动平衡机使用注意事项**
>
> • 由于车轮并非等力矩的圆，而且装平衡块的位置可能不准确，一般需2～3次平衡操作。
>
> • 使用粘接式平衡块时，粘接处应保持干燥和无油脂，且粘接平衡块只能粘在离心力会增强其压紧力的面上，不能粘在胎侧面。
>
> • 离车式车轮动平衡机的主轴固定装置和就车式车轮动平衡机的支架上都装入精密的位移传感器和易碎裂的压电晶体传感器，因此严禁冲击和敲打主轴或传感器支架。在检修车轮动平衡机时，传感器的固定螺栓不得松动。因为这一螺栓不是一般的紧固件，需要由它向传感晶体提供必要的预紧力。当这一预紧力发生变化时，电算过程将完全失准。
>
> • 车轮动平衡机的机械系统和电算电路，都是针对正常车轮使用条件下平衡失准或轻微受损但仍能使用的车轮而设计的，对因交通事故而严重变形的轮辋或胎面大面积剥离的车轮是不能上机进行平衡检测的。一方面不平衡量过大的车轮旋转时的离心力可能损伤车轮动平衡机的传感系统；另一方面超值的不平衡力可能溢出电算范围而使仪器自动拒绝工作。

三、检测标准

许多车轮动平衡检测设备当校准至不平衡量≤5g时，指示装置会显示"0"或"OK"，虽然这种平衡结果最为理想，但完全做到较难。根据实际测试使用情况并参照国外有关标准及资料，一般的检测评定方法是：小型车不平衡质量≤10g，中型车不平衡质量≤20g为合格，且车轮每侧轮辋边缘所加平衡块评定以不超过3块为宜。这样评定，既能达到车轮平衡性的要求，又能满足经济性的要求。

任务3　转向系统故障诊断

汽车转向系常见故障为转向沉重、转向不灵敏，这些故障的存在会使驾驶员操作困难，容易造成驾驶疲劳，所以发现故障应及时排除。

故障1　转向沉重

1. 故障现象

汽车行驶中转向时，转动方向盘感到沉重费力。

2. 故障原因

转动沉重既与转向系统有关，又与行驶系统有关，从转向系的驱动力矩不足、轮胎的转向阻力矩过大两个方面分析，具体原因如下。

① 转向系机械部分故障。转向器主、从动件啮合间隙不当，轴承过紧或润滑不良；转向传动机构拉杆球头销润滑不良或调整过紧；主销与衬套润滑不良或过紧；车辆事故导致转向传动杆件变形。

② 助力转向装置失效。

对于液压助力转向系：转向油泵驱动皮带松弛、转向油泵工作不良；储油罐油面过低、管路漏油；液压系统内有空气；转向控制阀、助力缸工作不良。

对于电动助力转向系：助力电动机工作不良。

③ 助力转向系电控系统故障。转向助力电控单元内部故障，转矩传感器故障，线路故障，CAN总线系统故障等。

④ 轮胎的转向阻力矩过大。轮胎气压不足，使轮胎与地面间的摩擦力过大；前轮定位失准，使轮胎与地面间的摩擦力矩增大或使车轮回正作用增强。

3. 故障诊断流程

① 对于电控助力转向系统。如转向助力警告灯报警，进行故障自诊断，读取数据流，按故障码和数据流进行检查。

② 检查轮胎气压，按规定进行充气。

③ 对于液压助力转向，观察有无漏油现象，检查储油罐油面高度，过低应及时补充。

④ 支起前桥，使前轮悬空，转动转向盘，若无沉重感，其故障为前轮定位失准。转向仍有沉重感，故障在转向系统。

⑤ 不启动发动机，原地转动转向盘，启动发动机后，再转动转向盘，比较其轻便程度，若发动机运转时情况有所改善，则故障在转向系机械部分；若两者转向均较为沉重，则故障在转向助力装置。

⑥ 对于转向系统机械故障进一步检查，脱开转向传动机构与转向器，再转动转向盘。

- 若转向盘转动灵活，可能是拉杆球头销运动卡滞、润滑不良，转向节与主销配合太紧。
- 若转动沉重，则故障在转向器和转向操纵机构，检查转向柱是否弯曲，转向器润滑油是否充足，轴承是否过紧，啮合间隙是否过小。

对于转向助力装置进一步检查。先检查、调整转向油泵驱动皮带的张紧度；并检查油泵、控制阀、助力缸的工作情况。

故障 2　转向不灵敏

1．故障现象

汽车行驶中转向时，需用较大幅度转动方向盘才能控制汽车的行驶方向，转向盘松旷量大，有明显的间隙感。

2．故障原因

转向不灵敏的主要原因是传动系各部件、轮毂轴承的配合间隙过大、松旷造成的，具体原因如下：

① 转向器故障。转向器主、从动件啮合副啮合间隙过大，轴承松旷。
② 转向传动机构故障。各连接杆件松旷，主销与衬套磨损后松旷。
③ 轮毂轴承调整不当或磨损松旷。

3．故障诊断流程

① 检查转向盘自由行程，如过大，表明转向器、转向传动机构松旷。
晃动转向拉杆，检查转向传动机构连接杆件是否松旷。否则，再检查转向器轴承预紧度和啮合副的啮合间隙，松旷应调整。
② 支起前桥，晃动前轮，如轮毂轴承松旷，应调整或更换。

一、实施准备

本次任务是验证或诊断汽车转向故障，准备好一辆汽车，试车场地需水平、宽阔，注意人身安全。

在不损坏车辆的情况下设置故障点，设置方案仅供参考：①调整转向器主、从动件啮合间隙，轴承间隙；②改变转向传动机构拉杆球头销松紧度；③改变轮胎气压，调整前束；④助力转向电控系统故障设置，脱开某导线插头等。

二、实施过程

启动发动机并预热到正常工作温度，运行车辆，观察故障现象，故障诊断方法参考"相关知识"中的故障诊断流程。

案例 1　桑塔纳 2000 转向沉重

故障现象：桑塔纳 2000 轿车，行驶中转动转向盘时，突然感觉转向沉重。

故障诊断：顶起前桥，转动转向盘，感到转向盘仍然沉重，表明故障不在前轮定位。

不启动发动机原地转动转向盘，与启动发动机后原地转动转向盘进行比较，两者转向均较为沉重，说明该车的故障在液压助力装置。

检查助力泵驱动皮带的松紧度，松紧适度。启动发动机，检查液压助力油液面，发现液面偏低而且油液中有气泡，说明液压系统中有泄漏部位。继续使发动机运转，左、右转动转向盘至极限位置固定，使管内油压达到最大值，仔细检查分配阀、齿条密封及进、回油管接头，结果发现进油管接头处漏油。

更换进油管接头密封环、紧固密封环螺栓后，向转向油罐中加注液压油，不停地转动转向盘至左、右极限位置，直至液面稳定在"MAX"位置，并且液面无气泡冒出为止。路试，转向盘操纵轻便、自如。

故障 2 大众 CC 转向沉重

故障现象：2010 款大众 CC，行驶 8000km，车主反映该车在行驶中发现转向沉重，电子助力指示灯报警。

故障诊断：电子助力指示灯报警，分析是转向助力电控系统出现故障。先利用自诊断进行分析。首先利用 VAS5052 检测网关列表，地址 44 故障码："00003 控制单元电路故障，静态"，除此之外其余系统正常，因此排除了 CAN 总线故障。

根据电路图分析，首先检查转向辅助控制单元 J500 电源端，保险丝 SA2 和 SC3 无断路或虚接现象，拔下转向机控制单元插头，检查没松动现象，用万用表测量其电压 12.6V，电源正常，再检查 J500 搭铁点，也无断路或虚接现象，根据以上检查分析，可能是转向辅助控制单元内部故障。

由于转向辅助控制单元与转向机机械装置为一个总成，更换转向机总成，并对转向机控制单元进行匹配，然后以低于 20km/h 的车速匀速行驶，方向往左打到底踩住制动踏板，等听到 3 声报警声后，再往右打到底踩住制动踏板，等听到 3 声报警声后，将方向盘回正。这时电子助力指示灯熄灭，清除系统故障码后试车故障排除。

任务 4　行驶系故障诊断

行驶系的常见故障主要有：行驶跑偏，前轮摆振、轮胎异常磨损、行驶平顺性不良，车身横向倾斜。汽车行驶系如出现故障会影响行驶稳定性，关系到汽车行驶的安全，必须及时诊断与排除。

故障 1 行驶跑偏

1. 故障现象

汽车直线行驶时，汽车自动偏向一边，必须用力紧握转向盘，不断校正方向，才能保持直线行驶。

2. 故障原因

行驶跑偏的故障实质是两侧车轮的技术状态不同，致使两侧车轮驱动力（或阻滞力）大小不等，或行驶方向不一致，具体原因如下。

① 两侧轮胎气压不等，轮胎规格、磨损情况不一致等因素，使两侧轮胎直径不等。

② 单侧轮毂轴承过紧，单侧制动拖滞。

③ 两侧悬架弹簧刚度不等，单侧减振器损坏。

④ 两侧前轮定位不等。

⑤ 车架、前梁变形。

⑥ 转向系故障：转向系转向传动机构杆件弯曲；转向助力装置控制阀损坏，使阀芯不居中。

3．故障诊断流程

① 检查两前轮的轮胎气压、规格，按规定进行充气。

② 触摸跑偏一侧的制动鼓和轮毂轴承，发热，说明单边制动拖滞或轴承过紧，应查明原因，予以排除。

③ 观察汽车有无横向倾斜现象，若两侧高度不同，则较低一侧的悬架弹簧弹力衰退，应予以更换。检查减振器性能，对于轿车，压动车辆前端一侧，若车身上、下振动2～3次后马上静止，表明减振器工作正常，否则更换减振器。

④ 检查转向传动机构杆件是否弯曲，检查转向助力装置是否有故障。

⑤ 最后进行车轮定位检测和调整。

故障2　前轮摆振

1．故障现象

汽车行驶时，两前轮绕主销进行振动。根据表现特性不同，可分为高速摆振和低速摆振。

前轮低速摆振发生在车速40～70km/h，振动频率较低，振幅较大，汽车在路面上出现蛇行现象，即行驶方向左右偏摆不定，行驶轨迹呈明显的蛇形曲线。

前轮高速摆振发生在车速100km/h以上，其特点是高频微幅，方向盘抖动，手有发麻的感觉，汽车蛇行现象不明显。

2．故障原因

低速摆振属于自激振动，横拉杆刚度、转向器刚度、转向器阻尼、轮胎侧偏刚度及主销后倾角等参数对受迫型摆振的影响存在一个敏感范围，在某一确定的车速下，上述参数在敏感范围内会诱发自激型摆振。高速时，车轮上的不平衡质量对摆振有显著增幅作用，发生强迫型摆振。具体原因如下。

① 转向系机件调整过大松旷。转向器啮合间隙过大，转向传动机构松旷，前轮轮毂轴承松旷；转向节与主销衬套磨损。

② 车轮不平衡、不圆，传动轴不平衡。

③ 前轮定位失准：主销倾角失准使车轮回正力矩不足，前束失准。

④ 悬架松动；减振器损坏。

⑤ 转向系刚度不足，前梁或车架弯扭变形。

⑥ 液压助力转向装置故障：油路中有空气，油泵输出压力不足。

⑦ 轮胎气压不足。

3．故障诊断流程

① 检查转向盘自由行程。如自由行程过大，诊断转向器、转向传动机构是否松旷。

② 高支起前桥，检查轮毂与主销是否松旷。

③ 进行车轮平衡度检测和校正。

④ 推压车身检查前悬架的减振性能，阻力过小及出现空行程，减振器损坏应更换。

⑤ 前轮定位检测和调整。

故障3　轮胎异常磨损

1．故障现象

轮胎磨损速度加快，胎面出现如图3-51所示的不正常磨损形状。

2．故障原因

轮胎正常磨损应均匀，不同的磨损现象，原因不同，各种异常磨损的现象及原因如下。

① 胎面两肩磨损与胎壁擦伤，是由于轮胎气压不足或汽车长期超载引起。

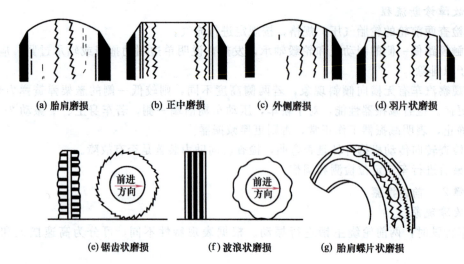

图 3-51 轮胎胎面的不正常磨损

② 胎面中部磨损，是由于轮胎气压过高引起。

③ 胎面单侧偏磨损，是由于车轮外倾角不当引起。外侧偏磨损是由于车轮外倾角过大引起，内侧偏磨损是由于车轮外倾角过小引起。

④ 胎面沿轴向由外侧向内侧或由内侧向外侧呈羽片状磨损，是由于前束不当引起。磨损后的毛刺尖部指向轮胎内侧（当用手从内侧向外侧抚摸，胎纹外缘有锐利的刺手感觉），为前束过大；磨损后的毛刺尖部指向轮胎外侧，为前束过小或负前束。

⑤ 胎面两侧沿周向成锯齿状磨损，是由于轮胎换位不及时或汽车经常紧急制动或长期超载引起。

⑥ 胎面沿周向呈波浪状或碟片状磨损，是由于轮毂轴承松旷或车轮动不平衡引起。

故障 4　行驶平顺性不良

1. 故障现象

汽车行驶时出现振动，加速时出现窜动，驾乘人员感觉很不舒服。

2. 故障原因

行驶平顺性不良可以从发动机机体抖动、传动系抖动、车轮抖动、悬架减振失效 4 个方面分析原因，具体原因如下。

① 发动机机体抖动。如发动机运转不稳，发动机横梁和下摆臂的固定螺栓或衬套松旷。

② 传动系抖动。如半轴内外万向节磨损松旷，传动轴动不平衡。

③ 车轮抖动。轮胎气压过高；车轮动不平衡；轮毂轴承松旷，转向横拉杆球头松旷。

④ 悬架减振失效。减振器或缓冲块失效。钢板弹簧支架衬套磨损松旷，钢板弹簧 U 形螺栓滑牙或松动。前稳定杆卡座松旷或橡胶支承损坏。

3. 故障诊断流程

① 检查发动机工作是否正常，发动机运转不稳应予以排除。

② 如加速行驶时窜动或振动，检查前稳定杆卡座是否松旷或橡胶支承损坏，钢板弹簧 U 形螺栓是否滑牙或松动。检查发动机横梁和下摆臂的固定螺栓或衬套是否松旷，半轴内外万向节是否磨损松旷。

③ 如等速行驶时振动，检查轮胎气压是否过高，车轮轴承是否松旷，减振器或缓冲块是否失效，钢板弹簧支架衬套是否磨损松旷，检测并校正车轮动平衡。

故障 5　车身横向倾斜

1. 故障现象

汽车车身左高右低或左低右高，出现倾斜。

2. 故障原因

造成车身横向倾斜的原因主要如下。

① 左右轮胎气压、规格不一致。

② 减振器或缓冲块损坏，悬架弹簧自由长度或刚度不一致。

③ 发动机横梁变形；下摆臂变形；发动机横梁和下摆臂的固定螺栓或衬套松旷。

④ 车身变形。

3. 故障诊断流程

① 检查左右轮胎气压并按规定充气，轮胎规格不一致时应更换。

② 检查减振器或缓冲块，如损坏或不一致应予以更换。

③ 检查发动机横梁及下摆臂是否变形，横梁和下摆臂的固定螺栓或衬套松旷，应予修理或更换。检查车身变形情况，如变形予以校正。

一、实施准备

本次任务是验证或诊断行驶跑偏故障，准备好一辆汽车，试车场地需水平、宽阔，注意人身安全。

在不损坏车辆的情况下设置故障点，设置方案仅供参考：①改变单侧轮胎气压；②调整制动器间隙，设置单侧制动拖滞故障；③调整单侧车轮前束。

二、实施过程

启动发动机并预热到正常工作温度，运行车辆，观察故障现象，故障诊断方法见"相关知识"中的故障诊断流程。

复习思考题

1. 汽车一般在什么情况下需要进行四轮定位？
2. 简述主销后倾角的作用，主销后倾角定位调整不当，会引起什么后果。
3. 汽车车轮为什么要设置一定的外倾角和前束角？前束过大或过小会引起什么后果？
4. 四轮定位检测之前应进行哪些车况检查？
5. 某轿车转向沉重，该车采用电动助力转向（EPS，无液压系统），检查轮胎气压正常，简述转向沉重的原因。
6. 某轿车转向沉重，该车采用电控液压助力转向，检查储油罐油位正常，无漏油现象，分析转向沉重的原因。
7. 轮胎异常磨损有哪些故障现象？其原因分别是什么？

项目 3　制动系统故障诊断

学习目标

1. 熟悉液压制动系的组成、工作原理。
2. 熟悉气压制动系的组成、工作原理。
3. 理解 ABS 系统的工作原理，了解 ABS 相关功能扩展情况。
4. 熟悉制动系常见故障的故障现象、故障原因、诊断与排除方法。
5. 能够使用检测仪器，诊断排除汽车制动系常见故障。

项目导读

汽车制动系统分为行车制动系和驻车制动系，行车制动系使行驶中的汽车减速或停车。驻车制动系使已经停在各种路面上的汽车驻留不动。行车制动系统按传力介质不同，分为液压制动和气压制动两种形式。

为提高汽车制动方向稳定性，目前制动防抱死系统（ABS）已成为汽车的基本配置。

基础知识 1 ● 液压制动系统的组成与基本原理

一、液压制动系统的组成及主要装置

液压制动系统与气压制动系统相比，结构简单、制动灵敏，常用于乘用车及轻型货车。常见的带有 ABS 的液压制动系统的组成如图 3-52 所示。

为使驾驶员制动操作轻便，乘用车利用真空助力器中真空与大气压的压力差提供助力，一旦真空助力失效，驾驶员通过较大的力仍可以完成制动。

制动主缸，又称制动总泵，前后两腔的液压管路相互独立。过去的制动主缸在制动腔与储液罐之

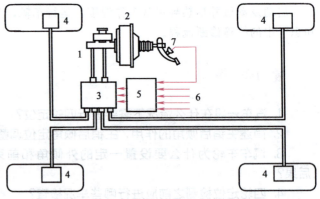

图 3-52　带 ABS 的液压制动系统的组成

1—制动主缸；2—真空助力器；3—制动压力调节器；4—制动轮缸；
5—ABS 电控单元；6—轮速传感器信号；7—停车灯开关

真空助力器的工作原理

间开有回流孔（又称补偿孔）相通，当解除制动，活塞完全回到位时，制动液经回流孔流回到储液罐。对装有 ABS 的制动系统中，由于主缸内液压发生频繁波动，使活塞相对于缸体往复移动，主皮碗容易受到回流孔的刮伤和磨损。目前常用中心阀式制动主缸，即在主缸的活塞前端装有中心单向阀来代替回流孔，中心阀式制动主缸的结构如图 3-53 所示。

汽车制动踏板自由行程是指踏板下移后，而制动主缸活塞尚未开始动作前踏板下移的距

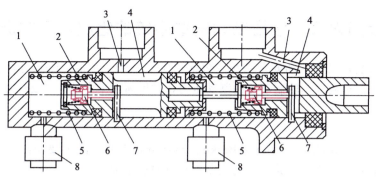

图 3-53 中心阀式制动主缸

1—制动腔；2—活塞；3—供液孔；4—供液腔；5—回位弹簧；6—中心单向阀；7—控制销；8—出油管接头

离。实际上它是制动主缸推杆球头与活塞之间间隙在踏板行程上的反映。自由行程过大，会造成制动作用滞后，导致制动效能降低；若自由行程过小，会使制动液回流不畅，制动作用不能彻底解除。因此，踏板自由行程必须按原车的规定值或有关标准要求进行调整。

制动轮缸，又称分泵，将液压管路传来的压力通过活塞推动制动器产生制动力，分双活塞式和单活塞式两种类型。

二、制动器

制动系统的制动器一般分为鼓式和盘式两类。盘式分为定钳式和浮钳式两种，分别与双活塞式制动轮缸和单活塞式制动轮缸配套使用。为提高前轮制动器的散热性，其制动盘一般采用通风槽孔结构，称为通风盘。

盘式制动器与鼓式制动器相比制动效能较为稳定，易实现制动器间隙的自动调整，常用于乘用车前轮或全部车轮。鼓式制动器结构简单，制动效能良好，但制动的稳定差，故主要用于商用车辆，在乘用车中仅用于后轮。

制动器内进水时制动力会明显下降，此时应轻踩几次制动踏板，通过摩擦生热作用将水分蒸干，使制动性能得到恢复。

三、驻车制动装置

对于乘用车，驻车制动系一般采用绳索式机械操纵机构，与行车制动系共用后轮制动器。近年来一些高配置轿车采用了电子驻车制动（Electrical Park Brake，简称 EPB）。

制动系使用注意事项

- 驶过较长的陡下坡之前要降低车速，挂入某个低速挡，这样可以利用发动机的制动作用减轻制动器负荷，防止制动器过热。
- 发动机已关闭的情况下，制动助力器停止工作，制动距离会明显变长，因此，切勿在关闭发动机让汽车滑行。
- 必须使用厂家规定牌号或原装制动液。制动液位要及时检查，必要时补充。
- 制动液具有吸水性，使用过程中不断吸收周围空气中的水分，若含水量过高，则会腐蚀制动系统，并降低制动液的沸点，制动时可能产生气阻，恶化制动效果。因此，一般应每两年或每 50000km 更换一次制动液（以先到者为准）。

基础知识 2 ● 液压制动辅助系统的组成及基本原理

制动辅助系统，又称主动安全系统，包括 ABS、EBD、ASR、ESP 等，它们通常共用一个控制单元，通过调节车轮制动器的制动压力，对提高汽车主动行驶安全性起重要作用。

一、防抱死制动系统（ABS）

汽车防抱死制动系统（Anti-lock Braking System，ABS）的主要功能是防止制动器制动力大于地面附着力而抱死滑移，提高汽车制动方向稳定性。

ABS 由轮速传感器、ABS 电子控制单元（ABS ECU）、制动压力调节装置及 ABS 警告灯组成。

轮速传感器多为磁感应式，由永久磁铁、线圈和轮毂上的触发齿圈组成，其工作原理与发动机曲轴位置传感器相同。

在液压制动 ABS 中，各轮的压力调节装置集中安装在一起，称为 ABS 液压控制单元（ABS HCU，又称制动压力调节器），ABS 液压控制单元通常又与 ABS 电子控制单元相邻安装在一起。ABS 电子控制单元根据轮速传感器的信号，对趋于抱死的车轮液压管路的制动压力进行循环调节，防止被控制车轮发生制动抱死。

各种 ABS 的结构形式和工作过程不完全相同，下面以 Teves 公司的 MK20-Ⅰ型液压 ABS 系统为例简介其工作原理。

MK20-Ⅰ型液压 ABS 系统应用于大众、奇瑞等公司早期车型，属于三通道四传感器形式，后两个轮由一组信号控制（两个通道相当于一个通道），以两轮中地面附着系数低的一侧为依据统一调节。ABS 液压控制单元阀体内有 8 个二位二通电磁阀，每个回路有 1 个进油电磁阀（常开）和 1 个出油电磁阀（常闭），MK20-Ⅰ型液压 ABS 控制系统如图 3-54 所示。

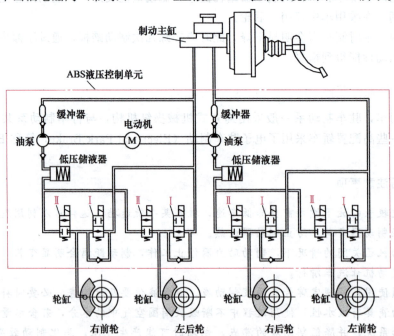

图 3-54 MK20-Ⅰ型液压 ABS 控制系统
Ⅰ—进油电磁阀；Ⅱ—出油电磁阀

ABS 是在常规制动的基础上工作的,开始制动时,建立系统油压,ABS 不工作,在其制动过程与常规制动相同;车轮趋于抱死时,ABS 开始工作,对车轮的制动压力循环进行保压—减压—增压三个过程。ABS 各阶段进、出油电磁阀和电动油泵在各阶段的工作情况如表 3-3 所示。

表 3-3 液压 ABS 系统的工作情况

项目	进油电磁阀（常开）	出油电磁阀（常闭）	电动液压泵	故 障 说 明
油压建立阶段	打开	关闭	不运转	
油压保持阶段	通电关闭	关闭	不运转	如出油电磁阀关不严,系统缺少油压降低过程,则出油电磁阀通电控制信号缺失(易误判 ECU 有故障),不再通电泄压,ABS 工作频率加快
减压阶段	通电关闭	通电打开	不运转	如出油电磁阀不能完全打开,路试时地上会有轻微拖印;如出油电磁阀关不严,会导致减压缓慢
增压阶段	打开	关闭	通电运转	如果进油电磁阀不能完全打开,踩踏板时,制动踏板回弹会异常剧烈,制动效果变差

二、ABS 的功能扩展

目前很多车辆对 ABS 的功能进行了扩展,这些扩展系统通常与 ABS 共用一个控制单元,共用 ABS 的轮速传感器和制动压力调节器,其功能软件集成在 ABS 控制软件中,以调节车轮制动器的制动压力为基础进行工作。

1. 电子制动力分配系统（EBD）

汽车紧急制动时产生轴荷前移,电子制动力分配系统（Electric Brake Distribution,EBD）自动调节前、后轴的制动力分配比例,提高制动效能。

EBD 与 ABS 硬件完全相同,仅对 ABS 的应用程序进行了升级,所以又称电子控制制动力分配程序。

2. 驱动防滑系统（ASR）

驱动防滑系统（Acceleration Slip Regulation,ASR）,又称牵引力控制系统（Traction Control System,TCS）,是在驱动轮起步、加速或在湿滑路面打滑时,ASR 通过对比各从动车轮与驱动轮转速,计算驱动轮滑动率,超过设定范围时,自动减少节气门进气量限制发动机的动力输出,并对打滑的驱动轮进行制动,来控制滑动率。

ASR 硬件上只需在 ABS 液压控制系统基础上中增加一些 ASR 液压调节装置即可。对于二位二通电磁阀形式的 ASR,其液压控制系统如图 3-55 所示。

通常情况下,牵引控制电磁阀和稳定控制电磁阀不通电,制动时,制动液从牵引控制电磁阀进入轮缸液压管路,系统通过控制相应车轮的进油和出油电磁阀工作,实现防抱死制动控制;当汽车未制动,某个驱动轮出现打滑时,牵引控制电磁阀和稳定控制电磁阀通电,制动液从稳定控制电磁阀进入轮缸液压管路,同时油泵通电运转,ASR 系统通过对该轮施加制动液压力,将滑转率控制在设定范围。图 3-56 所示为在压力增加模式下右前轮打滑过程中的控制。

3. 车身稳定控制系统（DSC,VSC 或 ESP）

车身动态稳定控制系统（Dynamic Stability Control System,DSC）,又称车身稳定控制系统（Vehicle Stability Control System,VSC）,因为该系统是 ABS 和 ASR 两种系统基础上增设个别传感器,并进一步升级控制程序,所以又称电子控制稳定程序（Electronically Control Stabilty Program,ESP）,ESP 能纠正车辆的过度转向和不足转向,提高汽车操纵稳定性。它是当前汽车防滑装置的最高级形式。

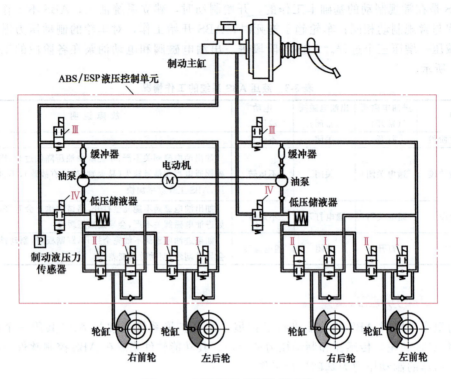

图 3-55 ASR/ESP 液压控制系统

Ⅰ—进油电磁阀；Ⅱ—出油电磁阀；Ⅲ—牵引控制电磁阀；Ⅳ—稳定控制电磁阀

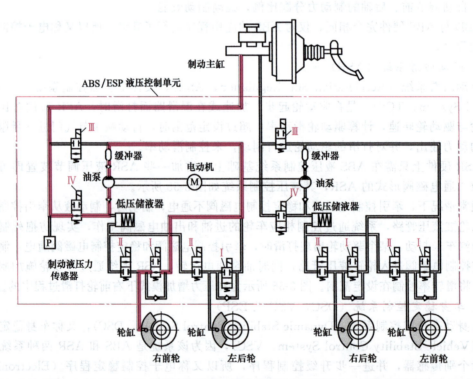

图 3-56 ASR/ESP 系统在右前轮打滑或左转弯（过度转向）过程中的控制

Ⅰ—进油电磁阀；Ⅱ—出油电磁阀；Ⅲ—牵引控制电磁阀；Ⅳ—稳定控制电磁阀

第三单元 汽车底盘检测与故障诊断

ESP 系统在 ASR 系统基础上增加的传感器有：转向传感器（监测方向盘的转向角度）、车轮传感器（监测各个车轮的转动速度）、侧滑传感器（监测车体绕垂直轴线转动的状态）、横向加速度传感器（监测汽车转弯时的离心力）。

当 ESP 控制单元通过传感器的信号，确定汽车存在过度转向时，牵引控制电磁阀和稳定控制电磁阀通电，制动液从稳定控制电磁阀进入轮缸液压管路，同时油泵通电，ESP 系统通过控制相应的进、出油电磁阀工作，对车辆外侧前轮施加制动液压力，产生一定的滑移率，进而产生与汽车横摆方向相反的横摆力矩，保证车辆实现转向。图 3-56 所示为在压力增加模式下左转弯（过度转向）过程中的控制。

汽车出现不足转向时，ESP 系统通过对车辆内侧后轮施加制动，产生与汽车横摆方向相同的横摆力矩，保证车辆实现转向。

4. 间接式轮胎气压监控（RKA）

专门配置轮胎气压监控系统（TMPS）成本较高，将 ABS 应用软件进一步升级，由轮速传感器信号计算车轮动态滚动半径的变化，间接判断胎压的下降情况，称为间接式轮胎气压监控（RKA）。

调整轮胎气压、更换轮胎或前后轮胎换位后，必须在按下轮胎气压监控系统设定按钮，重新设定 RKA 系统。

图 3-57 为大众朗逸轿车 ABS 的控制电路。朗逸采用了 Teves 公司的 MK70 ABS 系统，它集 ABS、EBD、ASR、间接式轮胎气压监控系统于一体，增强了车辆行驶的稳定性和转向操控能力。

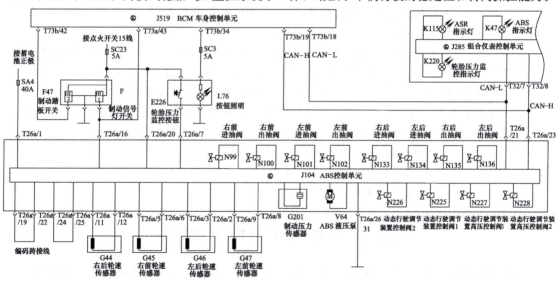

图 3-57　大众朗逸轿车 ABS 控制电路

制动辅助系统使用注意事项

- ABS 在调整制动车轮趋于抱死的过程中，驾驶员可感觉到伴有噪声的制动踏板脉冲运动，为了让 ABS 在这个范围内进行最优的调整控制，驾驶员必须始终踩住制动踏板，不要重复地点动制动踏板。
- 注意 ABS 的一些工作现象并非故障：

① 在制动后期，车速小于7～10km/h时，ABS将不起作用，会有车轮被抱死、地面上留下拖滑的印痕。

② 制动时，有时会感到制动踏板轻微下沉，这是因为道路路面附着系数变化引起ABS的正常反应。

③ 高速行驶过程中急转弯时，或在冰滑路面上行驶时，有时会出现制动警告灯亮起的现象。这是因为出现了打滑现象，ABS产生保护作用而起的，并非故障。

• ABS存在故障时，ABS警告灯持续点亮，但常规制动系统仍在起作用，驾驶员应注意控制制动强度并及时检修。

• 不要使车轮转速传感器与信号转子之间粘染油污或其他脏物，否则造成传感器信号失准，影响系统的正常工作。

• ESP等制动辅助系统不能超越道路条件的限制，在光滑和潮湿的道路上行驶仍然有很大危险。

• 更改汽车悬架或使用未许可的车轮和轮胎组合，会影响制动辅助系统的功能，降低其控制效果，因此，应选用厂家推荐的轮胎。

• 汽车在装防滑链、深雪或松软路面，或陷入泥泞路段等特殊情况下，应通过ASR按钮关闭ASR功能。

ABS维修注意事项

• ABS液压控制单元故障相对较少，ABS电控单元故障更少，一般情况下，不要轻易去拆检ABS控制单元，应优先检查ABS控制单元以外的部件和部位。

• ABS系统与普通制动系统是不可分的，常规制动系统出现问题，ABS系统就不能正常工作。因此，要将二者视为整体进行维修，不能只考虑传感器、电控单元和液压调节器。检修ABS故障时，应按照先检查机械故障后检查电气故障的顺序进行。

• 在对装有高压蓄能器的ABS系统维修之前，应先泄压，以免高压制动液喷出伤人。释放蓄能器中的制动液的方法是：先关闭点火开关，然后反复踩放制动踏板30次以上，直到踩制动踏板感觉很硬时为止。

• 拆卸车轮转速传感器时，注意不要碰撞和敲击传感头。传感器间隙有的是不可调的，有的是可调的，调整时应使用非磁性塞尺或纸片。

任务1　液压制动系统故障诊断

汽车制动系常见故障为制动力不足（即制动不良或制动不灵）、制动拖滞、制动跑偏、ABS不工作、制动器异响、驻车制动不良等。这些故障是影响汽车驾驶安全性重要因素之一，所以发现故障应及时排除。

相关知识

故障1　制动失效

1. 故障现象

汽车行驶中，迅速将制动踏板踩到底时，无制动作用。

2. 故障原因

① 液压系统故障。制动液严重不足，制动管路破裂或接头松脱，使制动液泄漏；制动

主缸或轮缸皮碗磨损严重或破损。

② 机械故障。制动踏板与制动主缸的连接松脱；制动器摩擦片严重烧蚀、脱落；制动器内进水。

3. 故障诊断流程

① 检查储液罐是否缺少制动液，过少时及时添加补充。

② 踩下制动踏板，检查制动踏板与制动主缸的有无连接感，如松脱应重新连接紧固。

③ 检查制动管路有无漏油现象，如油管接头松动漏油应紧固密封。

④ 踩动制动踏板，检查制动轮缸排气螺钉的出油情况：若出油无力或不出油，为主缸工作不良，应予以更换；若出油急促有力，为制动轮缸故障，应予以更换。制动器内进水时，应轻踩几次制动踏板将水分排干。

故障 2 制动力不足

1. 故障现象

踩下制动踏板时制动效能不良，不能产生足够的制动力，致使车辆制动距离过长。

2. 故障原因

制动力不足的故障原因应从制动踏板、真空助力装置、液压系统、ABS 电控系统、制动器 5 个方面分析，具体原因如下。

① 制动踏板机构故障。制动踏板自由行程过大，使其工作行程过小；制动踏板与制动主缸连接松旷。

② 真空助力装置故障。真空管路接头松动，破裂，单向阀损坏，加力气室膜片破裂，活塞磨损，密封圈不密封等。

③ 液压系统故障。制动液量不足，品质不良；制动管路堵塞、有空气；制动主缸进油孔、储液罐通气孔堵塞；制动主缸的油阀损坏；制动主缸或轮缸活塞磨损、卡滞、不密封；ABS 液压控制单元内部阀芯堵塞、电磁阀卡滞导致关闭不严或打不开等。

④ ABS 电控系统故障，导致 ABS 液压控制单元电磁阀不正常工作。

⑤ 制动器机械故障。制动器蹄鼓（或钳盘）间隙过大或贴合不良，间隙自调装置失效；摩擦片有油污、硬化，制动盘通风散热不良引起热衰退等。

3. 故障诊断流程

① 检查储液罐中制动液液面是否太低。检查制动管路接头、制动主缸、轮缸有无明显漏油。

② 脱开 ABS 液压控制单元电磁阀线束插接器，让汽车以常规制动的方式工作，如果制动不良故障消失，说明 ABS 电控系统有故障，检查 ABS 电控系统，必要时更换 ABS 液压控制单元。否则，为常规制动系统故障或 ABS 液压控制单元机械性故障。

③ 踩动制动踏板，根据制动踏板的感觉，检查相应的部位。

• 踩动制动踏板，若感觉较硬，反弹顶脚，旋松轮缸排气螺钉检查出油情况。若出油无力，可能为制动管路堵塞，主缸活塞卡滞，ABS 液压控制单元机械性故障，真空助力器或增压器故障，应检查管路、ABS 液压控制单元或更换主缸；若出油急促有力，为制动轮缸活塞卡滞，应更换轮缸或拆检制动器。

• 踩下制动踏板，若踏板回升无力，高度较低，再连续踩动制动踏板，继续观察：

若踏板随之升高，制动效能好转，应检查踏板自由行程及制动器间隙是否过大，过大应予以调整；

若踏板稍有升高，有弹性感，检查系统内是否有空气，应进行排气；

若踏板在低处且无回弹，检查制动主缸供油孔、储液罐通气孔是否堵塞；

若踏板升高，用力将其踩住，踏板缓慢下降，检查制动管路是否破裂、渗漏。

- 踩下制动踏板，若感觉阻力很小且无反力，检查踏板连接机构有无松旷。
- 踩制动踏板无异常感觉，可能是制动器蹄鼓（或盘）接触不良，摩擦片有油污、硬化。

故障3　制动拖滞

1. 故障现象

制动后抬起制动踏板，车辆行驶无力，重新起步困难；车辆行驶一段路程后，未使用行车制动，但个别或全部车轮制动器发热；踩下离合器踏板，车速迅速降低，有制动感。

2. 故障原因

制动拖滞的原因分全部车轮拖滞、个别车轮拖滞两种情况进行探讨。

（1）全部车轮拖滞　全部车轮拖滞的故障部位在制动主缸之前，主要原因是制动踏板、主缸活塞回位不良，液压系统不回油，具体原因如下。

① 制动踏板自由行程过小或无自由行程；踏板连接机构回位不良。

② 制动主缸活塞运动卡滞，制动主缸回油孔堵塞、活塞回位弹簧过软。

③ 助力装置故障。加力气室膜片回位弹簧弹力减弱，内部卡滞等。

（2）个别车轮拖滞　个别车轮拖滞的故障部位在该轮轮缸及其分支管路、制动器，具体原因如下。

① 轮缸活塞运动卡滞；轮缸管路堵塞。

② 制动器间隙过小；制动蹄回位弹簧弹力减弱、制动钳支架或制动底板松动、制动鼓严重失圆，制动盘翘曲变形。

③ 轮毂轴承松旷使制动鼓歪斜。

3. 故障诊断流程

检查是全部车轮拖滞还是个别车轮拖滞。将汽车支起，在未踩制动踏板情况下，用手转动车轮。若各车轮均转不动，是全部车轮拖滞。个别车轮转不动，则是该轮制动拖滞。

- 若全部车轮拖滞，检查制动踏板自由行程，若无自由行程，予以调整。

踩动制动踏板，抬脚，观察制动踏板回位和储液罐回油情况，若踏板不回位，说明踏板回位弹簧失效，连接机构卡滞，应润滑或更换新件。若储液罐不回油，表明主缸回油孔堵塞，应清洗、疏通。

检查制动主缸、真空助力器工作情况，必要时应更换。

- 若个别车轮拖滞，应旋松有故障轮缸排气螺钉，若制动液急速喷出，随即制动解除，则为该轮管路堵塞。若制动未解除，检查制动器间隙和回位弹簧，必要时拆检制动轮缸。

故障4　制动跑偏

1. 故障现象

汽车制动时不能沿直线停下，而是偏向一侧。

2. 故障原因

制动跑偏主要原因是两侧车轮的技术状态不同，致使两侧车轮制动力不等造成的。具体原因如下。

（1）两侧车轮的制动器制动力不等或制动力增长快慢不一致。如两侧车轮制动器摩擦片磨损程度、制动间隙不一致；一侧制动摩擦片沾有油污，制动鼓或盘变形，制动底板或制动钳支架松动；一侧轮缸或管路漏油或存在空气；制动压力分配装置失效等。

（2）两侧车轮的地面制动力不等。如两侧轮胎气压、花纹、磨损程度不一致，使轮胎的附着系数不同。

（3）行驶跑偏的诱导因素。如两侧车轮定位参数不等。两侧轮毂轴承预紧度调整不一致；两侧悬架弹力不等，一侧减振器损坏；车架、车桥变形造成两侧轴距不等。

3. 故障诊断流程

（1）进行紧急制动，检查车轮在地面上的滑拖印迹，拖印短的车轮制动效能不良（带ABS者，检查滚压印迹）。

（2）检查轮胎气压及其磨损程度是否一致，检查制动间隙是否一致。

（3）针对制动迟缓或制动力不足的车轮：

① 对该轮轮缸进行排气，若有气体跑出，则是管路气阻造成。

② 检查该侧制动轮缸和管路有无凹瘪、漏油现象。

③ 检查制动底板或制动钳支架是否松动，拆检制动器，检查摩擦片是否油污及油污来源，制动蹄、鼓或制动钳、盘是否变形严重，制动轮缸是否工作不良等，视情况进行维修或更换。

（4）若车辆正常行驶时亦有跑偏现象，检查、调整轮毂轴承预紧度。检查、调整前轮定位、悬架等。

故障5 制动效能正常，ABS不工作或误工作

1. 故障现象

① ABS警告灯常亮；ABS自动关闭，紧急制动时，车轮被抱死。

② 低速制动时ABS误工作，踩制动踏板时有振颤的感觉。

2. 故障原因

主要是ABS电控系统的故障，分ABS电路故障、外界电磁场干扰两种情况，具体原因如下。

（1）ABS的电路故障

① 传感器信号异常。传感器松动、齿圈与传感器之间的间隙不当、有脏物、更换配件型号不符；传感器内部故障。

② 液压控制单元内部，如电磁阀、油泵等故障。

③ 导线故障。如连接导线松开、破损、连接不良及短路、断路等。

④ 新换的ABS电控单元而未进行正确编码；电控单元故障。

（2）外界电磁场干扰　ABS信号屏蔽线损坏、传感器近旁起屏蔽作用的金属罩盖安装不当；要求装配带抑制电阻的火花塞车辆，更换了不带抑制电阻的火花塞（在加速行驶过程中可能会使ABS灯亮）。

3. 故障诊断流程

① 根据故障现象，有针对性地直观检查。检查制动液液面是否在规定的范围内。检查ABS的熔丝、继电器是否完好，插接是否牢固。检查ABS导线和连接器是否连接良好。检查蓄电池电压是否在规定范围内，正、负极柱的导线是否连接可靠。

② 利用ABS的自诊断功能，ABS警告灯点亮时，可利用故障诊断仪调出故障码。

③ ABS工作异常而无故障码输出时，故障诊断仪读取各轮速传感器、制动开关、电磁阀数据流，对电磁阀进行元件动作测试。

④ 车轮离开地面，转动车轮，用示波器检查轮速传感器的信号波形，判断齿圈与传感器之间的间隙是否不当、有脏物。检查轮速传感器是否安装不当、线路连接状况。

故障6 制动器异响

1. 故障现象

车辆行驶或制动时，制动器发出不正常的响声。

2. 故障原因

① 摩擦片磨损严重、硬化或破裂、铆钉外露；制动鼓或制动盘变形或磨损起槽。

② 盘式制动器制动钳定位（防振）弹簧或鼓式制动器制动蹄保持弹簧损坏。
③ 制动底板或制动钳支架松动，造成制动鼓与制动底板或制动钳与制动盘相碰擦。
④ 制动器滑动部位润滑不良。

3．故障诊断流程

① 车辆未制动时，制动器即发出不正常的响声，应检查制动底板或制动钳支架是否松动，制动底板是否明显翘曲变形，制动钳定位弹簧是否损坏，视情况进行紧固或更换。

② 车辆制动时制动器发响，应检查制动蹄片的损伤程度，制动鼓、制动蹄及制动盘有无明显变形，制动器各运动副润滑是否良好。

故障 7　驻车制动不良

1．故障现象

拉紧驻车制动时，车辆仍能以低速挡起步。

2．故障原因

对于机械操纵式驻车制动，其结构比较简单，原因如下。
① 驻车制动装置调整不当或拉索卡滞。
② 后轮驻车制动器工作不良。

3．故障诊断流程

① 拉动驻车制动手柄，检查其自由行程及拉索是否存在运动卡滞现象，并进行必要的调整和润滑，或更换拉索。
② 驻车制动器操纵机构工作正常时，应对后轮制动器进行检修。

一、实施准备

本次任务是验证或诊断汽车制动不良、制动拖滞故障，准备好配有 ABS 液压制动的轿车一辆，试车场地需水平、宽阔，注意人身安全。如实验场地不足，可用举升机支起车身使四轮悬空，实验中通过观察车轮转速的变化判断车辆制动情况。

在不损坏车辆的情况下设置故障点，设置方案仅供参考。
① 真空助力器失效设置：将真空管路堵住或叫接头松开。
② 制动管路故障设置：渗入有空气（随后学习如何进行排气）。
③ 通过调整真空助力器推杆的长度，改变制动踏板自由行程。
④ ABS 电控系统故障设置：脱开导线插头，轮速传感器与触发齿圈之间的填塞异物。

二、实施过程

将发动机预热到正常工作温度，检查故障现象，诊断故障点，故障诊断方法见"相关知识"中的故障诊断流程。其中，制动踏板自由行程的调整、制动液的加注与排气方法如下。

（1）检查与调整制动踏板自由行程　关闭发动机，踩几次制动踏板，消除真空助力器内存留的真空，用手压下制动踏板，当感到有阻力时，踏板下降的距离即为自由行程。如不符合要求，应调整真空助力器推杆的长度。

（2）制动液的加注与排气　为防止制动液加注时进入空气，对带 ABS 的制动系统，用制动液加注器加注制动液，操作方法如下。
① 将制动储液罐注满制动液。
② 将制动液加注器注满制动液，并排掉内部的空气，连接制动储液罐，打开阀门进行加注。

对带 ABS 的制动系统，用具有 ABS 排气功能的故障诊断仪为 ABS 排空气，方法如下。

① 启动发动机怠速运转，连接故障诊断仪，选好车型，进入 ABS 系统。

② 按故障诊断仪操作提示，缓缓地踩动制动踏板，稍稍松开轮缸排气螺钉，让系统内的空气连同一部分制动液一起排出，直到排出的制动液无气泡为止。

③ 按规定排气顺序，对其他车轮进行排气操作。

如不用仪器采用手动排气，其方法如下。

① 连接好踩下制动踏板并保持一定的踏板力，缓慢拧开轮缸排气螺钉 1/2～3/4 圈，直到制动液开始流出。关闭排气螺钉后松开制动踏板，重复进行以上步骤直到排出的制动液无气泡为止。

② 按规定排气顺序，对其他车轮进行排气操作。操作过程中注意检查液面高度，必要时进行添加。

操作注意事项

• 装备不同形式的 ABS，其排气顺序和程序可能不同，应参照相应的维护手册进行。通常情况下，从距离主缸较远的车轮开始排气，按由远及近的顺序依次进行，即：右后轮→左后轮→右前轮→左前轮。

• 如更换新的 ABS 控制单元，应先进行 ABS 控制单元编码，再进行 ABS 排空气。

案例 1　帕萨特 B5 制动不良

故障现象：帕萨特 B5 1.8T 轿车，手动挡，行驶里程约 71000km。车主反映，该车在制动时，感觉制动偏软，有停不住车的感觉。

故障诊断：接车后首先进行试车，发现故障现象确如用户所述。

首先检查了制动管路，各个油管接头紧固良好，无松动泄漏，油管无老化、变形；制动轮缸皮碗良好，没有制动液渗漏；制动盘与摩擦片磨损正常；制动液颜色清澈透明。车主说 6 万公里时换过制动液；对制动系统进行排气，管路中没有空气。根据以往的经验制动主缸引起该故障最多，于是更换制动主缸。试车，没有上述故障现象出现，用户提车回去。

过了一周左右，车主又来反映制动情况还是和以前一样，有时还是刹不住车。于是又对上述部位作了一次全面检查，没发现什么异常。仔细询问车主得知，只有长时间行驶后，以及在市区行驶时频繁踩制动踏板后才会出现，早上出现的概率小，下午出现的概率多。因此，判断可能是频繁制动造成的制动器热衰退，分析可能与制动盘通风散热不良有关。于是拆下前制动盘检查，发现制动盘中间的通风槽内有许多泥土。清洁两个前制动盘，装复试车，一切正常。此故障再没有出现。

案例 2　北京现代伊兰特制动不良

故障现象：北京现代伊兰特轿车，行驶 16 万公里，车主反映，该车制动力不足。

故障诊断：首先检查制动液，发现制动液不足，而且制动液有些变质。通过与车主沟通获知，该车从未更换过制动液。更换制动液并排气。检查管路，没有凹瘪、变形的地方。检查制动摩擦片磨损不大，没有进行更换，试车后发现故障依旧。

在 ABS 液压控制单元出口安装油压表，检测在制动时的制动液压力，发现液压明显比正常值低，判断可能是制动主缸或 ABS 液压控制单元故障，更换制动主缸，试车后发现故障依旧。由此判断是 ABS 液压控制单元故障,更换 ABS 液压控制单元,试车故障排除。

案例 3　帕萨特 B5 制动顶脚,ABS 灯报警

故障现象:帕萨特 B5,1.8T 轿车,行驶中制动时制动踏板顶脚,仪表盘上 ABS 灯报警。

检查分析:连接故障检测仪,进入 ABS 控制单元进行检测,调出的故障内容为右前轮速传感器故障。

将该车用举升机升起后,连接故障检测仪读取 ABS 数据流,进入地址码 03,观察 01 显示的数据。转动左前轮时,1 区显示的数据在 0~3km/h 变化;转动右前轮,2 区显示的数据一直为 0。说明右前轮速传感器没有信号,而且发现故障代码不能清除。

检查右前轮速传感器线束连接器,没有发现问题。将该传感器拆下检查,其头部上也无异物,测量其电阻,在标准范围内。拔下右前轮速传感器导线侧连接器,测量该连接器至 ABS 控制单元间导线的电阻,发现电阻比较大,晃动该线束时电阻有时会变为无穷大。仔细检查该线束,发现有多处被重新包扎过的现象。将包扎的绝缘带拆开后检查,发现导线存在虚接的现象。将该处导线连接牢固,故障排除。

基础知识 3 ● 气压制动系统的组成与基本原理

一、气压制动系统的组成及主要装置

气压制动系统用于商用车辆,带有 ABS 的中型汽车气压制动系统的组成如图 3-58 所示。

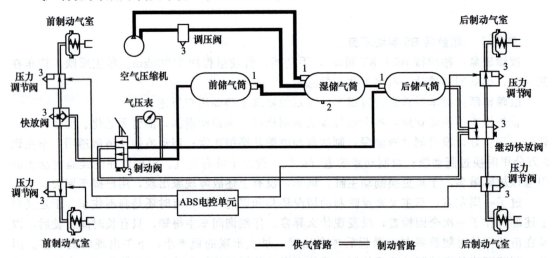

图 3-58　带 ABS 的中型汽车的气压制动系统
1—单向阀;2—放水开关;3—排气口(均在阀体下端)

空气压缩机由发动机驱动产生高压气体,当供气管路中气压过大时,可通过湿储气筒上的溢流阀释放压力。有的车辆在通过调压阀释放压力的同时,还使空气压缩机卸荷空转,以减少发动机的功率损失。

气压制动的前后管路相互独立,两者的气压由仪表板上的双针式气压表进行监测。

由于储气筒经过制动阀向后制动气室迂回充气,以及前、后制动气室仅经过制动阀迂回排气,会导致制动和解除制动的滞后时间过长,为缩短充气和放气管路,在靠近后制动气室处设置了继动快放阀,在前制动气室及驻车制动气室附近设置了快放阀。

制动气室,又称分泵。汽车制动时,将气路传来的压力通过膜片变形推动推杆,并带动

制动调整臂，转动制动凸轮，将制动蹄摩擦片压向制动鼓而产生制动。

为提高行车制动的效能，有的商用车辆还安装有涡流缓速器、排气制动阀等辅助制动装置。

二、驻车制动系及复合式制动气室

对于中型汽车，驻车制动系一般采用杆件连接操纵机构，制动器一般装在变速器后的输出轴上。

重型汽车的驻车制动采用蓄能弹簧制动，后轮制动气室为复合式制动气室，分为驻车制动气室和行车制动气室两个腔。带有 ABS 的重型汽车的气压制动系统如图 3-59 所示。

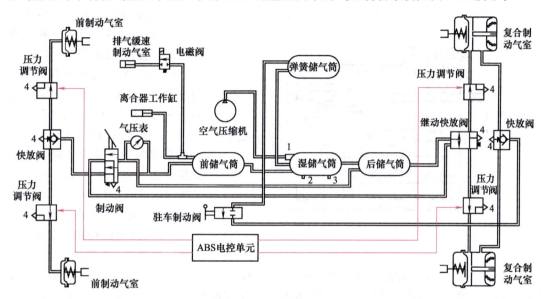

图 3-59 带 ABS 的重型汽车的气压制动系统

1—单向阀；2—调压阀；3—放水开关；4—排气口（均在阀体下端）

复合式制动气室的工作原理如图 3-60 所示。汽车行车前，启动发动机，将手制动阀扳到解除制动位置，使驻车制动气室内充入一定量的压缩空气，蓄能弹簧压缩后，通过膜片使活塞回到不制动位置，推杆在行车制动回位弹簧的作用下回拉，制动解除，汽车方能起步。如储气筒气压未达到规定值，不能压缩蓄能弹簧，则汽车不能起步。

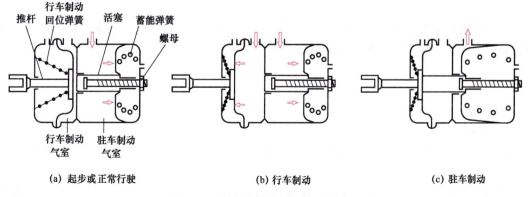

(a) 起步或正常行驶　　　　(b) 行车制动　　　　(c) 驻车制动

图 3-60 复合式制动气室的工作原理

实施行车制动时，向行车制动气室充气，将推杆推出，推动制动器凸轮轴转动，实现制动。

驻车制动时，通过手制动阀及快放阀使驻车制动气室放气，蓄能弹簧复位，通过膜片及活塞将推杆推出，推动制动器凸轮轴转动，实现驻车制动（俗称断气刹）。

当空气压缩机失效时，不能对驻车制动气室充气以解除制动，如需移动车辆，可以旋转与储能弹簧相连的螺母，使储能弹簧退回到不制动位置。压缩状态下储能弹簧的作用力很大，操作时应注意安全。

三、气压 ABS 系统

气压 ABS 与气压制动系统配套使用。与液压 ABS 一样，也是由轮速传感器、ABS 电子控制单元（ABS ECU）、制动压力调节装置及 ABS 警告灯组成。

气压式 ABS 的压力调节装置为分体式，共 4 个，均安装在靠近制动室的气压管路中，称为压力调节阀。以威伯科（WABCO）气压 ABS 系统为例，其调节阀的工作原理如图 3-61 所示，每个压力调节阀均由 1 个常闭电磁阀和 1 个增压膜片阀控制气源端向制动气室充气，1 个常开电磁阀和 1 个排气膜片阀控制制动气室的排气。

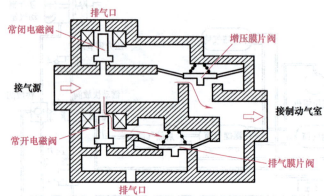

图 3-61 威伯科气压 ABS 系统压力调节阀的工作原理（增压阶段）

ABS 电控单元根据轮速传感器的信号，气压 ABS 系统对趋于抱死的车轮的制动压力循环进行增压—保持—减压过程，防止被控制车轮发生制动抱死。各阶段电磁阀和膜片阀的工作情况如表 3-4 所示。

表 3-4 气压 ABS 系统的工作情况

项目	常闭电磁阀	常开电磁阀	增压膜片阀	排气膜片阀
增压阶段	关闭	打开	开启	关闭
气压保持阶段	通电开启	打开	关闭	关闭
减压阶段	通电开启	通电关闭	关闭	开启

任务 2　气压制动系统故障诊断

与液压制动系统相同，气压制动系常见故障为制动效能不良、制动拖滞、制动跑偏、制动器异响、ABS 故障等，这里学习气压制动系常见故障的诊断方法。

故障 1　制动失效

1. 故障现象

汽车行驶中，迅速将制动踏板踩到底无制动作用，抬起制动踏板后，排气阀无排气声。

2. 故障原因

目前汽车均采用双管路制动系统，制动突然失效的故障已很少见，但以下原因仍会造成制动失效。

① 气压系统故障。空气压缩机传动带打滑或断裂；储气筒、制动管路严重漏气；制动管路堵塞；制动阀故障。

注：驻车制动采用蓄能弹簧制动的车辆，在制动气管、储气筒之类发生爆裂失灵时，蓄能弹簧释放，驻车制动起作用。可避免制动失效故障的发生。

② 机械故障。制动踏板连接机构脱开；制动器内进水；频繁使用制动器，导致摩擦片过热。

3．故障诊断流程

① 检查气压表压力值，若无气压，拆空压机出气管，启动发动机，如出气管无泵气声，为空压机故障。如有泵气声，为储气筒、制动管路漏气。

② 若气压正常，踩下制动踏板听有无排气声（或观察双针气压表指示值变化）。如无排气声，检查制动阀至制动气室之间管路是否堵塞，或制动阀故障。如有排气声，检查排除制动器机械故障。制动器内进水时，应轻踩几次制动踏板，将制动器内水分排干。

故障2 制动力不足

1．故障现象

同液压制动系故障现象。

2．故障原因

制动力不足的故障原因应从制动踏板、气压系统、制动器三个方面分析，具体原因如下。

① 制动踏板故障。制动踏板自由行程过大，使其工作行程过小；踏板连接机构松旷。

② 气压系统故障。空气压缩机传动带打滑，活塞与缸壁磨损；调压阀失效；ABS 的气压调压阀机械性故障；储气筒、制动管路、制动气室漏气。

③ 制动器机械故障。制动器蹄鼓间隙过大或贴合不良；凸轮轴卡滞，摩擦片有油污、硬化等。

3．故障诊断流程

① 启动发动机，中速运转数分钟，将发动机熄火，观察气压表压力值变化。

若气压不足，发动机熄火后气压无明显下降，说明传动带打滑或空压机故障。

若气压正常，发动机熄火后自动下降，说明空压机至制动阀之间的气路漏气。

② 若发动机熄火前后，气压始终保持正常，踩下制动踏板，听有无漏气声（或观察气压表指示值变化）。如有漏气声，说明制动阀至各制动气室之间的气路漏气。若无漏气声，检查制动踏板自由行程，检查并排除制动器机械故障。

故障3 制动拖滞

1．故障现象

气压系统制动拖滞同液压制动系故障现象。伴随有制动阀排气缓慢或不排气；或制动阀排气正常但仍有制动作用。

2．故障原因

制动拖滞的原因分全部车轮拖滞、个别车轮拖滞两种情况进行探讨。

（1）全部车轮拖滞　全部车轮拖滞的故障部位在制动踏板和制动阀，具体原因如下。

① 制动踏板自由行程过小或无自由行程；踏板轴卡滞、弹簧过软等造成回位不良。

② 制动阀活塞回位弹簧过软；制动阀排气间隙太小，排气口堵塞。

（2）个别车轮拖滞　个别车轮拖滞的故障部位在该轮制动气室及其分支管路、制动器，具体原因如下。

① 制动气室推杆运动卡滞；快放阀排气口堵塞。

② 凸轮轴卡滞不回位；制动间隙过小；制动蹄回位弹簧弹力减弱、制动底板松动、制动盘翘曲变形。

③ 轮毂轴承松旷使制动鼓歪斜。

3．故障诊断流程

车辆行驶一段路程后，检查各车轮制动鼓是否过热。各车轮均过热，是全部车轮拖滞；个别车轮存在过热现象，是单个车轮拖滞。

•若全部车轮拖滞，踩动制动踏板，抬脚。若踏板不回位，检查踏板机构卡滞。若踏板回位，但制动阀排气缓慢或不排气，多为制动阀故障或制动踏板自由行程过小。检查制动踏板自由行程，若行程正常，拆检制动阀排气阀。

若单个车轮拖滞，松开制动踏板观察制动气室推杆回位情况，若回位缓慢或不回位，为制动凸轮轴卡滞；若回位正常，为制动器机械故障。

故障 4　制动跑偏

1．故障现象

同液压制动系故障现象。

2．故障原因

制动跑偏主要原因是两侧车轮的技术状态不同，致使两侧车轮制动力不等造成的。具体原因如下。

① 两侧车轮的制动器制动力不等或制动力增长快慢不一致。两侧车轮制动器摩擦片磨损程度、制动间隙不一致；一侧制动摩擦片沾有油污，制动蹄鼓变形；一侧制动气室漏气；一侧制动气室推杆变形卡滞、制动凸轮轴锈蚀等。

② 两侧车轮的地面制动力不等。同液压制动系原因。

③ 行驶跑偏的诱导因素，同液压制动系原因。

3．故障诊断流程

① 路试进行紧急制动，找出制动效能不良的车轮。

② 检查轮胎气压及其磨损程度是否一致，检查制动间隙是否一致。

③ 针对制动效能不良的车轮：检查该侧制动气室和管路有无漏气现象。检查制动气室推杆伸缩情况，是否弯曲、卡滞。必要时拆检制动器。如制动蹄失圆，用蹄片镗削机进行修复。

④ 若车辆正常行驶时亦有跑偏现象，检查、调整轮毂轴承预紧度。检查、调整前轮定位参数。

故障 5　制动效能正常，ABS 不工作或误工作

1．故障现象

ABS 警告灯常亮；ABS 自动关闭，紧急制动时，车轮被抱死。

2．故障原因

主要是 ABS 电控系统的故障，故障原因与液压 ABS 类似，具体原因如下。

(1) ABS 的电路故障

① 传感器信号异常。传感器松动、齿圈与传感器之间的间隙不当、有脏物、更换配件型号不符；传感器内部故障。

② 压力调节阀的电磁阀、机械阀故障。

③ 导线故障。如连接导线松开、破损、连接不良及短路、断路等。

④ 新换的 ABS 电控单元而未进行正确编码；电控单元故障。

(2) 外界电磁场干扰　ABS 信号屏蔽线损坏、传感器近旁起屏蔽作用的金属罩盖安装不当。

3．故障诊断流程

① 根据故障现象，有针对性地直观检查。检查制动气压是否正常。检查 ABS 的熔丝、继电器是否完好，插接是否牢固。检查 ABS 导线和连接器是否连接良好。检查蓄电池电压

是否在规定范围内，正、负极柱的导线是否连接可靠。

② 利用 ABS 的自诊断功能，ABS 警告灯点亮时，可利用故障诊断仪调出故障码。

③ ABS 工作异常而无故障码输出时，故障诊断仪读取各轮速传感器、电磁阀数据流，对电磁阀进行元件动作测试。

④ 车轮离开地面，转动车轮，检查齿圈与轮速传感器之间的间隙是否有脏物、传感器线路连接状况。

故障 6　驻车制动故障

对于驻车制动器装在传动轴上，依靠人力操纵的大型车辆，主要存在驻车制动不良故障；对于采用蓄能弹簧驻车制动的大型车辆，主要存在驻车制动不能解除故障。

情况 1：人力操纵式驻车制动，制动不良

1. 故障原因

① 驻车制动操纵杆锁定装置故障，杆件弯曲。

② 驻车制动器工作不良。制动器蹄鼓间隙过大，摩擦片有油污、磨损等。

2. 故障诊断流程

① 拉动驻车制动手柄，检查操纵杆能否锁定，检查其自由行程，必要时进行调整和润滑。

② 驻车制动器操纵机构工作正常时，应对后轮制动器进行检修。

情况 2：蓄能弹簧驻车制动，制动不能解除。

1. 故障原因

① 整车气压不足，蓄能弹簧制动气室膜片破裂或充气管路漏气。

② 驻车制动阀或充气管路堵塞，高压气体无法进入弹簧制动气室内。

③ 后轮制动器卡滞，如凸轮轴弯曲或锈蚀严重，制动蹄回位拉簧过软或折断等。

2. 故障诊断流程

① 启动发动机对系统充气，如达不到起步气压，检查弹簧制动气室充气管路是否漏气，拆开弹簧制动气室，检查膜片是否破裂。

② 如气压达到起步气压，检查驻车制动阀或充气管路有无堵塞。将后轮拆下，检查凸轮轴是否转动灵活，制动蹄回位拉簧是否折断或过软。

一、实施准备

本次任务是验证或诊断气压制动的汽车制动不良、制动跑偏、制动拖滞故障，准备好配 ABS 气压制动汽车一辆，试车场地需水平、宽阔，注意人身安全。如实验场地不足，可用举升机支起车身使四轮悬空，实验中通过观察车轮转速的变化判断车辆制动情况。

在不损坏车辆的情况下设置故障点，设置方案仅供参考。

① 制动器故障设置：改变制动器的蹄鼓间隙。

② 气压异常的设置：旋松放水开关，在制动管路接头处将管腔半堵塞。

③ 堵塞制动阀、快放阀的排气口。

④ 调整制动踏板自由行程。

⑤ ABS 电控系统故障设置：松开导线插头，轮速传感器与触发齿圈之间的填塞异物。

二、实施过程

将发动机预热到正常工作温度,实施制动,观察故障现象,判断故障点,故障诊断方法见"相关知识"中的故障诊断流程。

复习思考题 ▶▶

1. 某车为液压制动,发生制动不良,检查制动踏板自由行程正常,请分析故障原因。
2. 一辆轿车出现行驶无力,未使用制动(液压制动),但检查四个轮的制动器均发热,分析故障原因。
3. 一辆轿车出现行驶无力,未使用制动(液压制动),但行驶一段路程后,发现右后轮制动器发热。将汽车支起,用手转动车轮,该轮转不动,请分析故障原因。
4. 一辆货车出现行驶无力,未使用制动(气压制动),但检查四个轮的制动鼓均发热,分析故障原因。
5. 一辆货车出现行驶无力,未使用制动(气压制动),但行驶一段路程后,发现右后轮制动鼓发热。将汽车支起,用手转动车轮,该轮转不动,请分析故障原因。

第四单元

汽车电器系统检测与故障诊断

现代汽车的电器系统由电源与启动系统、发动机/底盘电控系统、车身电器系统三部分组成。发动机/底盘电控系统已在前面两个单元做过介绍，本单元学习的汽车电器系统，主要是指电源与启动系统和车身电器系统。

汽车电器系统线路错综复杂，各车型其组成、安装位置和接线也很不一致，但它们在基本原理、组成和故障测试方法等方面都有一些共同规律，掌握这些规律，对提高汽车电器系统的检修技术大有裨益。

项目1　电源与启动系统故障诊断

学习目标

1. 熟悉电源系典型控制电路，明确发电机各端子的作用。
2. 能够分析电源系常见故障的故障原因，能够使用仪器完成检测诊断与排除。
3. 熟悉汽车启动系控制电路。
4. 能够分析启动系常见故障的故障原因，能够使用检测仪器，完成启动系故障的诊断与排除。

项目导读

发动机不能启动主要表现为启动机带不动发动机运转、启动机能带动发动机运转但转动无力、启动机能带动发动机运转但发动机不能启动等。前二者主要是电源系统、启动系统故障或发动机内部机械故障，第三者则常与发动机点火系、供给系、内部机械故障有关。本项目在认识电源系统、启动系统的组成及控制电路的基础上，学习电源启动系常见故障诊断与分析方法。

基础知识 1 ● 电源系统的组成及电路分析

一、汽车电源系统的组成

汽车电源为双电源系统：蓄电池和发电机，其中，发电机是主要电源，蓄电池是辅助电源。汽车电源系统包括蓄电池、发电机及电源管理系统。

1. 蓄电池

汽车蓄电池（俗称电瓶）广泛采用铅酸蓄电池，其极板的主要成分是铅，电解液是稀硫酸，主要用于启动发动机，称为启动型蓄电池。

目前汽车蓄电池主要分两种：普通铅蓄电池和免维护蓄电池。普通铅蓄电池价格便宜，但是由于电解液中的水分电解蒸发，在电解液液面降低时需要添加蒸馏水；免维护蓄电池的电解液消耗量非常小，在使用寿命内基本不需要补充蒸馏水，故应用较为广泛。

> **蓄电池使用注意事项**
>
> - 避免大电流放电时间过长，使用启动机，每次的时间不超过 5s，相邻两次启动之间应间隔 15s。
> - 随时充电，尽量避免过放电和长期处于亏电状态（即低电压状态），否则会导致电容量下降而提前报废。
> - 要保持蓄电池外部的清洁，经常清除蓄电池上的灰尘、污物，防止正负极桩形成通路导致自放电。
> - 蓄电池在车上安装应牢靠，极桩与电缆接头应连接紧固，接触良好，及时清除蓄电池极桩、接头上的氧化物，否则会引起对启动机供电不足，并影响发电机对蓄电池的充电，使蓄电池亏电。
> - 对于普通铅蓄电池，注意检查并疏通加液孔盖上的通气孔，定期检查蓄电池电解液液面高度，及时添加蒸馏水。蓄电池外壳有正常液位标记者，液位必须在标记范围内，无标记者，液面应高出极板 10~15mm，以保证没过各电解槽中的极板。
> - 断开蓄电池时，为防止在拆正极电缆时，拆装工具与车身接触造成蓄电池短路，应先拆负极电缆，然后再拆正极电缆；连接蓄电池时，须先接正极电缆，再接负极电缆；电缆极性切勿接错，拆下或装上蓄电池之前，应确保点火开关和其他开关均已断开。
> - 低温条件下汽车长期停放不用，应防止蓄电池因结冰而损坏。
> - 充电时蓄电池会产生易燃易爆气体，故充电场所必须通风良好，并严禁明火。不可对结冰或刚解冻的蓄电池进行充电，否则会引起爆炸。

2. 发电机和电源管理系统

蓄电池和发电机并联工作。在发动机正常运转时（怠速以上），向用电设备供电，同时向蓄电池充电。充电指示灯（又称充电不足警告灯）用以指示发电机发电情况，当发电机开始对蓄电池充电时，该灯应熄灭。

目前汽车均采用整体式交流发电机，它由三相交流发电机、整流器、电压调节器三部分组成。

为了避免蓄电池由于过度放电造成损坏，使蓄电池有足够电能来启动汽车，近年来很多车辆广泛采用了电源管理系统。电源管理系统通过车载电器控制单元，控制发电机的输出功率，或关闭个别舒适系统用电器，以减小电能消耗。

二、汽车电源系统电路分析

1. 常规汽车电源系统

大众早期车型如桑塔纳、捷达、帕萨特等系列车型，采用十一管交流发电机，即发电机整流器内有 8 个二极管，其中的 6 个二极管组成三相全波桥式整流电路，2 个二极管利用三相绕组中性点的电能输出提高发电机的输出功率。另外 3 个二极管称为磁场二极管，对转子绕组供电，实现自励，并连接充电指示灯。

大众车型采用发电机电压检测法线路，只有两个外接端子"B+"和"D+"，如图 4-1 所示。B+ 端子直接与蓄电池连接。当发电机刚开始工作时，蓄电池通过点火开关、充电指示灯、D+ 端子及发电机内部电路对转子绕组供电，充电指示灯点亮，此时为他励；随着发电机转速升高，当 B+ 端子电压大于蓄电池电压时，发电机开始对蓄电池充电，此时，充电指示灯由于 D+、B+ 两个端子的电位相等而熄灭，表示发电机正常发电，同时，励磁方式由他励变为自励。

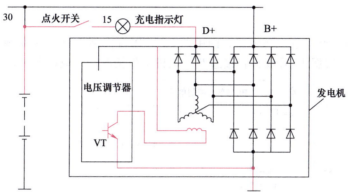

图 4-1　早期大众车型电源系统电路原理图

夏利、丰田威驰、本田雅阁等轿车采用八管交流发电机，夏利轿车电源系统的电路原理图如图 4-2 所示，L 端子与大众车型的 D+ 端子作用相似，增加一个 IG 端子，为集成电路调节器提供工作电压。

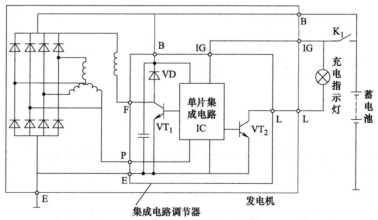

图 4-2　夏利轿车电源系统电路原理图

2. 车载电源管理系统

车载电源管理系统如图 4-3 所示。发电机 L 端子与车载电器控制单元相连，通过该端子对发电机励磁绕组供电，实现他励。B+ 端子除了向蓄电池充电外，还向车载电器控制单元提供车辆电器的负荷信号，当电压过低时，车载电器控制单元关闭个别舒适系统用电。发电机 DFM 端子与发动机控制单元相连，通过占空比信号反映发电机的输出功率，发电机的输出功率低于额定范围后，通过电控节气门系统，提高发动机转速，补偿用电器对电能消耗，使发动机运转平稳。

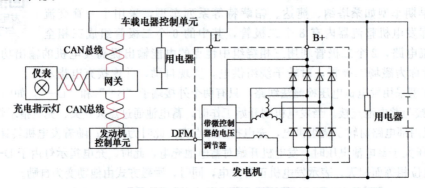

图 4-3　车载电源管理系统电路原理图

图 4-4 为上海大众朗逸电源电路，图中的 BCM 车身控制单元 J519 集成了车载电器控制单元的功能。J519 根据 15 号线是否接通及发电机工作情况，采取以下三种管理模式。

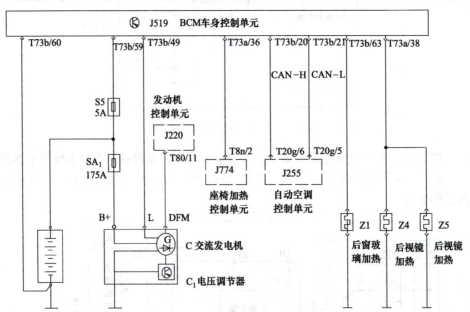

图 4-4　上海大众朗逸电源电路

管理模式 1：15 号线接通并且发电机处于工作状态。如果蓄电池电压低于 12.7V，则发动机控制单元 J220 通过提升发动机转速来提高发电量；如果蓄电池的电压低于 12.2V，关闭后风窗加热、后视镜加热、座椅加热、降低空调耗能或关闭空调（通过舒适系统 CAN 总线）。

管理模式 2：15 号线接通并且发电机未工作。如果蓄电池的电压低于 12.2V，降低空调耗能或关闭空调、关闭信息娱乐系统。

管理模式 3：15 号线断开并且发电机未工作。如果蓄电池的电压低于 11.8V，关闭车内照明、信息娱乐系统关闭。

这三种管理模式用电器被关闭的次序不同，如果关闭的条件取消，用电器将会被重新激活。

任务 1　电源系统检测

汽车电源系统主要检测蓄电池和发电机的性能,即检测蓄电池容量和发电机的输出电压。发电机输出电压过高或过低,说明发电机或充电电路有故障。必要时检测发电机的输出电压波形,根据波形可以判断交流发电机内部的故障点。

一、蓄电池存电量的检测原理

蓄电池的容量是衡量蓄电池的性能,即蓄电池对外放电能力的重要指标,它是指在规定的放电条件下,完全充足电的蓄电池所能输出的电量,单位为 A·h,用下式表示为:

$$蓄电池容量 = 放电电流 \times 放电持续时间$$

蓄电池长时间亏电或使用到一定期限,蓄电池的容量会明显下降。目前在汽车维修中,还没有办法短时间内测出蓄电池的容量,一般可通过测定蓄电池在短时放电状态下的端电压,或测定蓄电池内阻,间接评价蓄电池容量下降的情况,这两种方法对应有两种不同类型的蓄电池检测仪(图 4-5)。

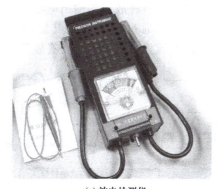 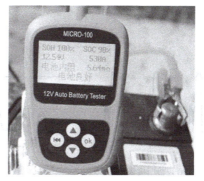

(a) 放电检测仪　　　　　　　　　　(b) 内阻检测仪

图 4-5　蓄电池检测仪

(1)短时放电法。静态电压相同的蓄电池在相同负载、大电流放电状态下,存电量越小,其端电压值在相同时间内下降的幅度越大。因此,可以通过检测蓄电池在规定时间内大电流放电后的端电压值,判断蓄电池的存电量,这种仪器又称放电检测仪。由于大电流放电对蓄电池有很大损伤,一般规定放电时间在 10s 内。

该方法评判的是蓄电池当前的存电量,不是蓄电池的总容量。因此,检测前应对蓄电池充电,充满后再检测。

(2)内阻测量法。蓄电池容量下降时,相应的蓄电池的内阻将变大。因此可以通过检测内阻值评价蓄电池的容量。其检测原理是:仪器将已知频率和幅值的交流电压加在电池的两极,同时测量输出电流,根据与交流电压同相的交流电流分量与交流电压,计算出蓄电池的内阻值。这种仪器又称内阻(或电导)检测仪。

蓄电池放电过程中电解液的密度会下降,有的免维护蓄电池内部安装有电解液密度计(俗称电眼),密度计的升降引起电眼颜色的变化,检查电眼颜色也可以粗略判断蓄电池的存电量:绿色表示蓄电池电量充足;黑色表示充电量不足,需充电;无色或黄色表示电解液达到临界状态，应报废。

二、发电机的就车检测方法

发电机的就车检测方法有检测输出电压、电压波形观测等方法。

1. 检测输出电压

以 12V 交流发电机为例，将万用表拨到直流电压挡，正极接发电机输出端子 B，负极搭铁，检测蓄电池的空载电压，正常值为 12.0~12.6V。关闭所有电器，启动发动机转速并保持在 2000r/min 时，电压表的指示电压应在 14V 左右。仍保持在 2000r/min 时，打开所有电器，万用表电压值会有小幅度下降，但应至少高出蓄电池电压 0.5V。

对于 24V 电压系统，交流发电机输出电压的标准值应在 28V 左右。

测试中若输出电压过高或过低都是异常的，应进一步诊断发电机或充电电路的故障。

2. 观测电压波形

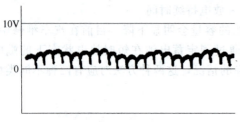

图 4-6 发电机工作正常时的输出电压波形

将示波器的红色探头接发电机的电压输出端，黑色探头接地。交流发电机发出的三相正弦交流电通过整流电路后，其直流输出电压带有一些交流成分，称为纹波电压，如图 4-6 所示。交流发电机有故障时，其输出电压的波形将出现异常。各种故障的输出电压波形如图 4-7 所示。因此，通过示波器测其输出电压波形，可以判断交流发电机内部是否有故障。

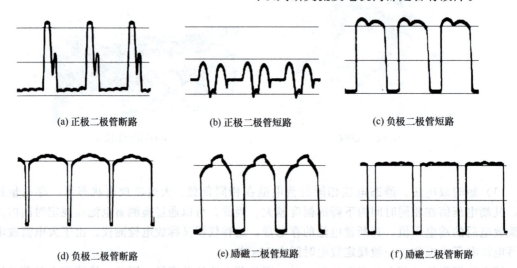

(a) 正极二极管断路　　(b) 正极二极管短路　　(c) 负极二极管短路

(d) 负极二极管断路　　(e) 励磁二极管短路　　(f) 励磁二极管断路

图 4-7 发电机各种故障的输出电压波形

一、蓄电池存电量的检测

1. 用蓄电池放电检测仪检测

将仪器连接蓄电池两极放电 10s，观察测得的电压值所处屏幕标示的不同区间，有良好、较弱、损坏三个等级，以此评价蓄电池的技术状态。该电压区间与蓄电池额定电压、额定容量有关。对于额定电压12V的蓄电池，一般保持在10.5～11.2V以上，表示蓄电池良好；电压在9～10.5V之间，表示电量不足；电压降到9V以下，表示电量严重不足或蓄电池有故障，应充电后再进行检测。

2. 用蓄电池电导检测仪检测

将仪器连接蓄电池两极，按照屏幕提示输入电池标准（见电池标签）、额定容量，仪器可以检测出蓄电池的充电状态、电压、内阻等参数。

蓄电池电导检测仪的使用

二、发电机的就车检测

在装有充电指示灯的汽车上，先利用充电指示灯来初步判断充电系统有无故障，方法如下。

发动机怠速预热10min，断开点火开关使发动机熄火。再接通点火开关但不启动发动机，此时，充电指示灯应当发亮，如果不亮，说明充电指示灯线路有故障。再次启动发动机，并逐渐升高发动机转速，当发动机转速升高到600～800r/min时，充电指示灯自动熄灭，说明充电指示灯线路正常，发电机能够发电。

利用万用表就车检测发电机的输出电压，再通过示波器测其输出电压波形，判断发电机内部故障情况。

任务2　电源系统故障诊断

汽车电源系统主要故障表现为蓄电池亏电、发电机不发电、充电电流过小、发电机充电不稳等。充电系统有故障时，应及时加以诊断并排除，绝不能勉强行驶，以免造成更大损失。

相关知识

主要介绍常规汽车电源系统故障诊断方法。

故障1　蓄电池亏电

1. 故障现象

发动机不能启动，蓄电池电压过低。

2. 故障原因

① 线路搭铁；线路连接点锈蚀；蓄电池自身故障。

② 发电机不发电。

3. 故障诊断方法

① 通过充电指示灯，排除发电机不发电的可能性。

② 检查是否存在短路故障。断开蓄电池搭铁线，关闭所有用电设备，将万用表接在蓄电池负极和搭铁线之间，测得的最大电流应为10mA（常电电路仍通电，如维持ECU工作）。如电流超过10mA，表明存在短路故障。

查找短路点：依次拆掉有保险丝的电路，再依次拆掉无保险丝组件的导线（如发电机、启动机、点火系、组合仪表），如切断电路时万用表指示的电流减小，则该部位存在短路故障。

③ 对蓄电池进行充电，如端电压上升过慢或不上升，表明蓄电池已损坏，应更换蓄电池。

故障2　发电机不发电

1. 故障现象

发动机启动后，充电指示灯保持持续点亮状态，不熄灭。

2. 故障原因

① 发电机皮带断裂。

② 外部线路断路；交流发电机本身故障。
3. 故障诊断方法
① 检查发电机皮带是否打滑或断裂，否则，应胀紧或更换。
② 检查发电机外部线路是否有断路、短路故障。如有，修复线路故障。
③ 点火开关置点火挡或启动发动机，拔下发电机端子插头，观察充电指示灯是否熄灭。
• 如充电指示灯不熄灭，说明指示灯外部搭铁短路，修复外部电路。
• 如充电指示灯熄灭，检查拔下发电机端子插头是否有12V电压，如没有电，说明发电机外部线路故障，修复外部电路；如有电，说明发电机本身故障，应检修发电机。

故障3　充电电流过小

1. 故障现象
① 发动机启动后，充电指示灯亮，发动机高速运转时，充电指示灯熄灭。
② 蓄电池经常电量不足，打开前照灯，灯光暗淡，按动电喇叭声音小。
2. 故障原因
① 发电机皮带打滑。
② 发电机本身故障，如滑环脏污或电刷磨损弹力不足，接触不良；个别整流二极管损坏或脱焊；定子三相绕组局部断路或短路。
3. 故障诊断方法
检查发电机皮带是否过松打滑，发电机的固定是否牢固。这些情况排除后，故障点基本锁定在发电机本身。一般需拆下发电机，进行解体检查。

故障4　发电机充电不稳

1. 故障现象
发动机平稳运转，打开前照灯，灯光忽明忽暗。
2. 故障原因
① 发电机皮带打滑；皮带轮跳动。
② 发电机本身故障，如发电机内部导线接头松动，接触不良；滑环脏污或电刷磨损过度弹力不足折断；电压调节器性能故障。
3. 故障诊断方法
检查发电机皮带是否过松打滑，皮带轮是否跳动。
这些情况排除后，解体检查发电机。

一、实施准备
准备好轿车一辆，为便于教学，也可使用专用的实验台进行操作。
实车训练时，一般仅设置电路断路故障点，可松开导线插头使某端子接触不良。
准备几个发电机旧件，学习发电机的解体检查方法。

二、实施过程
① 分析该车型的电源控制电路。
② 检查故障现象，检测诊断故障点，故障诊断方法见"相关知识"中的故障诊断方法。
③ 发电机的解体检查。
解体发电机旧件，将万用表两表笔分别测量定子绕组三个抽头，两两相测，阻值应小于1Ω；定子绕组与铁芯钢片之间应绝缘，测量两者间的电阻值，应为无穷大。

检查电刷和集电环的磨损情况；用万用表测两集电环之间的电阻值，一般12V发电机磁场绕组电阻约为3.5～6Ω，若阻值小于规定值，说明线圈短路，若阻值无穷大，则线圈断路；转子绕组与铁芯之间应绝缘，测量两者间的电阻值，应为无穷大。

基础知识2 ● 启动系的组成及电路分析

一、启动机的组成及工作原理

1. 启动机的组成

启动机由直流电动机、传动机构和电磁开关三部分组成。直流电动机主要由磁极（定子）、电枢（转子）、换向器组成。传动机构由驱动齿轮、单向离合器、拨叉等组成。为增大输出力矩，有的启动机在传动机构和电枢轴之间安装了齿轮减速装置。电磁开关用来控制驱动齿轮与飞轮齿圈的啮合与分离，并控制电动机电路的接通与切断，主要由吸引线圈、保持线圈、回位弹簧、可动铁芯、接触片组成。

启动机的组成与工作原理

2. 启动机的工作原理

无启动继电器的启动电路中，由点火开关直接控制启动机的电磁开关。如图4-8所示，当点火开关位于启动挡时，STA端子（大众车系50号线）通电，电动机低速运转。同时，吸引线圈和保持线圈中产生的磁场吸引可动铁芯运动，拉动拨叉使离合器的小齿轮和飞轮的齿圈啮合，当小齿轮和飞轮齿圈完全啮合后，与可动铁芯连在一起的接触片将"B+"端子（30号线）与电动机的供电端子短接，通过启动机的电流增大，电动机的转速升高。发动机启动以后，点火开关从启动挡退回，切断STA端子电压，吸引线圈和保持线圈退磁，电磁开关复位，切断电动机中的电流。

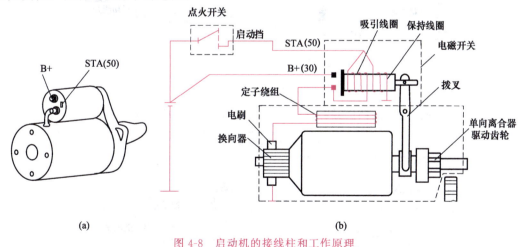

图4-8 启动机的接线柱和工作原理

启动机使用注意事项

● 发动机启动时，对于手动挡的车辆，应踩下离合器踏板，对于自动挡的车辆，应将变速杆挂入N挡或P挡。

- 启动时每次接通启动机的时间不得超过5s，再次启动时，两次之间应间歇15s以上。连续3次不能启动者，应检查蓄电池电量、启动系电路及发动机点火供给系统，诊断并排除故障后方能启动。
- 发动机启动后，应立即松开点火开关，使驱动齿轮及时退出，以减小单向离合器的磨损。

二、启动系电路分析

启动系的控制电路指除启动机本身电路以外的启动控制电路，启动系控制电路随车型的不同而有所不同，大体上可以分为无启动继电器的控制电路、带有保护继电器的控制电路两种。

对于大中型车辆和装液力自动变速器的轿车，由于发动机启动阻力较大，需要的启动电流较大，为防止点火开关触点烧蚀，一般通过启动继电器控制启动机。

图4-9为大众帕萨特自动挡的启动控制电路。自动变速器处于P或N位时，多功能开关（即挡位开关）F125使防启动锁继电器J207的6/85端子接地，J207的常开触点吸合，对启动机电磁开关的50端子供电使启动机旋转。

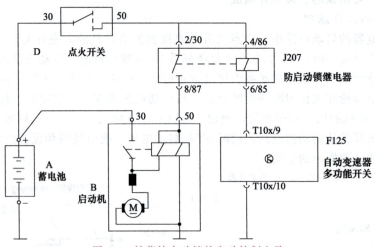

图4-9 帕萨特自动挡的启动控制电路

图4-10为大众朗逸自动挡启动控制电路，自动变速器多功能开关F125通过其T10s/2

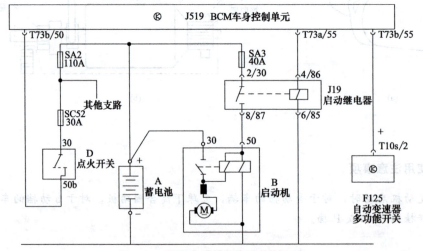

图4-10 朗逸自动挡的启动控制电路

端子向车身控制单元 J519 发送自动变速器挡位信号，当 J519 检测到 P/N 挡信号，且点火开关处于启动挡（向 J519 的 T73b/50 端子输出 12V 电压信号）时，J519 的 T73a/55 端子对启动机继电器 J19 供电，J19 触点吸合，启动机的 50 端子通电启动。

任务 3　启动系故障诊断

启动系常见故障为启动机不转、启动机转动无力、启动机空转。启动系出现故障时发动机不能启动。发动机不能启动时，首先应分清是电源不足、防盗系统故障、启动系故障还是发动机本身故障，并优先排除防盗系统、电源及启动系故障。

故障 1　启动机不转

1. 故障现象

将点火开关旋至启动挡，启动机不转。

2. 故障原因

① 蓄电池电量不足，电源导线接触不良。

② 启动机故障。如电枢绕组或励磁绕组有断路或短路；换向器烧蚀严重；绝缘电刷搭铁；电磁开关线圈断路、短路、搭铁或其触点烧蚀等。

③ 启动系线路故障。如点火开关触点烧蚀或接触不良；启动继电器失效；自动变速器挡位开关接触不良；线路中有断路或接触不良；防盗系统故障等。

3. 故障诊断方法

① 检查蓄电池电量是否充足，并确保启动机电源线接线柱有 12V 电压。

② 拔下启动机启动插头 STA，短接电源线与 STA 端子（即对 STA 端子直接供电），启动机能否正常运转。

- 如能正常启动，为外部电路故障，检修外部电路。
- 如不能正常启动，说明启动机有故障，可进一步诊断。短接启动机"＋B"接线柱和电机接线柱，看电动机是否正常运转。如不能正常运转，说明电动机有故障，更换电动机。如能正常运转，说明电磁开关有故障，更换电磁开关。

故障 2　启动机转动无力

1. 故障现象

将点火开关旋至启动挡，启动齿轮发出"咔嗒"声向外移出，但是启动机不转动或转动缓慢无力。

2. 故障原因

① 蓄电池电量不足，电源导线接触不良。

② 启动机故障。换向器轻微烧蚀，电磁开关触点轻微烧蚀；电枢或磁场绕组匝间短路；电枢轴承过紧等。

3. 故障诊断方法

① 检查蓄电池电量是否充足，必要时进行充电或更换。

② 检查蓄电池连接是否松动、发热，必要时清除导线接触面并紧固。

③ 启动机自身检查：开启前照灯，启动发动机，观察灯光变化。

如灯光显著变暗，可能原因：电枢或磁场绕组匝间短路；电枢轴承过紧。

如灯光变化不大，可能原因：电刷与换向器接触不良；电磁开关触点接触不良等。

故障 3　启动机空转

1. 故障现象

点火开关旋至启动挡，启动机高速空转，而发动机不转。

2. 故障原因

此现象表明启动机电路畅通，可能故障为：

① 单向啮合器打滑或损坏；

② 飞轮齿圈损坏；由于拨叉变形，啮合弹簧过软等原因，驱动齿轮没有与飞轮齿圈啮合。

3. 故障诊断方法

① 启动机发出"嗡嗡"的声响，发动机不转，故障多为单向啮合器打滑或损坏。

② 若在启动机空转时伴有撞击声，这种情况多是故障原因②所致。

一、实施准备

为便于设置电路故障点进行教学，使用专用的实验台进行实操训练。

准备几个启动机旧件，学习启动机的解体检查方法。

二、实施过程

① 检查故障现象，检测诊断故障点，故障诊断方法见"相关知识"中的故障诊断方法。

② 启动机的解体检查。

解体启动机旧件，转动单向离合器，检查是否能单向锁止；检查电刷和换向器、驱动小齿轮的磨损情况；换向器铜片与电枢铁芯钢片之间应绝缘，用万用表测量两者间的电阻值，应无穷大。

定子绕组与外壳之间应绝缘，用万用表测量两者间的电阻值，应无穷大。

案例　标致 307 启动机不运转

故障现象：一辆标致 307 轿车从车库开出后熄火，再次启动时发动机因启动转速低而不能启动，并很快出现启动机不转、电动车窗不能升降的故障现象。

故障诊断：蓄电池是在再次启动时迅速下降至"没电"的，根据此故障现象初步分析故障原因，可能是蓄电池严重亏电或蓄电池损坏、电源线路连接不良引起的。

用万用表测量静止状态下的蓄电池正负极桩之间的电压为 12V；接通启动开关时电压下降很小，说明蓄电池在启动状态下的输出电流很小，初步判断为蓄电池与启动机之间的电缆线连接不良，并非蓄电池本身的问题。然后在启动发动机时，检测蓄电池正负极桩上两电缆线夹之间的电压，只有 7.2V，可以确认为蓄电池极桩与线夹接触不良。将蓄电池正负极桩线夹拆下，发现线夹内表面有一层黑色氧化物。用砂纸将两个电缆线夹内表面清除干净，再装回线夹后，启动正常，故障排除。

本车故障是由于蓄电池极桩上的线夹安装不紧,线夹内表面产生电弧放电、氧化引起的。该故障在检修时未发现线夹松动,是因为氧化物膨胀填满线夹与极桩之间的间隙而胀紧了。

复习思考题

1. 十一管发电机采用发电机电压检测法,只有两个外接端子"B+"和"D+",请问当发电机开始对蓄电池充电时,充电指示灯为什么会熄灭?

2. 简述检测蓄电池性能的方法。

3. 某轿车采用常规汽车电源系统,发动机不能启动,检查蓄电池发现电压过低,请分析可能存在的故障原因,如何诊断。

提示:应从发电机不发电、蓄电池短路漏电等多角度探讨问题。

4. 某轿车不能启动,发现启动机转动缓慢无力,检查蓄电池电量充足,请分析可能存在的故障原因,如何诊断。

项目 2　照明信号系统故障诊断

▍学习目标

1. 熟悉典型车型照明信号系统的控制电路。
2. 会使用检测仪器完成照明信号系统的故障诊断。

▍项目导读

　　汽车照明装置主要为车前及车内提供充分可靠的照明。汽车照明灯具主要包括前照灯、雾灯、牌照灯、仪表灯、顶灯和行李箱灯。

　　汽车信号装置主要作用是向其他过往车辆和行人发出警告、示意信号，以确保车辆的行驶安全。汽车信号装置主要包括转向灯、倒车灯、制动灯、示廓灯和汽车喇叭。

　　本项目在分析汽车照明信号系统的相关控制电路基础上，学习查找故障部位的方法。

基础知识 ● 照明信号系统电路分析

一、汽车照明信号灯具与汽车喇叭

照明信号系统简介

　　1. 汽车照明灯具

　　前照灯，又称为大灯，用于车辆在夜间或昏暗环境下行驶的照明，由车灯开关控制，有远光和近光两种照明方式，两者可通过变光开关转换。为防止车灯开关触点烧蚀，有的汽车增设了前照灯继电器。

　　雾灯在雾、雨雪条件下车辆行驶时使用，一般由雾灯开关控制。前雾灯为黄色，黄色穿透性好，后雾灯为红色，用于警示后车。

　　牌照灯用于照亮车辆尾部的牌照，由车灯开关控制。

　　仪表灯用于夜间行车时仪表的照明，由车灯开关控制。

　　顶灯用于车厢内部照明，用相应开关控制，也有用门控开关进行控制，当车门关闭不严时灯亮，有提醒驾驶员注意作用，关车门后需车内照明时，由专门开关控制。

　　2. 汽车信号灯具

　　转向灯用于指示车辆即将行驶的方向，由转向灯开关控制，为琥珀色；在车辆遇到道路堵塞或因故障而抛锚时，可通过危险报警灯开关，使全部转向灯同时闪烁（俗称双闪），提醒其他车辆注意避让。

　　倒车灯用于警示后方车辆、行人，并在夜间倒车照明，装于汽车尾部，光色为白色，受安装在变速器上的倒车灯开关控制。

　　制动灯用于行车制动时警示后车，防止追尾，装于汽车尾部，光色为红色，受制动踏板上的制动灯开关控制。

　　示廓灯，又称示宽灯、小灯，用于夜间行车或停车时，标示车辆轮廓或存在，装于汽车前、后及侧部。前后示廓灯又叫停车灯、驻车灯，前灯为白色，后灯（又称尾灯）为红色，受车灯开关、驻车灯开关双重控制。夜间行车时,接通车灯开关,该灯与仪表照明灯、前照灯、牌照灯一同点亮;驻车时,为减少电池电能消耗,可关掉车灯开关断开其他照明灯,单独接通驻车灯开关而点亮驻车灯。侧示廓灯为琥珀色,仅受车灯开关控制。

3. 汽车喇叭

为了使喇叭声音悦耳,汽车一般采用高、低音双喇叭,由于消耗电流较大,为防止喇叭控制按钮触点烧蚀,采用喇叭继电器控制喇叭的电源端或搭铁端。

二、照明信号系统电路分析

汽车的照明信号系统电路,根据是否受车载电器控制单元控制,分为常规控制电路和受车载电器控制单元控制的电路两种类型。

1. 常规控制电路

帕萨特新领驭轿车照明信号电路如图 4-11、图 4-12 所示。帕萨特新领驭照明信号电路的控制关系简述如下。

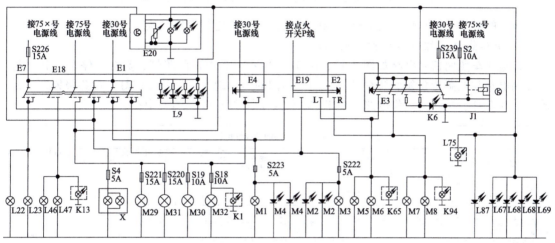

图 4-11 帕萨特新领驭轿车照明信号电路(一)

E1—车灯开关;E2—转向灯开关;E3—闪烁报警灯开关;E4—变光开关;E7—前雾灯开关;
E18—后雾灯开关;E19—驻车灯开关;E20—开关和仪表照明调节器;J1—闪光灯继电器;
K1—远光灯指示灯;K6—闪烁报警指示灯;K13—后雾灯指示灯;K65—左转向灯指示灯;
K94—右转向灯指示灯;L9—车灯开关照明灯;L22—左前雾灯;L23—右前雾灯;L46—左后雾灯;
L47—右后雾灯;L67~L69—仪表板出风口照明;L75—数字显示器照明;L87—中部后座区出风口照明;
M1—左停车灯;M2—右尾灯;M3—右停车灯;M4—尾灯;M5—左转向灯;M6—左后转向灯;
M7—右前转向灯;M8—右后转向灯;M29—左近光灯;M30—左远光灯;M31—右近光灯;
M32—右远光灯;X—牌照灯

部分照明信号电路受车灯开关 E1 控制,车灯开关 E1 拨至 1 挡时,接通前雾灯、仪表灯、牌照灯、停车灯和尾灯;车灯开关拨至 2 挡时,除上述车灯继续接通之外,后雾灯及前照灯的近光灯也点亮,左拨变光开关 E4,远光灯与近光灯同时点亮;在关掉车灯开关的情况下,右拨变光开关 E4,远光灯可单独点亮,以此作为超车灯信号。

停车灯和尾灯在行车时由车灯开关 E1 控制;驻车时,关掉点火开关,P 线接通电源,打开驻车灯开关 E19,可接通停车灯和尾灯。

接通转向灯开关 E2 时,接通相应的左、右转向灯。转向灯的闪烁是通过闪光灯继电器 J1 以一定频率接通或断开转向灯电路产生的。当接通闪烁报警灯开关 E3,左、右侧的转向灯电路同时接通闪烁,起报警作用。

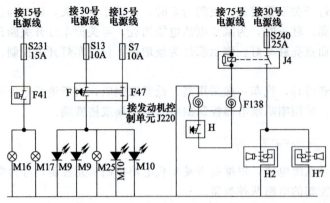

图 4-12 帕萨特新领驭轿车照明信号电路（二）

F—制动灯开关；F41—倒车灯开关；F47—制动踏板开关；F138—安全气囊螺旋弹簧/带滑环的复位环；
H—喇叭控制按钮；H2—高音喇叭；H7—低音喇叭；J4—喇叭继电器；M9—左制动灯；
M10—右制动灯；M16—左倒车灯；M17—右倒车灯；M25—高位刹车灯

该车的雾灯、倒车灯、制动灯、喇叭等的控制电路比较简单，从略。

2. 受车载电器控制单元控制的电路

朗逸轿车照明信号电路如图 4-13、图 4-14 所示，其中，前照灯、雾灯、停车灯和尾灯的控制电路与帕萨特新领驭轿车基本相同，不同的是：朗逸轿车的转向灯、危急报警灯、制动灯、倒车灯、喇叭的工作电路，受 BCM 车身控制单元 J519 的集中控制。

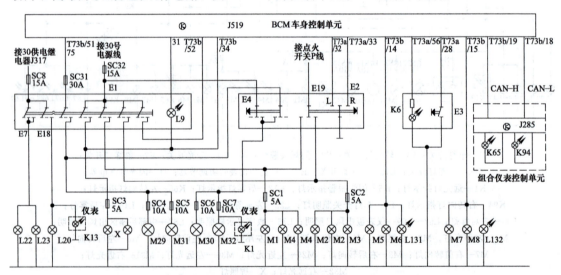

图 4-13 朗逸轿车照明信号电路（一）

E1—车灯开关；E2—转向灯开关；E3—闪烁报警灯开关；E4—变光开关；E7—前雾灯开关；E18—后雾灯开关；
E19—驻车灯开关；K1—远光灯指示灯；K6—闪烁报警指示灯；
K13—后雾灯指示灯；K65—左转向灯指示灯；K94—右转向灯指示灯；L9—车灯开关照明灯；L20—后雾灯；
L22—左前雾灯；L23—右前雾灯；L131—左侧后视镜转向灯；L132—右侧后视镜转向灯；M1—左停车灯；
M2—右尾灯；M3—右停车灯；M4—左尾灯；M5—左前转向灯；M6—左后转向灯；M7—右前转向灯；
M8—右后转向灯；M29—左近光灯；M30—左远光灯；M31—右近光灯；M32—右远光灯；X—牌照灯

开启转向灯，当 E2 处于 L 侧时，J519 的 T73a/32 端子处于接地状态，J519 通过 T73b/14 端子向左转向灯 M5、M6 和 L131 输出脉冲电流，同时信号通过 CAN 总线传输到组合仪表，点亮左转向指示灯 K65；当 E2 处于 R 侧时，J519 的 T73a/33 端子接地，J519

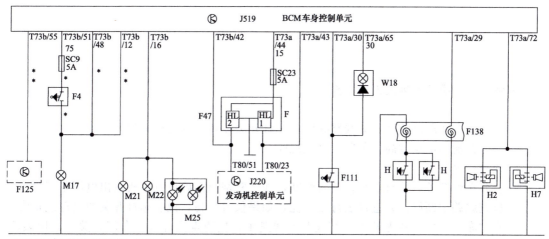

图 4-14 朗逸轿车照明信号电路（二）

F—制动灯开关；F4—倒车灯开关；F47—制动踏板开关；F111—行李舱盖接触开关；F125—自动变速器多功能开关；F138—安全气囊螺旋弹簧/带滑环的复位环；H—喇叭控制按钮；H2—高音喇叭；H7—低音喇叭；M17—制动灯；M21—左制动灯；M22—右制动灯；M25—高位刹车灯；W18—行李舱照明灯

向右转向灯 M7、M8 和 L132 输出脉冲电流，并点亮右转向指示灯 K94。当危急闪烁报警灯开关 E3 闭合时，J519 的 T73a/28 端子接地，J519 通过 T73a/56 端子使 K6 闪烁，同时，左右转向灯和转向指示灯 K65、K94 同步闪烁。

朗逸轿车的制动灯开关 F 和制动踏板开关 F47 集成一体，布置在制动主缸上，其开关状态是 F 为常开，F47 为常闭，作为冗余设计，两者可以相互验证信号的可信度。未踩制动踏板时，J519 的 T73a/43 端子和 J220 的 T80/23 端子处于低电位，J519 的 T73b/42 端子和 J220 的 T80/51 端子处于高电位。当踩下制动踏板，在制动液压力作用下 F 和 F47 动作，J519 识别出上述端子高低电位转换时，T73b/16 输出 12V 电压，点亮制动灯 M21、M22 和高位制动灯 M25。

对于自动挡轿车，自动变速器多功能开关 F125 向 J519 发送自动变速器挡位信号。当 J519 检测到 F125 处于 R 挡位置时，T73b/12 端子输出 12V 电压使倒车灯 M17 点亮。对于手动挡轿车，倒车灯 M17 则由倒车灯开关 F4 直接控制点亮。

行李舱开启后，行李舱盖接触开关 F111 闭合，点亮行李舱照明灯 W18，同时仪表上行李舱开启指示灯 K127 亮起。为节约电能，10min 后 J519 切断端子 T73a/65 电源，W18 熄灭。

BCM 具有对转向灯、制动灯和倒挡灯等信号灯缺失的监控功能。J519 一旦检测到各信号灯电路流过的实际电流小于限值，即可判定某个信号灯泡损坏，该信息经 CAN 数据总线传输，由组合仪表控制单元点亮故障指示灯 K170 以提示驾驶员。

任务　照明信号系统故障诊断

汽车照明信号系统的故障表现为灯具不亮、转向灯闪光频率不正常、喇叭不响等，诊断时应在熟悉该灯具或元件的相关控制电路的基础上查找故障部位。

相关知识

一、照明系统故障诊断

故障1　前照灯的远近光均不亮

1. 故障原因

① 线路中存在断路故障，如线路断路；车灯开关损坏；变光开关损坏。

② 发电机输出电压过高，前照灯灯丝烧断。

2. 故障诊断方法

① 打开车灯开关，检查各灯丝是否烧断，如经常烧断，确认发电机输出电压是否过高。

② 检查线路中断路。先查仪表灯是否亮，如果仪表灯亮，说明车灯开关的电源线正常。

③ 在"车灯开关→变光开关→灯丝"的线路中，接通点火开关、车灯开关，万用表测量变光开关上的供电接线柱电压是否正常。

• 若电压为0，说明车灯开关至变光开关之间断路或车灯开关有故障。

• 若电压正常，短接变光开关进行试验。若灯亮，说明变光开关损坏，更换变光开关；若灯不亮，则查变光开关后的线路和灯丝。

故障2　前照灯远光或近光不亮

1. 故障现象

打开前照灯开关，用变光开关变换远近光，只有远光或只有近光亮。

2. 故障原因

变光开关损坏；远近光中的一个导线断路、熔丝熔断；双灯丝灯泡中某灯丝烧断。

3. 故障诊断方法

① 先检查不亮灯丝的支路熔丝是否熔断。若熔断，采用断路法诊断是否存在搭铁故障，并修复，再更换熔丝。

② 直接在变光开关上连接电源与不亮的光丝接线柱。

• 若灯亮，说明变光开关损坏，更换变光开关。

• 若灯不亮，故障在变光开关之后线路中。将电源直接对不亮的灯丝供电，若灯亮，说明导线断路，若灯还不亮，说明灯丝烧断。

故障3　某一前照灯灯光暗淡

1. 故障现象

前照灯无论是远光还是近光，某灯较暗。

2. 故障原因

① 灯光暗的灯泡搭铁不良；变光开关、插头松动、锈蚀等使接触电阻增大。

② 灯光暗的灯泡的功率较小。

3. 故障诊断方法

① 先查各灯泡的功率是否相同，可采用互换灯泡的办法进行判断。

② 若灯泡功率一致，用跨接线法，将灯光暗淡的灯泡搭铁接柱与车身直接连接。若恢复正常，表明该灯搭铁不良；若灯光无变化，表明变光开关或该灯丝支路的供电线路接触电阻过大，可用电源短接法迅速判明故障部位。

故障4　前照灯灯光均暗淡

1. 故障原因

① 蓄电池亏电；交流发电机发电量低。

② 前照灯开关或继电器触点接触不良，导线接头或熔丝松动。

2. 故障诊断

检查蓄电池电量，测试发电机发电状况。检查前照灯线路情况。

二、信号系统故障诊断

对于受车身控制单元或车载网络控制单元控制的信号系统，可先利用其自诊断功能对信号灯进行终端测试。对于常规控制电路的故障诊断方法介绍如下。

故障1 转向灯不亮

1. 故障原因

① 电路断路。

② 搭铁故障导致熔丝熔断或闪光继电器烧坏。

③ 转向开关损坏。

④ 一侧灯不亮，系该侧灯泡烧坏。

2. 故障诊断方法

① 检查熔丝是否熔断，如果熔断，一般是线路中有搭铁短路故障，可在断路的熔丝两端跨接一只试灯，应用断路法检查并排除搭铁故障。

② 如果熔丝未熔断，再检查闪光继电器是否损坏。用导线跨接闪光继电器的电源接线柱与引出接线柱，拨动转向灯开关，有以下三种情况。

• 如果一侧转向灯亮，一侧转向灯不亮，且在短接两接线柱时出现强火花，说明该侧线路有搭铁故障，以致烧坏闪光继电器。用试灯短接闪光器的两接线柱，用断路法找到搭铁点，排除搭铁故障，更换闪光继电器。

• 如果转向灯亮，说明闪光器已损坏，更换闪光继电器。

• 如果转向灯不亮，说明闪光器未损坏，线路中有断路故障，可接通危险报警灯开关，根据转向灯是否闪亮，初步缩小诊断范围。

故障2 两侧转向灯同时亮

其故障原因是转向灯开关，应检查转向灯开关。

故障3 左右转向灯常亮，不闪烁

1. 故障原因

① 闪光器故障。

② 接线故障。

2. 故障诊断方法

① 检查闪光器，必要时更换。

② 检查接线情况。

故障4 转向灯闪光频率不正常

正常情况下，闪烁频率为60～120次/min，闪光频率不正常的情况分为以下两种。

情况1：闪烁过慢或过快

1. 故障原因

① 转向灯的灯泡不符合规定。功率过小会导致闪烁频率过快，功率过大会导致闪烁频率过慢。

② 闪光器故障。

③ 电源电压不正常。电压过低会使闪烁频率过慢，电压过高会使闪烁频率过快。

2. 故障诊断方法

① 检查电源电压是否在 12V 左右，否则对蓄电池充电或更换发电机。

② 更换闪光器。若闪烁频率恢复正常，表明闪光器损坏。

③ 检查各灯泡的功率是否与标准规定相符，必要时更换。

情况 2：左右转向灯闪烁频率不一致

1. 故障原因

① 闪烁过快一侧灯泡烧坏；左右转向灯泡功率不等。

② 一侧转向灯的支路接触不良。

2. 故障诊断方法

① 检查灯泡，必要时更换。

② 检查转向灯支路的供电路和搭铁线。

故障 5　喇叭不响

1. 故障原因

喇叭本身故障；喇叭继电器损坏；喇叭按钮损坏；电路故障。

2. 故障诊断方法

以采用喇叭继电器控制喇叭电源端的电路为例，在熔丝正常的情况下，打开点火开关，一人按住喇叭按钮不动，另一人测量喇叭供电端电压，如电压正常（蓄电池电压），说明喇叭本身有故障。

如喇叭供电端无电压，用导线短接喇叭继电器的主电路触点，若喇叭仍不响，说明故障在供电电路；若喇叭响，说明故障在喇叭继电器控制电路，即喇叭按钮或喇叭继电器上，再分段进一步检查。

对于采用喇叭继电器控制喇叭的搭铁端的车型，参照上述方法可作类似分析。

一、实施准备

准备好轿车一辆，为便于教学，也可购置这方面的实验台用于实操训练。

实车训练时，为不损坏车辆，一般仅设置电路断路故障点，可松开导线插头使某端子接触不良。教学实验台可通过故障设置开关，设置电路故障点。

二、实施过程

① 分析该车型的照明信号控制电路。

② 检查故障现象，根据各元件的电路控制关系，诊断故障点，故障诊断方法见"相关知识"中的故障诊断方法。

案例 1　帕萨特 1.8T 仪表照明灯不亮

故障现象：帕萨特 1.8T 轿车，2005 年产，自动挡，行驶里程约 9 万公里。用户反映该车开启前照灯后，仪表照明灯不亮。

故障诊断：维修人员试车，发现该车从外部观察，所有灯光都正常。查阅电路图得知，仪表照明灯由前照灯控制开关 E1 的 58 号脚控制。用试灯检查该端脚的输出端信号，确认信号正常。

接下来用试灯检查仪表板照明亮度调节器 E20。检查发现 E20 输入端信号正常，但输出端无信号，表明故障在 E20 上。更换仪表板亮度调节器 E20，故障排除。

案例 2　朗逸 1.6L 喇叭不响

故障现象：朗逸 1.6L 轿车，2009 年产，手动挡，行驶里程约 1 万公里，用户反映：该车喇叭不响。

故障诊断：维修人员检查确认此故障存在，连接 VAS5052 故障诊断仪，查询车身控制单元 BCM，无故障存储。利用执行元件功能对喇叭进行元件动作测试，喇叭发出鸣叫，说明 BCM 至喇叭之间的电路与喇叭自身均正常。查阅测量值 033 组 4 区喇叭按钮 H 的信号输入，测量值始终显示未操作，表明信号未输入 BCM。喇叭按钮与 BCM 的电路连接是通过安全气囊螺旋电缆 F138 实现的。左右转动转向盘，同时按下喇叭按钮，偶尔会出现喇叭的鸣叫声，说明 F138 存在间歇断路。拆下 F138 的白色插接器，将 T73a/29 端子间歇搭铁模拟喇叭按钮动作，喇叭鸣叫正常，从而确认 F138 有问题。

更换安全气囊螺旋电缆 F138，故障排除。

案例 3　朗逸 1.6L 喇叭不响

故障现象：朗逸 1.6L 轿车，2009 年产，自动挡，行驶里程约 13 万公里，该车事故修复后，试车时发现喇叭不响。

故障诊断：维修人员检查电源，发现车身控制单元供电线路的熔丝 SC50 熔断。更换熔丝后按动喇叭按钮，喇叭依旧不工作。进入车身控制单元查询，内存有静态故障码：03591 喇叭控制线路断路。清除故障码后试车，故障依旧。

读取 31 组 3 区喇叭按钮信号输入的测量值，按动按钮，显示已操作，表明控制开关 H 及其线路均正常。执行终端元件动作测试功能，喇叭能响，这表明车身控制单元输出线路及喇叭均正常。

做完测试后发现喇叭功能恢复了正常，看似有些令人费解。但联想到故障码 03591，猛然领悟这是车身控制单元一种失效保护措施，刚才的元件动作测试将这一保护措施解除了。

与相关维修人员沟通后确认，当初熔丝熔断是钣金操作所致。检查线束没有问题后交车。

复习思考题 ▶▶

1. 某轿车打开灯光开关，用变光开关变换远近光，只有近光亮，请分析故障原因。
2. 简述转向灯闪烁频率过慢或过快原因有哪些。
3. 朗逸轿车的转向灯受 BCM 车身控制单元的集中控制，请根据朗逸轿车的控制电路，分析下列三种情况下的故障原因。

情况 1：各转向灯均不亮。

情况 2：闭合转向灯开关或闪烁报警灯开关，右转向灯均不亮。

情况 3：闭合转向灯开关，右转向灯不亮，闭合闪烁报警灯开关，右转向灯亮。

项目 3　仪表系统故障诊断

学习目标

1. 熟悉典型车型仪表系统的控制电路。
2. 会使用检测仪器完成仪表系统的故障诊断。

项目导读

汽车仪表系统，包括工作仪表、各种指示灯、警告灯，用来指示汽车运行及发动机运转状况。汽车仪表通常有冷却液温度表、燃油表、车速和里程表、发动机转速表，有些车辆上还装有机油压力表、电压表等，通常将这些仪表、指示灯、警告灯及仪表照明灯合装在一个表盘内，称为组合仪表。现代汽车仪表系统采用电控技术，各种传感元件和仪表、指示灯由仪表控制单元（仪表 ECU）集中管理。

本项目首先分析汽车仪表报警系统的控制电路，在此基础上学习其故障诊断方法。

基础知识 ● 仪表报警系统电路分析

一、汽车仪表的指示灯和警告灯

工作指示灯在所指示的系统或部件处于工作状况时点亮。灯光颜色一般为蓝色或绿色，如转向指示灯、远近光灯指示灯、雾灯指示灯等。警告灯在正常情况下时不亮，一旦所指示的系统或部件出现故障或异常，相应的警告灯才亮（或闪亮）。警告灯的灯光颜色为红色或黄色，黄色灯亮提醒驾驶员尽快处理，一般不影响行驶，红色灯亮表示该故障或异常情况严重，应引起驾驶员高度重视，如充电指示灯、机油压力报警灯、冷却液温度报警灯等。各种常见指示灯和警告灯的图形标志见表 4-1。

表 4-1　汽车仪表指示灯和警告灯的图形标志

图形标志	名称及含义	备注
	充电指示灯（又称充电不足警告灯）：发电机有故障时，灯亮	
	机油压力报警灯：发动机机油压力低于规定标准时，灯亮	
	冷却液温度报警灯：冷却液温度过热时，灯亮	
	OBD 系统故障指示灯：尾气排放相关系统或部件出现故障时，灯亮	

续表

图形标志	名称及含义	备注
(ABS)	ABS故障指示灯：制动防抱系统出现故障时，灯亮	
EPC	电子节气门故障指示灯：发动机电子节气门系统出现故障时，灯亮	多见于大众汽车
	防盗系统警告灯：使用非法钥匙，或防盗系统出现故障时，灯亮	
	安全气囊故障指示灯：安全气囊系统有故障时，灯亮	
	灯泡损坏警告灯：转向灯、制动灯或倒车灯（自动挡车辆）损坏时，灯亮	
	ASR故障指示灯：驱动防滑系统出现故障时，灯亮	
(!)	制动警告灯：制动液液位过低（或制动系统有故障）时，灯亮	有的车型指实施驻车制动
(P)	驻车制动指示灯：实施驻车制动时，灯亮	
	制动片警告灯：制动摩擦片磨损超过极限时，灯亮	
	燃油油位警告灯：燃油油位过低时，灯亮	
	洗涤器液位警告灯：当洗涤器液位过低时，灯亮	
	安全带未扣指示灯：未扣紧安全带时，灯亮	
	车门未关指示灯：任意车门未关好时，灯亮	
	远光指示灯：打开远光灯时，该指示灯亮	
	近光指示灯：打开近光灯时，该指示灯亮	
	示宽灯指示灯：打开示宽灯时，该指示灯亮	
	前雾灯指示灯：打开前雾灯时，该指示灯亮	
	后雾灯指示灯：打开后雾灯时，该指示灯亮	
⇐ ⇒	转向灯指示灯：打开转向灯时，相应方向的指示灯亮	

二、现代汽车仪表系统的控制电路

现代汽车仪表系统由仪表控制单元（仪表ECU）集中管理，近年来，随着车载网络的应用，传感器信息实现了网上共享，为简化电路，有些传感器或报警开关虽未与仪表ECU直接连接，但可通过所直接连接的控制单元及数据总线，将信号传送给仪表ECU。组合仪表的控制原理图如图4-15所示，从图上可以认识现代汽车仪表系统控制电路的一些特点。

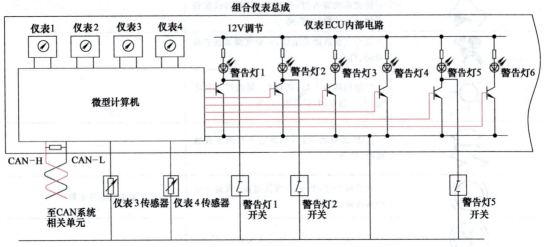

图4-15　电控组合仪表的电路原理图

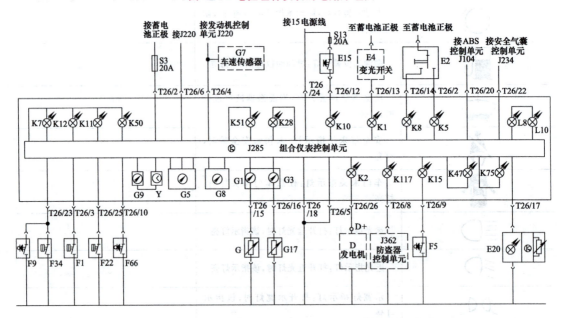

图4-16　桑塔纳2000轿车（AYJ发动机）组合仪表控制电路

E15—后风窗除霜器开关；E20—仪表板照明调节器；F1—油压开关（1.8bar）；F5—行李厢照明接触开关；F9—手制动指示灯开关；F22—油压开关（0.25bar）；F34—制动液位报警开关；F66—冷却液不足报警开关；G—燃油表传感器；G1—燃油表；G3—水温表；G5—转速表；G8—车速里程表；G9—数字计程表；G17—水温传感器；K1—远光灯指示灯；K5—右转向指示灯；K7—手制动及制动液位警告灯；K8—左转向指示灯；K10—后风窗除霜指示灯；K11—油压低压报警灯；K12—油压高压报警灯；K15—行李厢开门警告灯；K28—冷却液温度报警灯；K47—ABS警告灯；K50—冷却液不足警告灯；K51—燃油不足警告灯；K75—安全气囊警告灯；K117—防盗器警告灯；L8—数字钟照明灯；L10—仪表照明灯（共6个）；Y—数字钟

① 各仪表与传感器并不直接连接,而是通过仪表 ECU 内部电路与之连接。

② 警告灯由警告灯开关控制搭铁线。此类灯在点火开关接通而不启动发动机的状态下,组合仪表 ECU 短时间控制警告灯搭铁而点亮(即系统自检),防止灯泡损坏造成错觉。

③ 对于应用车载网络的汽车,部分仪表或警告灯通过仪表 ECU 与其他控制单元间的 CAN 数据总线,获得所对应的传感器或开关信号。

图 4-16 为桑塔纳 2000 轿车(AYJ 发动机)组合仪表的控制电路,从电路图上可以看出:指示灯与控制开关直接连接,由控制开关控制其电源端,通过组合仪表控制单元内部电路搭铁;警告灯由仪表控制单元供电,警告灯开关控制其搭铁线;组合仪表中,发动机转速表 G5 的信号通过数据线从发动机控制单元 J220 中获取,ABS 警告灯 K47 的故障信号通过数据线从 ABS 控制单元 J104 中获取。

图 4-17 为大众朗逸 1.6L 的仪表系统,由于采用了 CAN 总线技术,图中很多警告灯或指示灯,如充电不足指示灯 K2、电控节气门警告灯 K132、ABS 指示灯 K47、安全气囊警告灯 K75、安全带报警系统指示灯 K19、左转向指示灯 K65、右转向指示灯 K94、车门打开指示灯 K166、灯泡故障指示灯 K170、转速表 G5 等,均通过 CAN 总线与其他控制单元连接,获取相关的传感器信息或开关量信号,大大简化了组合仪表外接线路。

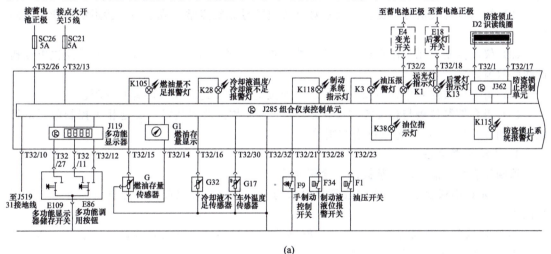

图 4-17 朗逸组合仪表控制电路

任务　仪表报警系统故障诊断

对于由仪表控制单元（仪表 ECU）集中管理的汽车仪表系统，应在熟悉其控制电路的基础上，分析仪表系统产生故障的原因，探讨其诊断方法。

1. 故障现象

仪表系统出现故障的表现为：①仪表指示不准确；②指示灯该亮时不亮，不该亮时点亮。

2. 故障原因

故障原因主要从传感器（或指示灯开关）信号、仪表控制单元及线路三个方面进行分析，具体原因如下。

（1）传感器信号不良。①传感器本身故障：如传感器内部开路、电阻值失准或滑动电阻器接触不良；传感器机械性故障（如浮子式传感器浮子机构卡滞、磁感应式或霍尔式传感器的触发轮变形等）。②供电型传感器供电、信号或搭铁线路故障。

（2）指示灯开关信号不良。①指示灯开关故障导致触点常开或常闭。②指示灯开关线路故障。

（3）仪表控制单元工作不良。①仪表控制单元内部电路故障。②仪表控制单元供电或搭铁线路故障。

（4）组合仪表控制单元与仪表、指示灯连接电路（在组合仪表内部）故障。

（5）组合控制仪表与相关控制单元之间的 CAN 数据总线故障；其他相关控制单元的错误信号通过 CAN 总线传输给仪表控制单元。

3. 故障诊断方法

诊断仪表系统故障时，掌握以下诊断要领。

① 首先利用仪表电控系统的故障自诊断功能，调取故障码或读取数据流，进行有针对性的检查。

② 利用故障诊断仪的执行元件动作测试功能，观察仪表有无异常显示或动作，如仪表显示正常，可以排除仪表内部故障的可能性。

③ 组合仪表故障率相对较低，诊断仪表系统故障时，应优先考虑组合仪表以外的部分（传感器或开关、导线）是否存在故障，如这些部分均正常，再考虑仪表。仪表是整体不可拆的，如仪表某一部件有故障必须整体更换。

④ 更换组合仪表前应使用故障诊断仪查询防盗系统编码。对于新换的组合仪表，必须使用故障诊断仪进行防盗匹配、设置车速里程表读数。

仪表出现下列几种故障现象，可优先排除一些故障的可能性或直接锁定故障范围。

情况 1：单个仪表出现异常，其他仪表或警告灯均显示正常

分析：仪表控制单元供电或搭铁故障应排除，可能是传感器信号不良，应检查传感器。

情况 2：多个仪表同时出现异常

分析：这些仪表的公共部分出现问题，如共用的电源线、搭铁线故障、仪表控制单元本身故障、CAN 数据总线故障等。

情况 3：仪表与相关警告灯均指示异常，但两者情况一致

分析：这种情况主要是指燃油表与燃油量警告灯、发动机水温表与水温报警灯，如同时出现水温表指示过高或水温报警灯亮的情况等。该情况仪表、警告灯出现故障的可能性应排

除，重点检查传感器故障。

情况 4：故障指示灯或工作指示灯常亮

分析：可能是指示灯在指示灯开关电路之前直接搭铁短路；警告灯开关故障使触点常闭。

情况 5：故障指示灯或工作指示灯一直不亮

分析：可能是指示灯开关故障使触点常开；电路短路或断路；指示灯烧损。

一、实施准备

准备好轿车一辆。为便于教学，也可通过这方面的实验台进行实操训练。

实车训练时，为不损坏车辆，一般仅设置电路断路故障点，可松开导线插头使某端子断开，或在电路中串联电阻。教学实验台可通过故障设置开关，设置电路故障点。

二、实施过程

① 分析该车型的仪表报警系统控制电路。

② 检查故障现象，根据各元件的电路控制关系，诊断故障点，故障诊断方法见"相关知识"中的故障诊断内容。

案例 1　朗逸油量指示出现错误

故障现象：朗逸轿车 1.6L，2009 年产，手动挡，行驶里程 4570km，车辆在高速公路上行驶时，燃油箱内燃油消耗空了，导致发动机熄火，无法再次启动着车。在此之前，低燃油存量报警指示灯没有提前点亮，且组合仪表的燃油存量指示器仍旧显示有油。由此造成该车抛锚，将驾驶员和车内乘客滞留在高速公路上。

故障诊断：接到用户打来的救援电话后，使用服务车将其拖回车间检修。验证故障现象属实。

使用 VAS5052 检测仪，读取组合仪表等相关控制单元故障码，无故障代码；对组合仪表进行执行元件最终控制诊断操作，亦未发现有异常显示和动作。由此，分析仪表系统线路开路、电源与搭铁不良及电气元件损坏的可能性不大。

查阅朗逸 1.6L 轿车相关电路图，浮子式的燃油存量传感器 G 安装在燃油泵总成上。燃油存量传感器端子 T5k/4 连接组合仪表 J285 的 T32/15 端子，通过内部电路与低燃油存量报警指示灯 K105 连接，燃油存量传感器端子 T5k/3 与组合仪表 J285 的 T32/14 端子相连接，再通过内部电路与燃油存量指示器 G1 连接，滑动端子 T5k/2 为搭铁端子。随着燃油箱内燃油液位的变化，滑动端子在总电阻上滑动，使另外两个端子与滑动端子之间的电阻值发生变化。

通过该车的故障现象，低燃油存量报警指示灯与燃油存量指示器同时出现故障的可能性很小。最大可能是燃油存量传感器的问题：如燃油存量传感器电阻值不正确，滑动电阻接触不良，油浮子卡滞等。

先检查燃油泵线束插头。掀开右后座椅的坐垫，拆下燃油泵上面的密封盖板，露出了燃油泵上部的线束插头和油管接头（图 4-18）。从燃油泵线束插座上拔下插头。接通点火开关，不启动发动机。使用数字万用表测量燃油泵线束插头 T5k/3 和 T5k/4 两个端子的电压值,均为 11.5V,正常,T5k/2 搭铁端子也正常。这样,便使故障范围缩小至浮子机构。

图 4-18　燃油泵上部的线束插头和油管接头

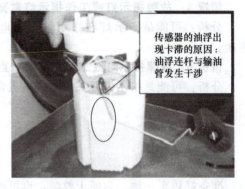
图 4-19　在燃油泵模拟安装状态下油浮子出现卡滞

将拆下后的燃油泵总成放在地上,传感器的浮子自由下落,未能发现有任何异常情况。那么,油泵在燃油箱上安装的状态下会不会有问题呢?将燃油泵放在工具车上,然后用手在燃油泵安装凸缘上施加压力,模拟其在燃油箱上安装的状态,当燃油泵安装凸缘向下压 10～15mm,然后在用手托起传感器带连接杆的浮子时,发现传感器的浮子出现卡滞,如图 4-19 中所示。由于燃油泵输油管接头处安装角度不正确或该油管设计偏长,传感器的油浮连杆与变形的油管发生干涉,导致油浮卡滞而不能自由下落,由此造成组合仪表中燃油存量指示器显示燃油箱内始终存有燃油的假象。

最后,更换新的燃油泵总成。如果想简单一些,用一条塑料扎带将与浮子连杆相卡滞的输油管与另一根油管捆扎在一起,故障也可排除。

案例 2　本田雅阁充电指示灯一直点亮

故障现象:一辆广州本田雅阁 2.3L 型轿车,发动机启动后充电指示灯不熄灭,车辆行驶中充电指示灯一直点亮,蓄电池无亏电的感觉。

故障诊断:如果蓄电池不亏电,则说明发电机正常发电,充电指示灯不熄灭的可能原因,主要是充电指示灯电路有短路;发电机内电压调节器有短路。用万用表直流电压挡测量蓄电池静态电压,为 12.2V,正常;启动发动机后加速,使发动机转速稳定在 2000r/min 左右,测得蓄电池电压为 14.5V,说明发电机发电正常。

关闭点火开关使发动机熄火后,将发电机上的导线插头拔掉,再接通点火开关,充电指示灯不亮。该车充电指示灯通过发电机上的 L 端子接入电压调节器。这说明充电指示灯线路在发电机内部有短路故障。

拆卸发电机,解体后更换了电压调节器,充电指示灯工作恢复正常,故障排除。

案例 3　朗逸 1.6 车速表停止,ABS 警告灯和驱动防滑警告灯常亮

故障现象:2010 款朗逸 1.6 手动挡轿车,行驶里程 6248km,车主反映 ABS 警告灯、驱动防滑警告灯常亮,行驶时车速表归零。

故障诊断:首先检查仪表除了 ABS 警告灯与驱动防滑警告灯常亮外,EPC 警告灯与发动机故障灯也同时亮,踩下加速踏板,发动机转速可以提升到 3000r/min 以上,基本行驶性能无异常,未踩制动踏板,制动灯处于常亮状态。

连接 VAS5052 诊断仪进入自诊断功能的网关列表,显示:制动器电子系统无法达到。进入发动机控制单元 J220 查询故障信息,有以下 6 个故障码:

49441 U0121 008,与 ABS 控制单元失去通信,静态;
01281 P0501 004,车速传感器"A"范围/性能,静态;

01393 P0571 008，定速/制动开关电路故障，静态；

50197 U0415 008，四轮驱动离合器控制单元与防抱死控制单元系统不兼容，静态；

49493 U0155 008，与仪表控制单元失去通信，间歇式；

49153 U0001 008，高速 CAN 通信总线，间歇式。

读取数据总线控制单元 J533 的测量值，观察网关与各控制单元的通信状态，125 组显示 ABS 为 0。读取发动机数据流第 66 组的测量值，未踩制动踏板时，2 区 8 位二进制数码均为 0（右起二位应为 10），这就是制动灯常亮的原因。

根据制动器电子系统无法达到的提示，需要检查 ABS 控制单元的基本工作条件。由朗逸 ABS 电路图可知，为 J104 供电的有两路熔丝，一路是 30 号线常电→熔丝 SA4（40A）→J104 的 T26a/1 端子，另一路是点火开关 15 号线→熔丝 SC23（5A）→J104 的 T26a/20 端子，检查 SA4、SC23 并未熔断，脱开 J104 的 T26a 插接器，点火开关 ON，用试灯检查 J104 的电源线和接地线，试灯一端接触 ABS 控制单元的 T26a/1 与 T26a/20 端子，另一端接地，试灯点亮，表明供电正常，将试灯接地线改接 T26a/26 端子，试灯不亮，表明 J104 的接地线断路。

在蓄电池侧左前纵梁上找到 J104 的接地点，见有腐蚀物存在，拧开螺母，清洁接地线后装复，点火开关 ON，仪表上 ABS 灯、驱动防滑灯自检后熄灭，制动灯也不再常亮，启动发动机，EPC 灯与发动机故障灯熄灭。清除各控制单元内的故障码，至此，结束维修交车。

故障分析： 由于接地点接触不良，ABS 控制单元无法通信，导致 ABS 警告灯和驱动防滑警告灯点亮，车速信号不能经 ABS 控制单元由 CAN 总线传输给仪表，导致车速表停止和发动机故障灯亮起。与此同时，接触电阻也使制动灯开关 F 和制动踏板开关 F47 失去工作条件，制动信号出错，令制动灯常亮，J220 校验出制动灯开关 F 与制动踏板开关 F47 信号不可靠，导致 EPC 灯报警。

复习思考题 ▶▶

1. 由仪表 ECU 控制的仪表系统，结合其电路原理图，分析点火开关接通而不启动发动机的状态下，警告灯为什么会瞬间点亮实现系统自检。

2. 一辆朗逸 1.6L 轿车，燃油箱内燃油几乎消耗殆尽，低燃油存量警告灯却不点亮，且组合仪表的燃油存量指示器仍旧显示有油。请分析该故障可能有哪些原因。

项目 4　雨刮器系统故障诊断

学习目标

1. 熟悉典型车型雨刮器系统的控制电路。
2. 能够使用检测仪器完成雨刮器系统的常见故障的诊断与排除。

项目导读

汽车雨刮器系统由雨刮器和风窗玻璃洗涤器组成，洗涤器与刮水器配合使用，以消除附在风窗玻璃上的灰尘污物并避免划伤玻璃。

雨刮器常见故障有雨刮器不工作、雨刮器某一挡位不工作、雨刮器无法复位等，本项目在分析雨刮器系统控制电路的基础上，探讨查找故障部位的方法。

基础知识 • 雨刮器系统电路分析

一、雨刮器系统的结构

汽车雨刮器的组成如图 4-20 所示，一般电动机和蜗轮箱结合成一体组成刮水器电机总成。曲柄、连杆和摆杆等杆件可以把蜗轮的旋转运动转变为摆臂的往复摆动，使摆臂上的刮水片实现刮水动作。

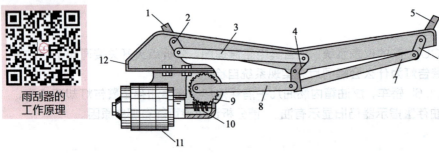

图 4-20　雨刮器的组成

1,5—刷架；2,4,6—摆杆；3,7,8—拉杆；9—蜗轮；10—蜗杆；11—电动机；12—底板

雨刮器的间歇工作受间歇继电器控制，间歇继电器可独立安装在中央电器盒上。为减少导线数目，有的车型的间歇继电器安装在雨刮器电机总成内部，有的则集成在中央电器控制单元内部，由中央电器控制单元集中控制。

洗涤器主要由储液罐、洗涤泵、软管和喷嘴组成，洗涤器工作时，雨刮器一般自动运转参与工作，在喷水停止后，雨刮器应继续刮 2~5 次，以达到较好的洗涤效果。

二、雨刮器系统控制电路

1. 常规的雨刮器控制电路

上海通用别克凯越汽车雨刮器系统的控制电路如图 4-21 所示。雨刮器电动机总成内装间歇继电器。雨刮器开关有 4 个挡位：关闭（Off）、间歇（Int）、高速（High）、低速（Low）。

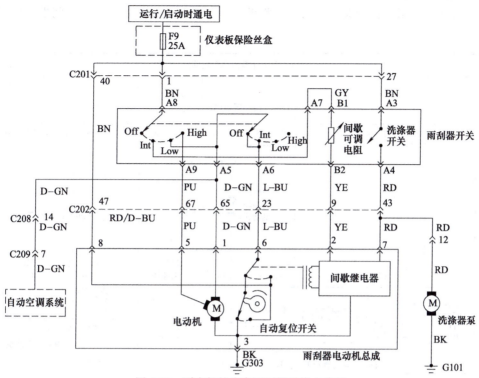

图 4-21　别克凯越汽车雨刮器系统电路图

将雨刮器开关拨到高速挡，电源电压通过雨刮器开关 High 触点→雨刮器电动机 5 端子→电动机高速正电刷，进入电动机电枢，电动机以高速运转。将雨刮器开关拨到低速挡，电源电压通过雨刮器开关低速挡 Low 触点→雨刮器电动机 1 端子→电动机低速正电刷，进入电动机电枢，电动机以低速运转。

将雨刮器开关拨到间歇挡，接通左右两个触点，接通两个电路：间歇继电器驱动电路和雨刮器间歇动作电路。间歇继电器驱动电路为：雨刮器开关 A8 端子→雨刮器间歇挡开关触点→雨刮器开关 A7 端子→雨刮器开关 B1 端子→可变电阻→雨刮器开关 B2 端子→雨刮器电动机 2 端子→间歇继电器，此时间歇继电器工作，以一定的脉冲周期使触点不断开闭。间歇脉冲周期的长短反映控制间歇动作的快慢，通过间歇可调电阻来实现。当间歇继电器常开触点闭合时，电流通过雨刮器间歇动作电路：雨刮器电动机 8 端子→间歇继电器常开触点→雨刮器电动机 6 端子→雨刮器开关 A6 端子→雨刮器开关 Int 右触点→雨刮器开关 A5 端子→雨刮器电动机 1 端子→电动机低速正电刷，此时电动机以低速运转。

将雨刮器开关拨到关闭挡，间歇继电器停止供电，触点复位（图示位置）。凸轮式自动复位装置受雨刮器电动机驱动，如果刮片处于影响驾驶员视线的位置时，自动复位开关常开触点闭合，电源通过雨刮器间歇动作电路继续对雨刮器电动机供电，电动机仍以低速运转，直到凸轮驱动自动复位开关处于图示位置，电动机停止运转。

当洗涤器开关接通时，洗涤器泵通电运行，使洗涤器喷水，与此同时，间歇继电器的驱动电路和间歇动作电路也接通，雨刮器以低速、间歇的方式运转。

2. 受车载电器控制单元控制的雨刮器控制电路

上海大众波罗雨刮器系统的控制电路如图 4-22 所示。间歇继电器及变速继电器统称雨刮器继电器，并集成在车载网络控制单元所在的电器盒（即车载电器控制单元）内，车载网络控制单元接受雨刮器开关发送的雨刮器挡位信号，通过雨刮器继电器控制雨刮器电动机以不同的挡位运转。雨刮器开关5个挡位：关闭（0）、低速（1）、高速（2）、间歇（J）和点动（T）。

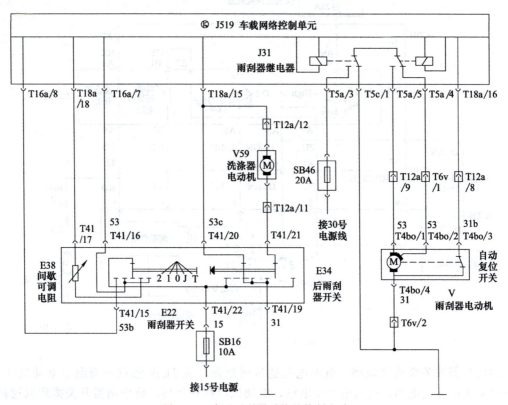

图 4-22 波罗雨刮器系统的控制电路

当雨刮器开关在低速挡时，15号电源→雨刮器组合开关端子T41/22→雨刮器开关触点→雨刮器组合开关端子T41/16→车载网络控制单元端子T16a/7→车载网络控制单元。雨刮器继电器工作触点接通，挡位触点置低速挡，接通电动机低速挡电路：30号电源→雨刮器继电器J31→雨刮器电动机端子T4bo/2→电动机低速正电刷，电动机以低速运转。

当雨刮器开关在高速挡时，15号电源→雨刮器组合开关端子T41/22→雨刮器开关触点→雨刮器组合开关端子T41/15→车载网络控制单元端子T16a/8→车载网络控制单元。雨刮器继电器工作触点仍接通，挡位触点置高速挡，接通电动机高低速挡电路：30号电源→雨刮器继电器J31→雨刮器电动机端子T4bo/1→电动机高速正电刷，电动机以高速运转。

当雨刮器开关在间歇挡时，15号电源→雨刮器组合开关端子T41/22→雨刮器开关触点→间歇调节电阻→雨刮器组合开关端子T41/17→车载网络控制单元端子T18a/18→车载网络控制单元。雨刮器继电器工作触点每隔几秒接通一次，挡位触点置低速挡，雨刮器电动机低速挡电路接通，雨刮器以低速、间歇的方式运转。间歇时间可通过调节电阻进行调节。

当洗涤器开关接通时，15号电源→雨刮器组合开关端子T41/22→洗涤器开关触点→雨刮器组合开关端子T41/20→洗涤器电动机→雨刮器组合开关端子T41/21→雨刮器组合开关端子T41/19→搭铁，使洗涤器电动机运转而喷水；同时，车载网络控制单元端子T18a/15接通15号电源，车载网络控制单元控制雨刮器继电器接通雨刮器电动机低速挡电路，雨刮器以低速挡运转。

在关闭雨刮器后，如果刮水片未回到设定位置，雨刮器电动机内的复位触点就不会闭合，由于车载网络控制单元端子 T18a/16 接收不到搭铁信号，车载网络控制单元将控制雨刮器继电器接通雨刮器电动机低速挡电路，使其继续低速运转，直至刮水片回到设定位置。

任务　雨刮器系统故障诊断

雨刮器常见故障有雨刮器不工作、雨刮器某一挡位不工作、雨刮器无法复位等，诊断时应在熟悉雨刮器系统控制电路的基础上查找故障部位。

雨刮器系统故障包括机械故障和电路故障。对雨刮器故障检修之前，首先要确定是电路故障还是机械故障。最简单的方法就是从电动机上拆下雨刮臂，打开雨刷器开关，观察电动机运行情况，如果电动机工作正常，则是机械问题。

下面以别克凯越雨刮器系统为例，介绍其故障诊断方法。

故障 1　雨刮器不工作

1. 故障原因

① 保险丝烧毁。

② 雨刮器开关故障。

③ 线路故障。

④ 雨刮器电动机故障，如断路、电枢短路等。

⑤ 雨刮器机械性故障，如蜗轮蜗杆脱离啮合、杆件松脱、卡滞等。

2. 诊断步骤

① 检查保险丝是否烧断，如烧断，检查是否电路存在短路并进行修复，更换保险丝。

② 检查保险丝电压是否有电源电压（一般在 11～13V 之间），如不符合标准，检查保险丝是否存在松动等开路故障。

③ 断开雨刮器电动机连接器，接通点火开关，将雨刮器开关拨到高速挡，检查雨刮器电动机端子 5 上是否有电源电压。如果有电源电压，说明雨刮器电动机本身有故障，更换雨刮器电动机总成。如果电压不符合标准，继续检查。

④ 保持雨刮器开关断开，接通点火开关，检查雨刮器开关端子 A8 上是否有电源电压，如无电源电压，检修雨刮器开关端子 A8 与保险丝之间的开路故障。如电压正常，继续检查。

⑤ 将雨刮器开关拨到高速挡，检查雨刮器开关端子 A8 与 A9 是否断路，如存在断路，更换雨刮器开关。最后检查雨刮器开关与雨刮器电动机是否断路。

故障 2　雨刮器高速挡或低速挡不工作、其他挡位正常

1. 故障原因

① 雨刮器电动机故障。

② 雨刮器开关该挡位的触点断路。

③ 雨刮器开关与电动机之间线路断路。

2. 诊断步骤

（1）雨刮器高速挡不工作、低速挡正常诊断步骤

① 接通点火开关，将雨刮器开关拨到高速挡，检查雨刮器电动机端子 5 上是否有电源电压。如果有电源电压，说明雨刮器电动机本身有故障，更换雨刮器电动机总成。如果电压不符合标准，继续下一步检查。

② 将雨刮器开关拨到高速挡，检查雨刮器开关端子 A8 与 A9 是否断路，如存在断路，更换雨刮器开关。最后检查雨刮器开关端子 A9 与雨刮器电动机端子 5 是否断路。

(2) 雨刮器低速挡不工作、高速挡正常诊断步骤

① 接通点火开关，将雨刮器开关拨到高速挡，检查雨刮器电动机端子 1 上是否有电源电压。如果有电源电压，说明雨刮器电动机本身有故障，更换雨刮器电机总成。如果电压不符合标准，继续下一步检查。

② 将雨刮器开关拨到高速挡，检查雨刮器开关端子 A8 与 A5 是否断路，如存在断路，更换雨刮器开关。最后检查雨刮器开关端子 A5 与雨刮器电机端子 1 是否断路。

故障 3 雨刮器间歇挡不工作、其他挡位正常

1. 故障原因

① 雨刮器电动机故障。
② 雨刮器开关间歇挡触点断路。
③ 雨刮器开关与电动机之间间歇挡线路断路。

2. 诊断步骤

① 接通点火开关，将雨刮器开关拨到间歇挡，检查雨刮器电动机端子 2 上的电压是否符合规定（11～13V 之间）。如无电压，检查雨刮器开关端子 B2 与雨刮器电机端子 2 是否断路，否则是雨刮器开关断路，更换雨刮器开关。

② 如雨刮器电动机端子 2 上有电源电压。接通点火开关，将雨刮器开关拨到间歇挡，检查雨刮器电动机端子 6 上是否有脉动电压，电压是否符合规定。否则更换雨刮器电动机总成。

③ 检查雨刮器电动机端子 A6 上是否有脉动电压，电压是否符合规定。如脉动电压符合规定，表明雨刮器开关间歇挡触点断路，应更换雨刮器开关；如无脉动电压，表明雨刮器开关端子 2 与雨刮器电动机端子 A6 之间断路，应检修。

故障 4 雨刮器无法复位

1. 故障原因

① 雨刮器电动机与电源之间线路故障。
② 雨刮器电动机自动复位开关故障。

2. 诊断步骤

接通点火开关，检查雨刮器电动机端子 8 上是否有电源电压。如电压不符合规定，雨刮器电动机端子 8 与保险丝之间断路，如有电源电压，表明雨刮器电动机自动复位开关故障，应更换雨刮器电动机总成。

故障 5 洗涤器不喷清洗液

1. 故障原因

① 输液系统堵塞。
② 清洗液不足；洗涤器泵内堵塞。
③ 洗涤器电动机不工作，如洗涤器开关、洗涤器电动机或线路故障。

2. 诊断步骤

① 拆下泵体上的水管，使电动机工作，如果能喷出清洗液，故障在输液系统。

② 如果不能喷出清洗液，打开洗涤器开关，观察洗涤器泵，如洗涤器泵运转，检查储液罐中清洗液存量是否充足，洗涤器泵内有无堵塞。

③ 如果雨刮器工作正常，洗涤器泵不运转，接通点火开关，启动洗涤器开关，检查洗

涤泵供电端子有无电源电压。

• 如无电源电压，沿线路检查洗涤器开关，如开关有电压输入，没有输出，更换洗涤器开关。

• 如洗涤泵供电端子有电源电压，检查洗涤泵搭铁端是否良好，如搭铁良好，更换洗涤泵。

对于中央电器控制单元（或车载网络控制单元）控制的雨刮器系统，可利用控制单元的自诊断功能，首先查看有无相关故障码，以缩小诊断范围，随后的电路诊断可根据控制关系作类似分析，在此不再赘述。

一、实施准备

准备好轿车一辆，为便于教学，也可购置这方面的实验台用于实操训练。

实车训练时，为不损坏车辆，一般仅设置电路断路故障点，可松开导线插头使某端子接触不良。教学实验台可通过故障设置开关，设置电路故障点。

二、实施过程

① 分析该车型的雨刮器系统控制电路。

② 检查故障现象，根据各元件的电路控制关系，诊断故障点，故障诊断步骤见"相关知识"中的诊断步骤。

案例 1 别克凯越 1.6 雨刮器无间歇挡

故障现象：别克凯越 1.6 轿车，行驶里程为 6 万公里，用户反映该车雨刮器无间歇挡。

检查分析：接车后，经维修人员试车，发现该车打开雨刮器开关后，低速挡正常、高速挡正常、洗涤挡正常，间歇挡工作但无法调节频率。

参照电路图（见本项目别克凯越雨刮器系统电路图），测量雨刮器电动机插头，2 号端子电压正常值应随着调节频率开关的快慢不断变化，实测值为 12V 且保持不变。经分析电路图可知，间歇信号和洗涤器开关信号都传送给雨刮器电动机总成，洗涤器开关工作正常，且雨刮器是根据间歇信号的电压大小来调节雨刮器工作频率的，所以雨刮器电动机损坏的可能性不大。于是决定拆下雨刮器开关检查。

测量 B1、B2 端子，正常情况下，改变两个端子间的阻值可以调节雨刮器频率，实测值为无穷大。由此推断雨刮器开关损坏。更换雨刮器开关总成后，试车故障排除。后经进一步检查，发现雨刮器开关调节器上的频率调节电阻丝断路。

案例 2 波罗劲取雨刮器不工作

故障现象：波罗劲取 1.6L，2006 年生产，行驶里程约 17 万公里。用户反映：该车在雨天行驶时，本来工作正常的雨刮器突然停止工作，接着就再也无法工作了。

故障诊断：接车后试车发现，将雨刮器组合开关置于低速挡、高速挡时，仪表板左下方有继电器的吸合声，但雨刮器均不工作；将雨刮器组合开关置于洗涤挡，洗涤器喷水功能正常，但雨刮器不工作。检查仪表板左下方雨刮器继电器有吸合声。该继电器集成在车载网络控制单元内部，既然在操作雨刮器组合开关时能听到雨刮器继电器的吸合声，说明车载网络控制单元接收到了雨刮器组合开关的雨刮器挡位信号，由此推断该车可能的故障原因有：

①雨刮器电动机熔丝 SB46 熔断；②相关导线连接器连接不良；③雨刮器电动机损坏。

　　检查仪表板左下方熔丝盒内的雨刮器电动机熔丝 SB46，未熔断，且熔丝输出端的电压为蓄电池电压；脱开雨刮器电动机导线连接器 T4bo，直接给雨刮器电动机供电和搭铁，雨刮器电动机运转，说明雨刮器电动机正常；检查雨刮器电动机与车载网络控制单元间线路的导通性，正常，检查雨刮器电动机的搭铁线，也正常；用万用表测量车载网络控制单元端子 T5a/3 上的电压，为蓄电池电压，正常；接通点火开关，将雨刮器组合开关依次置于低速挡和高速挡，同时测量车载网络控制单元端子 T5a/4 和端子 T5a/5 上的电压，均无电压输出，异常。难道车载网络控制单元内部的雨刮器继电器电路存在断路故障？

　　脱开车载网络控制单元导线连接器 T5a，用导线短接导线连接器 T5a 导线侧端子 T5a/3 与端子 T5a/4，发现雨刮器电动机低速运转；再用导线短接导线连接器 T5a 导线侧端子 T5a/3 与端子 T5a/5，发现雨刮器电动机高速运转。由此可知车载网络控制单元损坏。更换车载网络控制单元后试车，发现将雨刮器组合开关置于各挡位时，雨刮器均能正常工作，故障排除。

复习思考题 ▶▶

1. 别克凯越轿车雨刮器高速挡不工作、低速挡正常，简述其故障原因。
2. 别克凯越轿车雨刮器间歇挡不工作、其他挡位正常，简述其故障原因。
3. 波罗轿车雨刮器系统受车载电器控制单元控制，如雨刮器间歇挡不工作、其他挡位正常，试分析故障原因。

项目 5　安全气囊系统故障诊断

学习目标

1. 熟悉安全气囊系统的组成、工作原理，熟悉典型控制电路。
2. 熟悉安全气囊系统的故障诊断方法、了解安全气囊系统检修注意事项。

项目导读

安全气囊系统 SRS（Supplemental Restraint System 车辆辅助防护系统）一般包括安全带及安全带预收紧装置、安全气囊（Airbag）等。

打开点火开关后，仪表板上安全气囊警告灯点亮，闪动几秒钟后应熄灭，如果不熄灭或在行驶途中突然点亮，则在安全气囊控制单元存有故障码，应及时检修。本项目在了解安全气囊系统工作原理的基础上，学习其故障诊断的方法。

基础知识●安全气囊系统的组成与工作原理

一、安全气囊系统的组成及工作原理

1. 安全气囊系统的组成

安全气囊系统主要由碰撞传感器、气囊组件、安全气囊控制单元、报警装置、预紧式安全带等部件组成。安全气囊系统各部件位置如图 4-23 所示，按照安装位置的不同分为驾驶员气囊、前排乘客气囊以及后排乘客气囊，有些轿车还在座位侧面和车门内侧等部位安装了安全气囊（气帘）。

（1）碰撞传感器　碰撞传感器（又称触发传感器）用于检测碰撞时的减速度或惯性，并将碰撞信号作为触发信号传给气囊控制单元。

为防止气囊误爆，在安全气囊控制单元内还安装有防护传感器（又称安全传感器），它与碰撞传感器串联，只有当两种传感器均测到触发强度时，电子控制装置才启动安全气囊系统。

（2）电气连接件　安全气囊系统的电器连接件包括线束、连接器和螺旋线束。

安全气囊系统简介

气囊系统线束连接器及保险机构为了便于将气囊系统线束与其他电器系统线束区别开，线束采用了特殊色标，大多数汽车采用黄色连接器，也有采用深蓝色或橘红色连接器。

为了保证转向盘具有足够的转动角度而又不至于损伤气囊组件的连接线束，在转向盘和转向柱之间采用了螺旋线束（又称为螺旋弹簧、气囊游丝）。安装螺旋线束时，需要注意安装位置和方向，当拆卸和安装转向盘时，应将转向柱固定在"直向前"的位置，以免损坏螺旋线束。

（3）安全气囊控制单元　安全气囊控制单元（简称 SDM，安全气囊诊断模块）用于监测碰撞情况和系统的故障。安全气囊控制单元内置有备用电源，它由电源控制电路和若干电容器组成。当汽车发生碰撞导致汽车主电源与气囊系统断开时，备用电源在一定时间内（一

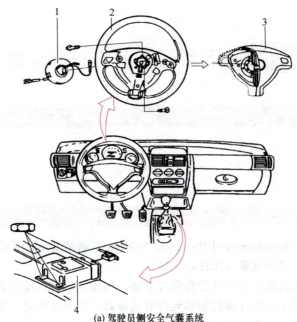

(a) 驾驶员侧安全气囊系统

1—接触装置；2—方向盘；3—气囊装置和充气装置，气囊和外罩；4—气囊控制单元

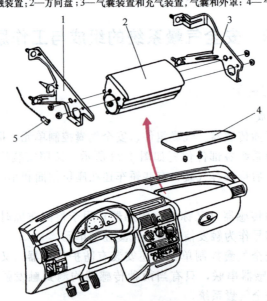

(b) 前排乘客侧安全气囊系统

1—内部支架；2—气囊装置；3—外部支架；4—气囊外罩；5—气囊孔塞导线束

图 4-23 安全气囊系统各部件位置

一般为 6s) 可以维持气囊系统供电。

(4) 气囊组件　气囊组件主要包括气囊、气体发生器以及装饰盖板与底板等。

气囊采用尼龙制成，内层涂有聚氯丁二烯用以密封气体。气囊静止时被折叠成包，安放在气体发生器上部和气囊饰盖之间。气囊背面或顶部设置有排气孔，当驾驶员压在气囊上时，气囊受压后便从排气孔排气。为了避免前排乘客气囊不必要爆炸造成浪费（例如座椅上没有乘客），可以通过开关或仪器将前排乘客气囊关闭。

气体发生器的功能是在点火器引爆点火剂时，产生气体向气囊充气，使气囊爆开。气体发生器自安装之日起，应10年更换1次。目前，大多数气体发生器都是利用热效应产生氮气充入气囊。点火器安装在气体发生器的中央位置，作用是在气囊电路接通时，引爆点火剂，产生热量使充气剂分解。

装饰盖板上面有撕缝，以便气囊能冲破饰盖展开。底板装在方向盘或车身上，用于承受气囊的反冲力。

（5）预紧式安全带　安全带预紧器安装在座椅的左右外侧。当汽车受到碰撞时卷收器受到激发，密封导管内的气体发生剂引爆产生大量气体而膨胀，迫使活塞向上移动拉动绳索，绳索带动驱动轮旋转，使卷收器转动，织带被卷在卷筒上，最后，卷收器会紧急锁止织带，固定乘员身体，防止身体前倾避免与方向盘、仪表板和玻璃窗相碰撞。

2. 安全气囊系统的工作原理

安全气囊的全部动作都是由控制单元按照预设的程序执行。汽车的点火开关闭合后，系统就开始自检，如有故障，使故障灯发出闪烁亮灯信号，可读取故障码。

汽车在行驶过程中发生碰撞时，首先由传感器接收撞击信号，只要达到规定的强度，传感器即产生动作并向安全气囊控制单元发出信号。安全气囊控制单元接收到信号后，与其原存储信号进行比较，若达到触发门坎数据，即最小触发碰撞强度，则向气体发生器送去启动信号，气体发生器引燃气体发生剂，产生大量气体，经过滤并冷却后进入气囊，使气囊在极短的时间内突破衬垫迅速展开，在驾驶员或乘客的前部形成弹性气垫，并及时泄漏、收缩，吸收冲击能量，从而有效地保护人体头部和胸部，使之免于伤害或减轻伤害程度。

一般在碰撞速度小于30km/h，但大于20km/h时，安全气囊控制单元只发出引爆安全带预紧器的指令，点燃安全带预紧器，拉紧安全带保护乘员；如果碰撞速度大于30km/h时，则所有引爆器引爆，使安全带拉紧，气囊张开。

安全气囊系统使用注意事项

• 所有驾乘人员都必须正确系好安全带，并保持正确坐姿，使安全气囊起到最大保护作用。

① 安全带必须平展且紧贴上身，请勿拧转安全带或将安全带拉离身体。

② 驾驶员与方向盘之间至少保持25cm的距离；为安全起见，前排乘员所坐位置不要太前，也不要太后，否则，发生事故时，安全气囊将不能提供有效保护。

• 安全气囊与乘员之间膨胀范围内不要有物体存在，否则，安全气囊触发时受伤风险会增高。行驶时，前排乘员不可怀抱儿童、宠物和其他物品，从而占用安全气囊与乘员之间的膨胀空间。

• 安全气囊系统（包括安全带卷收器）只能触发一次，安全气囊已触发，则必须更换该系统。

• 切勿改变安全气囊系统的任何组件；对汽车不当作业和改装，如对发动机、制动系、行驶系或影响车轮和轮胎性能的部件改装，均影响安全气囊系统的功能。

二、安全气囊系统控制电路

图4-24为上海大众朗逸安全气囊系统控制电路。主、副驾驶员座位的正、侧面共有4个安全气囊，安全气囊引爆装置、安全带预紧器引爆装置均由安全气囊控制单元J234控制。安全气囊控制单元靠自身底板安装后接地，不需要专用的搭铁线。

安全带未扣指示灯K19与安全气囊警告灯K75均通过CAN总线与安全气囊控制单元

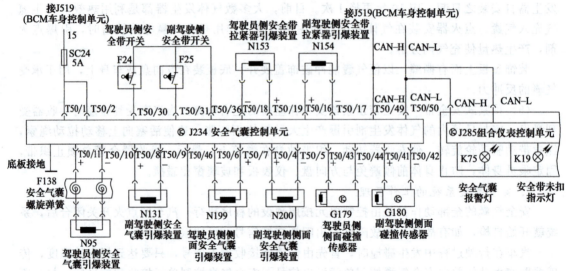

图 4-24 朗逸安全气囊系统控制电路

连接。在前排座椅下面安装有压力感应器，以判断该座椅上是否有人。在安全带的扣槽内设有安全带开关 F24、F25，安全带未扣接时，安全带开关触点常闭，在前排坐人的情况下，安全气囊控制单元的 T50/36 端子通过闭合的安全带开关接地，安全带指示灯常亮；安全带扣接后，安全带开关触点被断开，该指示灯熄灭。

任务　安全气囊系统故障诊断

正常情况下，打开点火开关后，仪表板上安全气囊警告灯应点亮闪动几秒钟后熄灭（若安全气囊警告灯不亮，则该警告灯有故障）。如果一直亮、不熄灭或在行驶途中突然点亮，则在安全气囊控制单元存有故障代码，应及时检修。

安全气囊系统检修注意事项

安全气囊系统在温度过高、过分撞击及强电磁波的情况下可能会导致误触发。在检修该系统时，如果操作不正确，可能会使安全气囊系统在维修过程中意外地打开而造成严重事故，或者在需要安全气囊打开提供保护时不打开。因此，要注意以下要求：

- 维修工作均应在关掉点火开关并从蓄电池负极拆下电缆，等待 30s（注：等待时间各车型要求略有不同），等安全气囊控制单元内的备用电源完全放电后才能开始。
- 如果安全气囊传感器或方向盘衬垫跌落过，或在壳体、托架或连接器上有裂纹、凹陷或其他缺陷，应更换新件。禁止使用其他车辆上的安全气囊部件。禁止拆卸和修理安全气囊传感器、方向盘衬垫以供重新使用。以上部件不要直接暴露在热空气和火焰面前。
- 中央安全气囊传感器总成含有水银，更换掉的旧件应作为有害废物进行处置。
- 必须使用高阻抗（至少 10kΩ）数字万用表诊断电路系统的故障。
- 手持安全气囊时，不要使气囊和饰盖指向身体；拆下的安全气囊必须盖子朝上来放置（万一出现误爆，可以使气囊有展开的空间）。
- 全部与安全气囊有关的检修，必须在安全气囊系统正确拆除后进行，安装气囊时不要试探任何连接处。如果在车上修理安全气囊系统，在安全拆除前，不要坐在气囊附近。在维修过程中，如有可能对安全气囊传感器产生冲击，那么在修理之前应将安全气囊传感器拆下。
- 安装传感器时注意原来的放置位置和方向。
- 检修完成后，不能急于将安全气囊系统接入电路，应先进行电气检查，确认无误时，再将安全气囊接入。
- 在安全气囊零部件的外表面上有说明标牌，必须遵照说明执行。

任务实施

安全气囊系统的故障征兆难以确诊，所以故障码就成为故障排除时最重要的信息来源。因此，在排除安全气囊系统故障时，脱开蓄电池之前，务必要检查故障码。

关闭点火开关，连接故障诊断仪，接通点火开关，用故障诊断仪检查故障代码。

对于偶发性故障码，有的仪器能够识别并显示在屏幕上，但有的仪器没有该功能，可清除故障码后，再重新读取故障码以找出现在的故障情况。

对于偶发性故障，点火开关重复进行开、关（开等20s，关等20s）动作，5次后检查故障码。如果有故障码输出，则故障仍然存在，应查出相应故障。

排除故障后，注意再接通点火开关，用故障诊断仪清除故障代码。

注意：连接蓄电池电缆之前，点火开关必须处于关闭位置。接好蓄电池电缆后，必须在20s后才能将点火开关接通，否则会造成自诊断系统工作不正常。

维修案例

案例1　朗逸1.6L安全带指示灯常亮

故障现象：2010年款朗逸1.6L，行驶里程30728km，车主反映：该车EPC灯亮，因加速踏板及相关线路故障更换了全车线束，全新线束安装完成后，出现安全带指示灯不灭的故障现象。

故障诊断：首先连接VAS5052对该车进行了故障读取，显示所有系统正常。进入15读取安全气囊对安全带扣数据，显示：驾驶员侧安全带扣未连接。接着反复插拔驾驶员侧安全带，数据流始终显示安全带未连接，仪表安全指示带灯常亮。

由于该车线束现在更换的是全新的，难道是新线束型号不匹配？对比新旧线束的配件号，两者完全一致。又将安全气囊控制单元插头以及仪表插头上每一针脚和原车所更换下来的线束进行了逐一对比，结果完全吻合。线束不匹配的情况被彻底排除。

难道是安全带扣输入信号没有传递到控制单元处？拆掉安全气囊控制单元J234（未拔下插头），准备根据电路图对驾驶员侧安全带开关E24的输入信号进行测量，即测量T50/30和T50/36的导通情况。而就在此时，仪表上安全带指示灯熄灭，安全气囊灯点亮了。为什么这个时候安全带指示灯功能变正常了呢？对安全气囊控制单元拆卸部位进行安装，安全带指示灯又点亮了。再次拆下安全气囊控制单元，未拔下插头，打开点火开关，指示灯又熄灭。经试验，指示灯随安全带插上和取下能正常指示，再次安装上安全气囊控制单元，安全带指示灯常亮。

现在的问题变成了只要安装安全气囊控制单元，指示灯就常亮，拆下控制单元，指示灯就正常熄灭。分析原因，安全气囊控制单元J234的所有控制回路是靠自身底板与车身安装后搭铁，当拆掉J234时，由于没有搭铁，本身就处于不正常状态，所以上面的试验结果仅是假象，必须将控制单元底板搭铁才能进行正确的测试。

将安全气囊控制单元底板搭铁后，安全气囊灯熄灭，安全带指示灯常亮。拔掉安全气囊控制单元 J234 连接插头，用万用表测量 T50/30 和 T50/36 端的导线是否搭铁短路，发现 T50/30 端的导线（红/黄线）搭铁短路。分段检测短路部位，很快查出由于工人在安装驾驶员座椅时，不小心将导线压住。

由于 T50/30 端的导线搭铁短路，无论安全带是否扣接，气囊控制单元接收到的始终是一个搭铁信号，所以认为安全带未连接，指示灯常亮。将线处理好后故障得到解决。

案例 2　朗逸安全气囊故障灯常亮

故障现象：2011 年朗逸轿车，行驶里程约 4.3 万公里，搭载 CFN 1.6L 发动机，客户反映：安全气囊故障灯常亮报警。

故障诊断：首先启动发动机并怠速运转，发现组合仪表上的安全气囊故障指示灯常亮。使用故障诊断仪 VAS5051B，检查安全气囊控制单元中的故障码，发现有 1 个故障码：B10061B 驾驶员侧座椅安全带张紧触发器电阻值过高。读取测量数据块，查看驾驶员侧安全带的电阻值，3.9Ω；再查看前排乘客侧安全带的电阻值，2.2Ω，说明驾驶员侧安全带电阻过大。先不考虑安全带出现故障的可能性，重点检查安全气囊控制单元到该安全带所连接的线束。

拆下左侧 B 柱下方饰板，晃动安全带的插头未见松脱现象，拔下驾驶员侧安全带拉紧器引爆装置 N153 线束插头，测量插头 T2bg/1、T2bg/2 两端的针脚电阻为 0.1Ω，插头连接正常。拆下靠近驾驶员侧安全带前方的饰板，检查线束没有损伤。经过查看电路图，得知安全气囊控制单元到驾驶员侧安全带之间没有任何插头连接，该段线束在仪表板线束内，线束出现故障的可能不大。拔下安全气囊控制单元的插头，抽出 T50/18、T50/19 针脚，检查未见异常。分别测量 T50/18 到 T2bg/1 及 T50/19 到 T2bg/2 的电阻，测量结果是 0.1Ω，正常。

出现故障的原因可能是连接 N153 的气囊控制单元插头的 T50/18 或 T50/19 针脚虚接造成。将 T50/18 及 T50/19 的针脚（线束侧）进行微调，目的是使针脚接触良好。将安全气囊控制单元的插头装回，再次使用故障诊断仪查看驾驶员侧安全带电阻值，2.2Ω，说明故障已排除。

案例 3　一汽丰田普拉多安全气囊灯亮

故障现象：一汽丰田普拉多，事故车，修整后将所需部件安装完毕，发现安全气囊灯亮。

故障诊断：用故障诊断仪查看故障码，显示气囊游丝有问题。

把气囊游丝打开发现外观完好，没发现什么问题。因为保修车，考虑到费用比较贵，所以想拆开，看是否能找出问题。随后把气囊游丝拆开。经过测量发现有一组螺旋电缆中一根线有问题，经过检查发现在线的中间处有一处短路了（图 4-25），问题找到。

刚好手里有个旧的气囊游丝，拆开后测量发现这个电缆线没问题，随后进行了调换。装车后，钥匙开到 ON，气囊灯停顿几秒，熄灭。故障排除。

图 4-25　螺旋电缆的中间处有一处短路

复习思考题

1. 简述安全气囊系统的工作原理。
2. 简述检修安全气囊系统时有哪些注意事项。

项目 6　电动车窗和中控门锁故障诊断

学习目标

1. 熟悉由电控单元控制的电动车窗和中控门锁的控制电路。
2. 正确分析电动车窗和中控门锁常见故障的故障原因，能够完成其故障的诊断与排除。

项目导读

电动车窗玻璃升降器和中控门锁的控制方式分为两大类：一类是采用分立模块开关直接控制，该类型故障诊断相对比较简单，本书不予介绍；另一类是由车载网络信号和电控单元控制，广泛应用于现代轿车，这种控制方式涉及多个电控单元，工作电路既有普通导线，还有 CAN 或 LIN 总线，工作原理比较复杂，本项目着重分析这种控制方式的控制电路，并探讨其故障诊断的方法。

基础知识 • 电动车窗和中控门锁电路分析

一、电动车窗和中控门锁及其操作面板

电动车窗的玻璃升降器和车门门锁均装在 4 个车门上，均通过直流电动机的正向和反向驱动，完成车窗玻璃的上升、下降或门锁的闭锁、解锁，其结构如图 4-26、图 4-27 所示。

电动车窗玻璃升降和中控门锁通过设在驾驶员侧车门内饰板上的集控操作面板（称为集控开关、主控开关或中控开关，如图 4-28 所示）进行控制，其中的车窗主控开关可以控制

电动车窗

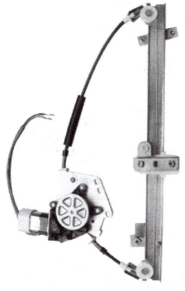

图 4-26　电动车窗玻璃升降器

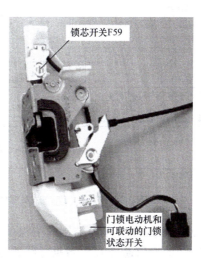

图 4-27　车门门锁

每个车窗玻璃的升降,其余车门上设有分控开关,可单独控制所在车门玻璃的升降,供乘客使用。按下集控操作面板中分控锁止开关,则后排车门的玻璃升降功能关闭。通过无线遥控器(集成在钥匙内)或使用集控操作面板上的门锁集控开关,可以实施各个车门的启闭。

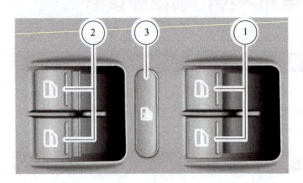

图 4-28 电动车窗和中控门锁的集控操作面板
1—前车门按钮;2—后车门按钮;3—分控锁止按钮;4—中控门锁按钮

二、电动车窗和中控门锁控制电路

下面以上海大众朗逸和帕萨特 B5 为例分析其控制电路。

1. 朗逸电动车窗和中控门锁控制电路

朗逸轿车设置了集网关、车载网络控制单元和舒适系统控制单元管理与控制功能于一体的 BCM 车身控制单元,电动车窗与中控门锁的控制从属于 BCM 车身控制单元管理系统。

(1) 车窗升降的控制 朗逸轿车电动车窗系统电路如图 4-29 所示。

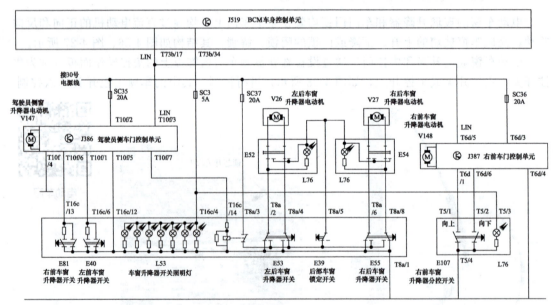

图 4-29 朗逸轿车电动车窗系统电路
E52—左后车窗升降器分控开关;E54—右后车窗升降器分控开关;L76—按钮照明

BCM 车身控制单元 J519 是车窗控制的主控单元,J519 与左前车门控制单元 J386 和右前车门控制单元 J387 的通信通过 LIN 数据总线传输。当防盗系统激活后,组合仪表控制单元通过 CAN 数据线向 BCM 控制单元发送防盗系统激活的信号,BCM 接收到激活信号后,将此信号发送给左前、右前车门控制单元,为了安全起见控制四个电动车窗不能升降,使车辆进入安全模式。打开点火开关,防盗系统功能解除,且 CAN、LIN 数据线通信正常时,按下集控面板中的右前电动窗升降器开关 E81 时,开关信号传输给 J386,再经 LIN 总线传输给 BCM 和 J387,J387 接收到此信号后控制右前车门电动窗的升降。BCM 通过实时监控 LIN 总线通信状态,可以识别 J386 和 J387 有无通信故障。

按下集控面板中的 E40 时,J386 收到开关信号后,直接控制本车门的车窗升降;同理,按下右前车窗分控开关 E107 时,开关信号由 J387 接收后执行升降,这一过程无需 CAN 总线传输信号。

车窗升降器开关 E40、E81 与 J386 之间均只有一条信号线,当开关处于车窗下降位置时,T10f/1 或 T10f/6 端子接地,当开关处于车窗上升位置时,开关内部接入串联电阻,上述端子电位升高,因此,J386 可在一条信号线上识别出升降请求。

后排车门电动窗由升降器开关直接控制,不设置车门控制单元,但后排车门电动窗的电源由 J386 控制,集控开关面板内设有一个供电继电器,当点火开关 ON,LIN 总线激活,J386 的 T10f/7 端子对继电器的电磁线圈提供 12V 电压,产生磁场,继电器触点吸合,12V 电源→S37→供电继电器触点→后部车窗安全锁定开关 E39,当 E39 闭合,后车门分控开关上的指示灯 L76 亮起,表示供电到位;当 E39 断开,则后排车门的分控开关功能关闭。

(2)中控门锁的控制 图 4-30 所示为朗逸中控门锁控制系统电路。

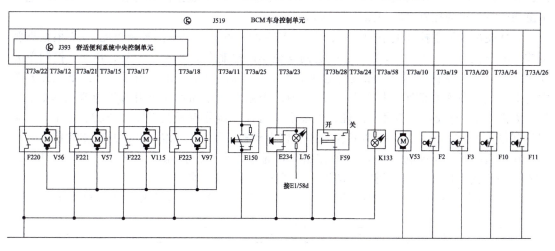

图 4-30 朗逸中控门锁控制系统电路

E150—车内集控开关;E234—后行李舱盖把手开启按钮;F2—驾驶员侧车门接触开关;
F3—副驾驶员侧车门接触开关;F10—左后车门接触开关;F11—右后车门接触开关;
F59—驾驶员侧中央门锁开关;F220—驾驶员侧闭锁控制单元;F221—副驾驶员侧闭锁控制单元;
F222—左后闭锁控制单元;F223—右后闭锁控制单元;K133—中央门锁指示灯;L76—按钮照明;
V53—后行李舱盖门锁电动机;V56—驾驶员车门闭锁电动机;V57—副驾驶员车门闭锁电动机;
V97—右后车门闭锁电动机;V115—左后车门闭锁电动机

4 个车门开关 F2、F3、F10 和 F11 分别布置在左右 B 柱、C 柱车门锁钩旁,并依靠自身接地,车门开启时开关闭合,车门关闭时开关断开,它们给 J519 传输车门开启/关闭信号,以此作为遥控器闭锁车门的条件。驾驶员侧车门锁内有中央门锁开关 F59,钥匙通过 F59 向 J519 发送闭锁/开锁命令,开锁时 J519 的 T73b/28 端子钥匙接地,闭锁时 T73a/24 端子接地。当 J519 识别出钥匙或遥控器的闭锁/开锁指令后,控制 4 个门锁电动机动作。闭锁控制单元 F220、F221、F222 和 F223 内集成有随门锁电动机联动的门锁状态开关,车门解锁时开关闭合，车门闭锁时开关断开，作为反馈信号输入 J519。具体过程如下。

J519 输出闭锁指令时，T73a/11 端子处于高电位，T73a/12 和 T73a/15 端子处于低电位，T73a/11 端子→V56→T73a/12 端子形成回路，T73a/11 端子→V57、V115、V97→T73a/15 端子形成回路，全部车门上锁，此时各门锁状态开关断开，使 J519 的 T73a/22、T73a/21、T73a/17 和 T73a/18 端子均处于高电位，J519 识别出车门处于闭锁状态后，J519 控制左右转向灯闪烁一次，并向驾驶员侧车门内的中央门锁指示灯 K133 输出脉冲，令其以一定的时间间隔闪烁，提示车辆进入防盗状态。解锁过程与之相反。

使用驾驶员侧车门操作面板上的车内集控开关 E150，根据 E150 内部是否串入电阻，J519 的 T73a/25 端子得到不同电位，使 J519 识别出闭锁和解锁命令，从而控制门锁的启闭。

车门解锁后，按下驾驶员侧车门内的行李舱开启按钮 E234，当 J519 识别到 T73a/23 端子处于低电位，其 T73a/10 端子输出 12V 电压加在行李舱盖门锁电动机 V53 上，使该锁解锁。如果全部车门闭锁，则不能使用 E234 来开启行李舱，而只能通过遥控器操纵。当车速大于 15km/h 时按钮 E234 不起作用，以防止误操作。

2. 帕萨特 B5 电动车窗和中控门锁控制电路

帕萨特 B5 由舒适电子系统控制单元 J393 通过 4 个车门控制单元实现车窗升降、中控门锁、后视镜等车身电器的集中管理，各控制单元通过 CAN 数据总线连接。帕萨特 B5 电动车窗和中控门锁的控制电路如图 4-31 所示。

当驾驶员按下主控开关中的 E81、E53、E55 时，驾驶员侧车门控制单元 J386 根据驾驶员按下的开关信号，由 CAN 数据总线送到其他车门控制单元 J387、J388、J389，控制单元经解码后，输出控制电压驱动相应的电动机 V148、V26、V2 工作。当驾驶员按下主控开关中的 E40 时，驾驶员侧车门控制单元 J386 输出控制电压驱动本车窗升降器电动机 V147 工作，无需 CAN 总线传输信号；同理，当按下车窗升降器分控开关 E107、E52、E54 时，车门控制单元 J387、J388、J389 直接执行本车窗电动机工作，也无需 CAN 总线传输信号。

在舒适电子系统控制单元 J393 的控制下，通过 4 个车门控制单元 F220、F221、F222、F223，驱动内部的 4 个车门闭锁电动机，完成车门门锁的启闭。

当 CAN 数据总线中的一根断路时，舒适系统进入单线模式下工作；当两根传输线均出

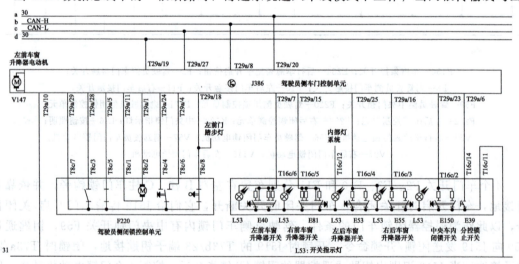

(a) 驾驶员侧控制单元电路

第四单元 汽车电器系统检测与故障诊断

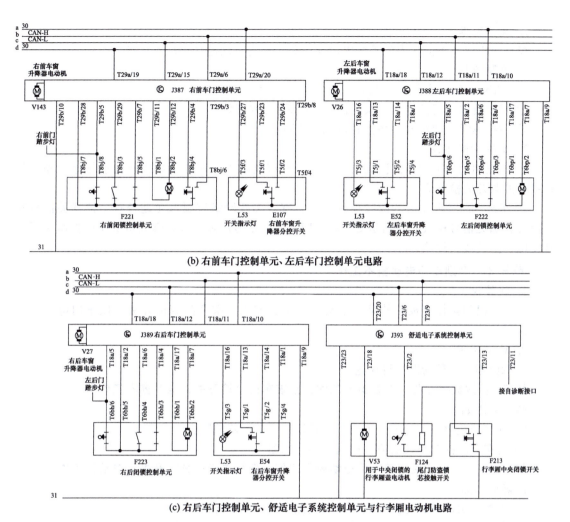

图 4-31 帕萨特 B5 电动车窗和中控门锁控制电路

现故障时,车门不再执行电动控制功能,仅能采用手动开关和上锁功能。如果各个车门控制单元与舒适系统中央控制单元之间 CAN 总线无法正常通信,就会导致主控开关到左前门控单元的信号,无法传递到其他 3 个车门控制单元,所有的车门控制单元只能接收该门分控开关的信号。

任务 电动车窗和中控门锁故障诊断

由车载网络信号和电控单元控制的电动车窗和中控门锁,从电路角度分析,常见的故障各分为两种情况:所有车门电动窗不工作、个别车门电动窗不工作;所有车门中控门锁不工作、个别车门中控门锁不工作。如发生以上故障,应在熟悉其控制电路的基础上,根据情况进行分析,逐步检查可疑部位。

一、电动车窗故障诊断

故障 1 所有车门电动窗均不工作

1. 故障现象

按下司机门集控面板中的各个电动窗开关,所有车门电动窗均不工作。

2. 故障原因

① CAN 或 LIN 总线信号故障。

② 驾驶员侧车门控制单元及其供电、搭铁线路故障。

③ 主控单元(如车载网络控制单元)故障。

3. 故障诊断方法

① 首先利用故障诊断仪读取故障码,如果有故障码,则应该对故障码进行分析和故障查找。读取开关检测值。

② 车载网络控制单元的故障概率很小,查看车载网络控制单元是否有主控开关信号输入信号,如无信号输入,判断是 CAN 或 LIN 总线信号故障,或是驾驶员侧车门控制单元及其供电、搭铁线路故障。

故障 2 个别车门电动窗不工作

1. 故障现象

按下司机门集控面板中的某一电动窗开关,或某一乘客门分控开关,该车门电动窗不工作。

2. 故障原因

故障原因分三种情况进行讨论。

情况 1:按集控开关,电动窗均工作,按该车门分控开关,电动窗不工作

故障原因如下。

① 分控开关故障;分控开关到车门控制单元的线路故障。

② 所在车门控制单元故障(此故障容易忽略)。

情况 2:按集控开关,某车门电动窗不工作,但按该车门分控开关,电动窗工作

故障原因如下。

① 主控开关故障;主控开关到驾驶员侧车门控制单元的线路故障。

② 所在车门控制单元与主控单元之间的 CAN 或 LIN 总线信号故障。

情况 3:按集控开关和分控开关,某车门电动窗均不工作

故障原因如下。

① 所在车门控制单元故障;所在车门控制单元的供电、搭铁线路故障。

② 所在车门玻璃升降器电动机及其线路故障;玻璃升降器机械故障。

3. 故障诊断方法

① 分别按集控开关和车门分控开关,根据观察到的电动窗工作情况进行分析。

② 首先利用故障诊断仪读取故障码,如果有故障码,则应该对故障码进行分析和故障查找。

③ 利用故障诊断仪的元件动作测试功能进行测试,如果测试时执行元件工作,则故障部位可能在控制开关故障或控制开关到车门控制单元的线路故障。

④ 使用故障诊断仪进入主控单元,选择读取数据块功能,提起或按下电动车窗升降器开关,读取电动车窗升降器开关的工作状态,如工作状态正常,则故障部位可能在玻璃升降器故障或升降器电动机到车门控制单元的线路故障。

二、中控门锁故障诊断

故障 1 所有车门中控门锁不工作

1. 故障原因
① CAN 或 LIN 总线信号故障。
② 主控单元（如车载网络控制单元）故障。
2. 故障诊断方法
① 首先利用故障诊断仪读取故障码，如果有故障码，则应该对故障码进行分析和故障查找。
② 检测所有控制单元的主控单元及其 CAN 或 LIN 总线信号故障。

故障 2 个别车门中控门锁不工作

1. 故障原因
① 控制开关故障；控制开关到控制单元的线路故障。
② 车门控制单元及其供电、搭铁线路故障。
③ 车门控制单元与其主控单元之间的 CAN 或 LIN 总线信号故障。
④ 门锁电动机及其线路故障；中控门锁机械故障。
2. 故障诊断方法
① 首先利用故障诊断仪读取故障码，如果有故障码，则应该对故障码进行分析和故障查找。
② 利用故障诊断仪的元件动作测试功能进行测试，如果测试时执行元件工作，则故障部位可能在控制开关或开关到控制单元的线路。

如果测试时执行元件不工作，则故障部位可能在：控制单元或其供电、搭铁电路；控制单元与其上一级主控单元之间的 CAN 或 LIN 总线信号故障；驱动电动机及其线路故障；中控门锁机械部分。

应当指出：中控门锁和电动车窗的故障诊断方法因各车型间控制电路不同而有很大差异，需要结合具体车型的电路，并根据故障诊断仪得到的信息作具体分析。

一、实施准备

准备好轿车一辆，该车电动车窗和中控门锁由车载网络信号和电控单元控制。为便于教学，也可购置这方面的实验台用于实操训练。

实车训练时，为不损坏车辆，一般仅设置电路断路故障点，可松开导线插头使某端子接触不良。教学实验台可通过故障设置开关，设置电路故障点。

二、实施过程

① 分析该车型的电动车窗和中控门锁控制电路。
② 检查故障现象，根据各元件的电路控制关系，诊断故障点，故障诊断方法见"相关知识"中的故障诊断方法。

案例 1 朗逸电动车窗控制系统故障

故障现象：朗逸 2.0L 轿车，2009 年款，自动挡，行驶里程约 5 万公里。用户反映：该车驾驶员侧车门上的集控开关无法控制右前车门电动车窗，但右前车门上的分控开关可以控制该车窗的正常升降。

故障诊断：接车后确认故障现象。利用 VAS6150B 读取故障码，故障码为：01331，右前车门控制单元 J387 无信号通信。由于右前车门上的分控开关可以控制该车窗的升降，可以排除右前车门控制单元 J387 故障的可能。

分析电路图（见本项目朗逸电动车窗电路图），可能是 J387 的 LIN 信号线出现问题。测量 J387 的 T6d/5 端子到 BCM 车身控制单元 J519 的 T3b/17 端子之间的电阻，为∞，说明 LIN 信号线出现断路。检查到断路点，线路恢复后，故障排除。

案例 2　朗逸电动车窗控制系统故障

故障现象：朗逸 1.6L 轿车，2009 年款，手动挡，行驶里程仅有 4000km。用户反映：该车右前车门的玻璃升降器分控开关不能控制该车窗上升，但可以控制其下降，而集控面板上的右前车窗开关，可以正常控制右前车窗升降。

故障诊断：使用集控面板上的右前车门开关 E81 能正常控制右前车门玻璃升降，由此可知右前车门供电及电动机工作正常，LIN 总线通信正常。故障疑点应该在右前车门控制单元信号线或者右前玻璃升降器开关上。

用诊断仪 VAS6150A 查询 BCM 车身控制单元内的故障信息，进入 09 电子中央电气系统（BCM1），显示无故障码。操作右前车门玻璃升降器开关 E107，读取 13 组 2 区 E107 的测量值，向下操作开关时，显示手动打开，但向上操作开关时，显示未操作。这就进一步证实了上面判断的故障。

故障点位置可能在三处：右前玻璃升降开关；右前车门控制单元上升信号线；右前车门控制单元。

脱开 E107 的插接器，用延长线连接开关 E107 的"向上"端子 T5/1 和接地端子 T5/4，分别连接到万用表两表笔，向上操作开关时，万用表显示为 0.6Ω，说明开关 E107 触点良好。脱开 J387 插接器，用万用表测量开关 E107 "向上"端子 T5/1 至右前车门控制单元 J387 的 T6d/1 端子信号线的导通状态，信号线导通。用万用表测量 T5/1 和 T5/4 端子之间的电压，即 J387 的 T6d/1 端子电位，开关未操作时，测量值为 10.32V。E107 置于上升位置，测量值为 0.001V，说明输入 J387 的信号正常。

以上检查排除了开关和信号线的故障可能，可以判断是右前车门控制单元故障。更换右前车门控制单元 J387，故障排除。

案例 3　朗逸电动车窗控制系统故障

故障现象：朗逸 1.6L 轿车，2011 年款，自动挡，行驶里程 5919km，最初报修的故障是右前车窗升降不能由电动窗主控开关控制，但随着检查时间的推移，出现了全部车门电动窗均不能工作的现象。

故障诊断：检查后两车门电动窗开关上的电源指示灯均没有点亮，用试灯检查主控开关上的 T8a/3 端子（黄/蓝线）的供电，试灯点亮，表明保险丝 SC37 正常，但检测 T16c/14 端子（绿），试灯没有点亮，表明 J386 对继电器线圈没有供电。脱开 J386 的插接器重新连接，后车门电动窗的供电电源恢复正常，但 E81 无法控制右前门车窗的升降。

连接 VAS5052 故障诊断仪查询 J519 内的故障码，有两个：01332 右前车门控制单元 J387 无信号/通信；03020 本地数据总线 2 电路电气故障。读取测量值，在操作左前车窗开关 E40 时，左前车窗电机工作，但 12 组 1 区测量值始终显示未操作。这表明：J386 接收到

E40 的请求信号并执行了左前车窗的升降,但 J519 并没有检测到 E40 开关信号的输入。3 区右前电动窗开关 E81 的测量值也是如此。如此看来 LIN 总线确实没有在 J386 与 J519 之间进行数据交换,故障码 03020 真实。

拆下右前车门饰板,脱开 J387 的 T6d 插接器,在操作开关 E40 与 E81 时,再次读取 12 组测量值,测量值显示未操作、手动开启、手动关闭三个变量,用万用表测量 J386 上的 LIN 总线上的电压,J387 连接在线时为 1.025V,脱开 J387 时为 8.65V,表明 J387 内的 LIN 数据总线收发器存在短路现象,从而使 LIN 总线上的电压下降,无法进行数据交换,所以 J519 不能识别到前车门上的电动窗开关信号。更换 J387,故障排除。

分析故障原因,LIN 数据总线因 J387 损坏而短路,超过一定时间后会使 J386 处于被保护状态,J386 的 T10f/7 端子无法提供 12V 电压,后车门电动窗电源继电器不闭合,从而造成全部电动窗不工作的现象。

案例 4　朗逸中控门锁故障

故障现象：朗逸 2.0L 轿车,2009 年款,行驶里程约 13 万公里。用户反映:该车遥控及中控锁功能失灵。

故障诊断：接车后经试车发现,该车不但遥控门锁功能失灵,车内中央集控门锁功能也不起作用。根据该车的故障症状,用故障诊断仪 VAS5051 进入车身控制单元 BCM,显示的故障码含义为:行李厢开启电路短路,且为硬性故障。仔细分析该车电路图(见本项目朗逸中控门锁电路图)得知,行李厢开启电路与中央集控门锁电路并无直接联系,可见故障诊断仪软件翻译有错误。随后检查熔丝发现,熔丝 SB49 已经熔断。为确定该熔丝熔断是否与该车的故障相关,试着更换了新的熔丝并操纵中央集控门锁发现,只要一操纵中央集控门锁,该熔丝就会立即熔断。

熔丝熔断一般有两种可能:一是电路短路,二是电器元件负载过大。由先前翻译错误的故障码可知,故障原因应该是电路短路引起的。分析电路图,4 个门锁的闭锁和解锁是由 BCM 控制门锁电动机的正向和反向旋转实现的,且全部电路都连接在 BCM 上。断开 BCM 的 2 个组合插接器,测量门锁电动机的电路,发现电路对地有约 2Ω 电阻,看来电路中存在对地短路的地方。接下来就是找具体的短路点,由于朗逸轿车没有车门与车身的连接插头,所以只能依次拆卸车门内饰板进行检查。在拆到右前门时发现,门锁电动机的线束被车门磨破,可以确定此部位就是故障点。在将损坏的线束修复后,试车,故障排除。

案例 5　别克 GL8 中控门锁故障

故障现象：别克 GL8 商务车,2004 年款,在行驶中门锁经常会跳动,即车门已经锁好后,车门锁还是在不停地上锁;当车停下来但不熄火时,有时关车门会自动地把门锁上。用遥控器开门、开锁、上锁均工作正常。

故障诊断：询问驾驶员得知,该车已经更换过车身电控单元,但故障并未排除。

该车中控门锁系统电路如图 4-32 所示,其工作原理如下:当操作左前门锁开关或右前门锁开关,均可以通过门锁开关向车身电控单元发送信号,实现全车门锁上锁和解锁。右前门锁开关有 5 条线,其中 3 条为开关控制线。当按下任一门锁开关进行上锁时,开关内的上锁触点闭合,车身电控单元的 C7 端子收到搭铁信号,控制全车门锁电动机通电上锁;当按下门锁开关进行解锁时,车身电控单元的 C6 端子收到搭铁信号,控制全车门锁电动机通电而解锁。

经检查,发现右前门锁开关上那条锁止信号线 A 端子导线中间部位与车门间歇性搭铁。将该处包扎好后试车,故障排除。

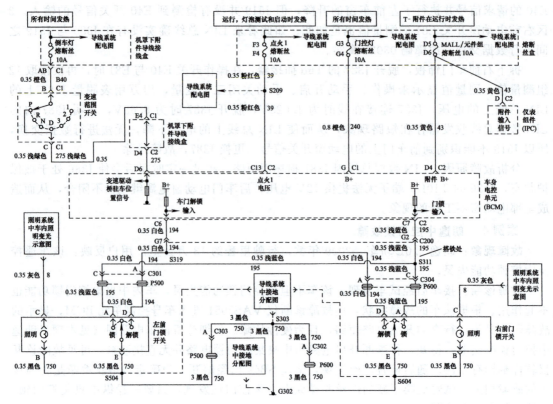

图 4-32 别克 GL8 中控门锁系统电路

复习思考题

1. 请根据帕萨特 B5 轿车的控制电路,分析下列三种情况下的故障原因。

情况 1:司机门车窗开关可以控制司机门车窗升降,集控面板中的其他车门开关却不能控制各车窗的升降,按下各车门分控开关可单独控制所在车窗的升降。

情况 2:按下司机门上集控开关,可以控制所有车窗升降,但按右前车门分控开关,却不能单独控制所在车窗的升降,请根据该车的控制电路分析其故障原因。

情况 3:右前门车窗升降器不工作,按司机门集控开关和右前门分控开关,均不起作用。

2. 朗逸 1.6L 轿车,左右后门车窗升降器均不工作,按司机门集控开关和后门分控开关,均不起作用。请根据该车的控制电路分析其故障原因。

项目 7　汽车防盗系统原理及匹配

学习目标

1. 了解大众第三代、第四代汽车防盗系统的组成、基本原理。
2. 学习大众第三代的匹配操作。

项目导读

汽车防盗系统，是指防止非法进入车内，并防止车辆被非法移动开走所设的系统。故汽车防盗系统分以下两类。

① 中央门锁控制系统。主要为防盗报警开关（或红外线监视系统）、声光报警装置，防止使用不正当的方法打开车门、行李厢和发动机盖。

② 发动机锁止控制系统。主要由电子控制的遥控器或钥匙、电子控制电路、执行机构和报警装置等组成。当不用合法钥匙启动发动机，发动机锁止系统将控制发动机电控单元不能工作，并附加方向盘锁止功能，使发动机不能启动行走，防止车辆被非法移动。

本项目主要学习发动机锁止控制系统的原理及匹配方法。

基础知识●汽车防盗系统基本原理

随着车辆技术的不断升级，汽车防盗系统的功能也在不断更新，到目前为止，汽车防盗系统已经历了 5 个发展阶段，即：固定码传输防盗系统（第一代）、"固定码＋可变码"传输防盗系统（第二代）、"固定码＋两级可变码"传输防盗系统（第三代）、网络式防盗系统（第四、五代）。

本项目主要介绍第三、四代汽车防盗系统的原理、钥匙的匹配以及止动系统部件更换后的匹配方法。第五代防盗系统在维修服务方面与第四代系统无明显区别，使用诊断仪进行有关防盗器的许多操作步骤更倾向于自动化，为了简化操作一些询问步骤已经删除。

一、第三代防盗系统的组成与工作原理

大众车系的帕萨特 1.8T、帕萨特 2.8、新款宝来、波罗以及一汽从 2001 年以后生产的奥迪 A6，配备了第三代防盗系统。第三代防盗系统主要由点火钥匙（内置送码器）、识读线圈（环绕在点火开关外面，天线）、防盗止动器控制单元（集成在组合仪表内，又称防盗锁止系统控制单元）、发动机控制单元和故障警告灯等组成，其结构如图 4-33 所示。

第三代防盗系统的工作原理如图 4-34 所示。

（1）固定码传输（点火钥匙→防盗止动器控制单元）　当点火开关打开后，防盗止动器控制单元通过改变点火开关读写线圈的磁场能量，向送码器（点火钥匙）传输的数据提出质询，此时点火钥匙发送回来它的固定码（首次匹配时这个固定码储存在防盗止动器中）。传送来的固定码与储存在防盗止动器中的码进行比较，如果相同，则开始传送可变码。

（2）可变码传输（防盗止动器控制单元→点火钥匙）　防盗止动器控制单元随机产生一

图 4-33 第三代防盗系统的组成

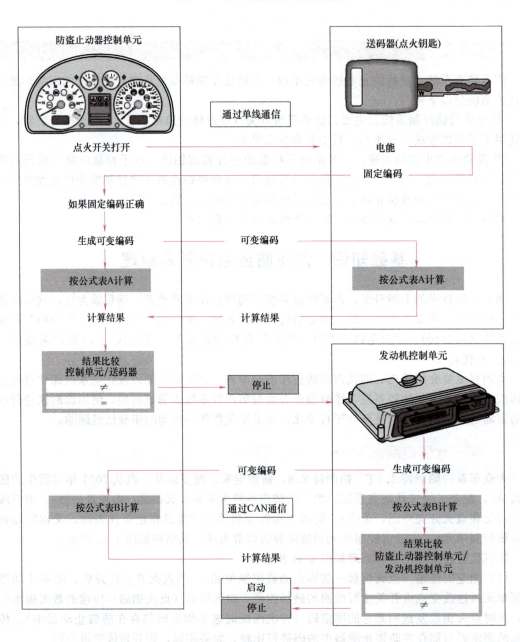

图 4-34 第三代防盗系统的工作原理

个变码，这个码是点火钥匙和防盗止动器控制单元用于计算的基础。在点火钥匙和防盗止动器内有一套公式列表和一个相同且不可改写的 SKC（隐秘的钥匙代码）。在点火钥匙和防盗止动器中分别进行计算后，点火钥匙将结果发送给防盗止动器控制单元，防盗止动器把这个结果与自己的计算结果进行比较，如果相同，钥匙确认完成。

（3）可变码传输（发动机控制单元→防盗止动器控制单元）　发动机控制单元随机产生一个变码。在发动机控制单元和确认完成的点火钥匙内有另一套密码术公式列表和一个相同的 SKC（公式指示器）。点火钥匙确认完成后发回的计算结果在发动机控制单元内，与其的计算结果进行比较（这个数据由 CAN 总线进行传递），如果结果相同，防盗模式被解除，发动机被允许启动。

二、第四代防盗系统简介

大众第四代防盗系统功能形式与第三代防盗器一致，只是所有与防盗器有关的元件均需在线进行匹配，由大众汽车公司授权的经销商在线操作完成。第四代防盗锁止系统的主要组成部分是一个中央数据库，简称 FAZIT（车辆查询和中央识别工具的名称缩写），FAZIT 位于德国总部，存储了控制单元所有与防盗相关的数据。匹配之前，将连接好数据线，车辆通过诊断接口—VAS 故障诊断仪——互联网，与 FAZIT 服务器建立网络连接，再进行软件设置（或测试），输入经销商用户名及密码，设置（或查询）诊断仪 IP 地址，核对权限是否过期等。第四代防盗系统的数据交换示意图如图 4-35 所示。

第四代防盗系统简介

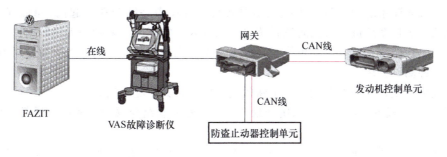

图 4-35　第四代防盗系统的数据交换示意图

图 4-36 为一汽大众迈腾轿车的防盗系统组成元件，包括点火钥匙（送码器）、进入和启动授权开关（装有读取线圈和天线）、转向柱锁止控制单元、防盗止动器控制单元和发动机控制单元。防盗止动器控制单元集成在舒适系统中央控制单元 J393 中，更换后需要在线匹配调整；转向柱锁止或是解锁必须得到防盗器的认可，转向柱锁止控制单元 J764 必须和舒适系统中央控制单元 J393 同时更换和在线匹配调整；发动机控制单元 J623 更换后需要在线匹配调整。

车内天线在启动、行驶和锁止过程中，用于探测带有已经授权的无线收发器的点火钥匙，车内天线的探测

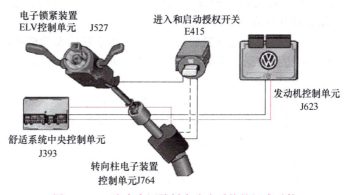

图 4-36　一汽大众迈腾轿车防盗系统的组成元件

范围覆盖了整个汽车内部空间。车内天线与车外天线的探测范围不会重叠。车外天线在开锁和关锁过程中，用于探测带有已授权的无线收发器的点火钥匙。点火钥匙的位置只被区分为驾驶员侧，副驾驶员侧和尾门侧。

所有车钥匙（包括补订的）出厂时已经在特定的汽车上进行了预设码，并且仅能适合在该汽车上使用。汽车钥匙的补定必须说明各自的 VIN 号，并且新的钥匙必须和舒适系统中央控制单元 J393 进行匹配。

任务　大众汽车防盗系统的匹配

当汽车防盗系统出现故障，或使用非法钥匙启动发动机时，防盗模式不能解除，发动机不能启动，有些车型发动机能启动，但启动几秒钟后自动熄火；防盗警告灯在打开点火开关后长时间闪烁或常亮。

当汽车防盗系统出现故障时，一般是防盗止动器控制单元故障，需要进行更换（防盗止动器控制单元集成在其他总成内部者，需要总成更换）。更换防盗止动器控制单元或防盗系统相关的发动机控制单元后，需进行控制单元的匹配操作。

第四代防盗系统的匹配必须由大众公司授权的经销商通过在线操作完成，学校不具备实训条件，在此仅介绍第三代防盗系统的匹配。

在第三代防盗系统中，防盗系统控制单元与组合仪表是结合在一起的，测试此防盗系统，只能从仪表板系统进入（从防盗系统也可以进入，但测试出来的为无用数据）。

对于第三代防盗，通常需要更换组合仪表、发动机控制单元和钥匙。下面针对不同的情况，介绍几种测试方法。

（1）仅更换组合仪表的匹配　对于新的组合仪表，其匹配方法如下。

① 进入仪表板系统，选择"系统登录"功能，输入新组合仪表的密码（通常 4 位）；登录成功。

② 选择"通道调整匹"功能，进入"50"通道，输入原车密码，确认，屏幕显示"学习值被成功保存"，确定。

对于二手组合仪表，其匹配方法如下。

① 进入仪表板系统；选择"系统登录"功能；输入二手组合仪表的密码（通常 4 位）；登录成功。

② 选择"通道调整匹配"功能，进入"50"通道，输入原车密码，确认，屏幕显示"学习值被成功保存"，确定。

（2）仅更换发动机控制单元的匹配　对于新的发动机控制单元，其匹配方法为：进入发动机系统，选择"通道调整匹配"功能，进入"50"通道；输入原车密码，确认，屏幕显示"学习值被成功保存"，确定。

对于二手发动机控制单元，其匹配方法如下。

① 进入发动机系统，选择"系统登录"功能，输入二手发动机控制单元的密码，登录成功。

② 选择"通道调整匹配"功能，进入"50"通道，输入原车密码，确认，屏幕显示"学习值被成功保存"，确定。

（3）同时更换组合仪表和发动机控制单元的匹配方法

① 进入仪表板系统，选择"系统登录"功能，输入新组合仪表的密码，登录成功。

② 选择"传递底盘号"功能，输入 17 位 VIN 号（车辆识别代码），确认。
③ 重新进行钥匙匹配，选择组合仪表系统，选择登录功能，输入"新密码"，登录成功。
④ 选择"通道调整匹配"功能，输入通道号"21"，确认。
⑤ 输入将要匹配的钥匙数，包括插在点火锁上的钥匙，最多 8 把钥匙。在匹配的过程中，每把钥匙的匹配时间不能超过 30s（从登录起至匹配钥匙结束为止，不记钥匙拔出与插入的间隔时间），否则故障警告灯以 2Hz 的频率闪亮，这时必须重新彻底进行匹配，确定。仪表板上的警告灯熄灭，点火锁内的钥匙，匹配完成。

增配钥匙，必须重新对所有钥匙用仪器进行匹配，每次匹配，须对所有钥匙进行重新匹配。如果车钥匙丢失，剩下的钥匙应重新匹配一次，这样丢失的钥匙就不能再启动发动机。

进行第三代防盗系统的匹配操作训练。
打开故障诊断仪，从仪表板系统进入防盗系统，学习钥匙的匹配操作，以及更换组合仪表控制单元、更换发动机控制单元时的匹配操作，其操作方法见"相关知识"内容。

案例 朗逸发动机不能启动、电动车窗不能升降

故障现象：朗逸 2.0L 轿车，2008 年产，配置 CEN 发动机，行驶里程约 3.5 万公里，客户打救援电话反映发动机不能启动、电动车窗不能升降，要求将车辆拖回到维修站检查。

故障诊断：打开点火开关，发现组合仪表上的所有指示灯均不亮，启动发动机运转约 1s 后立刻熄火，类似防盗系统激活的现象，按下驾驶员侧车门上的车窗升降器开关，升降器不工作，故障确实如用户所述。

使用故障诊断仪 VAS5051B 进入网关安装列表检查故障，发现发动机电子装置、自动变速器电子系统、制动器电子系统、空调系统、电子中央电子装置、安全气囊、数据总线诊断接口等控制单元内均存在多个故障码。有些故障码可能与发动机不能启动和电动车窗故障无关，尝试清除所有控制单元内的故障码，清除后发现只剩下关于防启动锁和组合仪表无通信的故障码。

防盗器集成在组合仪表控制单元内，由于组合仪表出现故障，导致防盗系统激活，使车辆进入安全模式，电动车窗就不工作。初步分析造成该故障的原因可能是组合仪表损坏，拆下组合仪表并拔下线束的插头，检查仪表的供电和接地是否正常。仪表的 T32/13 端子接 15 号线，T32/26 端子接 30 号线，T32/10 端子接地，接地点在左 A 柱下方，经过检查，仪表的电源及接地均正常，这表明组合仪表内部出现故障。将新的组合仪表换上，打开点火开关，仪表上的指示灯亮起，防盗系统警告灯不停地闪烁，发动机不能启动故障就是组合仪表损坏引起的。

现在电动车窗还是不能升降，换新仪表需要给仪表编码，与发动机控制单元匹配，然后匹配钥匙，也就是说只有解除了防盗系统的工作后，电动车窗才能正常工作。该车仪表的编码是 2003，在线连接网络以后，用 VAS5051B 的引导性功能与发动机控制单元、所有钥匙进行匹配。匹配完成后清除所有故障码，并设定固定保养周期。完成上述工作后，发动机顺利启动，运转平稳，按下电动车窗升降器的开关，所有的电动车窗工作正常。

复习思考题 ▶▶

1. 简述第三代防盗系统的组成与工作原理。
2. 简述第四代防盗系统的基本组成。

项目 8　汽车空调系统故障诊断

学习目标

1. 了解空调系统的组成、工作原理。熟悉空调系统典型控制电路。
2. 熟悉空调系统常见故障的故障原因、诊断与排除方法。
3. 能够完成空调制冷剂压力的检测、漏点检查、制冷剂充注的操作。
4. 能够正确使用检测仪器,进行空调系统的诊断与排除。

项目导读

汽车空调是汽车空气调节的简称,即采用制冷和采暖的方法,调节车内的温度、湿度、气流速度和清洁度,为乘员创造清新、舒适的车内环境。

汽车空调按控制方式不同分为手动控制和自动控制两种形式。手动控制的空调按驾驶员设定的空气温度和鼓风机转速运行。自动控制的空调自动调节空气温度和鼓风机转速,由空调控制单元(ECU)集中控制,系统故障可以利用自诊断系统进行检测和诊断。

汽车空调系统由制冷系统和采暖装置、通风装置和操纵控制系统及空气净化装置组成。其中,空调制冷系统的结构、原理和控制最为复杂,这里主要探讨空调制冷系统的检修与故障诊断。

基础知识 1 ● 汽车空调系统的组成与基本原理

一、汽车空调制冷系统

1. 组成与工作原理

汽车空调制冷装置,是由压缩机、冷凝器、膨胀阀、蒸发器这四大部件加上一些辅助设备,用管道依次连接组成,如图 4-37 所示。

汽车空调制冷系统

压缩机运转时,将蒸发器内产生的低压低温蒸气吸入气缸,经过压缩后,使蒸气的压力和温度增高后排入冷凝器。在冷凝器中高温高压的制冷剂蒸气与外面的空气进行热交换,放出热量,使制冷剂冷凝成高压液体。然后流入储液干燥器并过滤流出。经过膨胀阀的节流作用,制冷剂以低压的汽液混合状态进入蒸发器。在蒸发器里,低压制冷剂液体沸腾气化,吸取车厢内空气的热量,然后又进入压缩机进行下一轮循环。这样,制冷剂在封闭的系统内经过压缩、冷凝、节流和蒸发四个过程,完成了一个制冷循环。

储液干燥器的作用如下。

① 随时向系统补充制冷剂。由于汽车空调正常工作时,制冷剂的供应量大于蒸发器的需要量,所以高压侧液态制冷剂有一定的储存量;同时,随着季节的变化,在系统不运行或检修、更换系统内的零件时,可以将系统中的制冷剂收入到高压侧进行储存,以免制冷剂泄漏。

② 通过过滤器将系统中出现的杂质、脏物过滤掉。

③ 通过干燥剂吸收系统中的水分，防止系统中水分与制冷剂发生化学作用，并防止在膨胀阀处结冰造成"冰堵"，使之不能正常工作。

膨胀阀的作用如下。

① 节流作用。高温高压的液态制冷剂经过膨胀阀的节流孔后，成为低温低压的雾状的液压制冷剂，为制冷剂的蒸发创造条件。

② 控制制冷剂的流量。制冷剂流量过大，出口含有液态制冷剂，进入压缩机容易产生液击；制冷剂流量过小，提前蒸发完毕，又会造成制冷不足。一般在蒸发器的出口设置有感温元件，膨胀阀根据蒸

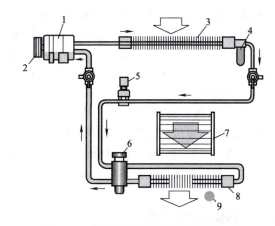

图 4-37 朗逸汽车空调制冷系统的组成
1—压缩机；2—电磁离合器；3—冷凝器；4—储液干燥器；
5—高压传感器（G65）；6—膨胀阀；7—鼓风机；
8—蒸发器；9—蒸发器出风口温度传感器（G263）

发器出口的温度变化控制阀门开度（称为外平衡式膨胀阀），保证制冷剂从蒸发器流出时完全为气态制冷剂。外平衡式膨胀阀分 F 型和 H 型两种结构形式。

2. 温度与压力控制

电磁离合器是压缩机与带轮之间的连接件，通过通电或断电控制压缩机工作。电磁离合器的通电或断电是以各种温度、压力为控制信号。

为避免蒸发器表面温度过低，造成表面结霜，影响制冷效果，设有温度控制器（恒温器），用蒸发器表面温度作为控制信号，控制电磁离合器的电源通断。

压缩机高压部分压力过高时容易损坏压缩机；系统缺乏制冷剂时，空调压缩机内也会缺乏压缩机油，继续运转会导致损坏，为此，制冷管路设有压力开关，通过通断电磁离合器电路，控制制冷系统的压力。

3. 制冷剂

制冷剂又称冷媒，目前汽车广泛采用的制冷剂为 R134a。分子式为 CH_2FCF_3，是卤代烃类制冷剂中的一种，常温下无色、无味；具有无毒、无臭、不燃烧、与空气混合不爆炸等优点，因不含氯原子，对大气臭氧层无破坏作用，温室效应系数也很低，并具有较好的制冷能力。

在压缩机铭牌上一般注明所采用的制冷剂及压缩机油（又称冷冻机油）型号，若未注明，则应慎重考虑，设法确认所用的制冷剂及压缩机油。另外，在连接软管上通常会有色圈或白色线条出现，并会在软管表面印有 R134a 的字样。在储液干燥器上也应有标记，注明制冷剂与干燥剂的类型。

二、汽车暖风系统

汽车暖风系统除能完成其主要功能外，还能用于热风除霜或除雾。汽车暖风系统有余热加热式和独立热源式两种类型。

1. 余热加热式暖风系统

余热加热式暖风装置是利用发动机冷却液作为热源（称为水暖式），或发动机排放的废气作为热源（气暖式），不专设取暖设备。

水暖式暖风系统比较常见，该系统将发动机内的冷却液引入热交换器（又称加热器芯），利用鼓风机将交换后的热空气送入车内，达到取暖的目的。这种暖风系统由于其热源是从发动机的冷却液中取得，不需要另外消耗燃料，经济性好，广泛地应用于乘用车。存在缺点：取暖受发动机工作的影响较大，在发动机停止工作时热源均得不到满足，在寒冷地区会出现发动机过冷现象。

2. 独立热源式暖风系统

独立热源式暖风系统是专设一套独立的加热系统，即用汽油、煤油或柴油作为燃料在燃烧筒中燃烧，被加热的空气在燃烧炉与暖风道内来回循环（助燃空气与采暖空气各行其道）取暖。这种暖风系统供暖效果好，且受不发动机工作的影响，主要用于客车。

汽车空调使用注意事项

为了保证汽车空调系统有良好的技术状态，延长其使用寿命，节约汽车的燃油消耗，使用中应注意以下事项。

• 为减少能耗，在制冷时应关闭车窗；汽车在烈日下停放而使车内温度很高时，短时间打开车窗有助于加速制冷过程。

• 在爬长坡或超车时应暂时停止压缩机的运行，以免发动机动力不足或发动机超负荷运行而过热。

• 在风沙天气或空气不流通的环境下，可开启空气内循环模式。空气内循环模式下车内禁止吸烟，因为车内的烟雾会沉淀在蒸发器上，会导致无法清除的烟味，只能通过更换蒸发器来解决。

• 不要长时间接通空气内循环模式，因为没有新鲜空气进入车内，可能使驾驶员或乘员疲劳，并可能使车窗玻璃内表面会形成水雾，严重影响向外视野。此时，应启动暖风、通风装置进行除雾。

• 为防止蒸发器结霜，空调的送风速度及温度控制不应同时长时间置于最低；当温度调节推杆处于最大冷却位置时，应尽量使用风机的高速挡，并保证仪表板上至少要有一个出风口打开。

• 汽车停驶时最好不要长时间使用空调，否则，由于发动机怠速运转时发电机对蓄电池充电不足，造成发动机二次启动困难，或者由于废气进入车内使人中毒。

基础知识 2 • 汽车空调系统电路分析

不同车型的空调控制电路各不相同，控制电路基本上分为鼓风机控制、压缩机控制、散热器风扇控制、通风控制等几个系统。

一、手动空调控制电路

图 4-38 所示为帕萨特领驭轿车手动空调的电路。

鼓风机的控制电路比较简单，鼓风机开关 E9 在不同挡位时，电路中接入的鼓风机电阻 N24 的电阻值不同，从而使鼓风机 V2 以不同的转速运转。

空调压缩机的控制电路分析如下。

① 75x 号电源→熔丝 S225→空调关闭控制单元 J314。空调关闭控制单元 J314 只有从发动机控制单元 J220 接收到开启空调信号，并从空调压力开关 F129 接收到常闭触点的接通信

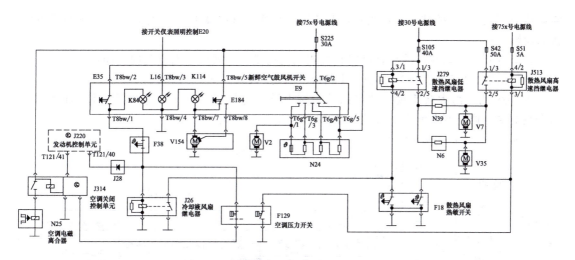

图 4-38 帕萨特领驭轿车手动空调的电路

E9—新鲜空气鼓风机开关；E35—空调开关；E184—新鲜/循环空气开关；F38—外部温度开关；
J28—二极管；K84—空调指示灯；K114—新鲜空气和循环空气开关指示灯；
L16—新鲜空气调节照明灯；N6,N39—串联电阻；N24—带过热保险丝的鼓风器调速电阻；
V2—鼓风机；V7—左散热风扇；V35—右散热风扇；V154—新鲜/循环空气风门电机

号，才会控制接通空调压缩机电磁离合器 N25 的电路，使 N25 吸合，空调压缩机工作。

② 75x 号电源→熔丝 S225→鼓风机开关 E9（或再经鼓风机电阻 N24）→A/C 开关 E35 后，分为 3 路：

第 1 路：进入空调开关指示灯 K84，按下空调开关 E35 时，指示灯 K84 点亮。

第 2 路：进入环境温度开关 F38→二极管 J28→发动机控制单元 J220→空调关闭控制单元 J314。发动机控制单元 J220 通过此电路接收空调开关信号，根据发动机的工作状况控制发动机转速（如在急速状态下，先提高发动机转速），并向空调关闭控制单元 J314 发送开启空调的信号。当环境温度低于 5℃ 时，环境温度开关 F38 断路，发动机控制单元 J220 将接收不到 A/C 开关信号。

第 3 路：进入环境温度开关 F38→空调压力开关 F129→空调关闭控制单元 J314。空调关闭控制单元 J314 通过此电路接收空调压力开关 F129 接通信号，若空调压力低于 0.2MPa 或高于 3.2MPa，空调压力开关 F129 断路，空调关闭控制单元 J314 将无法接收空调压力开关 F129 接通信号。

散热风扇的控制电路分析如下。

① 未接通空调开关 E35 时，散热风扇由热敏开关 F18 控制。当冷却液温度低于 91℃ 时，热敏开关 F18 触点断开，散热风扇不工作。当冷却液温度达到 92～97℃，热敏开关 F18 的一对触点闭合，使散热风扇低速挡继电器 J279 工作，散热风扇低速电路接通，即：30 号电源→熔丝 S105→散热风扇低速挡继电器 J279→电阻 N39、N6→散热风扇 V7、V35，两散热风扇低速运转；当冷却液温度达到 99～105℃ 时，热敏开关 F18 的另一对触点闭合，使散热风扇高速挡继电器 J513 工作，散热风扇高速电路接通，即：30 号电源→熔丝 S42→散热风扇高速挡继电器 J513→散热风扇 V7、V35，两散热风扇高速运转。

② 接通空调开关 E35 和鼓风机开关 E9 后，散热风扇继电器 J26 工作，使散热风扇低速挡继电器 J279 也工作，散热风扇低速电路接通运转。散热风扇高、低速挡的切换，受热敏开关 F18 和空调压力开关 F129 共同控制。空调压缩机工作后，若空调压力高于 1.6MPa，

空调压力开关 F129 的常开触点闭合，散热风扇高速挡继电器 J513 工作，散热风扇高速电路接通运转。

帕萨特领驭手动空调的混合风门和模式风门均是拉索式的，而空气内外循环风门是电动机式的，由风门电动机 V154 驱动，由新鲜/循环空气开关 E184 控制。

图 4-39 为上海大众朗逸手动空调的控制电路。与帕萨特领驭轿车手动空调不同的是，整个系统受空调控制单元 J301 控制，故又称为半自动空调。

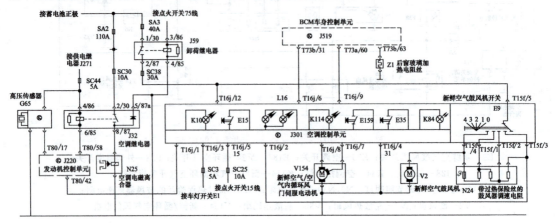

图 4-39　朗逸手动空调控制电路

E9—新鲜空气鼓风机开关；E15—可加热后窗玻璃开关；E35—空调开关；E159—新鲜空气和空气内循环风门开关；K10—可加热后窗玻璃指示灯；K84—空调器指示灯；K114—新鲜空气和循环空气运行模式指示灯；L16—新鲜空气调节照明灯

点火开关处于 ON 位置，卸荷继电器 J59 线圈通电，触点闭合，同时接通空调控制单元 J301 和新鲜空气鼓风机 V2 的控制电路。使用空调时接通空调开关 E35，空调器指示灯 K84 亮，发动机控制单元 J220 收到接通信号，接通空调继电器 J32，使电磁离合器 N25 供电，空调开始工作，同时 J220 控制发动机怠速转速提升。

换气或空气内循环模式的切换由风门伺服电动机 V154 驱动，该电机受风门开关 E159 控制。

高压传感器 G65 将制冷剂压力信号传送给发动机控制单元。当发动机温度升高，制冷剂压力升高时，发动机控制单元 J220 控制散热器风扇控制单元 J293，使散热器风扇 V7 转速提高；制冷系统压力过高，或当系统缺乏制冷剂，压力过低时，高压传感器通过发动机控制单元 J220 切断空调继电器 J32 的搭铁电路，使压缩机停止工作。

另外，接通开关 E15，通过车身控制单元 J519 接通后窗玻璃内的电阻丝 Z1，对后窗玻璃进行加热除霜，同时后窗玻璃加热指示灯 K10 亮。加热装置接通约 8min 自动关闭，也可按下按钮提前关闭。

二、自动空调控制电路

朗逸轿车可选装 Climatronic 全自动恒温空调，其电路图如图 4-40 所示。其控制电路与手动空调有较大的不同。

朗逸自动空调的操作按钮如图 4-41 所示，空调有手动操作模式和自动运行模式可供选择。按下空调仪表板上的 AUTO 按钮，按钮上的黄灯亮起，进入自动运行模式。按下或转动任一调节按钮，AUTO 按钮上的黄灯熄灭进入手动操作模式。

在自动运行模式下，自动空调控制单元 J255 通过各种温度传感器（仪表板温度传感器

图 4-41　朗逸自动空调的操作按钮

1—前风窗除霜按钮；2—后风窗玻璃加热按钮；3—温度调节旋钮；4—手动循环空气模式；
5—鼓风机调速旋钮；6—自动模式；7—空调开关按钮；8—按钮气流方向旋钮

G56、新鲜空气进气道温度传感器 G89、左侧脚部空间出风口温度传感器 G261、蒸发器出风口温度传感器 G263）和日照光电传感器 G107 感知温度变化和日照强度，根据各传感器信号或设定温度，自动空调控制单元 J255 向鼓风机控制单元 J126 输出占空比控制信号，通过控制鼓风机 V2 电流的大小实现对鼓风机转速的自动调整。

发动机控制单元 J220 根据自动空调控制单元 J255 提供的信息，以及高压传感器 G65 的压力信号，通过空调继电器 J32 控制压缩机工作，其控制电路类似朗逸的半自动空调。

空调不工作时，鼓风机可通过鼓风机开关 E9 手动开启。

自动空调的各个风门（左侧温度风门、除霜风门、中央风门、新鲜空气/空气内循环风门）由伺服电动机驱动，风门位置可自动调整，并通过伺服电动机内的电位计（G220、G135、G112、G143）反馈给 J255，实现气流分布的闭环控制。

此外，当前风窗玻璃需要除霜时，开启除霜运行开关 F164，除霜风门在伺服电动机 V107 驱动下开启将加热后的空气吹出。自动空调控制单元 J255 还通过前座椅控制单元 J774 控制驾驶员座椅和副驾驶员座椅的加热，旋转仪表板上的两个滚花调节轮 E94、E95，打开座椅加热装置，返回初始位置 0 时，关闭座椅加热装置。

自动空调控制单元具有自诊断功能，可用故障检测仪读取 J255 内存储的数据，以供诊断自动空调故障时参考。

任务 1　空调制冷系统的检查与充注

汽车空调的常见故障是制冷系统中的制冷剂泄漏，造成的制冷量不足，甚至不制冷。因此，制冷剂压力的检测、漏点检查、制冷剂的充注，以及空调压缩机润滑油检查与加注，是汽车空调维修的基本方法。

相关知识

一、汽车空调制冷系统检修工具

1. 歧管压力表组件

歧管压力表组件（图 4-42）是维修汽车空调系统必备工具，空调系统维修的基本作业，如充注制冷剂、添加压缩机油、系统抽真空等都离不开歧管压力表组件。

检测空调使用的歧管压力表组件总成共 2 块压力表。低压表下的接口，

汽车空调系统的维修

通过蓝色软管和制冷装置低压侧接口连接；高压表下的接口，通过红色软管和制冷装置高压侧接口连接；中间接口通过黄色软管和真空泵或制冷剂罐连接。

歧管压力表组件装置的使用方法如下。

① 当低压手动阀 A 和高压手动阀 B 同时关闭时，可以对高压侧和低压侧的压力进行检查，如图 4-43（a）所示。

② 当低压手动阀 A 和高压手动阀 B 同时全开时，全部管连通，中间接口接上真空泵，可以对系统抽真空，如图 4-43（b）所示。

③ 当高压手动阀 B 关闭，而低压手动阀 A 打开时，中间接口接入制冷剂罐，可以从低压侧充注气态制冷剂，如图 4-43（c）所示。

④ 当低压手动阀 A 关闭，而高压手动阀 B 打开时，可使系统放空，排出制冷剂，也可由高压侧充注液态制冷剂，如图 4-43（d）所示。

图 4-42　歧管压力表组件

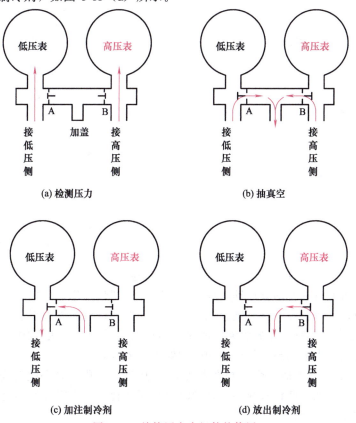

图 4-43　歧管压力表组件的使用

歧管压力表组件使用注意事项

- 歧管压力表组件是一件精密仪器，必须细心维护，不要损坏，而且要保持清洁。

- 不使用时，要防止软管中进入水分和脏物。
- 使用时要把管内空气排尽，压力表接头与软管连接时，只能用手拧紧，不能用工具拧紧。

2. 真空泵

空调系统在添加新的制冷剂之前，需要先抽走系统中的空气和水分。抽真空的常用设备是真空泵或者汽车空调制冷剂回收加注机，真空泵如图4-44所示。抽真空时，将歧管压力表上的中间软管与真空泵相连。

3. 制冷剂罐开启工具

制冷剂注入阀是打开小容量制冷剂罐的专用工具，它利用蝶形手柄前部的针阀刺破制冷剂罐，通过注入阀接头把制冷剂引入歧管压力表组件，如图4-45所示。其使用方法如下。

图4-44 真空泵

图4-45 制冷剂注入阀
1—注入阀手柄；2—注入阀接头；3—阀针；
4—板状螺母；5—制冷剂罐

① 在制冷剂罐上安装制冷剂注入阀之前，应按逆时针方向转动蝶形手柄，使其前端的针阀完全缩回，再逆时针转动盘形锁紧螺母，使其升高到最高位置。把注入阀装到制冷剂罐顶部的螺纹槽内，顺时针旋下盘形锁紧螺母，并充分拧紧，使注入阀固定牢靠。

② 连接好歧管压力表与空调系统，把注入阀接头与歧管压力表上的中间软管接头连接起来，确认歧管压力表上的高、低压手动阀均处于关闭状态。

③ 顺时针转动蝶形手柄，用针阀在制冷剂罐上刺一小孔。如果此时需要加注制冷剂，应逆时针转动蝶形手柄，使针阀收回，且同时要打开歧管压力表组件的相应手动阀，让制冷剂注入汽车空调制冷系统。

④ 如要停止充注制冷剂，应顺时针转动蝶形手柄，使针阀下落到制冷剂罐上刚开的小孔上，使小孔封闭，同时关闭歧管压力表组件的相应手动阀。

二、压缩机油检查与加注

空调压缩机润滑油，通常称为冷冻机油，在压缩机运行中起着重要作用。压缩机油在空调制冷系统中能完全溶解于制冷剂，并随制冷剂一起在制冷系统中循环，因此，压缩机油的油温有时会超过120℃，而制冷剂的蒸发温度范围为-30～10℃，所以它的工作环境是在高温与低温交替的条件下进行的。

通常冷冻润滑油消耗很少，每两年需要更换一次，每次应按规定数量加注。加注时一定要使用同一牌号的冷冻润滑油，不同牌号的冷冻润滑油混用会生成沉淀物。

制冷系统若泄漏很慢，对压缩机油泄漏影响不大。若系统内制冷剂泄漏很快，压缩机油也会很快泄漏，压缩机存油过少，压缩机会过热，但存油过多也会影响制冷效果。

1. 压缩机压缩机油量的检查

用量油尺检查其油量。这种压缩机有一个油塞，油塞下面有的装有油尺，有的没有油尺，若没有油尺则需另外使用专用油尺插入检查，观察油面的位置是否在规定的上、下限之间。

2. 压缩机油品质的检查

压缩机油是否变质需通过一定的化验手段确认。平时使用时，可从油的颜色、气味等粗略判断油的品质。有异味，很可能是压缩机油变质了；将油滴在吸水性好的白纸上，若油滴中心部分没有黑色，则说明油没有变质，可以继续使用。若油滴中心部分出现黑色斑点，或油中含有水分，均需换油。

3. 添加压缩机油

添加压缩机油可用以下两种方法。

（1）直接加注　将压缩机油用洁净的量杯量好，直接从压缩机旋塞口倒入，这种方法适用于更换蒸发器、冷凝器和储液干燥器时采用。

（2）真空吸入加注　准备一带刻度的量杯并装入稍多于所添加量的压缩机油。

① 将系统抽真空到98kPa，关闭高压手动阀，关闭压缩机上的检修阀。把高压侧软管从歧管压力表上卸下，插入冷冻油中。

② 打开检修阀，压缩机油即被吸入系统。当油面到达规定刻度时，立即关闭检修阀，以免吸入空气。

③ 把高压侧软管接头装回歧管压力表上，打开高压侧检修阀，继续抽真空，以便排除随油进入系统里的空气。此时，压缩机油在高压侧，系统运转后，压缩机油就会返回压缩机。

一、制冷剂压力的检测

制冷系统工作压力的检测步骤如下。

① 卸掉系统高、低压管路上的检修阀护帽。

② 将歧管压力表组件高、低压侧手动阀都关闭，蓝色的低压侧软管接低压检修阀，红色的高压侧软管接高压检修阀。

③ 启动发动机，调整发动机转速至1500～2000r/min，启动空调系统，将鼓风机开关置于高速状态，温度控制开关置于最冷位置，按需要使发动机温度正常（约运行5min）后，进行检测。

④ 通过歧管压力表组件高、低压侧压力的读数，来判断制冷系统的故障。制冷系统高压端的压力一般为1200～1600kPa，低压端压力一般为150～250kPa，其压力会因车型和环境温度不同而有所不同。

⑤ 检测完后，关闭发动机，卸掉歧管压力表组件，把检修阀的护帽旋回。

二、制冷装置检漏

① 加压试漏与肥皂水检漏。在检修后装配完毕，但未充足制冷剂之前。使用歧管压力

表向制冷系统内充入干燥氮气（如没有氮气用干燥的压缩空气代替），压力一般为1.5MPa。在系统管路连接处涂上肥皂水，仔细观察，如有气泡即为渗漏点。注意掌握好肥皂水的浓度，这种方法简便易行，但不能检查微漏和压缩机、蒸发器、冷凝器等不便于涂抹肥皂液和不便观察的部位。

② 电子检漏仪检漏。卤素法电子检漏仪是利用卤化物气体对负电晕放电有抑制作用这一基本原理所制成。使用前，向制冷系统充入制冷剂，并使其压力达到0.35MPa时，将检漏仪探头伸向可能泄漏的部位，若有泄漏，警铃或警灯根据泄漏量多少显示相应信号。注意：电子检漏仪应在通风良好的环境下使用，一旦查出泄漏部位，探头应立即离开，以免缩短仪器寿命。

③ 真空试漏。抽真空作业完成之后，保持0.5～2h，真空指示如未发生变化，说明系统无泄漏。

三、抽真空和充注制冷剂

1. 抽真空

用真空泵抽真空。将歧管压力表组件上的两根高、低压力软管分别与压缩机上的高、低接口相连，歧管压力表上的中间软管与真空泵相连。

开动真空泵，打开歧管压力表的高、低压手动阀。抽20min后，先关闭高、低压手动阀，再关闭真空泵。

2. 充注制冷剂

完成抽真空后，在确认系统无泄漏的情况下，就可对空调系统充注制冷剂。

制冷剂的充注有气态和液态两种方法。

（1）气态制冷剂充注　即从压缩机低压检修阀充注。由于充注速度慢，充注量较少，一般用于乘用车的制冷剂充注。

① 把歧管压力表组件与压缩机低压阀和制冷剂罐连接好。关闭歧管压力表的高、低压手动阀。

② 打开制冷剂罐，拧松歧管压力表软管一端的螺母，直到听见制冷剂蒸汽有流动的声音，然后拧紧螺母。这样做的目的是将注入软管中的空气赶走。

③ 拧开低压手动阀，让制冷剂进入系统。当系统的压力值达到420kPa时，关闭低压手动阀。

④ 启动发动机，把空调开关接通，把鼓风机开关和温度开关都开到最大。再打开低压手动阀，让制冷剂继续进入冷气系统，直到充注量达到规定值为止。

⑤ 充注完毕之后，关闭歧管压力表组件的低压手动阀，关闭装在制冷剂罐上的注入阀，使发动机停止运转，从压缩机上迅速拆除制冷剂软管接头（动作要小心，以防制冷剂喷出损伤眼睛和皮肤）。

（2）液态制冷剂充注　从压缩机高压检修阀充注。充注速度较快，一般用于大客车的制冷剂充注。

① 把歧管压力表组件与压缩机高压阀和制冷剂罐连接好。关闭歧管压力表的高、低压手动阀。

② 打开制冷剂罐开启阀，拧松歧管压力表软管一端的螺母，让制冷剂溢出少许，把空气赶走，然后再拧紧螺母。

③ 拧开高压手动阀到全开位置，把制冷剂罐倒立，以便于液态制冷剂流出。

④ 按规定的量注入液态制冷剂。

注意：从高压侧向系统注入制冷剂时，千万不能启动发动机（压缩机停转）。

四、压缩机机油的检查

用量油尺检查其油位是否在规定的上、下限之间。

观察油的颜色，是否有异味；将油滴在吸水性好的白纸上，若油滴中心部分没有黑色，则说明油没有变质，可以继续使用。若油滴中心部分出现黑色斑点，或油中含有水分，均需换油。

任务 2　空调系统故障诊断

汽车空调系统常见故障是空调不制冷、制冷不足、间断制冷、暖气不足、异响等。对于空调系统的故障，在诊断时应根据空调系统的组成，按照制冷或供暖系统、送风系统、电子控制系统，采用分系统诊断的方法提高诊断效率。

一、制冷系统故障

故障 1　空调系统不制冷

1. 故障现象

启动发动机并稳定在 1500r/min 左右运行 2min，打开空调开关，无冷气产生。

2. 故障原因

① 鼓风机不工作。熔断器熔断；鼓风电动机损坏，鼓风机开关损坏，鼓风机继电器损坏。

② 压缩机不工作。压缩机驱动带太松或断裂；压缩机电磁离合器损坏；电磁离合器继电器或控制电路故障；压力开关损坏，温度传感器信号异常；压缩机故障。

③ 制冷剂严重不足。制冷剂管道破损或松动，造成制冷剂严重泄漏。

④ 制冷剂管道堵塞。储液干燥器堵塞；膨胀阀滤网堵塞；软管或管道堵塞。

⑤ 膨胀阀卡滞在开启最大位置。

3. 故障诊断方法

① 检查鼓风机是否运转。如鼓风机不转，检查线路是否断路，如熔断器是否熔断、鼓风机开关是否接触不良、继电器触点是否烧蚀等，如以上均正常，说明鼓风机有故障，更换鼓风机。

② 检查压缩机是否工作。如压缩机不工作，检查压缩机驱动带是否过松或断裂，必要时应调整或更换。用故障诊断仪查相关系统（发动机控制单元或空调控制单元）的故障码，读数据流，检查压缩机电磁离合器是否接合，如不接合，检查电磁离合器供电线路是否断路，压力开关、温度传感器是否损坏，各压力开关是否良好；如电磁离合器接合，则是压缩机故障，更换或拆检压缩机。

③ 用歧管压力表检查高、低压管路制冷剂管路压力。

- 如高、低压表读数很低，说明制冷剂量不足，应进行检漏，修补，重新充注制冷剂。
- 如低压表读数太高，蒸发器流出液态制冷剂，说明膨胀阀卡滞在开启最大位置，应更换。

④ 检查制冷剂管道堵塞情况。

故障 2　空调系统制冷不足

1. 故障现象

空调系统长时间运行，车厢内温度能够下降，但制冷不足。

2. 故障原因

空调制冷不足可以从热交换、压缩机排量、制冷剂量、制冷管道堵塞等方面分析原因，具体原因如下。

① 冷凝器、蒸发器热交换不畅。冷凝器表面积污太多，散热能力下降；出风通道被灰尘等异物堵住，风通空气滤清器堵塞；鼓风机不转动或运转不正常。

② 压缩机排量不足。压缩机驱动带松弛打滑；电磁离合器打滑；压缩机密封不良。

③ 制冷剂不足。制冷剂管道泄漏。

④ 制冷剂管道堵塞。制冷剂或压缩机油水分过多，导致膨胀阀节流孔出现冰堵。制冷剂或压缩机油脏污，导致储液干燥器或膨胀阀滤网发生堵塞。

⑤ 膨胀阀、蒸发器控制阀开度不当。蒸发器控制阀损坏或调节不当，使蒸发器表面结霜，冷气通过量减少；膨胀阀开度过大，过多的制冷剂蒸发器来不及蒸发，使蒸发器表面结霜；膨胀阀开度过小，使流入蒸发器制冷剂减少。

3. 故障诊断方法

① 检查鼓风机风量是否正常。

• 如鼓风机不转动，检查鼓风机供电线路是否断路，熔断器是否熔断、鼓风机开关、继电器是否损坏，如以上均正常，更换鼓风机。

• 如鼓风机转动但不正常，检查蓄电池电压是否过低，鼓风机挡位开关是否良好，如以上均正常，更换鼓风机。

• 如鼓风机转动正常，清洗或更换出风通道空气滤清器，疏通出风通道。

② 检查压缩机驱动带，如松弛应更换或调整。

③ 用歧管压力表检查高、低压管路制冷剂管路压力。

如高、低压表读数很低，观察视窗内有气泡，说明制冷剂量不足，应进行检漏，修补，重新充注制冷剂。

如高压表读数过高，说明冷凝器散热不良，或者膨胀阀节流孔出现冰堵，更换储液干燥器，检漏，重新充注制冷剂。

如高压表读数过低，说明压缩机排量不足，更换压缩机或电磁离合器。

如低压表读数太高，蒸发器表面结霜，说明蒸发器控制阀损坏或调节不当。更换或调整蒸发器控制阀。

故障 3　空调系统间断制冷

1. 故障现象

打开鼓风机开关及空调开关，车出风口冷风时有时无。

2. 故障原因

① 压缩机电磁离合器工作不良。电磁离合器打滑；电磁离合器线圈松脱或接触不良。

② 鼓风机间歇工作。鼓风机继电器故障；线路接触不良。

③ 温度开关故障。

④ 制冷剂或压缩机油水分过多，导致系统出现冰堵。

⑤ 发动机温度过高，发动机 ECU 切断空调压缩机电磁离合器电路，来减轻发动机负荷。

3. 故障诊断方法

① 检查鼓风机风量是否稳定，否则检查鼓风机及其控制电路。

② 用歧管压力表检查高、低压管路制冷剂管路压力。

• 如高压表读数不稳定，说明压缩机电磁离合器工作不良，检查电磁离合器及其控制电路。
- 如低压表读数不稳定,说明温度开关故障。

故障 4　空调系统异响

1. 故障现象

空调系统工作时,产生异常声响。

2. 故障原因

① 压缩机驱动带松动或磨损过度;驱动带张紧轮轴承损坏;压缩机零件磨损;压缩机安装支架松动。

② 电磁离合器打滑。电磁离合器磨损过度;蓄电池电压是否过低。

③ 压缩机油过少,摩擦副润滑不良。

④ 鼓风机电动机磨损或松动。

⑤ 制冷剂不足,制冷系统中有水气,会引起膨胀阀发出噪声。

3. 故障诊断方法

① 倾听判断异响部位。

② 检查压缩机驱动带是否松动或过度磨损,电磁离合器是否打滑,压缩机安装支架松动。

③ 如膨胀阀发出噪声,观察视窗内有气泡或呈雾状,用歧管压力表检查低压表读数过低,说明制冷剂不足。

二、暖风装置故障

故障 1　暖气不足

故障原因:

① 加热器芯内部堵塞;加热器芯表面气流受阻;鼓风机损坏。

② 热水开关损坏;发动机节温器损坏。

故障 2　过热

故障原因一般为发动机节温器失效或风扇调节电阻损坏。

其他故障:

① 冷却水泄漏。故障原因:热水开关关不死。

② 鼓风机不运转。故障原因:线路上存在断路。

③ 除霜热风不足。故障原因:除霜风门调整不当、出风口堵塞、供暖不足。

一、实施准备

准备好空调轿车一辆,也可在空调实验台进行实操训练。

实车训练时,为方便起见可仅设置空调系统电路故障,采用松开导线插头使电路虚接等方法设置故障点。

采用教学实验台训练时,可通过故障设置开关,设置电路断路故障点,通过改变传感器模拟器输出信号,模拟传感器性能不良。

二、实施过程

① 分析该车型的空调控制电路。

② 检查故障现象，根据各元件的电路控制关系，诊断故障点，故障诊断方法见"相关知识"中的故障诊断内容。

案例 1　朗逸空调不制冷

故障现象：朗逸 1.6L 轿车，手动挡，配置手动空调系统，空调不制冷。

故障诊断：首先验证故障，启动发动机怠速运转，将鼓风机开关拧至 2 挡，按下 A/C 开关后，鼓风机运转正常，A/C 指示灯点亮，出风口的出风是自然风，手摸低压管没有丝毫凉意，观察压缩机离合器未吸合，电子风扇不运转。

连接 VAS5051 进入发动机控制单元，发现有故障存在，故障码为：空调请求 A/C 电路故障。面对此故障毫无疑问应该是电路问题。进入发动机制单元，在没有按下 A/C 时，读取数据流如下：

显示组	第一区	第二区	第三区	第四区
50 组	790/min	800/min	空调低挡	压缩机关闭
57 组	770/min	790/min		压缩机关闭
137 组	空调低挡	压缩机关	6bar	0.0%

按下 A/C 开关，数据流如下：

显示组	第一区	第二区	第三区	第四区
50 组	760/min	770/min	空调高挡	压缩机接通
57 组	760/min	770/min		压缩机接通
137 组	空调低挡	压缩机关	6bar	0.0%

通过以上数据分析制冷系统有足够的制冷剂，发动机控制单元已经接受 A/C 请求信号；问题应该是压缩机控制电路出现故障。

仔细阅读电路（见朗逸手动空调控制电路）后：找到位于仪表左侧下方压缩机继电器 J32。拔下继电器，用万用表测量继电器的 5 个端子：4/86 为继电器线圈的工作电源，电压正常；2/30 接常火线，是电磁离合器的工作电源，测量电压为 12.7V，正常；5/87a 是 J32 的搭铁线，测量对地电阻为 0.5Ω；6/85 为继电器的控制线，由发动机控制单元 J220 控制其搭铁，测量电压 12V，不正常。按照线路走向找到连接 6/85 与发动机控制单元之间的黑色插头 T14（位于左侧大灯后方），拔下插头发现插头氧化了。该线束进水导致插头内部针脚氧化折断。

用大众专用线束修复工具将插头修复后，恢复原状态，试车空调效果良好。

案例 2　朗逸空调不制冷

故障现象：朗逸 1.6L 轿车，2010 年款，手动挡，行驶里程约 15 万公里，搭载 CDE 发动机，配置手动空调系统。客户反映：该车空调昨天还好好的，今天开机时发现系统不制冷。

故障诊断：当时的环境温度为 38.1℃。将空调开关置 ON，电动风扇启动旋转，但中央出风口吹出的是热风。在空调管路维修接口连接歧管压力表，检测到高压压力 1.01MPa，低压压力 0.91MPa，根据这组数据可知，系统没有发生制冷循环。

使用 VAS5051B 故障诊断仪查询网关列表，列表界面显示发动机控制单元 J220 无故障。读取发动机数据块 57 组 3 区高压传感器 G65 的测量值为 1.01MPa，与表压力吻合；50 组 3 区为空调开关高挡，4 区为压缩机关闭，表明当前发动机控制单元不允许空调运行。

查看朗逸轿车手动空调电路图，在压缩机电磁离合器线圈 N25 的插接器处检测，试灯不亮。在空调继电器 J32 的 6/85 端子上引出导线，用万用表测量该端子的电压，为 13.25V。人为地将该端子搭铁，模拟发动机控制单元的空调允许信号，J32 吸合，压缩机工作，系统制冷。

以上说明发动机控制单元不允许空调压缩机运行，由于发动机控制单元内无故障信息，应该有另外的限制空调运行的因素。查诊断仪的网关列表，看到仪表和 BCM 车身控制单元呈故障状态，联想到车外温度传感器可能有问题，使用仪表中央信息显示屏调取开关，查询仪表内的车外温度信息，显示为"—℃"，查询仪表故障码，显示：车外温度传感器 G17 断路。读取 2 组 4 区车外温度为 -50℃。发动机控制单元不允许空调运行的原因就在这里。

检查前保险杠内的车外温度传感器 G17，发现一条线路断路，由于线路阻值无穷大，表征温度低（<3℃），该信息由仪表控制单元直接接收，并通过 CAN 总线传给发动机控制单元，发动机控制单元认定不满足制冷条件，从而关闭了空调压缩机。修复该线路，空调恢复制冷。

案例 3　朗逸空调制冷不足

故障现象：朗逸 1.6L 轿车，2011 年 5 月生产，装配 CDE 发动机，手动空调，行驶里程 8000km。车主反映，开启空调制冷系统制后，感觉制冷量不足。

故障诊断：维修人员接修此车后，首先确认空调系统制冷量不足的现象是否存在。启动发动机，开启空调制冷功能，风速开至 2 挡，风向选择为中部出风，用温度计测量出风口温度，5min 后温度计显示 16.7℃，大大高于"出风口温度<11℃"的标准值，明显存在故障。

因为报修的是制冷问题，所以这里可以不考虑供暖系统。首先使用冷媒分析仪对管路中的制冷剂进行纯度分析，分析结果合格；然后连接歧管压力表，高低压均在正常的范围内；检查冷凝器，干净无脏污；目测低压管上有露水，用手触摸管路，感觉很凉，通过这些检查，初步判断制冷方面没有问题，剩下的只有送风系统了。

拆下仪表台，对鼓风箱壳体进行检查。检查发现，箱体内冷热风门上的塑胶蒙皮已经严重脱落和褶皱。致使冷热风门无法完全关闭，使一部分热空气同制冷后的空气混合，流向出风口，导致出风口温度不能达到正常范围。由于没有单独的冷热风门配件，故更换了整个的鼓风箱总成。运转发动机，开启空调，再次测量中间出风口温度，5min 后温度计显示 12.2℃，温度比以前有所下降，但仍高于正常范围。说明除了刚才的冷热风门关闭不严故障外，还有其他因素在影响出风口的温度。

是否是蒸发器热交换不良？于是拆下鼓风机，用手触摸鼓风箱内的蒸发器外壳，发现其外壳温度明显高于空调低压管的温度，不像低压管那样冰手，显然是蒸发器吸热不足。再次拆下鼓风箱，更换蒸发器。装复试车，出风口温度降低到 4℃，符合出风口温度的标准，空调制冷量不足故障排除。

案例 4　迈腾空调不制冷

故障现象：迈腾 1.8TSI，行驶 4.9 万公里，该车空调处于制冷状态，高速运行约 30min 后，空调无风吹出，制冷系统失效。

故障诊断：使用 VAS5051 读取故障码，无故障码显示，读空调系统数据流，和正常车辆的数据流对比发现第 6 组第 1 区数据异常，正常车辆蒸发器后的温度为 1～2℃。故障车辆蒸发器后的温度显示为 5~10℃。分析判断蒸发器后出风温度传感器 G308 异常，由于无故障码，同时该传感器数据也在随使用状态的改变而动态变化。

于是拆下位于副驾驶蒸发器处的 G308 传感器检查，发现该传感器装错，误将速腾手动空调的蒸发器后出风温度传感器，装在迈腾自动空调上。前者的传感器（1K0907543A）比后者的传感器（1K0907543F）长度短。

由于速腾手动空调的蒸发器后出风温度传感器长度短，感知不到蒸发器的实际温度，当蒸发器出口温度已接近 1~2℃ 时，反映的温度是 5~10℃，空调电控系统根据该信号而加速制冷，导致蒸发器结冰；当蒸发器结冰后，空调无冷风吹出，蒸发器后出风温度传感器反映的温度更会上升，空调控制系统将据此信号，从而使蒸发器加速结冰，冷风无法吹出。

更换蒸发器后出风温度传感器 G308，故障排除。

复习思考题 ▶▶

1. 某车空调系统制冷不足，分析下列两种情况下的故障原因。

情况 1：按下空调开关后，鼓风机运转正常，用歧管压力表检查制冷剂管路压力，高、低压表读数很低。

情况 2：按下空调开关后，鼓风机运转正常，检查高、低压管路制冷剂管路压力也正常。

2. 朗逸 1.6L 轿车空调不制冷，该车配置手动空调，按下 A/C 开关后，鼓风机运转正常，A/C 指示灯点亮，检查发现压缩机电磁离合器未吸合，请根据该车的空调控制电路分析其故障原因。

第五单元 整车故障诊断与检测

项目 1　整车综合故障诊断与检测

▍学习目标

1. 能够分析整车行驶无力、燃油消耗超标的故障原因，熟悉诊断方法。
2. 了解底盘测功的结构、检测原理和检测方法。

▍项目导读

汽车的有些故障原因比较复杂，涉及范围较广，如整车行驶无力、燃油消耗超标，多数情况下是发动机故障，但也有可能是底盘故障，因此属于整车综合性故障。本项目学习整车行驶无力、燃油消耗超标的故障分析与检测方法。

任务 1　整车综合性故障诊断

一、整车行驶无力

1. 故障现象

汽车行驶时加速缓慢，加速后达不到最高车速，一般伴随有燃油消耗过大现象。

2. 故障原因

根据汽车动力产生与输出的过程，分析汽车行驶无力的原因，可分为：发动机本身动力不足，传动系传动效率降低、车轮受到的阻滞力过大三个方面，具体原因如下。

（1）发动机本身动力不足

① 如供油不足、进气不畅、点火正时不正确、气缸压力过低等原因引起发动机动力不足，具体原因见第二单元"发动机动力不足的故障诊断"。

② 轮胎磨损等原因使驱动防滑系统（ASR）起作用，限制发动机的动力输出。

（2）动力传动效率降低

① 离合器打滑；自动变速器打滑。

② 传动系统（变速器、传动轴、驱动桥等）缺油或润滑油变质，传动齿轮啮合间隙过小。

③ 轮毂轴承过紧。

（3）车轮受到的阻滞力过大

① 车轮制动拖滞；驻车制动拉索回位不畅。

② 轮胎气压严重不足。

③ 车轮定位失准。

3. 故障诊断流程

按照故障原因的可能性从大到小，检查的难易性从易到难的顺序。

① 首先检查轮胎气压是否不足，否则予以充气或修补，必要时更换轮胎。

② 判断是否是发动机动力不足。检查发动机是否有进气管回火、排气管放炮现象，检查空气滤清器是否堵塞、排气管是否堵塞，用故障诊断仪进行故障自诊断，读喷油脉宽、点火正时、燃油压力、相关传感器输出信号，检测发动机气缸压力等，如异常予以排除。

③ 判断是否存在离合器（手动挡）打滑或自动变速器执行元件（自动挡）打滑。汽车起步时，踩下加速踏板，检查车速表与发动机转速表的随动关系，如发动机转速升高很快，但车速升高很慢，可确认打滑。对于手动挡车辆，还采取下面的试验：拉紧驻车制动，踩下离合器踏板，启动发动机，挂上低速挡，缓缓放开离合器踏板，如发动机继续运转又不熄火，即确认存在离合器打滑。对于自动挡车辆，将操纵手柄换入不同的挡位，根据车速表与发动机转速表的随动关系，检查发生打滑的挡位，由此确定产生打滑的换挡执行元件。

④ 判断是否存在制动拖滞。行驶未使用制动一段路程后，检查制动器是否发热，将汽车支起，用手转动车轮，检查是否轻松转动。

⑤ 检查传动系各部位转动是否自如，传动系及轮毂是否过热，是否有异响，如缺油或润滑油变质，应予润滑或更换，如轴承、齿轮过紧，应予调整。

⑥ 对装有驱动防滑系统（ASR）的车辆，检查轮胎是否磨损严重，轮胎规格是否符合规定。

⑦ 车轮定位是否正确，否则予以调整或更换部件。

二、整车燃油消耗超标

1. 故障现象

整车燃油消耗超过正常标准，有时伴随有行驶动力不足现象。

2. 故障原因

从能量转化的角度分析汽车燃油消耗及动力产生与输出的过程，如图5-1所示，可分为燃油燃烧（化学能转化为热能）、热功转化（热能转化为机械能）及动力传递（机械能的传递）三个阶段，这三个阶段出现异常，即发动机燃油不完全燃烧、气缸漏气、机械传动阻力过大，均会导致汽车燃油消耗超标。

从以上三个方面分析燃油消耗超标的原因，具体原因如下。

（1）发动机燃油不完全燃烧或发动机气缸漏气　发动机燃油不完全燃烧的原因主要有以下几个。

① 混合气过浓。空气滤清器严重堵塞；燃油压力过大、喷油器漏油、相关传感器（水

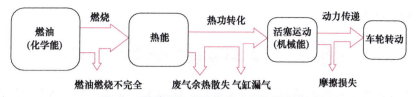

图 5-1　燃料的能量转化及动力传递示意图

温传感器、空气流量传感器、节气门位置传感器、氧传感器)失准、二次空气喷射控制系统异常等，使供油量过大。

② 点火时间不正确。

③ 冷却系故障引起的发动机过热或发动机过冷。

(2) 机械传动阻力过大

① 离合器打滑；自动变速器打滑。

② 传动系统(变速器、传动轴、驱动桥等)缺油或润滑油变质，轴承预紧度过大、传动齿轮啮合间隙过小；轮毂轴承过紧。

(3) 车轮受到的阻滞力过大

① 车轮制动拖滞；驻车制动拉索回位不畅。

② 轮胎气压不足。

③ 车轮定位失准。

3. 故障诊断流程

① 首先观察发动机烟色是否异常，检测发动机气缸压力、燃油压力，用故障诊断仪检测喷油脉宽、点火正时、喷油器、水温传感器、空气流量传感器、节气门位置传感器、氧传感器输出信号，如异常予以排除。

对装有二次空气喷射系统的车辆，检测发动机尾气氧气含量，如不正常予以排除。

② 检查轮胎气压是否不足，否则予以充气或修补，必要时更换轮胎。

③ 判断是否存在离合器(手动挡)打滑或自动变速器(自动挡)打滑，方法同"整车行驶无力"故障。

④ 判断是否存在制动拖滞，方法同"整车行驶无力"故障。

⑤ 检查传动系各部位转动是否自如，传动系及轮毂是否过热，是否有异响，如缺油或润滑油变质，应予润滑或更换，如轴承、齿轮过紧，应予调整。

⑥ 检查车轮定位是否正确，否则予以调整或更换部件。

一、实施准备

准备好一辆汽车，试车场地需水平、宽阔，注意人身安全。

在不损坏车辆的情况下，按发动机动力不足、离合器打滑、制动拖滞等故障设置的方法设置点，如：①堵塞空气滤清器、设置电控系统故障等方法，设置发动机故障；②调整离合器踏板自由行程，设置离合器打滑故障；③调整制动踏板自由行程和制动器间隙，设置制动拖滞故障；④降低轮胎气压，调整前束等。

二、实施过程

启动发动机并预热到正常工作温度，运行车辆，观察故障现象，故障诊断方法参考"相关知识"中的故障诊断流程。

任务 2　汽车驱动轮输出功率检测

汽车动力性和燃油经济性检测，涉及发动机、底盘多种部件，属于整车性综合检测。整车检测中比较常用的是汽车动力性检测，故本书仅探讨汽车动力性检测。

整车动力性评价指标有最高车速、加速能力、爬坡能力、驱动轮的输出功率，其中，最高车速、加速能力、爬坡能力是汽车定型试验时评价动力性的指标，用汽车动力性检测常用台架检测，检测对象为汽车驱动轮的输出功率，又称底盘测功。

一、汽车底盘测功机的测量原理

汽车底盘测功在滚筒式底盘测功机上进行。底盘测功机的滚筒相当于不断移动的路面，被测车辆的车轮在其上滚动。汽车检测维修作业常用双滚筒底盘测功机，即用两个滚筒支承汽车同一轴左、右驱动车轮，如图 5-2 所示。

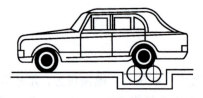
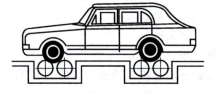

(a) 双轮双滚筒式　　　　　　　(b) 单轮双滚筒式

图 5-2　滚筒式底盘测功机

汽车在底盘测功机上运行时，加载装置的定子对滚筒加载，以模拟车辆在道路上行驶所受到的各种阻力。加载装置有水力式、电力式和电涡流式 3 种，其中电涡流测功器应用最为广泛。

电涡流测功器工作原理见图 5-3，它由转子和定子两部分组成，转子与主滚筒相连一起转动，而定子则是浮动的，可以围绕中心摆动。定子是一个钢制的机壳，若干个带磁芯的励磁线圈均匀安装在圆周方向上；转子是一个钢制的、很厚实的圆盘（涡流盘），固定在转轴上，可随转轴一起转动，而转轴与主动滚筒相连。定子、转子之间，以及转子涡流盘和线圈铁芯之间都只有很小的间隙。若在线圈中通入直流电，就会产生较强的磁场。磁力线会穿过铁芯、转子盘以及定子而形成

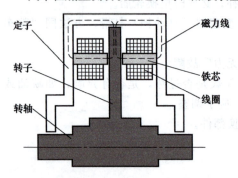

图 5-3　电涡流测功器工作原理示意图

一个完整闭合回路，如图中虚线所示。当转子转动时，转子盘将切割磁力线而感应很强的涡流。涡流与励磁线圈的磁场间的相互作用，将使转子的转动受到一定的阻力或制动转矩。汽车驱动轮要带动涡流测功器的转子转动，就必然要消耗能量克服这种涡流阻力。要改变磁场和涡流的强度，调节励磁线圈的电流即可，这便可以很容易地改变驱动轮的负载。

根据作用力和反作用力的原理，定子对转子加载的同时，也受到大小相等、方向相反的力矩作用，测量系统根据测得的力矩和对应的滚筒转速按下式计算驱动车轮的输出功率。

$$P_k = \frac{Mn}{9549}$$

式中　P_k——驱动车轮的输出功率，kW；
　　　M——车轮的驱动力矩，N·m；
　　　n——滚筒转速，r/min。

二、汽车底盘测功机的结构

滚筒式底盘测功机一般由滚筒装置、加载装置、测量装置、飞轮装置、辅助装置及控制系统组成。图5-4为汽车底盘测功机的机械部分。

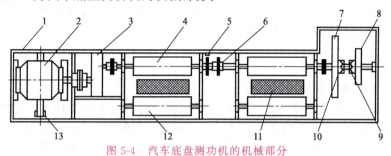

图 5-4　汽车底盘测功机的机械部分

1—框架；2—电涡流测功器；3—变速器；4—主动滚筒；5—速度传感器；6—联轴器；7—大飞轮；8—小飞轮；9—电磁离合器Ⅰ；10—电磁离合器Ⅱ；11—举升器；12—从动滚筒；13—力传感器

1．滚筒装置

双滚筒式底盘测功试验台的滚筒有主动、从动滚筒之分。主动滚筒与测功器相连，左右两个主动滚筒之间装有联轴器。滚筒多使用钢质空心结构，表面状况分为光滑式、滚花式、沟槽式和喷涂层式，喷涂层式滚筒附着系数较高，但喷涂层易脱落。

2．加载装置

加载装置为电涡流式，它具有体积小、运转平稳和测量精度较高等特点。

3．测量装置

当转子转动受到电涡流的阻力矩时，由测力传感器测得定子所受的反力矩，就可以知道转子受的涡流力矩。测速装置由速度传感器、中间处理装置组成，这些传感器安装在副滚筒一端，随副滚筒一起转动，能把滚筒的转动转变为电信号。

4．飞轮装置

上述对驱动力和车速的测试，主要适用于检测稳态时的驱动轮的驱动功率。为了能够在试验台上检测汽车的加速性能和滑行性能，需要模拟汽车行驶时的惯性。为此可以在测功试验台上安装一套飞轮组，按照不同汽车的质量配以相应转动惯量的飞轮。飞轮与滚筒的结合与断开由电磁离合器控制。

5．辅助装置

（1）举升装置　在主、从动滚筒之间安装举升器。测试前或测试完毕后，升起举升器，便于汽车进入或驶出试验台。举升器有气压式、液压式和电动式三种动力形式，气压式举升器应用最多。

（2）冷却风机　汽车在底盘测功试验台上试验时，由于汽车并未移动，没有迎面风，致使发动机冷却系统散热相对不足。特别是长时间、大负荷试验时，发动机易过热。所以在车前放置适当的风机，对发动机进行强制冷却。另外，轮胎长时间在滚筒上转动也容易受热甚至变形，因此在驱动轮附近也应设置冷却风机。

6．控制系统

底盘测功机的控制大多为全自动控制方式，整个测试过程不用人工操作。

任务实施

一、检测前的准备工作

（1）车辆准备　汽车开上底盘测功机以前，进行预热行驶至正常工作温度；调试发动机供油系、点火系至最佳工作状态；检查并紧固传动系、车轮的连接情况；检查轮胎气压并使之达到规定值。

（2）试验准备　开上底盘测功试验台，将被测汽车驱动轮置于两滚筒之间，放下举升器平板，并视需要用三角垫块抵住车辆从动轮。

二、检测过程

1. 驱动轮输出功率或驱动力的检测

① 发动机额定功率下，驱动轮的输出功率或驱动力。将变速器挂入选定挡位，松开手制动，踩下加速踏板，发动机将逐渐加速。与此同时，逐渐增大测功机励磁电流以给发动机加载。最后，使发动机在油门全开情况下，达到额定转速并稳定运转。此时就可以读取或打印驱动轮的输出功率或驱动力的值。

② 发动机最大转矩转速下，驱动轮的输出功率或驱动力。继续给发动机加载，这时转速下降，直到达到发动机最大转矩对应的转速为止。当运转稳定后，读取或打印驱动轮的驱动功率或驱动力值。

需要说明的是，如果要测量在变速器不同挡位下的驱动功率或驱动力，只要依次挂入每一挡位，按上述方法进行检测即可。在发动机发出额定功率时，挂直接挡，可测得驱动轮输出最大功率；当发动机发出最大转矩时，挂1挡，则可测量驱动轮的最大驱动力。

③ 发动机全负荷和选定车速下，驱动轮的输出功率或驱动力。仿照上面的做法，在节气门全开情况下，调节测功机励磁电流，使发动机以选定的车速运转。运转稳定后，可读取或打印该车速下驱动轮的输出功率或驱动力。

④ 发动机部分负荷和选定车速下，驱动轮的输出功率或驱动力。与第③项做法相同，只不过节气门不要全开，而是在部分负荷下运转。

2. 加速时间的测试方法

汽车加速时间是评价汽车加速能力的指标，有超车加速时间和起步加速时间两种评价方式。检测之前，应根据被测试汽车的整备质量选定底盘测功试验台的相应转动惯量的飞轮。

（1）超车加速时间检测　将测试汽车驱动轮置于底盘测功试验台的滚筒上，启动汽车后，逐步加速并换挡，直至直接挡，待车速稳定在30km/h时，迅速将加速踏板踩到底，全力加速至最高车速的80%，记录所需加速时间，测试两次，取平均值。

（2）轿车起步加速时间检测　测试汽车在试验台启动后，由初速度0km/h起步，以最佳时机连续换挡，全力加速到100km/h，记录所需加速时间，测试两次，取平均值。

复习思考题

1. 简述汽车行驶无力有哪些方面的故障原因。
2. 一辆轿车出现行驶无力，如何判断是发动机本身动力故障，还是离合器（或自动变速器）打滑、制动拖滞引起的。
3. 简述汽车燃油消耗过多有哪些方面的故障原因。

项目 2　整车强制性检测

学习目标

1. 了解汽油车排放污染物的检测原理、检测标准，学会操作排气分析仪，正确分析检测结果。
2. 了解柴油车烟度的检测原理、检测标准，学会使用透光烟度计检测柴油车烟度，正确分析检测结果。
3. 了解汽车制动性能检测标准、制动试验台的检测原理，学会使用滚筒式制动试验台检验制动性能。
4. 了解车轮侧滑量的检测原理、检测标准，学会操作侧滑试验台。
5. 了解车速表指示误差的检测原理、检测标准，学会操作车速表试验台。
6. 了解前照灯检测标准、前照灯检测仪的检测原理、检测标准。学会操作前照灯检测仪。

项目导读

根据国家对汽车安全环保性的强制性检验要求，在新车出厂前，或者在用车的年度检验中，需要对车辆进行废气排放、制动性、车轮侧滑量、前照灯、外观检查等方面的检测，这些检测项目一般在汽车整车制造企业的整车检测线，或者车辆管理部门的汽车检测站实施。

目前，汽车检测线各检测设备之间通过计算机联网形成局域网，除车辆外检仍需人工检查外，其他所有项目均能自动控制其检测过程，实现了设备的启动与运转、数据采集、分析判断、存储、显示、打印报表等全过程的自动化，因而检测效率高，并避免了人为的判断错误。检测合格的车辆凭检测结果报告单办理年审签证，在有效期内准予车辆行驶。

以下学习各检测项目的检测原理和检测方法。

任务 1　汽油车排放污染物检测

汽油车必须控制的污染物为 HC、CO 以及 NO，其危害性如下。

HC 与 NO_2 的混合物在紫外线照射下发生光化学反应，在大气中产生臭氧等过氧化物，形成"光化学烟雾"，它对人的眼、呼吸道有刺激作用，严重时可致癌。

CO 能与血液中的血红蛋白结合形成碳氧血红蛋白，从而使这部分血红蛋白失去送氧的能力，导致人体缺氧，严重时使人窒息而死亡。

NO_2 有特殊刺激性气味，危害眼、呼吸道和肺。

这里首先探讨汽油车排放污染物的生成原因，再学习汽车排气分析仪的检测原理及检测方法。

一、汽油车排放污染物的生成机理、排放超标的故障原因

汽油车各排放污染物浓度与空燃比（Air/Fuel，缩写为 A/F）的关系如图 5-5 所示。

(1) HC　HC 的生成机理：HC 是发动机未燃尽的燃料分解产生的气体。理论分析，1kg 汽油完全燃烧需要 14.7kg 的空气，即理论空燃比 A/F＝14.7。空燃比在 11.1～16.0 时，排放的 HC 较低。空燃比大于 18 时，由于混合气过于稀薄，燃烧火焰不能完全传播，使 HC 排放浓度增加。

HC 排放过大的故障原因：①点火火弱、缺火，点火正时不正确；②混合气过稀或过浓；③气缸压力过低；④三元催化转化器故障。

(2) CO　CO 的生成机理：CO 一般是由于混合气过浓，汽油在缺氧环境下燃烧产生的气体。当 A/F≥14.7 时，理论上，混合气完全燃烧生成 CO_2 和 H_2O，实际上，由于混合气分布不匀，会出现局部缺氧，不可避免地产生 CO。即使燃料和空气混合气很均匀，由于燃烧的高温也会使一部分 CO_2 分解成 CO 和 O_2。

CO 排放过大的故障原因：①空气滤清器堵塞、燃油压力过大、喷油过多等造成混合气过浓；②三元催化转化器故障。

(3) NO_x　NO_x 的生成机理：NO_x 是燃烧室在高温条件下由空气中 N 和 O 反应生成。发动机刚排放的 NO_x 有少量的 NO_2，大部分是 NO，NO 在大气中氧化成 NO_2。通常把 NO_2 和 NO 统称为 NO_x。空燃比在 15.4～16.0 时，排放的 NO_x 最高。混合气过浓时，由于燃烧高峰温度和可利用的氧的浓度都很低，使 NO 的生成量较低；混合气过稀时，混合气的形成速度和燃烧温度的降低，NO 的生成量也较低。

NO_x 排放过大的故障原因：①废气再循环系统不能正常工作；②点火过早、气缸压力过高、发动机过热导致不正常燃烧；③增压发动机中冷器故障导致进气温度过高，进气压力控制不良导致进气增压过大。

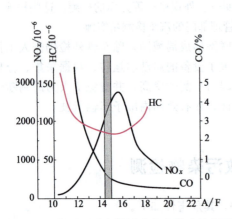

图 5-5　排气中有害气体浓度与空燃比的关系

图 5-6　元征 VEA-501 五气体排气分析仪

二、排气分析仪的检测原理

检测汽车排放污染物的仪器称为汽车排气分析仪，又称废气分析仪或尾气废气分析仪。目前常用的排气分析仪有四气体分析仪（可检测 HC、CO、CO_2 和 O_2 四种气体的含量）、五气体排气分析仪（可检测 HC、CO、CO_2、O_2 和 NO_x 五种气体的含量）。

为什么要检测 CO_2、O_2？其原因有以下几点。

① 汽车排放控制的研究表明，汽车发动机燃烧状态直接影响有害排放物的排放量。而排气中的 CO_2 及 O_2 的浓度，是表征发动机燃烧状态的重要参数。正常燃烧时，排气中 CO_2 的浓度应在 12％左右，而 O_2 应在 1％左右。

② 电控发动机装有闭环控制的三元催化转化器，其净化效率与发动机工作时的过量空气系数有关，要求控制在 1.0 附近。通过对排气中的 CO、HC、CO_2、O_2 浓度进行运算，可以得出相应的过量空气系数的值。

③ 通过对排气中 CO_2 和 O_2 浓度进行分析，可以及时发现在检测过程中出现的诸如取样探头脱落、取样管路漏气等失误和某些作弊现象（如在排气管上打孔等）。出现这些现象时，排气中的 O_2 浓度异常升高，而 CO_2 浓度异常降低。

下面以元征 VEA-501 五气体排气分析仪为例，介绍其工作原理。该仪器主机如图 5-6 所示，主要由采集、分析、处理与控制、显示、电源等部分组成。

1. 气体采集

采集部分如图 5-7 所示，该部分主要功能是将汽车排气经水气分离器去掉水汽，经气体滤清器过滤，再经气泵将采样气体送到传感器部分。

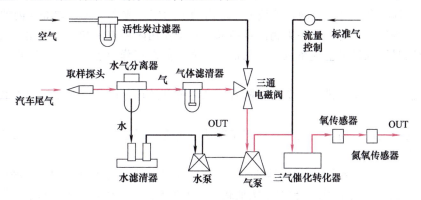

图 5-7　五气体排气分析仪的气体采集

2. 气体分析

五气体排气分析仪一般采用不分光红外法对汽车排气中的 HC、CO、CO_2 进行分析，采用电化学法，对汽车排气中的 O_2、NO 进行分析。

（1）不分光红外法　红外线是一种电磁波，红外辐射主要是热辐射。当红外线通过大多数由不同种原子构成的极性分子气体（如 CO、HC、CO_2 等）时，它的能量被吸收了一部分，而且所吸收能量的大小，与该气体的浓度有一定关系。不同的气体对应吸收红外线的波长也不相同，如图 5-8 所示。为此可以让红外线通过一定量的汽车尾气，根据 CO、CO_2、HC 对应红外波段吸收带经过尾气前后能量的变化，来测定尾气中 CO、CO_2、HC 的含量。这就是不分光红外线法的检测原理。

废气中 HC 含有多种成分，图 5-8 中 HC 对应的曲线是正己烷的特性，检测汽车废气时所说的 HC 浓度，都是以正己烷为基准。

（2）电化学法　测试通道中设置的氧传感器和 NO 传感器分别测量汽车废气中的 O_2 及 NO 浓度，两者均为按电化学原理工作的氧电池和 NO 电池。

氧传感器设计寿命约 2 年，该寿命从传感器启封时开始计算，而不管仪器是否投入使用。在使用一段时间后（通常在 1 年半左右），其输出电压信号将大幅下降，必须更换。

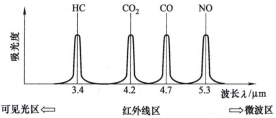

图 5-8　不同气体吸收红外线的特性

三、汽油车排放污染物的测量方法及排放限值

目前现行的排放标准为 GB 18352.3—2005《轻型汽车污染物排放限值及测量方法（中国Ⅲ、Ⅳ阶段）》、GB 18285—2005《点燃式发动机汽车排气污染物排放限值及测量方法（双怠速法及简易工况法）》，该标准规定：点燃式发动机在用汽车采用双怠速法排气污染物排放限值及测量方法；在机动车保有量大、污染严重的地区，也可按规定采用简易工况法中的一种方法作为在用汽车排气污染物排放检测方法。

1. 测量方法

（1）双怠速法 世界各国为监控因三元催化转化器转化效率降低造成的汽车排放恶化，近年来普遍采用了双怠速测量。测量方法如下：

被测车辆走热后，先在70%额定转速下运行30s，再降至50%额定转速（高怠速），维持15s后，由具有平均值功能的仪器读取30s内的平均值，或者人工读取30s内的最高值和最低值，其平均值即为高怠速污染物测量结果。对于使用闭环控制和三元催化转化器的电控汽车，还应同时读取过量空气系数 λ 的数值。最后从高怠速降至怠速状态15s再测量读取平均值。

双怠速法检测时发动机没有负荷，随着越来越苛刻的环保限值，对车辆的加载测试法势在必行。

（2）简易工况法 简易工况法有稳态工况法、瞬态工况法、简易瞬态工况法三种，这里仅介绍稳态工况法。

所谓稳态工况，是指车辆预热到规定的热状态后，加速至规定车速，根据车辆规定车速时的加速负荷，通过底盘测功试验台对车辆加载，使车辆保持等速运转的运行状态，测定汽车排放情况。加速模拟工况（Acceleration Simulation Mode，缩写为ASM）由两个试验组成，分别称为ASM5025和ASM2540。试验过程如图5-9所示。表5-1列出了具体试验循环说明。

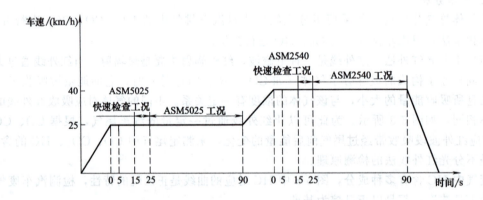

图5-9 加速模拟工况（ASM）试验过程

① ASM5025 工况。经预热后的车辆加速至25.0km/h，测功机以车辆速度为25.0 km/h，加速度为 1.475m/s² 时的输出功率的50%作为设定功率对车辆加载。车辆以（25.0±1.5）km/h的速度持续运转10s后，开始计时测试。持续运行测试时间为90s。

② ASM2540 工况。在ASM5025 工况试验结束后，车辆立即加速至40.0km/h，测功机以车辆速度为40.0km/h，加速度为1.475m/s² 时的输出功率的25%作为设定功率对车辆加载。车辆以（40.0±1.5）km/h的速变持续运转10s后，开始计时测试。持续运行测试时间为90s。

表5-1 加速模拟工况（ASM）试验运转循环表

工况	运转次序	速度/(km/h)	操作时间/s	测试时间/s
5025	1	0→25	5	—
	2	25	10	—
	3	25	25	10
	4	25	90	65
2540	5	25→40	5	—
	6	40	10	—
	7	40	25	10
	8	40	90	65

加速模拟工况法需要使用底盘测功试验台，操作又有一定难度，使该方法的推广受到一定限制。

2. 排放限值

GB 18285—2005标准对排气污染物排放限值规定如下。

对于装用点燃式发动机的新生产汽车，型式核准和生产一致性检查的排气污染物排放限值见表5-2。

表5-2 新生产汽车排气污染物排放限值（体积分数）

车型	急速		高急速	
	CO/%	HC/10^{-6}	CO/%	HC/10^{-6}
2005年7月1日起新生产的第一类轻型汽车	0.5	100	0.3	100
2005年7月1日起新生产的第二类轻型汽车	0.8	150	0.5	150
2005年7月1日起新生产的重型汽车	1.0	200	0.7	200

对装用点燃式发动机的在用汽车，双急速法测试条件下排气污染物排放限值见表5-3。

3. 过量空气系数λ的要求

对于使用闭环控制电子燃油喷射系统和三元催化转化器技术的汽车，发动机转速为高急速转速时，测定过量空气系数λ应在1.00±0.03或制造厂规定的范围内。进行λ测试前，应按照制造厂使用说明书的规定预热发动机。

表5-3 在用汽车排气污染物排放限值（体积分数）

车型	急速		高急速	
	CO/%	HC/10^{-6}	CO/%	HC/10^{-6}
1995年7月1日起生产的轻型汽车	4.5	900	3.0	900
2000年7月1日起生产的第一类轻型汽车①	0.8	150	0.3	100
2001年10月1日起生产的第二类轻型汽车	1.0	200	0.5	150
1995年7月1日起生产的重型汽车	4.5	1200	3.0	900
2004年9月1日起生产的重型汽车	1.5	250	0.7	200

注：①对于2001年5月31日以后生产的5座以下（含5座）的微型面包车，执行此类在用车排放限值。

重型汽车：指最大总质量超过3500kg的车辆。

第一类轻型汽车：设计乘员数不超过6人（包括司机），且最大总质量≤2500kg的M1类车。

第二类轻型汽车：本标准适用范围内除第一类车以外的其他所有轻型汽车。

一、检测前的准备

① 使被测汽油车运转达到正常使用温度。排气系统不得有泄漏。

② 接通仪器电源，预热30min，按说明书要求检查仪表工作情况是否正常。必要时，应使用标准气体，从标准气体入口注入，对仪器进行校准。

二、检测过程

根据需要使用双怠速法或简易工况法进行检测,并对检测结果进行分析。

任务 2　柴油车烟度检测

柴油车排放的主要污染物是烟尘,即悬浮在排放气流中的固态或液态颗粒物(PM)。另外,柴油车在混合气比较稀的状态下,富余的空气在高温作用下容易产生 NO_x,而 CO 和 HC 则排放量很少。目前柴油车污染物的检测项目是烟尘的浓度,即烟度。

目前汽车柴油车排放烟度使用不透光烟度计测量,这里学习不透光烟度计的测量原理和测量方法。

一、不透光烟度计的检测原理

当将一束光穿过密度和温度一致的气体时,由于光被气体吸收和散射,使其强度衰减。不透光烟度计就是利用这一原理,使调制光束通过一段给定长度的排烟,通过测量排烟对光的吸收程度来判定烟度。

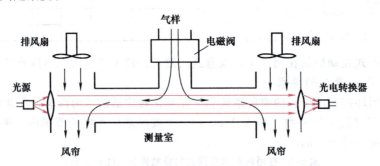

图 5-10　不透光烟度计检测原理

不透光烟度计检测原理如图 5-10 所示。光源经过凸透镜后平行射出,再经过凸透镜后汇聚在光电转换器上,转换为电信号,测出光线的衰减率,进而得到气体污染程度。为了防止排气中微粒直接接触左右透镜的表面,沉积后影响测量结果,利用排风扇将清洁空气送入左右透镜和测量室出口之间的通道,形成"保护风帘",避免透镜表面受到排气污染。排气含有水分,为了防止温度较高的排气进入测量室时,水汽冷凝成雾,影响测量结果,测量室装有加热和恒温控制装置,使测量室管壁的温度维持在 70~80℃。

测量结果常用光吸收系数和不透光度表示。

不透光度(N)指光源通过充满烟的暗通道到达接收器时衰减的百分率,无量纲,无烟通过时定义为 0,光路全部被挡时定义为 100%,定义式为

$$N = 100(1 - \varphi/\varphi_0)$$

式中　φ_0——入射光通量;
　　　φ——出射光通量。

不透光度与所使用测量仪的被测气体的光通道长度有关。

光吸收系数(K)是不透光值的基本物理量,与通道长度无关,单位为 m^{-1},其关系式为

$$\varphi = \varphi_0 e^{-KL}$$

式中 L——通过被测气体的光通道的有效长度,国际通常取标准值 $L=430mm$。

不透光烟度计一般采用分体式结构,测量单元与控制单元分开,测量单元连接取样探头,通过光学装置对柴油车的尾气进行测量,并将测量数据传给控制单元,控制单元计算并显示检测结果,并有功能按键用于控制操作。图 5-11 为南华 NHT-6 不透光烟度计。

二、烟度测量方法及排放限值

1. 测量方法

《车用压燃式发动机和压燃式发动机汽车排气烟度排放限值及测量方法》(GB 3847—2005)规定:可根据当地实际情况,确定在用汽车排放监控方案,选择自由加速法或加载减速工况法中的一种方法作为在用汽车排气污染物排放检测方法。

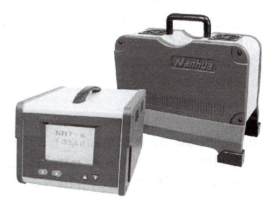

图 5-11 南华 NHT-6 不透光烟度计

(1) 自由加速工况法 在发动机怠速下,在 1s 内,将油门踏板快速、连续地完全踩到底,使喷油泵在最短时间内供给最大油量。在发动机达到调速器允许的最大转速前,保持此位置。一旦达到最大转速,立即松开油门,使发动机恢复至怠速。

观察每次连续加速中不透光烟度计的最大读数值,直至得到稳定值为止。计算结果取最后 3 次自由加速测量结果的算术平均值。

(2) 加载减速工况法 加载减速工况法需要使用底盘测功试验台,连接好发动机转速传感器,以测量发动机转速。选择合适的挡位,使油门踏板在最大位置时,受检车辆的最高车速最接近 70km/h。由计算机判断测功机是否能够吸收受检车辆的最大功率,如果车辆的最大功率超过了测功机的功率吸收范围,不能进行检测。

正式检测开始前,检测员应按以下步骤操作,以使控制系统能够获得自动检测所需的初始数据。

① 启动发动机,变速器置空挡,逐渐增大油门踏板直到开度达到最大,并保持在最大开度状态,记录这时发动机的最大转速,然后松开油门踏板,使发动机回到怠速状态。

② 使用前进挡驱动被检车辆,选择合适的挡位,使油门踏板处于全开位置时,测功机指示的车速最接近 70km/h,但不能超过 100km/h。对装有自动变速器的车辆,应注意不要在超速挡下进行测量。

计算机对按上述步骤获得的数据自动进行分析,判断是否可以继续进行检测,所有被判定为不适合检测的车辆都不允许进行加载减速烟度检测。待检修合格后才能进行检测。

加载减速测试的过程必须完全自动化,在整个检测循环中,都是由计算机控制系统自动完成对测功机加载减速过程的管理。检测开始后,检测员始终将油门保持在最大开度状态,直到检测系统通知松开油门为止。

注:全时四轮驱动车辆不能按加载减速法进行试验,对于这类车辆可按自由加速法进行排气烟度的检测。

2. 排放限值

GB 3847—2005《车用压燃式发动机和压燃式发动机汽车排气烟度排放限值及测量方

法》规定：自 2001 年 10 月 1 日～2005 年 7 月 1 日生产的在用车，进行自由加速试验，所测得的排气光吸收系数不应大于以下数值。

自然吸气式：$2.5 m^{-1}$。

涡轮增压式：$3.0 m^{-1}$。

对 2005 年 7 月 1 日后生产的汽车，进行自由加速试验，所测得的光吸收系数不应大于该车型核准批准的自由加速试验排气烟度排放的限值，再加 $0.5 m^{-1}$。

任务实施

一、检测前的准备

① 接通仪器电源，预热 15min 以上，按说明书要求检查仪表工作情况是否正常。

② 根据情况对被检测汽车发动机预热，使冷却液和机油应处于规定的正常温度。整车上进行试验，换挡操纵件应置于空挡位置。

二、检测过程

① 将合适尺寸的采样探头插入受检车辆的排气管中，采样探头的插入深度不得低于 400mm。

② 至少 3 次自由加速过程或其他等效方法，吹净排气系统。

按照自由加速法或加载减速工况法的测试步骤进行排气烟度检测。

任务 3 汽车制动性检测

对于行车制动而言，汽车制动性能是指：汽车行驶时，能在短距离内停车、维持行驶方向的稳定，和在下长坡时能维持一定车速的能力，即包括制动效能、制动时的方向稳定性、制动效能恒定性三个方面，对汽车行驶的安全性有重要影响，是国家标准 GB 7258—2012《机动车安全技术条件》规定的强制性检验的重要项目之一。

制动性的检验分路试检验和台架检验两种。这里探讨汽车制动性的检测标准、制动试验台的检测原理和检测方法。

相关知识

一、汽车制动性评价参数

汽车制动性的评价包括制动效能、制动的方向稳定性、制动效能恒定性三个方面。

1. 制动效能

国家标准 GB 7258—2012《机动车安全技术条件》规定：路试检验通过检测制动距离或充分发出的平均减速度（FMDD）评价行车制动性能，台架检验主要检测汽车的制动力。

(1) 制动距离 制动距离是指机动车在规定的初速度下急踩制动时，从脚接触制动踏板时起至机动车停住时止机动车驶过的距离。

(2) 充分发出的平均减速度 汽车制动过程中，制动减速度是在变化的，充分发出的平均减速度（FMDD）是这一过程中较稳定的数值，其表达式为

$$FMDD = \frac{v_b^2 - v_e^2}{25.92(S_e - S_b)}$$

式中 $FMDD$——充分发出的平均减速度，m/s^2；

v_b——$0.8v_0$,试验速度,km/h;

v_e——$0.8v_0$,试验速度,km/h;

S_b——在速度 v_0 至 v_b 时车辆驶过的距离,m;

S_e——在速度 v_0 至 v_e 时车辆驶过的距离,m;

(3)制动力 地面制动力是使汽车减速的外力。它取决于制动器的摩擦力,同时又受到轮胎与地面附着力的限制。只有当制动器制动力足够大,同时地面又能够提供足够大的附着力时,才能获得足够的地面制动力。

2. 制动的方向稳定性

制动的方向稳定性,是指汽车在制动过程中维持直线行驶或按预定弯道行驶的能力。

GB 7258—2012 规定:路试检验时,制动过程中机动车的任何部位(不计入车宽的部位除外)不超出规定宽度的试验通道的边缘线;台试检验时,检测同轴左右轮制动力之差。

3. 制动效能恒定性

即汽车制动抗热衰退性能,是指汽车高速制动、短时间重复制动或下长坡连续制动时制动效能的热稳定性。因为制动过程中制动器摩擦发热升温,摩擦片摩擦系数下降,从而使制动能力降低,这种现象称为热衰退,可以用制动器处于热状态时能否保持冷状态时的制动效能来评价,但由于测试方法较复杂,目前在汽车检测站较难实施。

二、汽车制动性能的检测标准

国家标准 GB 7258—2012《机动车安全技术条件》对汽车制动性能检验有以下规定。

1. 路试检验制动性能

机动车行车制动性能和应急制动性能检验应在平坦、硬实、清洁、干燥且轮胎与地面间的附着系数不小于 0.7 的水泥或沥青路面上进行。检验时发动机应与传动系统脱开,但对于采用自动变速器的机动车,其变速器换挡装置应位于驱动挡(D 挡)。

(1)行车制动路试检验

① 用制动距离检验行车制动性能 机动车在规定的初速度下的制动距离和制动稳定性要求应符合表 5-4 的规定。对空载检验的制动距离有质疑时,可用表 5-4 规定的满载检验制动距离要求进行。

表 5-4 制动距离和制动稳定性要求

机动车类型	制动初速度/(km/h)	空载检验制动距离要求/m	满载检验制动距离要求/m	试验通道宽度/m
三轮汽车	20	≤5.0		2.5
乘用车	50	≤19.0	≤20.0	2.5
总质量不大于 3500kg 的低速货车	30	≤8.0	≤9.0	2.5
其他总质量不大于 3500kg 的汽车	50	≤21.0	≤22.0	2.5
铰接客车、铰接式无轨电车、汽车列车	30	≤9.5	≤10.5	3.0
其他汽车	30	≤9.0	≤10.0	3.0

② 用充分发出的平均减速度检验行车制动性能 汽车、汽车列车在规定的初速度下急踩制动时充分发出的平均减速度及制动稳定性要求应符合表 5-5 的规定,且制动协调时间对液压制动的汽车应小于等于 0.35s,对气压制动的汽车应小于等于 0.60s,对汽车列车、铰接客车和铰接式无轨电车应小于等于 0.80s。对空载检验的充分发出的平均减速度有质疑时,可用表 5-5 规定的满载检验充分发出的平均减速度进行。

制动协调时间:是指在急踩制动时,从脚接触制动踏板(或手触动制动手柄)时起至机动车减速度(或制动力)达到表 5-5 规定的机动车充分发出的平均减速度(或表 5-7 所规定的制动力)的75%时所需的时间。

表 5-5 制动减速度和制动稳定性要求

机动车类型	制动初速度 /(km/h)	空载检验充分发出的平均减速度 /(m/s²)	满载检验充分发出的平均减速度 /(m/s²)	试验通道宽度 /m
三轮汽车	20	≥3.8		2.5
乘用车	50	≥6.2	≥5.9	2.5
总质量不大于3500kg的低速货车	30	≥5.6	≥5.2	2.5
其他总质量不大于3500kg的汽车	50	≥5.8	≥5.4	2.5
铰接客车、铰接式无轨电车、汽车列车	30	≥5.0	≥4.5	3.0
其他汽车	30	≥5.4	≥5.0	3.0

③ 制动踏板力或制动气压要求　进行制动性能检验时的制动踏板力或制动气压应符合以下要求。

　　a. 满载检验时

气压制动系:气压表的指示气压≤额定工作气压。

液压制动系:踏板力,乘用车≤500N;其他机动车≤700N。

　　b. 空载检验时

气压制动系:气压表的指示气压≤600kPa。

液压制动系:踏板力,乘用车≤400N;其他机动车≤450N。

三轮汽车和拖拉机运输机组检验时,踏板力应小于等于600N。

④ 合格判定要求　汽车、汽车列车在符合③规定的制动踏板力或制动气压下的路试行车制动性能若符合①或②,即为合格。

(2) 应急制动性能检验　汽车(三轮汽车除外)在空载和满载状态下,按表5-6所列初速度进行应急制动性能检验,应急制动性能应符合表5-6的要求。

表 5-6 应急制动性能要求

车辆类型	制动初速度 /(km/h)	制动距离 /m	充分发出的平均减速度/(m/s²)	允许的操纵力不大于/N	
				手操纵	脚操纵
乘用车	50	≤38.0	≥2.9	400	500
客车	30	≤18.0	≥2.5	600	700
其他汽车(三轮汽车除外)	30	≤20.0	≥2.2	600	700

(3) 驻车制动性能检验　在空载状态下,驻车制动装置应能保证机动车在坡度为20%(对总质量为整备质量的1.2倍以下的机动车为15%)、轮胎与路面间的附着系数大于等于0.7的坡道上正、反两个方向保持固定不动,时间应大于等于5min。检验汽车列车时,应使牵引车和挂车的驻车制动装置均起作用。

　　检验时,操纵力按规定:驻车制动应通过纯机械装置把工作部件锁止,并且驾驶员施加于操纵装置上的力:手操纵时,乘用车不应大于400N,其他机动车不应大于600N;脚操纵时,乘用车不应大于500N,其他机动车不应大于700N。

> **检验注意事项**
>
> ● 在规定的测试状态下,机动车使用驻车制动装置能停在坡度值更大且附着系数符合要求的试验坡道上时,应视为达到了驻车制动性能检验规定的要求。
> ● 在不具备试验坡道的情况下,在用车可参照相关标准使用符合规定的仪器测试驻车制动性能。

2. 台架检验制动性能

（1）行车制动检验

① 制动力百分比要求　汽车、汽车列车在制动试验台上测出的制动力应符合表5-7的要求，对空载检验制动力有质疑时，可用表5-7规定的满载检验制动力要求进行检验。

检测时制动踏板力或制动气压与行车制动路试要求相同。

② 制动力平衡要求　在制动力增长全过程中同时测得的左右轮制动力差的最大值，与全过程中测得的该轴左右轮最大制动力中大者（当后轴及其他轴，制动力小于该轴轴荷的60%时为与该轴轴荷）之比，对新注册车和在用车应分别符合表5-8的要求。

表 5-7　制动试验台检验制动力要求

机动车类型	制动力总和与整车质量的百分比		轴制动力与轴荷①的百分比	
	空载	满载	前轴②	后轴③
三轮汽车	≥60	—	—	≥60③
乘用车、其他总质量不大于3500kg的汽车	≥60	≥50	≥60③	≥20③
铰接客车、铰接式无轨电车、汽车列车	≥55	≥45	—	—
其他汽车	≥60	≥50	≥60③	≥50④

① 用平板制动检验台检验乘用车时应按左右轮制动力最大时刻所分别对应的左右轮动态轮荷之和计算。
② 机动车（单车）纵向中心线中心位置以前的轴为前轴，其他轴为后轴；挂车的所有车轴均按后轴计算；用平板制动试验台测试并装轴制动力时，并装轴可视为一轴。
③ 空载和满载状态下测试均应满足此要求。
④ 满载测试时后轴制动力百分比不做要求；空载用平板制动检验台检验时应大于等于35%；总质量大于3500kg的客车，空载用反力滚筒式制动试验台测试时应大于等于40%，用平板制动检验台检验时应大于等于30%。

表 5-8　制动试验台检验制动力平衡要求

项目	前轴	后轴（及其他轴）	
		轴制动力大于等于该轴轴荷60%时	制动力小于该轴轴荷60%时
新注册车	≤20%	≤24%	≤8%
在用车	≤24%	≤30%	≤10%

③ 制动协调时间要求　对液压制动的汽车不应大于0.35s，对气压制动的汽车不应大于0.60s；汽车列车和铰接客车、铰接式无轨电车的制动协调时间不应大于0.80s。

④ 车轮阻滞率要求　进行制动力检验时，汽车、汽车列车各车轮的阻滞力均应小于等于轮荷的10%。

⑤ 合格判定要求　台试检验汽车、汽车列车行车制动性能时，检验结果同时满足①~④的，方为合格。

（2）驻车制动性能检验　当采用制动检验台检验汽车驻车制动装置的制动力时，机动车空载，乘坐一名驾驶人，使用驻车制动装置，驻车制动力的总和应大于等于该车在测试状态下整车质量的20%，但总质量为整备质量1.2倍以下的机动车应大于等于15%。

（3）检验结果的复核　对机动车台架检验制动性能结果有异议的，在空载状态按路试复检。对空载状态复检结果有异议的，以满载路试复检结果为准。

三、汽车制动试验台的检测原理

台试检测就是利用汽车制动试验台进行检测。常用制动试验台有滚筒式和平板式两种类型。目前，国内使用最多的是单轴滚筒反力式制动试验台。

1. 反力式滚筒制动试验台

（1）结构组成　图5-12为单轴反力式滚筒制动试验台的示意图。它主要由驱动装置、

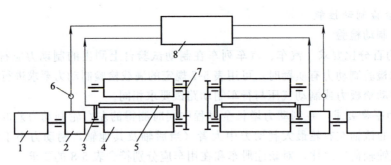

图 5-12　单轴反力式滚筒制动试验台示意图
1—电动机；2—减速器；3—转速传感器；4—滚筒；5—第三滚筒；
6—压力传感器；7—链传动；8—测量仪表

滚筒装置、测量装置、第三滚筒、指示与控制装置等组成。

驱动装置由电动机、减速器和链传动组成。电动机的动力经减速驱动主动滚筒，主动滚筒又通过链传动带动从动滚筒旋转。减速器壳体为浮动支承，可以绕主动滚筒轴线摆动。

滚筒装置由左、右独立设置的两对滚筒构成。被测车轮置于两滚筒之间，滚筒相当于活动路面，用来支承被检车轮并在制动时承受和传递制动力。

测量装置由测力杠杆和传感器组成，测力杠杆一端与减速器浮动壳体连接，另一端与传感器相连。而传感器则装于试验台支架上。当被测车轮制动时，减速器浮动壳体带动测力杠杆绕主动滚筒轴线摆动并作用于传感器上，传感器将测力杠杆传来的力或位移转变成电信号，送入指示与控制装置。

第三滚筒兼有举升装置的功能，便于汽车出入试验台。第三滚筒直径较小，由车轮驱动，通过上面安装的轮速传感器测出车轮转速，从而计算车轮与滚筒之间的滑移率。当滑移率达一定值时，微机发出指令使电动机停转，以防止轮胎剥伤。

目前制动试验台的控制装置中均配置微机，提高了检测的自动化与智能化程度。

(2) 检测原理　制动试验台的检测项目有：各车轮的制动力、制动协调时间和车轮阻滞力。

检测时，被测汽车驶入制动试验台，车轮置于主、从动滚筒之间，压下第三滚筒。通过延时电路启动电动机，电动机则通过减速器及链传动驱动滚筒从而带动车轮低速旋转。当驾驶员踩制动踏板，在制动器摩擦力矩 M_μ 作用下 [见图 5-13 (a)]，车轮开始减速旋转。此时滚筒则对车轮轮胎周缘的切线方向作用着制动力 F_{x1}、F_{x2}，维持车轮继续旋转。与此同时，车轮对滚筒表面作用着与制动力等大反向的反作用力 F'_{x1}、F'_{x2}，所形成的反作用力矩驱动浮动的减速器壳体与测力杠杆一起朝滚筒转动相反的方向摆动 [见图 5-13 (b)]，而测力杠杆另一端的力 F_1 经传感器转换成与制动力大小成比例的电信号，经微机采集处理，测得制动力。通过第三滚筒测量计算车轮与滚筒之间的滑移率达一定值（如 20%）时，电动机停转，检测过程结束后，车辆驶离试验台。

制动协调时间的测量是与测量制动力同步进行的，它以驾驶员踩踏板的瞬间作为计时起点，由制动踏板上套装的踏板开关向控制装置发出一个"开关"信号，开始时间计数，直至制动力达到标准规定的制动力的 75% 时为止。其计时终点通常由试验台微机执行相应的程序来控制。

车轮阻滞力的测量是在汽车和驻车制动装置处于完全释放状态，变速器置于空挡位置时进行。此时，电动机通过减速器、链传动及滚筒来带动车轮维持稳定转动所需的力，即为车轮的阻滞力。由于评判的需要，试验中需要检测单个车轮的轮荷。

(3) 滚筒式制动试验台检测特点

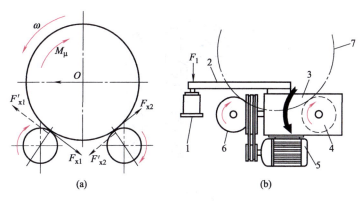

图 5-13 制动力检测原理图

1—传感器；2—测力杠杆；3—减速器；4—主动滚筒；5—电动机；6—从动滚筒；7—车轮

① 检测迅速、经济、安全，不受外界条件的限制，测试条件稳定，重复性较好。

② 能定量地测得各车轮的制动力大小、左右轮制动力差值、制动协调时间、车轮阻滞力，因而可全面评价汽车的制动性，并为制动系的故障诊断、维修和调整提供可靠依据。

③ 不能反映制动防抱死系统（ABS）的性能。制动检测时的车速较低（一般不超过 5km/h），与实际制动状况相差甚远，因而无法对具有制动防抱死系统汽车的制动性能进行准确测试。

④ 制动检测时，汽车没有平移运动，因而也就没有因惯性作用而引起的轴负荷前移作用，故车辆处于空载检测时，前轴车轮容易抱死而难以测得前轴制动器能够提供的最大制动力，从而导致整车的制动力不够，易引起误判。同时，汽车的无移动检测还不能反映汽车其他系统（如转向机构、悬架）的结构、性能对制动性能的影响。

⑤ 试验台制动时的最大测试能力，受检测因素的影响较大。理论分析证明，当车轮制动时，试验台能提供的制动力极限值受车轮直径、附着系数、非测试车轮制动力等因素的影响。当车轮直径减小，附着系数减小，非测试车轮制动力过小时，则被测车轮容易抱死，其制动力难以测出，从而导致整车制动力过小，易引起误判。

提高测试能力的实质就是增加轮胎与滚筒的附着力，避免制动时车轮抱死。因此常用的措施如下：

① 在车辆上增加足够的附加质量，或施加相当于附加质量的作用力，而这些均不计入轴荷。

② 在非测试车轮上加三角垫块或采取牵引方法阻止车辆移动。

③ 保持轮胎及滚筒表面清洁、干燥。

2．平板式制动试验台

（1）结构组成　平板试验台是一种低速动态式制动试验台，它检测的是各车轮的制动力，主要由测试平板、控制系统、辅助装置等组成，如图 5-14 所示。

测试平板共四块，且相互独立，一次制动试验可同时检测 4 个车轮的制动力及轮重。面板通过压力传感器和钢球支承在底板上，其纵向则通过拉力传感器与底板相连。

控制系统以计算机为核心对传感器的输出信号进行高速采样、处理，计算出各轮制动力、轴制动力、左右轮制动力差、全车制动力、制动协调时间、制动释放时间等，并判定制动性能是否合格。

辅助装置包括前、后引板和中间过渡板，使汽车便于上下制动试验台。

（2）检测原理　平板试验台凭借汽车在测试平板上的实际紧急制动过程来测定汽车前、后轮制动力。检测时，汽车以 5～10km/h 速度驶上平板，置变速器于空挡并紧急制动、车

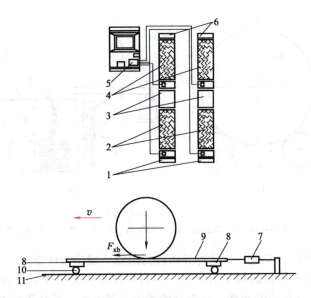

图 5-14 平板式制动试验台示意图

1—前引板；2—前测试平板；3—过渡板；4—后测试平板；5—控制和显示装置；6—后引板；
7—拉力传感器；8—压力传感器；9—面板；10—钢球；11—底板

轮则在汽车惯性力作用下，对测试平板作用一大小与车轮制动力相等、方向与汽车行驶方向相同的作用力 F_{xb}，该作用力通过纵向拉杆传给纵向拉力传感器，与此同时压力传感器测出各轮荷的大小，然后通过控制系统处理检测结果。

(3) 平板式制动试验台检测特点　汽车在平板试验台上的制动过程与汽车路试的制动过程较为接近，能反映车辆的实际制动性能。另外，试验台不需模拟汽车转动惯量，结构简单，较容易与轮重仪、侧滑仪组合在一起，使车辆测试方便且效率高。但平板式制动试验台存在着测试重复性差、占地面积大、需要助跑车道等缺点。

这里仅探讨反力式滚筒制动试验台的使用方法。

一、检测准备

① 检查轮胎气压是否正常，检查汽车各轴轴荷是否超过试验台允许范围。
② 检查滚筒表面是否干燥，有没有松散物质及油污。

二、检测过程

反力式滚筒制动试验台检测步骤如下。
① 将试验台电源开关打开，并使举升器在升起位置。
② 将汽车垂直驶入轴重仪，分别测量前、后轴重。
③ 汽车驶入试验台，使前轴车轮处于两滚筒之间的举升平板上，汽车停稳后，变速器置于空挡，使行车制动、驻车制动处于完全放松状态。把脚踏开关套装在制动踏板上。降下举升器，至轮胎与举升器完全脱离为止。
④ 启动电动机，使滚筒带动车轮转动，在2s转速稳定后，测得车轮阻滞力。踩下制动踏板，测取制动力增长全过程中的前轴左、右轮动力差和各轮制动力的最大值，同时也测出

制动协调时间。

⑤ 升起举升器，驶出已测车轴，驶入下一车轴，按上述同样方法检测后轴车轮阻滞力、制动力和制动协调时间。

⑥ 与驻车制动相关的车轴在试验台上时，检测完行车制动后，应重新启动电动机，在行车制动完全放松的情况下，用力拉紧驻车制动，检测驻车制动性能。

⑦ 所有车轴的行车和驻车制动性能检测完毕后，升起举升器，汽车驶出试验台。切断制动试验台电源。

任务4　车轮侧滑量检测

车轮的外倾角与前束定位不当，会引起车轮滚动时发生侧向滑动，简称侧滑。车轮侧滑量太大，会引起汽车行驶方向不稳，严重时会导致交通事故，同时，会增加轮胎磨损，增大燃油消耗。因此，侧滑检测是汽车定期检验中的检验项目之一。这里探讨车轮侧滑的检测原理、侧滑试验台的工作原理和使用方法。

一、车轮侧滑的检测原理和检测标准

1. 车轮外倾和前束对侧滑的影响

车轮有了外倾角后，转动时就会出现类似于圆锥的滚动，两个车轮有向各自的外侧滚开的趋势。由于车桥的约束，车轮不可能向外滚开，于是车轮将在地面上出现边滚边向内侧滑的现象。

前束的作用使两前轮增加向内侧滚动的趋势，从而消除车轮外倾带来的不良后果。若前轮前束值太大，车轮在前进时，两轮力图向内侧滚动。同样由于车桥的约束，车轮不可能向内侧滚动，这就又出现了车轮边滚动边向外侧滑的现象。

可见，车轮外倾与前束在侧滑的方向上是相反的。若前束调整得合适，可以将车轮外倾引起的侧滑作用完全抵消，使总的侧滑量为零。

由于车轮侧滑是车轮外倾与前轮前束共同作用的结果，为此在测量时，我们可以让汽车通过只能横向移动的滑板，观察车轮外倾和前束对滑板的横向推动作用。理论分析证明，设置左、右双滑板让两车轮同时驶过，或只设置一块滑板，让其中一个车轮通过这块滑板（另一个车轮就在地面上走过）均可以。因此，产生两种侧滑试验台——双滑板式试验台和单滑板试验台。

2. 双滑板式侧滑试验台的测量原理

目前双滑板式侧滑试验台应用较多，以此为例说明侧滑试验台的测量原理。

如图5-15（a）所示，让前束过大的车轮驶过只能横向移动的滑板。由于前束的作用，每个车轮都将边滚边向外侧推动滑板。若在车轮滚过一段距离 D 之后，两块滑板外侧之间的距离由 L 变为 L'，那么滑板总的滑移量是 $L'-L$。平均每个车轮的滑移量就是 $(L'-L)/2$。由于滑移量的大小与车轮驶过的距离有关，所以，侧滑量定义为每驶过单位距离引起的单轮横向滑移量，即

$$S_1 = \frac{L'-L}{2D}$$

如图5-15（b）所示，若让车轮外倾过大的车轮驶过滑板，由于车轮外倾力图使车轮边滚边散开的作用受到约束，前轮只能边滚边向内侧滑移，从而推动滑板向内侧移动。若车轮

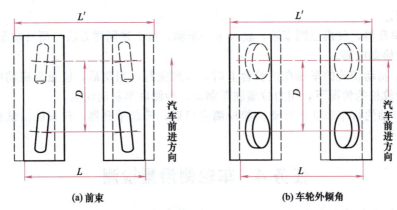

图 5-15 前束和车轮外倾引起的侧滑作用

驶过距离为 D，滑板外侧间的距离由 L 缩短为 L'。这时车轮外倾引起的侧滑量 S_2 同上式，但数值为负。

因此，双滑板式试验台滑板的移动量是左右两个车轮共同造成的，侧滑量为每个轮侧滑量的平均值。车轮侧滑量的检测相当于车轮定位参数的动态检测，以此综合评价车轮定位的准确性。

3. 检测标准

国家标准 GB 7258—2012《机动车安全技术条件》规定：对前轴采用非独立悬架的汽车（前轴采用双转向轴时除外），其转向轮的横向侧滑量，用侧滑台检验时侧滑量值应在 ±5m/km 之间。

二、侧滑试验台的结构及工作原理

侧滑试验台主要包括机械和电气两大部分。各种侧滑试验台的机械部分大同小异，主要差别在于电气仪表部分。目前双滑板式侧滑试验台应用较多，重点介绍它的结构原理及使用方法。

1. 机械部分

侧滑试验台机械部分的结构见图 5-16。两块滑板分别支承在各自 4 个滚轮上，每块滑板通过与其连接的导向轴承（图中未画出）在导轨内滚动，保证了滑板能够沿左右方向滑动而限制了其纵向的运动。左右滑板通过中间的三连杆机构连接起来，从而保证两块滑板作同时向内或同时向外的运动。复位弹簧使滑板在不受力时自动复位，以保持中间位置（零位）。

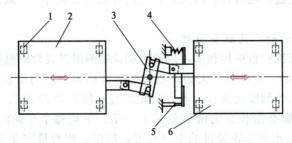

图 5-16 双滑板式侧滑试验台结构示意图
1—滚轮；2,6—板；3—连杆机构；4—复位弹簧；5—位移传感器

侧滑试验台的滑板宽度（沿前进方向）有 0.5m、0.8m 和 1m 三种，某车经过侧滑试验台时，若滑板单边滑移量是 1mm，对于宽度为 1m 的滑板来说，其侧滑量应为 1m/km；而滑板宽度为 0.5m 时，侧滑量则应是 2m/km。

2. 电气部分

电气部分主要有位移传感器、信号放大处理电路以及指示仪表等。

位移传感器是把滑动板位移的大小和方向转化为相应的电信号，经放大处理后传给指示仪表。检测时，为便于快速表示检测结果是否合格，当车轮侧滑量超过规定值后，侧滑试验台根据限位开关发出的信号，以蜂鸣器或信号灯进行报警。

一、检测前的准备

① 打开侧滑试验台的锁止装置，检查滑动板能否在外力作用下左右滑动自如，外力消失后是否回到原始位置，且指示装置指在零位，若不为零应调零。
② 检查侧滑试验台及其周围是否有油渍、泥污及等并清除干净。
③ 清除汽车轮胎的油污、泥土、水或花纹内的石子，轮胎气压应符合汽车制造厂之规定。

二、检测过程

① 汽车以 3~5km/h 的低速使车轮平稳通过滑动板。
② 当被测车轮完全通过滑动板后，读取侧滑的数值和方向。
③ 检测结束后，锁止滑动板并切断电源。

> **试验台使用注意事项**
> - 不能让超过试验台允许轴荷的车辆通过侧滑试验台。
> - 不能使车辆在侧滑试验台上转向或制动。
> - 保持侧滑试验台内、外及周围环境清洁。

任务5　车速表指示误差检测

汽车行车速度对交通安全有很大影响。为了安全行车，驾驶员必须按照车速表的指示值，根据车辆、行人和道路状况，准确地控制车速。为此，车速表一定要准确可靠。如果车速表指示误差过大，驾驶员就难以正确控制车速，且极易因判断失误而造成交通事故。因此为确保车速表的指示精度，必须适时对车速表进行检测、校正。这里探讨车速表试验台的检测原理和检测方法。

一、车速表误差的形成与测量原理

1. 车速表误差的形成

车速表的指示值是驱动轮的线速度，而线速度与轮胎滚动半径有关，汽车行驶线速度 v_1 用下式计算

$$v_1 = 2\pi r n \frac{60}{1000} = 0.377 nr$$

式中　v_1——汽车行驶速度，km/h；
　　　r——车轮滚动半径，m；
　　　n——车轮转速，r/min。

由上式可以看出,汽车实际行驶速度与车轮滚动半径 r、车轮转速 n 有关。由于轮胎磨损、气压不足或气压过高等原因会影响轮胎滚动半径的变化,或者电子式车速表的车速传感器出现故障,测得的车轮转速信号不准确,都会使车速表的指示值与实际车速形成误差。

2. 车速表误差的测量原理

车速表误差的测量原理如图 5-17 所示。把与车速表有传动关系的车轮(多数情况下是驱动车轮)置于试验台滚筒上旋转,以滚筒的表面作为连续移动的路面,模拟汽车在路试中的行驶状态,进行车速表误差测量。测量时,将汽车上与车速表有传动关系的车轮置于车速表试验台的滚筒上,由车轮驱动滚筒旋转或由滚筒驱动车轮旋转。车速表试验台滚筒的端部装有速度传感器,能发出与车速变化成正比的电信号。

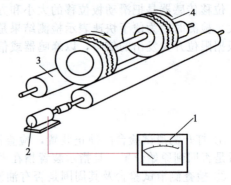

图 5-17 车速表误差的测量原理

1—实际车速的指示仪表;2—速度传感器;3—车速表试验台滚筒;4—驱动车轮

滚筒表面的线速度、滚筒的半径和滚筒转速之间的关系为

$$v_2 = 2\pi R n \frac{60}{1000} = 0.377 n R$$

式中　v_2——滚筒表面的线速度,km/h;

　　　R——滚筒的半径,mm;

　　　n——滚筒的转速,r/min。

由于滚筒表面的线速度就是车轮的线速度,因此上述计算值即为汽车的实际车速值。

车轮带动滚筒或滚筒带动车轮转动的同时,汽车驾驶室内的车速表也在显示车速值,称为车速表指示值。将车速表指示值与实际车速值(试验台指示值,下同)相比较,即可获得车速表的指示误差。

二、车速表试验台的结构与工作原理

常见的车速表试验台有三种类型:①标准型,无驱动装置,它依靠被测车轮带动滚筒旋转;②驱动型,有驱动装置,它由电动机驱动滚筒旋转;③综合型,与制动试验台、底盘测功试验台等组合在一起。

1. 标准型车速表试验台

标准型车速表试验台由速度测量装置、速度指示装置和速度报警装置等组成,如图 5-18 所示。

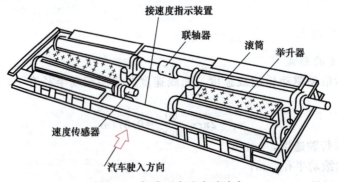

图 5-18 标准型车速表试验台

速度测量装置主要由框架、滚筒装置、速度传感器和举升器等组成。滚筒为4个,直径一般为185mm或更大,通过滚动轴承安装在框架上。试验时,为防止汽车驱动轴差速器行星齿轮自转,车速表试验台的两个前滚筒用联轴器连接在一起。速度传感器安装在滚筒的一端,将对应于滚筒转速发出的电信号送至速度指示装置。为使汽车进、出车速表试验台方便,在前后滚筒之间设有举升器。举升器与滚筒装置联动。当举升器升起使车轮进、出试验台时,滚筒因自身制动装置的制动作用而不会转动。

速度指示装置按照速度传感器发出的电信号进行工作,能把以滚筒圆周长度与滚筒转速算出的线速度,以km/h为单位在仪表上指示。

车速表试验台一般都设有报警装置,试验中,当汽车实际速度达到检测车速(40km/h,下同)时,报警灯亮或蜂鸣器响,提示检测员立即读取驾驶室内车速表的指示值,以便与实际车速对照,判断车速表指示值是否在合格范围之内。

2. 驱动型车速表试验台

多数汽车的车速表转速信号取自变速器或分动器的输出端,即取自汽车的驱动系统。但是,也有一些汽车的车速表转速信号取自汽车从动系统的车轮。驱动型车速表试验台就是为适应后一种汽车而设置的。需要指出的是,该种车速表试验台在滚筒与电动机之间装有离合器。当离合器处于分离状态时,驱动型车速表试验台也可以作为标准型车速表试验台使用。

三、检测标准

国家标准GB 7258—2012《机动车安全技术条件》规定:车速表指示车速 v_1(单位:km/h)与实际车速 v_2(单位:km/h)之间应符合下列关系式(最大设计车速不大于40km/h的机动车除外):

$$0 \leqslant v_1 - v_2 \leqslant v_2/10 + 4$$

当车速表的指示值 v_1 为40km/h时,v_2 为32.8~40km/h范围内为合格。

当检验台速度指示仪表的指示值 v_2 为40km/h时,v_1 的读数在40~48km/h范围内时为合格。

一、检测前的准备

1. 车速表试验台的准备

① 在车速表试验台滚筒处于静止的状态下,检查测量仪表的指示值是否为零,若不为零点应调零。

② 检查滚筒上是否沾有油、水、泥、砂等杂物。若有,应清除干净。

③ 检查举升器的升、降动作是否自如。若动作阻滞或有泄漏部位,应予修理。

④ 检查导线的连接情况。若有接触不良或断路,应予修理或更换。

对于经常使用的车速表试验台,不一定每次使用前都要全面进行上述检查。

2. 被检车辆的准备

① 按汽车制造厂的规定调整好轮胎气压。

② 轮胎上沾有油、水、泥或花纹内嵌有小石子时,应清除干净。

二、检测过程

① 接通车速表试验台电源。

② 升起滚筒间的举升器。

③ 将汽车开上车速表试验台，使其与车速表有传动关系的车轮停于两滚筒之间。

④ 降下举升器，至轮胎与举升器托板脱离为止。

⑤ 对于标准型车速表试验台，将汽车挂入最高挡，松开驻车制动器，踩下加速踏板，使驱动车轮带动滚筒平稳地加速运转。当驾驶室内车速表指示值达到检测车速时，读取试验台指示值（实际车速），或当试验台指示值达到检测车速时，读取驾驶室内车速表的指示值。

⑥ 对于驱动型车速表试验台，应接合车速表试验台离合器，使滚筒与电动机连接在一起。将汽车变速器挂入空挡，松开驻车制动器，启动电动机，通过滚筒带动车轮旋转。当车速表指示值达到检测车速时，读取试验台指示值；或当试验台指示值达到检测车速时，读取车速表指示值。

⑦ 读取数据后，轻轻踩下汽车制动踏板，使滚筒和车轮停止转动。对于驱动型车速表试验台，必须先关断电动机电源，再踩制动踏板。

⑧ 升起举升器，汽车开出试验台。

⑨ 关断试验台电源，测量工作结束。

任务6　汽车前照灯检测

前照灯是保证汽车夜间安全行驶及提高行车速度必不可少的汽车装置。前照灯灯泡随着使用会逐渐老化，发光强度下降，反射镜污暗，若前照灯光照强度不足，则夜间行车时，驾驶员对汽车前方的情况辨认不清晰；前照灯安装位置随着行车振动，也可能引起错动从而改变光束的照射方向，若前照灯光束照射方向不当，将可能引起对面来车的炫目，这些都可能导致行车事故的发生。因此，汽车前照灯检测是汽车安全性能检测的重要项目。这里探讨前照灯的检测标准、前照灯检测仪的检测原理和检测方法。

一、前照灯及其特性

前照灯特性有发光强度、光束照射方向和配光特性等。

1. 发光强度

发光强度是光线在给定方向上发光强弱的物理量，单位为坎德拉（cd）。

前照灯（光源）所发出的光线，照到某一受光面，衡量受光面明亮度的物理量为照度，单位为勒克斯（lx）。在前照灯（光源）发光强度不变的情况下，受光面离光源越远，照度越小。发光强度 I、照度 E 与光源距被照物体距离 s 的关系是

$$E = I/s^2$$

发光强度的检测是通过测量指定距离的照度，再按上式换算得到的。

2. 配光方式

远光灯丝均位于反射镜焦点处，所发出光线经反射沿光学轴线方向射向远方 [图5-19（a）]。

对于前照灯近光灯，我国采用非对称形配光。近光灯丝位于反射镜焦点之前，且在灯丝下设一偏转一定角度的遮光罩 [图5-19（b）]，使其近光的光形分布不对称，其光形有一条明显的明暗截

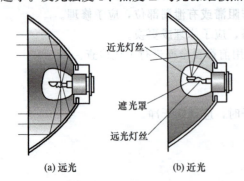

图5-19　远光与近光

止线。非对称形有 V 形和 Z 形两种配光方式：V 形配光方式的明暗截止线呈 V 字形，如图 5-20（a）所示，可以避免迎面而来的驾驶员炫目；Z 形配光方式的明暗截止线在屏幕上呈 Z 字形，如图 5-20（b）所示，它不仅可以避免迎面来车驾驶员的炫目，还

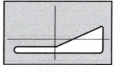
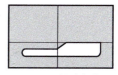

(a) V形配光方式　　　　　　(b) Z形配光方式

图 5-20　近光灯的非对称形配光方式

可以防止迎面而来的行人和非机动车使用者炫目。我国前照灯的近光灯采用 Z 形配光方式。

二、前照灯的检测标准

国家标准《机动车运行安全技术条件》（GB 7258—2012）对前照灯有如下要求。

1. 基本要求

① 装有前照灯的机动车应有远、近光变换装置，并且当远光变为近光时，所有远光应同时熄灭。同一辆机动车上的前照灯不允许左、右的远、近光交叉开亮。

② 所有前照灯的近光均不允许炫目。

③ 机动车前照灯光束照射位置在正常使用条件下应保持稳定。

2. 远光光束发光强度要求

机动车每只前照灯的远光光束发光强度应达到表 5-9 的要求。测试时，其电源系统应处于充电状态。

表 5-9　前照灯远光光束发光强度最小值要求　　　　　　　　　　　　　　cd

	新注册车			在用车		
	一灯制	二灯制	四灯制	一灯制	二灯制	四灯制
三轮汽车	8000	6000	—	6000	5000	—
最高设计车速小于 70km/h 的汽车	—	10000	8000	—	8000	6000
其他汽车	—	18000	15000	—	15000	12000

注：四灯制是指前照灯具有四个远光光束；采用四灯制的机动车其中两只对称的灯达到两灯制的要求时视为合格。

国家标准对近光灯的发光强度没有作具体的规定。

远光灯发光强度并非越大越好。因夜间会车时，车灯由远光变为近光，照明距离突然从 100m 左右减到 50m 以内，50m 以外的路面一下子变暗，眼睛不能适应这种突然变化，造成盲目开车，也是很危险的。

3. 光束照射位置要求

无论近光或远光，光束照射方向涉及防眩问题，也影响到照明的距离和范围，对安全行车非常重要。

检验前照灯近光光束照射位置时，前照灯照射在距离 10m 的屏幕上（图 5-21），乘用车前照灯近光光束明暗截止线转角或中点的高度应为 $0.7H \sim 0.9H$（H 为前照灯基准中心高度），其他机动车（拖拉机运输机组除外）应为 $0.6H \sim 0.8H$。机动车（装用一只前照灯的机动车除外）前照灯近光光束水平方向位置向左偏应小于等于 170mm，向右偏应小于等于 350mm。

检验前照灯远光照射位置时，对于能单独调整远光光束的前照灯，前照灯照射在距离 10m 的屏幕上时，要求在屏幕光束中心离地高度，对乘用车为 $0.85H \sim 0.95H$（但不得低于前照灯近光光束明暗截止线转角或中点的高度），对其他机动车为 $0.8H \sim 0.95H$；机动车（装用一只前照灯的机动车除外）前照灯远光光束水平位置要求，左灯向左偏应小于等于 170mm，向右偏应小于等于 350mm，右灯向左或向右偏均应小于等于 350mm。

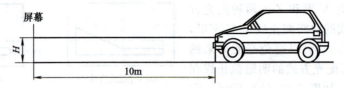

图 5-21　光束照射位置距离要求

三、前照灯检测仪的检测原理

前照灯的发光强度和光轴偏斜量用前照灯检测仪进行检测。检测时，将该仪器按照一定测量距离放在被检车对面。按追踪光轴的操作方式，前照灯检测仪可分为手动式和自动式两种类型，自动式前照灯检测仪（如图 5-22 所示）具有自动追踪光轴的功能，由于操作简便，目前广泛应用于汽车检测站、汽车制造厂家。

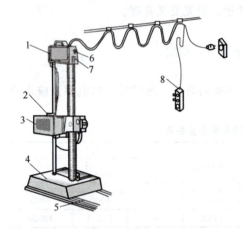

图 5-22　自动追踪光轴式前照灯检测仪
1—显示器；2—车辆找准装置；3—受光器；
4—控制箱；5—导轨；6—电源开关；
7—熔丝；8—控制盒

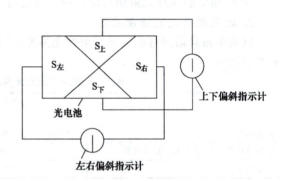

图 5-23　光电池的检测原理

检测前照灯发光强度和光轴偏斜量的光学传感器有光电池和 CCD 摄像器两种，目前常用 CCD 摄像器。

1. 光电池前照灯检测仪

光电池采用硒或硅，是一种光电转换器件，前照灯光轴照射光电池受光面时，产生电动势，光线越强，电动势越大，将其接入回路，产生电流，电流大小反映照射光的强度。实际应用中采用四块光电池（$S_上$、$S_下$、$S_左$ 和 $S_右$，如图 5-23 所示）。打开前照灯，四块光电池各自产生电流。当光电池受光面偏斜时，$S_上$ 和 $S_下$、$S_左$ 和 $S_右$ 产生电流差，该电流差经相关电路处理，可检测出前照灯的光强和光轴偏斜量。

同时，受光器内部每对光电池由于受光不均所产生的电流差值，还用于控制驱动电动机运转使检测仪台架沿轨道移动，并使受光器上下移动，直至每对光电池所产生的电流相等，电动机停转。这样便实现了自动追踪光轴。

2. CCD 前照灯检测仪

CCD 摄像器通过光学系统成像于面阵 CCD 的光敏面，光敏元将其上的光照度转变成电荷量，经信号处理电路处理后，得到视频信号。不同光强的点在 CCD 图像上的灰度不同，光强越强的点，图像上的灰度越小，利用图像的灰度和成像点位置分别对汽车前照灯的光强和光的照射方向进行检测。

同时，计算机对整个光斑进行分析，找到光束中心，当受光器光学中心和远近光中心重合时，上下左右电动机不动，当受光器光学中心和远近光中心不重合时，计算机发出指令使上下左右电动机走动，直至受光器光学中心和远近光中心准确重合。

任务实施

一、检测前的准备

（1）检测仪器的准备
① 检测仪在不受光的情况下，检查光强和光轴偏斜指示是否为零，否则应调零。
② 检查聚光透镜的镜面有无污物，若有，用柔软的布或镜头纸擦拭干净。
③ 检查水准器的技术状况，若水准器无气泡，应进行调整。
④ 检查导轨是否沾有泥土等杂物，若有，应打扫干净。

（2）被测车的准备
① 汽车蓄电池应处于充足电状态，清除前照灯上的污垢。
② 被测车应空载（仅乘坐一名驾驶员），轮胎气压应符合汽车制造厂的规定。

二、检测过程

① 将被测车尽可能与检测仪的导轨保证垂直方向驶近检测仪，使前照灯与检测仪受光器达到检测要求的距离（检测距离为0.3m）。
② 不同型号前照灯检测仪其检测方法不同，应按说明书要求操作。
③ 开亮前照灯，接通检测仪电源，用控制器上的上下、左右控制开关移动检测仪的位置，使前照灯光束照射到受光器上。四灯制汽车检测时，应将受检灯相邻的灯遮蔽，避开外来光线的影响。

复习思考题

1. 汽车尾气检测中，为什么要用四气体或五气体排气分析仪检测CO_2、O_2的含量？
2. 用侧滑试验台检测汽车的前轮外倾角与前束角的匹配关系，双滑板向内侧移动表明什么问题，双滑板向外侧移动表明什么问题？
3. 滚筒式制动试验台中，简述第三滚筒的作用是什么。
4. 与平板式制动试验台相比，汽车制动检测用滚筒式制动试验台有哪些优点和缺点？

汽车维修常用英语缩写词

1. 基本通用术语

DC（Direct Current）直流电

AC（Alternating Current）交流电

A/D（Analog/Digital）模/数转换

I/O（Input/Output）输入/输出

IC（Integrated Circuit）集成电路

CPU（Central Processing Unit）中央处理器

LED（Light Emitting Diode）发光二极管

LCD（Liquid Crystal Display）液晶显示器

ROM（Read Only Memory）只读存储器

SW（Switch）开关

CAN（Controller Area Network）控制器局域网络

ECU（Electrical Control Unit）电子控制单元

ECM（Electrical Control Module）电子控制模块

OBD（On-Board Diagnostics）车载自诊断系统

DTC（Diagnostic Trouble Code）故障码

TDCL（Test Diagnostic Communication Link）自诊端接头

SST（Special Service Tools）专用维修工具

VIN（Vehicle Identification Number）车辆识别代号

2. 发动机

TDC（Top Dead Center）上死点

BDC（Bottom Dead Center）下死点

RPM 或 rpm（Revolutions Per Minute）转/分

PCV（Positive Crankcase Ventilation）曲轴箱强制通风

A/F（Air Fuel Ratio）空气燃料混合比

EFI（Electric Fuel Injection）电控燃油喷射

FP（Fuel Pump）燃油泵

FSI（Fuel Stratified Injection）缸内直喷
CDI（Common-rail Diesel Injection）共轨柴油直喷
AFS（Air Flow Sensor）空气流量传感器
AFM（Air Flow Meter）空气流量计
MAP（Manifold Absolute Pressure）（进气）歧管绝对压力
IMPS（Intake Manifold Pressure Sensor）进气歧管压力传感器
TPS（Throttle Position Sensor）节气门位置传感器
CKPS（Crankshaft Position Sensor）曲轴位置传感器
CMPS（Camshaft Position Sensor）凸轮轴位置传感器
CTS（Coolant Temperature Sensor）冷却液温度传感器
IATS（Intake Air Temperature Sensor）进气温度传感器
EGOS（Exhaust Gas Oxygen Sensor）氧传感器
ISC（Idle Speed Control）怠速控制
IAC（Idle Air Control）怠速空气控制
ABV（Air Bypass Valve）旁通空气阀
EGR（Exhaust Gas Recycle）废气再循环
VSV（Vacuum Solenoid Valve）真空电磁阀
VCV（Vacuum Control Valve）真空控制阀
EVAP（Evaporative Emission control system）燃油蒸发排放控制系统
EPC（Electronic Power Control）电子动力控制（系统），又称电子节气门
ETC（Electronic Throttle Control）电子节气门
VVT（Variable Valve Timing）可变气门正时技术
TWC（Three Way Catalytic Converter）三元催化转化器
IG or IGN（Ignition）点火
EST（Electronic Spark Timing）点火正时
KS（Knock Sensor）爆震传感器
CCS（Cruise Control System）巡航控制系统，又称恒速控制系统

3. 变速器

MT（Manual Transmission）手动变速器
AT（Automatic Transmission）自动变速器（默认为液力变矩式）
ATF（Automatic Transmission Fluid）自动变速箱油液
CVT（Continuously Variable Transmission）无级变速器
DCT（Direct Clutch Transmission）双离合变速器
NSW（Neutral Switch）空挡
O/D（Overdrive）超速传动
P/N（Park/Neutral Position）停车/空挡位置
VSS（Vehicle Speed Sensor）车速传感器

4. 转向制动及主动安全技术

P/S（Power Steering）动力转向
EPS（Electrical Power Steering）电动助力转向
EPB（Electrical Park Brake）电控驻车制动
ABS（Anti-lock Braking System）防抱死制动系统

EBD（Electric Brake force Distribution）电子制动力分配装置
EBA（Electronic Brake Assist）电控制动辅助系统
EBA（Emergency Brake Assist）紧急制动辅助系统
EDS（Electronic Differential System）电子差速锁系统
ASR（Acceleration Slip Regulation）驱动防滑系统
TCS（Traction Control System）牵引力控制系统
ESP（Electronic Stability Program）电子稳定程序
TPMS（Tire Pressure Monitoring System）轮胎气压监控系统

5. 电源系统及车身电气系统

B+（Battery Positive Voltage）蓄电池正极
GND（Ground）搭铁
ALT（Alternator）交流发电机
SRS（Supplemental Restraint System）辅助防护系统，即安全气囊
CLS（Central door Lock System）中央门锁系统
GPS（Global Positioning System）全球定位系统
A/C（Air Conditioning）空调
HVAC（Heating，Ventilation，Air Conditioning）暖风，通风，空调

参 考 文 献

[1] 孙志春. 国产汽车电控元件位置与电路图大全1：欧美车系 [M]. 北京：机械工业出版社，2007.
[2] 周建鹏，黄虎，严运兵. 现代汽车性能检测技术 [M]. 上海：上海科学技术出版社，2007.
[3] 朱军. 汽车故障诊断方法 [M]. 北京：人民交通出版社，2008.
[4] 廖忠诚. 汽车检测技术 [M]. 北京：化学工业出版社，2009.
[5] 张宪辉. 汽车电气系统检测与维修 [M]. 北京：化学工业出版社，2010.
[6] 张振锋，蒋开正. 国Ⅲ电控柴油机无法起动故障诊断与排除 [J]. 汽车维护与修理，2010.（4）：57～58.
[7] 张钱斌. 汽车故障诊断技术 [M]. 北京：人民邮电出版社，2011.
[8] 周晓飞. 大众朗逸维修手册 [M]. 北京：化学工业出版社，2012.
[9] 史文库，姚为民. 汽车构造：下册 [M]. 第6版. 北京：人民交通出版社，2013.
[10] 刘新宇. 汽车综合故障诊断与修复 [M]. 北京：人民邮电出版社，2013.
[11] 王怀玲. 汽车电器构造与维修 [M]. 徐州：中国矿业大学出版社，2014.

参考文献

[1] 邓志东. 机器人导论：分析、控制及应用（原著第三版，英译本）[M]. 北京：机械工业出版社，2009.
[2] 熊有伦，丁汉，等. 机器人操作[M]. 武汉：湖北科学技术出版社，2005.
[3] 蔡自兴. 机器人学基础[M]. 北京：机械工业出版社，2009.
[4] 蔡自兴. 机器人学[M]. 北京：清华大学出版社，2000.
[5] 霍伟. 机器人动力学与控制[M]. 北京：高等教育出版社，2005.
[6] 张铁，谢存禧. 机器人学[M]. 广州：华南理工大学出版社，2005.
[7] 王田苗. 工业机器人发展思考[J]. 机器人技术与应用，2004(2):34-28.
[8] 韩建海. 工业机器人（第2版）[M]. 武汉：华中科技大学出版社，2011.
[9] 郭洪红. 工业机器人技术[M]. 西安：西安电子科技大学出版社，2014.
[10] 张玫, 等. 机器人技术[M]. 北京：机械工业出版社，2010.
[11] 芮延年. 机器人技术及其应用[M]. 北京：化学工业大学出版社，2014.